日治時期臺灣

「亞洲型霍亂」研究

魏嘉弘 著

1895
～
1945

政大出版社
Chengchi University Press

國史館
Academia
Historica

國家圖書館出版品預行編目(CIP)資料

日治時期臺灣「亞洲型霍亂」研究(1895-1945) / 魏嘉
弘著. -- 初版. -- 臺北市：政大出版社，國史館, 2017.12
　　面；　公分
　　ISBN　978-986-95436-5-1（平裝）

1.霍亂　2.傳染性疾病防制　3.日據時期

412.4　　　　　　　　　　　　　　　　106022658

A Study of *Asiatic-Cholera* in Taiwan during the Japanese Colonial
Period, 1895-1945

日治時期臺灣「亞洲型霍亂」研究 （1895-1945）

著　　者｜魏嘉弘 Wei, Chia-Hung

發 行 人　周行一、吳密察
出 版 者　政大出版社、國史館
執行編輯　朱星芸
地　　址　11605臺北市文山區指南路二段64號
電　　話　886-2-29393091#80626
傳　　真　886-2-29387546
網　　址　http://nccupress.nccu.edu.tw

經　　銷　元照出版公司
地　　址　10047臺北市中正區館前路18號5樓
網　　址　http://www.angle.com.tw
電　　話　886-2-23756688
傳　　真　886-2-23318496
郵撥帳號　19246890
戶　　名　元照出版有限公司

法律顧問　黃旭田律師
電　　話　886-2-23913808

封面設計　楊健文
排　　版　弘道實業有限公司
印　　製　祥新印刷股份有限公司
初版一刷　2017年12月
定　　價　400元
Ｉ Ｓ Ｂ Ｎ　9789869543651
Ｇ Ｐ Ｎ　1010602278

政府出版品展售處
• 國家書店松江門市：104臺北市松江路209號1樓
　電話：886-2-25180207
• 五南文化廣場臺中總店：400臺中市中山路6號
　電話：886-4-22260330

目　次

表次

Chapter 1

第一章
緒論

一、研究動機

19 世紀以前，霍亂是一種局限在印度恆河三角洲（Ganges Delta，今孟加拉）附近的地方性（endemic）疾病，由於人口的死亡不多，未能引起醫藥學界的特別關注；然而，1820 年代起，霍亂以印度這個「病窟」為中心，向世界各地傳播擴散[1]。其肆虐範圍，向東到達東南亞、中國、日本、菲律賓群島，向南到達模里西斯（Mauritius），向西北到達波斯（Persia）和土耳其（Turkey），甚至遠達歐洲、美洲新大陸等地區，造成數次的世界性大流行（worldly pandemic）。

英國皇家醫學會副主席約翰・史諾（John Snow，1813-1858），藉由流行病學調查方法，將這種世紀之疫定名為「亞洲型霍亂」（Asiatic Cholera）[2]，並且證明這種疫病屬於「水媒（waterborne）」傳染的特性[3]。其後，19-20 世紀時，「亞洲型霍亂」在世界各地造成了無數生命財產的損失，史諾也因為調查倫敦地區霍亂而開啟後世流行病統計與觀察紀錄之先河。

1　臺灣總督府警務局編，《大正八、九年「コレラ」病流行誌》（臺北：編者，1922），頁 1。

2　John Snow, *On the Mode of Communication of Cholera*, 2nd ed. (London: John Churchill, 1854), p. 1.

3　劉士永，〈「清潔」、「衛生」與「保健」──日治時期臺灣社會公共衛生觀念之轉變〉，《臺灣史研究》，4:1，2001，頁 41。

目前，聯合國「世界衛生組織」（WHO）已經承認最早發現霍亂致病菌的是義大利人帕西尼（Filippo Pacini，1812-1883）。1854 年夏天，霍亂席捲了佛羅倫斯（Florence）地區，造成許多人不幸罹難。為了探討引起該病的原因，帕西尼使用顯微鏡檢查了許多的檢體，其中，包括血液、糞便、小腸黏膜等。他從大量剝落的小腸黏膜組織當中首度發現數以百萬計的逗點狀（comma-like shape）「弧菌」（Vibrio）。研究指出，1856-1880 年間，帕西尼以義大利文發表了 6 篇關於霍亂的各種觀察報告，由於歐洲地區認定該傳染病源自印度，因此，帕西尼將這種流行性傳染病冠以「亞洲型霍亂」（colera asiatico）的名稱[4]。但是，因其論文完全沒有翻譯成英文的緣故，所以，20 世紀前半葉以前歐美等地區的研究者無法充分認識或印證帕西尼的研究成果[5]。本文採用史諾與帕西尼兩位學者所命名的「亞洲型霍亂」一詞，探討日治時期該傳染病在臺灣的流行和防治。

藉由病理學等科學研究，已經證實「亞洲型霍亂」是由革蘭氏陰性菌屬霍亂弧菌（Vibrio cholerae）所導致的急性腸道傳染病，主要流行於夏、秋季，其他季節則零星發生，當前多數國家或地區仍將其歸屬於第一類法定傳染病。亞洲型霍亂病原菌生命力的強韌，從它流行區域涵蓋了「冰點以下的俄羅斯」到「華氏高達百度的印度」即可見其端倪[6]。

霍亂弧菌（Vibrio cholerae）藉由產生的毒素，對人體腸壁產生強烈的刺激反應，因此，「亞洲型霍亂」的發病急驟，臨床表現為劇烈的嘔吐、腹瀉、腹部及四肢肌肉痙攣等，伴隨全身性重度電解質紊亂、循

4　Norman Howard-Jones, *The Scientific Background of the International Sanitary Conferences, 1851-1938* (Geneva: World Health Organization, 1975), pp. 17, 27, 28, 42.

5　1965 年，聯合國司法委員會所屬「國際細菌命名委員會」（The Judicial Committee of the International Committee on Bacteriological Nomenclature）已將霍亂弧菌學名更正為「*Vibrio cholerae* Pacini 1854」。

6　見市雅俊，《コレラの世界史》（東京：昌文社，1994），頁 13。

環衰竭、脫水、體液酸鹼度失衡，以致形成急性腎功能衰竭等特徵而危及性命。霍亂腹瀉的糞便是略呈淡黃色體液含有黏液斑點的「米泔汁樣水便」（rice-water stools），解剖學上，霍亂發病者的腸腔內壁有明顯的炎症性反應，顯微鏡特徵呈現以腸壁毛細血管充血、中心乳糜管（central lacteals）的擴張及單核球增殖（monocytosis）浸潤為主。其死亡率極高，常造成發病者在短短數小時之內死亡，僥倖痊癒者常是骨瘦如柴、奄奄一息[7]。

由於亞洲型霍亂造成令人驚駭的死亡率，以及對社會、民生有巨大影響，與 14 世紀以前歐洲大陸流行的鼠疫相似。在印度還有古老的草藥（如鴉片），能夠治癒一部分霍亂患者，但 19 世紀歐美地區的醫師和科學家起初對於治療這種新疫病，幾乎是束手無策[8]。

近來，傳染病學史的探討逐漸在史學研究領域中受到重視，打破以往「史學家忽略傳染病」的現象[9]，透過「亞洲型霍亂」這一課題之研究，正可藉以觀察傳染病對人類的衝擊與人類的因應之道。

長與專齋認為：「虎列拉是衛生之母、醫事國家化與警察化之因」[10]。「亞洲型霍亂」的研究屬於傳染病史的一環，蓋因疫病具有人類難以控制的傳染性，被感染者沒有貴賤高下貧富之分，而且和生活環境、社會風俗、文化背景等有密切的關係，史學和醫學研究者委實應加以重視[11]。「亞洲型霍亂」對人類造成的直接影響乃是發病或死亡，可說人口的損傷與流行規模具有密切關聯；然而，史學界歷來對瘟疫缺乏探

7　林文士人鑑修，《病理學》（臺北：南山堂，1988），頁 675。

8　Dhrub Kumar Singh, "Cholera in Two Contrasting Pathies in Nineteenth Century India," Centre for Historical Studies, Jawaharlal Nehru University, 2004.

9　麥克尼爾（William H. McNeill）著，楊玉齡譯，《瘟疫與人——傳染病對人類歷史的衝擊》（臺北：天下遠見，1998），頁 4。

10　劉士永，〈一九三〇年代以前日治時期臺灣醫學的特質〉，《臺灣史研究》，4:1，1999，頁 104。

11　郭秀梅，〈中日學者疾病認識觀比較〉，「疾病的歷史」研討會（臺北：中央研究院歷史語言研究所，2000 年 6 月 16-18 日），頁 1。

討，所以，「亞洲型霍亂」在特定區域具有如何的影響值得詳加探究[12]。

19世紀末，日本擊敗中國而取得臺灣，正當亞洲型霍亂世界性大流行方興未艾之際，霍亂致病菌隨著軍隊的移動，輕易地散播至軍旅所到之處，臺灣亦未能倖免。

霍亂的世界性大流行與帝國主義國家頻繁的交通、貿易、戰爭等息息相關，日本亦不例外，日治之初霍亂、天花、鼠疫等具毀滅性傳染病亦經常肆虐臺灣，但當其受到控制後，殖民地臺灣的衛生進步狀態則成為日本向國際社會炫燿的「文明」政策。因為日本是以一個新興的西化國家統治臺灣，自然抱持著「先進」的文明國家心態，「教導」且鄙視落後的臺灣人[13]，正如窪田一夫指出：

> 自日本領有臺灣四十年以來，這一期間社會與文化等各層面煥然一新；衛生方面，以前臺灣是一個惡疫瘴癘之地，至一九三〇年代，已有許多傳染病絕跡或者明顯受到控制，衛生狀態足以與日本內地相媲美[14]。

二、研究方法

本書以歷史研究法為主，兼採現代生物學、流行病學、公共衛生學、微生物學、傳染病學、氣象學等研究成果，應用「量化方法」[15]（quantitative method）等近代社會科學之研究方法[16]。由於霍亂的發病急驟，往往缺乏當事者的直接紀錄或遺物，僅能以時人的記述為

12　余新忠，《清代江南的瘟疫與社會——一項醫療社會史的研究》（北京：中國人民大學出版社，2003），頁332。
13　吳文星，《日治時期臺灣的社會領導階層》（臺北：五南，2008），頁313。
14　窪田一夫，〈臺灣二於ケル「コレラ」ノ疫學的觀察—前編（疫史編）（附表）〉，《臺灣醫學會雜誌》，34:367，1935，頁1682。
15　杜維運，《史學方法論》（臺北：三民，1986），頁183-184。
16　陳安仁，《歷史專題研究論叢》（臺北：華世，1978），頁14。

主。此外，霍亂等傳染性疾病往往是歷史上的遽變，影響著戰爭的成敗、國家與文化的興亡、經濟的榮辱，足見世界史是彼此互相關聯、交互作用的，必須以全球性的眼光，跳脫於一時一地之外，以「社會原子」（social atom）為單位，檢視人類歷史的真相。李約瑟（Joseph Needham）指出：「科學之所以萌生，最大的刺激因素，就是恐懼與戰慄。」雖然霍亂促進了近代科學的突飛猛進，然而，有研究者認為霍亂之所以盛行乃是文明衰落的結果。英國史學家湯恩比（Arnold J. Toynbee）質疑，人類歷史發展依循著所謂「自然的規律」（Law of Nature），到底是不可改變的？抑或是可以控制的？柯恩（Cohen）認為，在過往的歷史發展中，必定有其「重複性」（repetitions）和「一致性」（uniformities），雖然人類無法駕馭歷史發展的自然定律，卻可以利用自然的定律[17]。本文即嘗試藉由「亞洲型霍亂」論述「可理解的歷史研究範圍」（intelligient field of historical study）。

三、研究取材

關於「亞洲型霍亂」的科學研究，係廣泛搜羅討論亞洲型霍亂之中、日、英文文獻與統計資料，包括：臺灣總督府出版之官方文獻、時人回憶錄、醫藥學書籍等，必要時將以口述訪問紀錄彌補文獻資料之不足處。

例如利用發行已超過百年歷史的《臺灣醫學會雜誌》，以瞭解總督府對亞洲型霍亂的科學性掌握，觀察日治時期以迄光復初期日本與臺灣醫學界對「亞洲型霍亂」的病因、病理、病態及病史之研究，並與腸傷寒、赤痢等其他腸胃道傳染病相互比較。同時，參酌東洋醫道會臺灣支部發行之《臺灣皇漢醫界》（前身為《漢文皇漢醫界》，後更名為《臺灣

---

17 Arnold J. Toynbee, *A Study of History* (Oxford: Oxford University Press, 1960), pp. 826-827.

皇漢醫報》），以瞭解傳統醫藥在霍亂發生當下扮演之角色。

　　疫情報導及輿論資料方面，以發行量最大且時間最長的《臺灣日日新報》及《漢文臺灣日日新報》為主，兼採《臺灣時報》、《臺灣民報》、《興臺日報》等。

　　官方文獻方面，本文採用總督府之出版品有《臺灣總督府公文類纂》、《臺灣事情》、《臺灣戶口統計》等。總督府直屬機構出版品有《中央研究所衛生部研究業績》、官房調查課出版之《臺灣人口動態統計》、氣象台出版之《臺灣累年氣象報告》、臺北醫院發行之《臺灣總督府臺北醫院年報》、文教局出版之《熱帶產業調查會調查書》、外事部出版之《支那事變大東亞戰爭ニ伴フ對南方施策狀況》及《南方共榮圈建設上に於ける臺灣の地位に就て》，衛生課出版之《南支南洋に於ける醫療施設》，以及臺灣地方病及傳染病調查委員會出版之《本島醫生慣用疾病稱呼》。軍方之出版品有《明治三十七年臺灣陸軍衛生概況》、《近衛師團軍醫部征臺衛生彙報》等。

　　警察機構之出版品是日治時期衛生防疫之重要參考文獻。總督府警務局出版之《臺灣の警察》、《臺灣の衛生》、《大正八、九年「コレラ」病流行誌》，民政部警察本署出版之《臺灣卜南支那卜ノ關係及現在ノ施設竝將來ノ方針》。地方警察單位出版品有臺中州警務部衛生課出版的《臺中州衛生基本調查書》及《臺中州保健衛生調查書》、高雄州警務部衛生課出版的《高雄州衛生要覽》、臺南市警務部高等警察課出版的《臺南州衛生要覽》、臺北州警務部出版的《臺北州警務要覽》、澎湖廳警務課出版的《澎湖廳衛生概況》，以及《臺灣警察協會雜誌》、《臺灣警察時報》等。

　　地方政府之出版品有基隆市役所出版之《基隆市の衛生》，基隆市衛生課出版之《基隆市衛生概況》、《基隆市衛生紀要》、《基隆市の衛生》，臺北市衛生課出版之《臺北市衛生施設要覽》，新竹州衛生課出版之《新竹州衛生概況》，還有《花蓮港廳保健衛生調查書》、《澎湖廳保健衛生調查書》、《臺中州統計摘要》等。

　　時人回憶錄有鷲巢敦哉著《臺灣統治回顧談―臺灣の領有と民心
の變化》、市毛淺太郎著《征臺顛末》、桦本乙吉著《近衛師團南國征討
史》、大園市藏著《南邦事情》、張麗俊著《水竹居主人日記》、吳新榮
著《吳新榮日記全集》，以及《明治七年征臺史》等。

　　此外，臺灣分館館藏之《臺灣史料稿本》亦足資參考。

四、研究回顧

　　關於「亞洲型霍亂」的疫病史研究成果：16 世紀時，葡萄牙醫師
首先在印度果亞（Goa）見識並記錄了亞洲型霍亂的疫情[18]，當時未能
引起注意。

　　人類面對各種疾患，尤其是致死率極高的疫病（plague），基督
教解釋為天意的懲罰、審判與磨難。溯源自古希臘、羅馬文明，已
經能夠意識到病痛是屬於「機體」（body）上的，而機體是屬於「自
然」（nature）的一部分[19]。希波克拉底文集並不贊同疾病是由於超自然
（supernatural）力量引起的觀點，所謂的醫學，是由疾病、病人與醫生
等三個要素所組成；據研究，希波克拉底誓詞之初衷，在於「提升醫者
的醫療水準」[20]。醫學史學家盧森堡（Charles E. Rosenberg）依據希波克
拉底的理論主張「框構疾病」（framing disease），強調以疾病為出發點
的醫學史研究；也就是先為該種疾病命名（naming），才能有利於人們
的認知與防疫[21]。

18　該名葡萄牙籍醫是賈西亞（Garcia de Orta，1501-1568），見 Palmira Fontes da Costa (ed.), *Medicine, Trade and Empire: Garcia de Orta's Colloquies on the Simples and Drugs of India (1563) in Context* (Surrey: Ashgate Publishing Ltd., 2015), p. 79.

19　Roy Porter, *The Cambridge Illustrated History of Medicine* (Cambridge: Cambridge University Press, 2006), p. 90.

20　W. H. S. Jones (transl.), "The Sacred Disease," *Hippocrates*, Vol. 2 (London: William Heinemann, 1923), p. 141.

21　Charles E. Rosenberg, "Introduction," in Charles E. Rosenberg and Janet Golden (eds.),

醫學史學界認為，近代以來疫病的肆虐與「開發原病」（developo-genic disease）有關[22]。事實上，18 世紀與 19 世紀初工業化的突飛猛進，起初帶給人類的反而是混亂、貧窮與疫病[23]。以英國殖民印度為例，脇村孝平將 19 世紀與 20 世紀初的印度稱作「饑饉與疫病的時代」，舉其要者，如 1876-1878 年、1896-1897 年、1899-1900 年分別是印度史上的三大饑荒年代，曾造成高達 500 萬人死亡；同時，也造就了天花、霍亂、鼠疫、瘧疾、流行性感冒等的大流行。其中，印度這個亞洲型霍亂病窟地，在 1900 年一年當中因霍亂病殁者約 80 萬人，高達該年度全國總死亡率的 1/10（千分之 3.70）。在 1890-1919 的 20 年當中，因霍亂病殁者約 400 萬人，是為死亡數最高的 20 年。其次，在 1920-1929 的 10 年當中，因霍亂病殁者約 220 萬人；在 1930-1939 的 10 年當中，因霍亂病殁者約 170 萬人。

由此可見，所謂「殖民地的開發」，就是經濟的掠奪，與饑饉和疫病的巔峰[24]。亞洲型霍亂也趁機伴隨著產業革命、交通革命所形成的「全球化」，因而蔓延至全世界。

當 19 世紀 30 年代亞洲型霍亂肆虐於歐、美兩洲之際，醫生將大流行原因歸咎於窮人們道德的瑕疵和生活的不潔[25]。據此，見市雅俊認為，疫病造成人口的大量死亡，成為當時帝國主義者卸責奴役殖民地最

Framing Disease: Studies in Cultural History (New Brunswick: Rutgers University Press, 1992), pp. xiii; 祝平一，〈疫病、文本與社會——清代痧症的建構〉，收入中央研究院生命醫療史研究室主編，《中國史新論：醫療史分冊》（台北：聯經，2015），頁 390。

22 見市雅俊，《コレラの世界史》（東京：昌文社，1994），頁 24。

23 克爾・瓦丁頓（Keir Waddington）著，李尚仁譯，《歐洲醫療五百年史（卷三）——醫療與國家》（台北：左岸文化，2014），頁 12。

24 脇村孝平，《飢饉、疫病、植民地統治》（名古屋：名古屋大學出版會，2002），頁 3、13、34。

25 Roy Porter, *The Cambridge Illustrated History of Medicine* (Cambridge: Cambridge University Press, 2006), pp. 41-43,105.

有力的「免罪符」[26]。

　　中島知惠子以中國上海地區頻繁發生的霍亂作為背景，探討醫藥衛生與國家政策之間的應變及其演進[27]，分別討論了慈善機構、科學、商業等方面在上海地區所提供的衛生保健、上海市政府衛生局為了兼顧公共衛生與民族主義所提出的折衷方案、民國時期上海的衛生宣導和健康運動，以及日本占領時期採取強制手段、威權主義等推行公共衛生政策等。

　　鐘月岑探討 1919 年橫掃臺灣、朝鮮、上海、香港、滿洲等東亞大部分地區的霍亂，指出相較於這些重災區，日本群島的患者數與死亡數明顯較少，這種成功的經驗來自於第一次世界大戰期間日本占領青島時，以保護日僑為前提，由日本官方建立全面的清潔水與食物檢查、隔離檢疫措施等。相對的，中國的檢疫法規只針對商業船隻，卻忽略了對戎克船（帆船）貿易實施衛生管理，這些船隻就攜帶著傳染源往來於中國沿海所有城市及朝鮮半島地區，造成疫情四處散播而無法控制[28]。

　　香港大學的程愷禮（Kerrie L. MacPherson）以〈霍亂在中國（1820-1930）──傳染病國際化的一面〉為題的論文中，明確提及「cholera asiatica」異於以往史學與醫學文獻分類所提到的「霍亂」，為了便於區分，中文將其譯為「真性霍亂」[29]，而非「亞洲型霍亂」。

　　吳文清在〈近代中醫防治重大疫病史〉中提到，霍亂自 1817 至1820 年之間傳入中國後，頻頻造成流行，嚴重威脅著人民的生命健

26　見市雅俊，《コレラの世界史》（東京：昌文社，1994），頁 25。

27　Chieko Nakajima, "Health, Medicine and Nation in Shanghai, ca. 1900-1945 (China)," Ph. D. Diss., University of Michigan, 2004.

28　Yuehtsen Juliette Chung（鐘月岑），"Sovereignty and Imperial Hygiene: Japan and the 1919 Cholera Epidemic in East Asia,"「臺灣與東亞的跨界」學術研討會（新竹：國立清華大學歷史研究所亞太文化研究室，2010 年 5 月 27 日）。

29　程愷禮（Kerrie L. MacPherson），〈霍亂在中國（1820-1930）──傳染病國際化的一面〉，收入劉翠溶、伊懋可主編，《積漸所至──中國環境史論文集（下）》（臺北：中央研究院經濟研究所，1995），頁 747-748。

康，因此，近代有許多的傳統中醫藥學家，積極投入防治該種疫病，對於霍亂病名、病因、病機、診斷、治療及其預防等都有比較清晰的認識，累積了豐富的醫案[30]。然而，該文因未能利用外文文獻，並未明確區分古代中國醫籍論述的「霍亂」，與1820年代以後的「亞洲型霍亂」有何不同之處；此外，在世界性大流行年代的劃分上也未進行交叉比較，似乎過於簡略籠統。

余新忠撰《清代江南的瘟疫與社會》一書中，從疾病醫療的角度，勾勒出中國近世獨特的社會變遷狀況，其最終目標乃希望能進一步探討中國社會的近代化特質，因此，在探討清代江南瘟疫狀況的基礎上特別關注中國近世社會的發展脈絡、清代國家與社會的關係、清代江南社會的特質等課題[31]。其中，有部分章節提及「晚清西方細菌學說的傳入」、「時人的衛生防疫觀念和行為」等，但因囿於探討中國江南地區之故，關於臺灣的亞洲型霍亂流行狀況則完全未觸及。

關於臺灣的霍亂流行研究，劉翠溶與劉士永合撰〈臺灣歷史上的疾病與死亡〉一文，以《臺灣文獻叢刊》為素材，探討清代至日治中期臺灣的瘧疾等疫病流行概況，提及中法戰爭期間臺灣的霍亂流行，採用前述程愷禮的論斷，推定1820年淡水廳發生的疫病屬於世界第一次霍亂大流行之一部分；由於該文以1920年代為下限，因此，未詳細論述1919、1920年的大流行；只利用大量統計資料分析臺灣人健康與死因，並提及日治時期的疾病分類標準[32]。對於日治時期亞洲型霍亂的相關醫學文獻研究等報告仍未加探討。

蘇芳玉撰〈清末洋人在臺醫療史──以長老教會、海關為中心〉一

30　吳文清，〈近代中醫防治重大疫病史〉，中國中醫研究院中國醫史文獻研究所博士論文，2005。
31　蔣竹山，〈評余新忠，《清代江南的瘟疫與社會──一項醫療社會史的研究》〉，《新史學》，14:4，2003，頁206。
32　劉翠溶、劉士永，〈臺灣歷史上的疾病與死亡〉，《臺灣史研究》，4:2，1999，頁89-132。

文，利用《臺灣府城教會報（Tai-Oan-Hu-Sia Kau-Hoe-Po）》與《海關醫報（Medical Reports）》資料，探討臺灣的醫療行為、疾病研究與醫學教育等醫療史之相關問題[33]，其中探討霍亂的相關篇幅甚少，但已較正確地指出 1880 年代起臺灣南北兩地通商口岸所流行的是西方人所定義的「膽汁性霍亂」、「亞洲霍亂」或「印度霍亂」，可惜的，未能詳細探討清季歷次外國軍隊入侵臺灣時霍亂發生的原因和經過。

孫偉恩撰〈日治前期臺灣主要防疫策略之統治意涵〉一文，探討臺灣總督府的霍亂及其他傳染病防疫工作，並簡要分析了 1919、1920 年兩次霍亂大流行情況[34]。王開弘撰〈臺灣防疫政策的歷史制度分析〉，簡要闡述臺灣自近代以來至 2003 年 SARS 流行時期的防疫得失[35]。

魏嘉弘撰〈王士雄《隨息居霍亂論》醫案分析〉一文，以清代溫病四大家之一的王士雄為例，依據 1840-1870 年代霍亂流行時所匯集的醫案，分析近代中國傳統醫家對於「亞洲型霍亂」的認識、治療及預防之法[36]。

蔡承豪撰〈雙疫來襲── 1918-1920 年間阿緱廳的流感與霍亂疫情〉一文，主要探討 1918-1920 年的三年期間屏東地區連續遭受霍亂與流行性感冒（influenza）兩種傳染病的肆虐，兼探討殖民政府公共衛生體系的因應方式[37]。

Ming-Cheng M. Lo（駱明正）認為，醫療與防疫任務，是日本政

---

[33] 蘇芳玉，〈清末洋人在臺醫療史──以長老教會、海關為中心〉，國立中央大學歷史研究所碩士論文，2002。
[34] 孫偉恩，〈日治前期臺灣主要防疫策略之統治意涵〉，國立臺南大學台灣文化研究所碩士論文，2010。
[35] 王開弘，〈臺灣防疫政策的歷史制度分析〉，國立臺灣大學政治學研究所碩士論文，2006。
[36] 魏嘉弘，〈王士雄《隨息居霍亂論》醫案分析〉，《臺灣中醫醫學雜誌》，10:1，2011，頁 1-12。
[37] 蔡承豪，〈雙疫來襲── 1918-1920 年間阿緱廳的流感與霍亂疫情〉，《臺灣學研究》，11，2011，頁 121-142。

府企圖實現「科學殖民主義」（scientific colonialism）與「東亞共榮圈」
（East Asian Co-Prosperity Sphere）的基礎之一，文中研究 1945 年以前
日本「同仁會」在中國華北與華中的醫療與防疫體系為軸心，因此，較
缺乏台灣總督府博愛會在華南與南洋地區的霍亂防疫研究。

　　1937 年以後，日本加快侵略中國，軍事行動與占領區雖然擴展迅
速，卻受制於無形的敵人──「亞洲型霍亂」；1938 年，時任同仁會副
會長宮川米次甚至公開臆測：「中國的軍隊在撤退以前，故意散播霍亂
菌，導致日本皇軍占領以後發生疫情，折損戰力」[38]。由此可知，迄二
戰終止以前，日本是否以謀占領區或殖民地百姓福祉為前提而引進科學
醫療，仍有待進一步商榷。

　　關於清領時代亞洲型霍亂的研究目前付諸闕如，只有零星探討傳
染病的研究。關於傳染病研究概有溫振華探討原住民的天花[39]、陳偉智
探討宜蘭的傳染病[40]、戴文鋒利用《海關醫報》檢視臺灣開港後的疾
病[41]、簡炯仁探討瘴癘[42] 等。

　　日治以後，政府積極推動現代化衛生政策與醫學教育。例如謝振榮
關注衛生政策[43]，范燕秋以防疫為核心探討日治前期之公共衛生[44] 與制

38　Ming-cheng M. Lo, *Doctors within Borders: Profession, Ethnicity, and Modernity in Colonial Taiwan* (Berkeley, Calif.: University of California Press, 2002).
39　溫振華，〈天花在臺灣土著社會傳播初探〉，《臺灣史研究暨史蹟維護研討會論文集》（臺南：國立成功大學歷史系、臺南市政府，1990），頁 363-374。
40　陳偉智，〈傳染病與吳沙開蘭──一個問題的提出〉，《宜蘭文獻雜誌》，3，1993，頁 1-20。
41　戴文鋒，〈《海關醫報》與清末臺灣開港地區的疾病〉，《思與言》，33:2，頁 157-214。
42　簡炯仁，〈臺灣先民因應瘴癘研究〉，《史聯雜誌》，28，2011，頁 35-51。
43　謝振榮，〈日本殖民主義下臺灣衛生政策之研究〉，中國文化大學日本研究所碩士論文，1989。
44　范燕秋，〈日治前期臺灣之公共衛生──以防疫為中心之研究〉，國立臺灣師範大學歷史研究所碩士論文，1994。

度之形成[45]，郭文華探討臺灣醫療史[46]，葉永文與呂哲奇分別探討促進
臺灣現代化都市建設之巴爾登（William Kinninmond Burton）[47]與濱野彌
四郎[48]，劉俐伶關注水道之建設[49]，許錫慶藉由鼠疫探討防疫之展開[50]，
賴郁雯探討高等醫學研究[51]，葉永文探討醫政[52]等。謝柳枝則以文學記
錄角度論述殖民醫學的演進[53]，范燕秋以殖民醫學角度論述臺灣醫學的
現代化[54]及人種衛生[55]。董宜秋探討日治以降個人衛生的革命性演進[56]
等。

　　檢疫制度是防治傳染病的重要環節，鄭俊彬探討基隆的海港檢
疫[57]，梁瓈尹探討臺灣的海港檢疫[58]，張淑卿藉由結核病探索戰後臺灣

45　范燕秋，〈日治前期臺灣公共衛生之形成（1895-1920）──一種制度面的觀察〉，
　　《思與言》，33:2，頁211-258。

46　郭文華，〈臺灣醫療史研究的回顧：以學術脈絡為中心的探討〉，《臺灣史料研
　　究》，8，1996，頁60-75。

47　呂哲奇，〈日治時期臺灣衛生工程顧問技師巴爾登（William Kinninmond Burton）
　　對臺灣城市近代化影響之研究〉，中原大學建築研究所碩士論文，1998。

48　簡明山，〈日治時期臺灣總督府土木技師濱野彌四郎對臺灣城鄉發展近代化影響之
　　研究〉，中原大學建築研究所碩士論文，2006。

49　劉俐伶，〈臺灣日治時期水道設施與建築之研究〉，國立成功大學建築研究所碩士
　　論文，2004。

50　許錫慶，〈日治時期在臺防疫工作序幕戰──明治二十九年（1896）之鼠疫流行始
　　末〉，《臺灣文獻》，50:2，1999。

51　賴郁雯，〈日治時期臺灣的衛生研究──以臺灣總督府中央研究所衛生部為例〉，
　　國立中央大學歷史研究所碩士論文，1999。

52　葉永文，〈日據時期臺灣的醫政關係〉，《臺灣醫學人文學刊》，4:1/2，2003。葉永
　　文，〈日治前的臺灣醫政關係概說〉，《臺灣醫學人文學刊》，6，2005。

53　謝柳枝，〈日治時期殖民醫學書寫之研究〉，國立臺北教育大學臺灣文學研究所碩
　　士論文，2007。

54　范燕秋，《疫病、醫學與殖民現代性──日治臺灣醫學史》（臺北：稻鄉，2005）。

55　范燕秋，〈日本帝國發展下殖民地臺灣的人種衛生（1895-1945）〉，國立政治大學
　　歷史研究所博士論文，2001。

56　董宜秋，《帝國與便所──日治時期臺灣便所興建及污物處理》（臺北：臺灣古
　　籍，2005）。

57　鄭俊彬，〈臺灣光復前後基隆港檢疫業務實施的問題〉，《臺北文獻》，144，2003。

58　梁瓈尹，〈國家與檢疫──日治時期臺灣海港檢疫之研究（1895-1945）〉，國立臺

的防癆體系與監控技術等[59]。

由上述論文可知，關於日治時期臺灣的亞洲型霍亂流行狀況、總督府的防疫手段、相關的科學性研究及其影響等，仍有待深入探討和釐清。

此外，日治時代重大傳染病的研究相對地仍較貧乏。董惠雯曾論述傳染病的防治[60]。呂明純論述日治初期鼠疫的防治[61]，蔡素貞關注鼠疫與臺灣中西醫學的消長[62]。張純芳曾探討日治時期臺灣的「傷寒」流行與防治，分析指出日治時期雖然衛生條件逐步改善，在臺日本籍人士罹患傷寒病的數目卻不減反增[63]。丁文惠則藉由瘧疾的防治，探討日治時期官方改善臺灣衛生之歷程[64]；顧雅文探討瘧疾防治的利弊得失[65]。由上顯示，日治時期各種重大傳染病尚有許多探討之空間[66]。

———

灣師範大學歷史研究所碩士論文，2007。

59　張淑卿，〈防癆體系與監控技術——臺灣結核病史研究（1945-1970s）〉，國立清華大學歷史研究所博士論文，2004。

60　董惠文，〈行政監控與醫療規訓——談日治初期傳染病的防治〉，南華大學社會學研究所碩士論文，2003。

61　呂明純，〈明治後期日本與臺灣之鼠疫與防治（1894-1911）〉，《臺灣教育史研究會通訊》，44，2006。

62　蔡素貞，〈鼠疫與臺灣中西醫學的消長〉，《臺北文獻》，164，2008，頁151-186。

63　張純芳，〈「內地人的恥辱」——日治時期臺灣傷寒之討論與防治〉，國立清華大學歷史研究所碩士論文，2010。

64　丁文惠，〈臺灣日治時期瘧疾防治研究〉，國立成功大學歷史研究所碩士論文，2007。

65　顧雅文，〈日治時期臺灣瘧疾防遏政策——「對人法」？、「對蚊法」？〉，《臺灣史研究》，11:2，2004。

66　關於霍亂的外文研究，代表性著作如：見市雅俊，《コレラの世界史》（東京：昌文社，1994）；飯島涉，〈コレラ流行と東アジア防疫システム—香港・上海・横濱、1919年〉，收入《横濱と上海—近代都市形成史比較研究》（東京：《横濱と上海》共同編輯委員會編，1995）；Charles E. Rosenberg, *The Cholera Years: The United States in 1832,1849, and 1866* (Chicago: University of Chicago Press, 1987); R. Pollitzer, *Cholera* (Generva: World Health Organization, 1959); Oscar Felsenfeld, *The Cholera Problem* (Saint Louis, MO: Warren H Green, 1967); J. de Araoz et al., "Principles and Practice of Cholera Control," Public Health Papers No. 40 (Geneva:

五、研究架構

　　本文除了第一章「緒論」及第六章「結論」外，共分成四章。首先，第二章「亞洲型霍亂之發生與流行」，探討歐洲、美國等地學者對於「cholera」與「Asiatic cholera」的認識上之差異，並整理數次世界性大流行的年代及其影響的區域；釐清當日本面臨新的「亞洲型霍亂」衝擊時，如何加以論述與吸收西洋醫學之長，正有待加以釐清，以及清領時期「亞洲型霍亂」對於臺灣造成什麼影響、傳統以及中醫對於該新興傳染病的控制成效為何等。

　　日治時期臺灣總督府的防疫措施歷經 1895-1912 年的「衛生創業」、1913-1926 年的「衛生黎明」、1927-1945 年的「衛生躍進」等三階段，警務局衛生課利用綿密的警察組織，積極教育民眾，臺灣的衛生狀態方足與文明國家相媲美[67]，本文據之以劃分霍亂流行分期與官民因應、科學研究成果等。

　　第三章「日治初期亞洲型霍亂之流行與臺灣總督府之初步因應（1895-1912）」。探討日本領臺初期，臺灣「亞洲型霍亂」的流行狀況，霍亂等傳染病流行時總督府採取哪些具體措施，以及相關的醫學研究報告。

　　第四章「日治中期霍亂流行之復熾與總督府防治對策之加強（1913-1926）」。探討日治中期東亞地區爆發多次大流行時，臺灣受到的影響、總督府實施的各種傳染病防疫工作是否有助於促進臺灣衛生與防疫的現代化，以及相關的醫學研究之進展。

　　第五章「日治後期之區域型霍亂與防治之深化（1927-1945）」。探討日治後期臺灣的亞洲型霍亂流行狀況是否與前述兩階段有所不同，總

World Health Organization, 1970) 等。

67　臺灣總督府警務局衛生課編，《臺灣の衛生（昭和十二年版）》（臺北：編者，1937），頁 2-3、5。

督府的「臺灣經驗」應用於「大東亞共榮圈」的具體成效為何,以及亞
洲型霍亂相關的醫學研究是否有助於提升日本在國際列強之地位。同
時,將比較戰後初年,衛生防疫體系空窗時期,亞洲型霍亂對臺灣所造
成的影響。

Chapter 2

第二章
亞洲型霍亂之發生與流行

　　近代，當歐洲多數國家正沉醉於快速進步的工業革命與城市化之際，有一種新傳染病卻席捲全世界，此即為「亞洲型霍亂」（Asiatic cholera）。

　　「亞洲型霍亂」是近代新興的烈性傳染病，具有極高的致死率，本章將首先究明人類如何釐清這種新瘟疫；其次，究明「亞洲型霍亂」在全球造成大流行的各個時期與過程；最後，探究清領時期「亞洲型霍亂」在臺灣地區的流行與影響。

第一節　近代新瘟疫與亞洲型霍亂

　　史學家認為「亞洲型霍亂」是 19 世紀以來規模最大的流行性瘟疫，在此之前，這種傳染病似乎只局限於南亞印度地區。1817 年起，在印度以外地區發生的頻率不斷增加；1821 年，該疾病籠罩了爪哇、中國、波斯等地；1831 年起，進而散播至歐洲的俄羅斯、英國、南北美洲新大陸、夏威夷等地[1]。易言之，全球幾乎無一倖免。

　　由此，開啟亞洲型霍亂在人類歷史上的新頁，因此，必須先釐清歐美、中國、日本等地，對於該傳染病的認識與概念演進。

1　羅伊・波特（Roy Porter）主編，張大慶主譯，《劍橋插圖醫學史（The Cambridge illustrated history of Medicine）》（濟南：山東畫報出版社，2007），頁 24-25。

一、歐美地區對「亞洲型霍亂」的認識與概念

　　與亞洲地區相較，歐美地區雖然較晚受到亞洲型霍亂的侵襲，卻經由積極研究而率先找出霍亂病源與防疫之道，成為現代衛生與醫學的先驅。

　　「cholera」一詞，是由拉丁文「choler-」所演化而來。「choler」原是指古希臘醫學家希波克拉底（Hippocrates）等所主張之「體液學說」（Humoral theory）當中的「膽汁」，如果這種體液過盛時，就會導致人的性格急躁或易怒──即「choleric」；不論是急性腸胃道疾病或者亞洲型霍亂，都是因人體內的體液失去平衡而衍生的疾病狀態，且病情迅急，正足以用「cholera」來表示[2]。

　　1669年，英國流行病學醫師湯瑪斯・西德納姆（Thomas Sydenham，1624-1689）率先使用「cholera」一詞，描述倫敦發生的一次腸胃道疾病流行[3]，但未描述傷亡情況為何，該次流行也與後來的亞洲型霍亂無關。

　　18世紀時，「cholera」曾被廣泛應用於描述在西歐和美洲流行甚廣的胃腸道疾病，也曾被特別稱為「cholera nostras」[4]。因此，僅就「cholera」一詞而論，其涵義相當混亂，有時指疾病本身的流行（epidemic）狀態，有時則指疾病的地方局部（endemic）特性。其詞義也包括 cholera asiatica、cholera epidemica、malignant cholera、cholera

---

2　Noga Arikha, *Passions and Tempers: A History of the Humours* (New York: Ecco Press, 2007), p. 1.

3　王旭東、孟慶龍著，《世界瘟疫史》（北京：中國社會科學出版社，2005），頁78-79。西德納姆還提倡應用鴉片以治療棘手的疾病，因為當時的人認為鴉片是一種萬能藥。筆者認為與該時期腹瀉等腸胃疾病的盛行有關。見卡斯蒂廖尼（Arturo Castiglioni）著，程之範主譯，《醫學史（A History of Medicine）》下冊（桂林：廣西師範大學出版社，2003），頁485。

4　Henry Mead, *An Inaugural Dissertation on the Cholera Morbus* (New York: T. and J. Swords, 1794), p. 1. David Hosack, *An Inaugural Dissertation on Cholera Morbus* (New York: Samuel Campbell, 1791), p. 3.

asphyxia、cholera spasmodica 等多種涵義。今日,「cholera morbus」一詞已經被限定係由 *vibrio cholerae*（霍亂弧菌）所造成的疾病。

因此,目前的學界普遍認定為 19 世紀以前西方所發生的冠之以「霍亂」而流行的疾病,均應被視為地方病或零星發生的疾病,而不是由霍亂弧菌屬所引起的「亞洲型霍亂」[5]。

19 世紀初,霍亂在世界各地造成大流行,罹病者遭受極大的痛苦,加以謠言和迷信的推波助瀾,更加深了人們的恐慌。1830 年,霍亂初次侵襲歐洲,首當其衝的為俄國;不久,霍亂連續席捲波蘭、奧地利等國;翌年,英國、法國也爆發疫情,以巴黎一地為例,自 3 月 26 日傳出首宗霍亂病例以來,僅 4 月間即有 12,733 人因霍亂而喪生,全年總罹難人數多達 44,119 人。該年 6 月,巴黎皇家醫學會（The Royal Academy of Medicine of Paris）受法國政府之託,針對俄羅斯、普魯士（Prussia）、奧地利等國提供相關援助,卻無法有效遏阻霍亂的蔓延[6]。

據統計,歐洲地區對於霍亂的研究報告,若以 1817 年作為分水嶺,1666-1816 年的 150 年期間,關於霍亂的記載極少,只散見於 66 種刊物中;1817-1881 年間,探討霍亂的報告或出版品多達 7,000 種[7]。足見亞洲型霍亂對於人類所造成之影響甚鉅。

為了徹底瞭解霍亂致病的原因,歐洲各地科學家鍥而不捨地努力研

5　1820 年代以前歐美地區的「霍亂」流行情況,還可參考：William Currie, *Of the Cholera* (Philadelphia: Printed by William T. Palmer, 1798); Henry Disborough, *An Inaugural Dissertation on Cholera Infantum* (Philadelphia, PA: Budd and Bartram, 1798); Stephanus Beckwith, *Disputatio medica inauguralis de cholera* (Edinburgi: Excudebant Adamus Neill et Socii, 1797).

6　Norman Howard-Jones, "The Scientific Background of the International Sanitary Conferences, 1851-1938," History of International Public Health, No. 1 (Geneva: World Health Organization, 1975), pp. 10, 13.

7　Norman Howard-Jones, "The Scientific Background of the International Sanitary Conferences, 1851-1938," History of International Public Health, No. 1 (Geneva: World Health Organization, 1975), pp. 18-19.

究，義大利人菲利浦‧帕西尼（Filippo Pacini）首先發現並研究「霍亂弧菌」（*Vibrio cholerae*）。

1846-1863 年間屬於第三次亞洲型霍亂世界性大流行（Asiatic Cholera Pandemic）。1854 年夏天，霍亂席捲了佛羅倫斯（Florence）地區，造成許多人不幸罹難。為了探討引起該病的原因，帕西尼使用顯微鏡檢查了許多的檢體，其中，包括血液、糞便、小腸黏膜等；從大量脫落的小腸黏膜組織中，首度發現了數以百萬計的逗點狀（comma-like shape）「弧菌」（*Vibrio*）[8]。起初，帕西尼解剖了三具因霍亂而死亡的遺體，發現小腸內容物充滿著黏液、絨毛與許多脫落的上皮，當觀察到第四具遺體的小腸時，突然靈機一動，將這些黏稠物置於顯微鏡下觀察，經過仔細的搜索和分辨，發現了數以百萬計的弧菌。當時，與身體其他組織比較過之後，帕西尼作出以下推論：

> 形態相似的弧菌也有可能存在於身體其他部位，對於人體並無明顯的危害，惟獨霍亂弧菌是一種特殊的致病物種，當它存在於人體的腸道後，與霍亂症狀密不可分。

這是 19 世紀中葉以前最早發現霍亂弧菌具有特定傳染性而且是正確的描述，然而，直到他去世之前，這樣的概念完全未受到注意。

1856-1880 年間，帕西尼以義大利文發表了 6 篇關於霍亂的各種調查報告，由於歐洲地區認定該傳染病是源於印度，因此，帕西尼將這種流行性傳染病冠之以「亞洲型霍亂」（*colera asiatico*）的專稱，其研究成果有「亞洲型霍亂的顯微鏡觀察與病理推論」、「亞洲型霍亂的具體原因」、「亞洲型霍亂的本質」、「亞洲型霍亂患者瀕臨死亡前的救療」、「亞

8　Norman Howard-Jones, "The Scientific Background of the International Sanitary Conferences, 1851-1938," History of International Public Health, No. 1 (Geneva: World Health Organization, 1975), p. 17.

洲型霍亂死亡個案之研究」、「亞洲型霍亂病程」等論文⁹。但是，因其論文完全沒有翻譯成英文的緣故，所以，歐洲其他地區無法充分認識帕西尼的研究成果。

1883 年，埃及再度爆發霍亂疫情，柯霍（Robert Koch，1843-1910）受命於德國政府，與 Gaffky、Fischer 等人組成「德意志衛生調查委員會」，前往亞歷山大城（Alexandria）從事霍亂病原菌調查研究，從 10 具屍體的腸內容物及腸壁中發現了細菌，於是，將所發現的菌株保存並加以實驗。在埃及的疫情止息後，柯霍等人於同年 12 月轉往印度加爾各答（Calcutta）地區繼續追蹤研究；翌年，研究 42 個發病者與 28 具屍體解剖後所採得的病原菌之後，證實與埃及的病菌株相同，「確認」了霍亂的病原體，並且將之命名為 *Kommabacillus*[10]。

1885 與 1893 年，柯霍以德國代表團成員身分出席第六次與第八次國際衛生會議（International Sanitary Conference），會中發表了「新發現」的霍亂弧菌，受到大會的重視。因此，當柯霍以霍亂弧菌的發現者之姿返回柏林時，受到英雄式的歡迎，此後，直到 1965 年之前，國際間普遍認定柯霍即是霍亂弧菌的發現者[11]。

9　帕西尼的義大利原文研究成果如下：*Osservazioni microspociche e deduzioni patologiche sul Cholera asiatico*, Firenze (1854); *Sulla causa specifica del colera asiatico*, Firenze (1865); *Della natura del colera asiatico, sua teoria matematica e sua comparizione col colera eurepeo e con altri profluvi intestinali*, Firenze (1866); *Sull'ultimo stadio del colera asiatico o stadio d morte apparente dei colerosi e sul modo di farli risorgere*, Firenze (1871); *Sopra il caso particolare de morte apparente del ultimo stado del colera asiatico*, Firenze (1876); *Del processo morboso del colera asiatico*, Firenze (1880). 見 Norman Howard-Jones, "The Scientific Background of the International Sanitary Conferences, 1851-1938," History of International Public Health, No. 1 (Geneva: World Health Organization, 1975), pp. 27, 28, 42.

10　窪田一夫，〈臺灣ニ於ケル「コレラ」ノ疫學的觀察—前編（疫史編）（附表）〉，《臺灣醫學會雜誌》，34:367，1935，頁 1686。

11　卡斯蒂廖尼（Arturo Castiglioni）著，程之範主譯，《醫學史（A History of Medicine）》下冊（桂林：廣西師範大學出版社，2003），頁 470-492。

二、日本及臺灣對「亞洲型霍亂」的認識與概念

江戶中期以前，日本醫學家接受的是中國醫學書籍中「霍亂」的概念，直到「亞洲型霍亂」開始流行之後，認識方才有所改變。

1822 年 2 月，有荷蘭人自印度尼西亞前來日本，轉述了 1821 年在爪哇與巴達維亞等地虎列刺疫病流行的情況，日本的醫家才真正認知虎列刺一病。不幸地，日本也在該年遭受「亞洲型霍亂」（Cholera asiatica）侵襲，關西地區的醫家將西洋醫書所論述的「可列刺莫爾蒲斯」（Cholera-morbus，コレラモルブス）譯為「膽液病」，並融入個人的實驗和觀點，例如桂川甫賢著《酷烈辨》、宇田川榕庵著《膽液病說》、佐佐木仲澤著《壬午天行病說》、大阪的齋藤方策著《壬午天行病醫桉》、西田耕悅著《雜氣病醫桉》等書均是[12]。

江戶中期以後，由於受到蘭學的影響，許多漢方醫學家目睹了 1822 年起開始流行的「亞洲型霍亂」在日本肆虐之情形，一旦受到感染，患者從發病至死亡的時間極短，尤其集中在一日之內死亡的最多，五日以內死亡者高達 90%；由於病情急驟，日本醫學家特別將死亡率驚人的「亞洲型霍亂」稱為「コロリ」、「三日コロリ」、「頓コロリ」（コロリ為霍亂的荷蘭語），從「三日」、「頓」等形容詞，足以想像時人對霍亂懼怕的程度[13]，或者以「虎狼痢」、「虎列刺」、「虎列拉」、「虎疫」等作為專稱[14]，似乎更貼近「亞洲型霍亂」的概念。若某戶發生「虎列拉」，附近居民畏懼傳染擴大，甚至發生連同該戶周圍家屋一同遭焚燬之情形[15]。

---

12 富士川游，《日本醫學史》（東京：四新書院，1941），頁 607。

13 窪田一夫，〈臺灣ニ於ケル「コレラ」ノ疫學的觀察—後編（疫理編）〉，《臺灣醫學會雜誌》，34:368，1935，頁 1815-1816。

14 緒方洪庵，《虎狼痢治準》（大阪：適適斎，1858），跋。

15 珮香譯，〈雜報：談百斯篤（十一）〉，《漢文臺灣日日新報》第 2714 號，明治 40 年 5 月 23 日第三版。

　　為了便於區別，此後，日本的醫學家採用「コレラ」、「虎疫」、「虎列刺」等詞，作為「亞洲型霍亂」的專稱[16]，更符合現代傳染病學的統計，以避免使用「霍亂」一詞而易與一般的急性腸胃炎相混淆。

　　原田玄庵在《迫孫疫痢考》當中，將「亞洲型霍亂」的名稱匯整如下：

> 日本醫家鑑於本病症狀相當劇烈而稱為「虎狼痢」，京阪地區稱為「三日コロリ」，對馬地區稱為「見急」（ケンキウ），藝州地區稱為「橫病」。西洋醫學家所稱的「cholera」，在日本被譯為「膽液病」，意為天行引發膽液變壞的疾病。漢方醫家所著的《萬病回春》稱作「濕霍亂」、「痧病」或「噤口痢」等，治療上可以交替使用傷寒霍亂或腳氣等處方[17]。

　　日本的蘭醫在翻譯西洋醫學學說時，也有稱為「冷徹疫」、「印度霍亂」；在翻譯英國合信（Benjamin Hobson，1816-1873）的《內科新說》時，使用「霍亂」、「絞腸痧」、「抽筋證」等名稱。

　　漢方醫學家也將之稱為「痧病」、「瘟疫」、「中暍」、「霍亂」、「番痧」（張氏醫通）等；此類稱呼見之於田宮尚施的《暴病管見》（1858）、長松文忠的《天行病論》（1858）、淺田惟常的《治瘟編》（1859）、清川棐軒的《瘟瀉一言》（1859）、高島恒庵的《瀉疫新論》（1859）、尾臺良作的《霍亂治略》（1868）等書，其論述相近，治法也多半類似[18]。

　　臺灣的漢醫及住民之間，慣稱「亞細亞霍亂」為「瘟毒痢、吊腳病、絞腸痧、抽筋證、霍亂轉筋、瓜瓤瘟」等；為了便於區別，死亡率較低的「歐洲型霍亂（Cholera nostras）」則被稱為「霍亂、揮亂、撩

16　窪田一夫，〈臺灣ニ於ケル「コレラ」ノ疫學的觀察—前編（疫史編）（附表）〉，《臺灣醫學會雜誌》，34:367，1935，頁1690。
17　富士川游，《日本醫學史》（東京：四新書院，1941），頁608。
18　富士川游，《日本醫學史》（東京：四新書院，1941），頁611-612。

亂」等。此外，尚有「瘟毒痢」、「吊腳病」等；俗名則有「吐瀉症」[19]、「絞腸痧」、「抽筋證」、「霍亂轉筋」、「瓜瓤瘟」等[20]。《臺灣時報》稱此症為「番霍亂」[21]，有別於漢醫慣用之霍亂。

日治時期，「臺灣地方病及傳染病調查委員會」將漢譯名稱定為「真霍亂」，以便與傳統漢醫所稱的「霍亂證」有所區別而不致混淆。

關於「霍亂」的概念，傳染病調查委員會發現，霍亂（也有人稱為「歐羅巴虎列拉」）是由一種「虎列拉菌」所引起的劇烈流行性傳染病。

關於霍亂的病徵，最輕微的被稱為「虎列拉樣下痢」，其症狀如下：

> 突然發生腹部緊束感、腹鳴，大便呈稀薄液狀且次數頻繁，有時出現煩渴、倦怠感、腓腸肌肉疼痛等全身症狀，持續數天後多數能夠痊癒。症狀稍重者則出現次數較為頻繁的米泔汁水樣大便，並且有嚴重嘔吐，煩渴、倦怠感加重，小便減少、聲音嘶嗄、四肢厥冷等[22]。

症狀更嚴重者，則在一天之內突然出現數十次的嘔吐和下痢，排泄物呈米泔汁樣，皮膚厥冷而失去彈性，眼窩陷沒，顴骨及鼻樑骨突出，脈搏細小，尿量漸少、尿滯，甚至無尿，腓腸肌痙攣，患者呈現意識模糊或胡言妄語，往往因為全身虛脫而斃命[23]。

東洋醫道會臺灣支部認為，「時疫痧脹霍亂」由於飲食不潔、或觸臭穢、或貪食肥甘、喜食水果生冷等物，若人體抵抗力弱，復以細菌作

---

19 〈虎列拉之豫防〉，《漢文臺灣日日新報》第 2804 號，明治 40 年 9 月 6 日第二版。
20 長野純藏、今裕，《本島醫生慣用疾病稱呼》（臺北：臺灣地方病及傳染病調查委員會，1906），頁 10。
21 〈霍亂症蔓延〉，《臺灣時報》，大正 8 年 10 月，頁 181。
22 長野純藏、今裕，《本島醫生慣用疾病稱呼》（臺北：臺灣地方病及傳染病調查委員會，1906），頁 11-12。
23 長野純藏、今裕，《本島醫生慣用疾病稱呼》（臺北：臺灣地方病及傳染病調查委員會，1906），頁 13。

崇，導致腹痛吐瀉交作[24]；治療上，可將藥物區分成普通平性藥、特別涼性藥、特別熱性藥等[25]。

三、中國傳統醫學對「霍亂」的認識與概念

在中國，「霍亂」一詞已經使用超過兩千年以上。茲以 1820 年代「亞洲型霍亂」世界性大流行作為分水嶺，分析中國對「霍亂」、「亞洲型霍亂」等概念的差異。

（一）1820 年代以前關於「霍亂」的論述

中醫古籍《黃帝內經》一書中，關於「霍亂」的論述如下：

> 歲土不及，風乃大行……民病殮泄霍亂，體重腹痛……[26]。
> 土鬱之發……民病心腹脹，腹鳴而為數後，甚則心痛脅䐜，嘔吐霍亂，飲發注下……太陰所至，為中滿霍亂吐下[27]。
> 清氣在陰，濁氣在陽，營氣順脈，衛氣逆行，清濁相干，……亂於腸胃，則為霍亂等[28]。

該書〈經脈篇〉曰：「足太陰厥氣上逆則霍亂」；〈氣交變大論〉曰：「歲土不及，民病殮泄霍亂」；〈六元正紀大論〉曰：「不遠熱則熱至，熱至則身熱，吐下霍亂，……太陰所至為中滿霍亂吐下，……土鬱之發為嘔吐霍亂」[29]。

由上敘述顯示，霍亂是由於氣候異常所造成的個人或流行性腸胃症

24　曾三沂，〈論霍亂（虎列拉）吐瀉證之原因與治療〉，《臺灣皇漢醫界》，30，1931，頁 18-20。

25　曹炳章，〈疫藥之施用法〉，《漢文皇漢醫界》，20，1930，頁 34-35。

26　《黃帝內經、素問》，〈氣交變大論〉（北京：人民衛生出版社，1998），頁 410。

27　《黃帝內經、素問》，〈六元正紀大論〉（北京：人民衛生出版社，1998），頁 490、498。

28　《黃帝內經、靈樞》，〈五亂〉（北京：人民衛生出版社，1996），頁 74。

29　張介賓，《景岳全書、霍亂》（臺北：台聯國風出版，1980 年），頁 370。

狀，較接近於西方的「瘴氣理論」（miasmatic theory）致病概念。

3 世紀時，東漢醫學家張仲景撰《傷寒論》一書，對「霍亂」的病名、症狀、治療等作進一步的闡述，略謂：

> 嘔吐而利，此名霍亂；
>
> 霍亂，頭痛發熱，身疼痛，熱多欲飲水者，五苓散主之；寒多不欲水者，理中丸主之；
>
> 吐利汗出，發熱惡寒，四肢拘急，手足厥冷者，四逆湯主之[30]。

從臨床上觀之，這些治療方法用以對付 19 世紀時爆發的「亞洲型霍亂」仍發揮部分的成效。

張仲景另撰《金匱要略、禽獸魚蟲禁忌並治》一書，提到「驢馬肉合豬肉食之成霍亂」、「兔肉著乾薑食之成霍亂」等，明確地指出飲食中毒所引起的霍亂[31]。

隋唐時代，對於霍亂的認識和描述則以腸胃症狀為主，較少提及全身症狀。《諸病源候論、霍亂病諸候》一書中指出，霍亂的病因是溫涼不調，發病原因與「因過飲食」、「飲酒食肉腥膾生冷過度、因居處不潔」等有關，病機則是「陰陽清濁二氣有相干亂之時，其亂在於腸胃之間」所致，臨床上，「其先有心痛者則先吐，先腹痛者則先利，心腹並痛者，則吐利俱發」。[32] 此外，《諸病源候論》一書率先提出「腹痛煩亂不吐利」稱之為「乾霍亂」。

《備急千金要方、霍亂篇》一書明確指出：「霍亂之為病也，皆因食飲，非關鬼神」，還觀察到了「霍亂吐多者必轉筋……下多者，霍亂

30　張仲景著，〈霍亂篇〉，《傷寒論》（北京：中國書店，1993），頁 114-116。

31　張仲景著，《金匱要略》（北京：中國書店，1993），頁 95。

32　南京中醫學院，《諸病源候論校釋》上冊（北京：人民衛生出版社，1980），頁 649。

而驚悸」。[33]

　　與霍亂概念相近的「霍亂轉筋」一詞，也曾經出現在《本草經集注》一書中，該書在「附子」條所列證治中，載有「霍亂轉筋」一項；隋代巢元方編著的《諸病源候論》一書中，有專篇論述「霍亂轉筋候」；其後，《新修本草》、《聖濟總錄》、《外台秘要》、《本草綱目》等書中，大多沿用前兩書的記述，而所謂的「霍亂轉筋」，大多是指腸胃道發炎時，大吐大瀉之後，出現的手足攣急症狀[34]，並未明確交代其死亡率。

　　宋代，陳無擇撰《三因極一病證方論》一書中，明確地指出霍亂「轉筋」的病機是津液頓亡，不拘於寒熱，「轉筋者，以陽明養宗筋，屬胃與大腸，今暴下暴吐，津液頓亡，……宗筋失養，必致攣縮」。蓋因吐瀉過度，津液大量流失，筋脈失於濡養所致[35]。

　　明代，「亞洲型霍亂」雖尚未入侵中國，但張介賓對霍亂的腸胃症狀描述已與現代「亞洲型霍亂」有若合符節之處。例如《景岳全書、霍亂》中即提到：「上吐下瀉，反覆不寧，而揮霍撩亂，故曰霍亂」。張氏認為病因是「寒邪傷臟」、「寒濕傷脾」，歸納如下：

（1）有外受風寒，寒氣入臟而病者；
（2）有不慎口腹，內傷食飲而病者；
（3）有傷飢失飽，飢時胃氣已傷，過飽食不能化而病者；
（4）有水土氣令寒濕傷脾而病者；
（5）有汗潦暴雨、清濁相混、誤中沙氣陰毒而病者[36]。

　　其中，「水土氣」致病的看法與西方的「瘴氣」（miasma）理論有

33　孫思邈，《備急千金藥方》（臺北：新銳，1994），頁 366。
34　吳文清，〈近代中醫防治重大疫病史〉，中國中醫研究院中國醫史文獻研究所博士論文，2005，頁 59。
35　彭勝權主編，《溫病學》（北京：人民衛生出版社，2000），頁 302。
36　張介賓，《景岳全書、霍亂》（臺北：台聯國風出版，1980），頁 369。

互相呼應之處；而「汗潦暴雨、清濁相混」似為現代所謂的「水源污染」；「誤中沙氣陰毒」應該與水源中的霍亂致病菌有關。

不論原因為何，受到感染而發病的人體器官一定在腸胃，即所謂：「邪在脾胃，則中焦不能容受，故從上而出則為吐，從下而出則為瀉。且凡邪之易受者，必其脾氣本柔，而既吐既瀉，則脾氣不無更虛矣」。[37]要之，上吐下瀉之後，必然造成人體的元氣大傷。

清初，「霍亂」依舊是經常困擾個人的腸胃道疾病之一，在名稱上，另出現「霍亂痧」、「絞腸痧」等別稱。如郭右陶在康熙年間撰成的《痧脹玉衡》中，提及「霍亂痧」，實際上是指「痛而不吐瀉」的「乾霍亂」，其病因及「痧」的處理如下：

> 毒入血分，宜放痧；新食宜吐，久食宜消。食消下結內攻，痛
> 而吐瀉者，毒入氣分，宜刮痧；不愈，視有痧筋則放，宜調其
> 陰陽之氣為主[38]。

藥物治療時機為：「若吐瀉而後痛者，此因瀉糞穢氣所觸，治宜略用藿香正氣冷飲」；然而，必須注意「除食積血滯，或消或攻或活血，山藥、茯苓，不可亂施；燥濕之劑，俱在所禁；溫暖之藥，未可亂投」[39]。

該書提出三個醫案：其一、沈篆玉：「九月間乾霍亂，腹中盤腸大痛，放痧三十餘針。又王君先為之刮痧不愈，余用保花散加大黃丸，清茶稍冷，飲之而痊。」其二、彭君明：「晚間腹中大痛，吐瀉數十次，痛益甚，延余診之，左脈芤而滑，右脈弦細而澀，此宿食已從吐瀉而盡，乃毒入血分，血瘀作痛也。放痧不愈，用獨活紅花湯、圓紅散，微

37　張介賓，《景岳全書‧霍亂》（臺北：台聯國風出版，1980），頁370。
38　郭右陶著述，《痧脹玉衡》〈卷中〉，《中國醫學大成》第十五冊（上海：上海科學技術出版社，1990），頁31。
39　郭右陶著述，《痧脹玉衡》〈卷中〉，《中國醫學大成》第十五冊（上海：上海科學技術出版社，1990），頁32。

溫飲之，吐瀉腹痛少愈；次日，服前藥，吐瀉腹痛俱已。」其三、童敬橋內室：「吐瀉腹痛，自刮痧服陰陽水，痛益甚，余用三香丸，微冷飲之而安。」[40]

上述三個醫案的共通處是「腹痛」的症狀，這與「亞洲型霍亂」的「腹不痛」或「腹微痛」容易明顯的有所區隔，「乾霍亂」與「亞洲型霍亂」應無相關之處。

周禹載撰《溫熱暑疫全書》一書中，比較了「霍亂」與「絞腸痧」的不同，指出：「霍亂」，是因為「暑氣入腹」，所以造成「噁心腹痛，上吐下瀉，瀉如水注」，此「暑火暴發，升降不利，清濁不分，所瀉者皆五臟之精液，宜速止之」，以避免「精液暴涸，元氣頓傷」，治療宜用「五苓散或胃苓湯，利小便、清暑火，甚者桂苓甘露」，方能「分陰陽，去暑氣，則吐利自止」[41]。而「絞腸痧」似乎屬於「暑氣」侵犯腸胃，與霍亂並無明顯關聯，其症狀為：「夏月不頭痛發熱，但覺小腹疼痛，或心腹劇痛，脹痞不能屈伸，醫疑生冷過多，執為陰證；不知皆暑火流注臟腑，故先小腹痛，徧及心腹，宜六和湯清解之；或四苓加香薷、木瓜、紫蘇、半夏之類，和散之；或正氣散；或二陳加厚朴、炒梔；或炒鹽和滾湯探吐痰涎。大抵此證以吐法為上，若用熱藥，去生遠矣。」[42]

1820年代之後，「亞洲型霍亂」開始在中國大流行，各地方志或醫家的著述往往將疫情記載為「絞腸痧」，從此，一般人都將「絞腸痧」視同霍亂的別稱，異於周禹載在《溫熱暑疫全書》一書中提及的概念。

40　郭右陶著述，《痧脹玉衡》〈卷中〉，《中國醫學大成》第十五冊（上海：上海科學技術出版社，1990），頁33。

41　周禹載輯述，薛生白、吳正功重校，《溫熱暑疫全書》〈卷三、暑病方論〉，收入《中國醫學大成》第十四冊（上海：上海科學技術出版社，1990），頁14。

42　周禹載輯述，薛生白、吳正功重校，《溫熱暑疫全書》〈卷三、暑病方論〉，收入《中國醫學大成》第十四冊（上海：上海科學技術出版社，1990），頁14-15。

（二）1820 年代之後「亞洲型霍亂」的認識與論述

目前學界普遍認定，中國第一次「亞洲型霍亂」大流行，應起始於 1820 或 1821 年，首先注意到當時的流行情況，並紀錄在相關醫學書籍中的為王清任。王氏撰《醫林改錯》一書中，提及 1821 年流行的霍亂情況與先前醫書所記載者明顯迥異，因此，撰寫〈瘟毒吐瀉轉筋說〉一文，認為這一次的霍亂應屬於「瘟毒」一類的大流行，文中先闢斥當時醫家沿用宋朝發明的「藿香正氣散」之非，指出：

> 上吐下瀉轉筋一症，古人立名曰「霍亂」。宋朝太醫院立方，
> 名曰「局方」，立藿香正氣散以治之。以邪氣傷正氣之病，反
> 用攻伐正氣之藥，豈不愧太醫之名[43]。

1821（道光元）年，「亞洲型霍亂」在中國大流行，蔓延數省，北京地區受災更為嚴重，清廷花費數十萬兩以殮屍，可以想像，罹難者數目已無法正確統計，據載：

> 至我朝道光元年，歲次辛巳，瘟毒流行，病吐瀉轉筋者數省，
> 京都尤甚，傷人過多。貧不能葬埋者，國家發帑施棺，月餘之
> 間，費數十萬金[44]。

1820 年代起，中國醫學著作對亞洲型霍亂，大致稱之為「吊腳痧」、「霍亂轉筋」、「麻腳痧」、「癟螺痧」、「伏陰」、「脫疫」、「時行霍亂」、「時疫霍亂」、「霍亂」等[45]。其中，「吊腳痧」與「霍亂轉筋」並稱，而吊腳痧之名最早見於 1838 年王孟英所撰的《霍亂論》，該書又稱為《霍亂轉筋附絞腸吊腳痧症》，書首的諸葛序中稱：

43　王清任，《醫林改錯》（臺北：力行書局，1995），頁 49。
44　王清任，《醫林改錯》（臺北：力行書局，1995），頁 50。
45　吳文清，〈近代中醫防治重大疫病史〉，中國中醫研究院中國醫史文獻研究所博士論文，頁 58-65。

如近行時疫，俗有稱為吊腳痧一證，古書未載，舉世謂為奇病，紛紛影射，夭札實多。賴先生大聲疾呼，曰此即霍亂轉筋之候也[46]。

1845 年，徐子默撰《吊腳痧方論》一書，直接以「吊腳痧」作為書名；徐氏認為：「古無吊腳痧之名，自道光辛巳夏秋間，忽起此病。」吊腳痧症狀為：「或吐或瀉，或吐瀉並作，有腹痛者亦有不痛者，吐瀉數次後，即兩腿抽搐，或手足並皆彎攣，痛愈甚，抽亦愈甚，頃刻肌肉盡削，漸覺氣短聲嘶，眼窠落陷，渴欲飲冷，周身冷汗如冰，六脈漸無，或半日即死，或夕發旦死，旦發夕死，甚至行路之人，忽然跌倒，或侍疾問病之人，傳染先死。」[47]

由上述症狀觀之，「吊腳痧」與「亞洲型霍亂」症狀相似。

在治療吊腳痧的過程中，徐氏觀察到：「醫以霍亂之法治之，百不救一」，從而認識到吊腳痧與古代所記載之「霍亂」不同。他認為，吊腳痧病起三陰，「陰寒直中三陰，故吊腳者多，吊手者少」，並發明溫經通陽之法，改用溫經通陽之藥治療，「治之未有不生者」。徐氏對於吊腳痧危重症的搶救時機也有相當的認識，認為：「若待六脈全無，冷汗頻出，雖欲挽回無及也」[48]。

該書對吊腳痧的論述較為完整，而吊腳痧的病名也一度成為霍亂病名的俗稱，例如臺灣漢醫黃玉階著有《霍亂吊腳痧醫書》即是。

此外，陸以湉撰《冷廬醫話》（1857）一書中提到：「病名霍亂轉筋（俗稱吊腳痧）」，並引用田晉元撰《時行霍亂指迷辨正》一文中所

46　王孟英，《霍亂論》，收入《陳修園醫書七十二種》（上海：上海書店，1988），頁 2425。

47　徐子默，《吊腳痧方論》，收入《陳修園醫書七十二種》（上海：上海書店，1988），頁 1961。

48　徐子默，《吊腳痧方論》，收入《陳修園醫書七十二種》（上海：上海書店，1988），頁 1962。

述：「世俗所稱吊腳痧一證，以為此真寒直中厥陰肝經，即霍亂轉筋是也。」[49]

　　蔣希曾撰《嶺南三急症醫方辨論》一書指出：「近來吊腳痧盛行，一患此症，上吐下瀉，頃刻腳攣拘急，頭汗如油，大肉盡落，子發午死，午發子死。俗名吊腳痧，子午症，形容其病之異，死之速也。」[50]

　　趙晴初著《廣輯存存齋醫話稿》一書指出：「霍亂轉筋，俗呼為吊腳痧。」[51]

　　許起所著《霍亂燃犀說》一書載稱：「邇年夏秋間每多吊腳痧與絞腸痧，即霍亂轉筋與乾霍亂也。每多誤以夏月伏陰所致，熱藥妄投，輒遭天橫。」[52]

　　1862年，王孟英撰《隨息居霍亂論》一書中，仍沿用霍亂轉筋之名，載稱：「丁酉八、九月間，杭州盛行霍亂轉筋之證」；並指出某些醫者「徒惑於吊腳痧、腳麻痧等俗名，而貿貿然妄投燥熱之藥，以促人天年，抑何不思之甚耶！」[53]

　　俞成甫認為，徐子默所稱「吊腳痧」，其實即「霍亂轉筋」、「吐瀉轉筋」等疾。余氏撰《急救時症經驗良方》一書中，亦多用霍亂轉筋之名，例如：「霍亂轉筋經驗丸方」、「霍亂轉筋湯方」等即是[54]。

　　由上可知，直到清末，即使「亞洲型霍亂」已經歷過數次的世界性大流行，然而，由於未能注意歐美的新式醫學資訊，以致中國傳統醫家

49　田晉元，《時行霍亂指迷》（上海：上海中醫學院出版社，1993），頁151。
50　蔣希曾，《嶺南三急症醫方辨論》（光緒間刊本瑞元堂藏板，1894），頁12。
51　趙晴初，《廣輯存存齋醫話稿》，收入陸拯主編，《近代中醫珍本集‧醫話分冊》（杭州：浙江科學技術出版社，2003），頁221。
52　許起，《霍亂燃犀說》，謝繼康誌，收入張年順主編，《中醫綜合類名著集成》（北京：華夏出版社，1998），頁3。
53　王孟英，《隨息居霍亂論》，收入《中國醫學大成》第十七冊（上海：上海科技出版社，1990），頁7、13。
54　俞成甫，《急救時症經驗良方》（清光緒十二年馮氏刻本松江仿古山莊藏版，1886），頁1-2。

並未有人提出「亞洲型霍亂」、「亞細亞霍亂」或者類似的名詞。

民國初年，開始有人注意到「亞洲型霍亂」的不同，史仲序認為可以分別採用俗名、「中國博醫會」譯名、日本譯名等加以區別，略謂：其一、俗名：見於《萬病回春》的乾霍亂、濕霍亂，《瘟疫論》的瓜瓤瘟，《張氏醫通》的番痧，《醫林改錯》的瘟毒痢，還有霍亂轉筋、弔腳痧、瘰螺痧等；其二、「中國博醫會」譯名：有亞細亞霍亂、真霍亂、霍亂吐瀉等；其三、日本譯名：虎列拉、亞細亞虎列拉等[55]。

其中，以「亞細亞霍亂」與亞洲型霍亂之詞義最為相近。

關於「亞洲型霍亂」，當時被稱為番痧、弔（吊）腳痧、瘰螺痧、子午痧等名稱，雖然是腸胃道症狀，卻與皮膚外科之「痧」症產生關聯，清末民初的醫家已經開始注意到這一現象。

當時，亞洲型霍亂之所以被稱作「痧病」，在於時人認為：「霍亂一症，皆由寒邪鬱結，氣閉不通，因而吐瀉交作。」[56]

治療霍亂之藥往往被稱為「痧藥」，徐子默即認為：「霍亂之症，吐瀉者為輕，不吐瀉者為重，或取嚏，或引吐，或攻下，或外治挑刮，或內服痧藥。因其病，由於熱閉，嚏則開其肺氣，吐則開其胃氣，下則開其脾氣，挑刮開其皮毛經絡之氣，痧藥開其臟腑之氣，總取其通，通則氣行熱亦瀉矣。」[57]

當時，中醫學家認為痧症具有一定程度的傳染性，例如章楠表示：「要皆不出六氣與穢惡釀成，故夏秋常多，冬春較少。而一方中病狀相類，亦如瘟疫之傳染。」[58]曹炳章認為當時流行的痧脹霍亂時疫，有屬

55　史仲序著，《中國醫學史》（臺北：正中，1988），頁264。

56　余新忠，《清代江南的瘟疫與社會——一項醫療社會史的研究》（北京：中國人民大學出版社，2003），頁114。

57　余新忠，《清代江南的瘟疫與社會——一項醫療社會史的研究》（北京：中國人民大學出版社，2003），頁115。

58　余新忠，《清代江南的瘟疫與社會——一項醫療社會史的研究》（北京：中國人民大學出版社，2003），頁113-116。

寒、屬熱、屬濕之分[59]。

　　乙未臺人抗日之役時，日本近衛師團軍醫部的衛生報告中，也將當時流行的「亞洲型霍亂」記述為「痧病」[60]。

　　綜上可知，1820年代以降，印度自古以來流行的地方性（endemic）霍亂致病菌毒性增強，隨著殖民貿易的交通往返之便，散播至印度以外的地區，形成世界流行性（pandemic）疾病。本文為了便於區別，採用外國文獻的「亞洲型霍亂」之名稱。

　　總之，19世紀以前，歐洲、美國等地對於「cholera」與「asiatic cholera」的認識即有差異，與中國的「霍亂」相似；當日本吸收荷蘭醫學之後，對於「亞洲型霍亂」的概念與歐洲的醫學界大致相似，特別採用「虎狼痢」[61]、「虎列刺」、「虎疫」等名稱記述19世紀的數次大流行。

第二節　亞洲型霍亂之世界性大流行

　　依據現代流行病學對於傳染病流行規模的定義，人類所發生的傳染病可區分為「散發」、「流行」和「大流行」等三種。（1）散發（sporadic）：係指發病人數不多，病例間無明顯傳播關係；（2）流行（epidemic）：係指單一地區某傳染病發病數明顯超過歷年的平均發病數；（3）大流行（pandemic）：則係指傳染病蔓延迅速，波及地域廣泛，往往在短時間內跨越省界、國界，甚至洲界，例如亞洲型霍亂所造成的多次世界性大流行即屬之[62]。

　　自古以來，印度恆河三角洲（Ganges Delta）一向被視為「古典生

59　曹炳章，〈霍亂寒熱辯正〉，《臺灣皇漢醫界》，22，1930，頁12。
60　木村達，《近衛師團軍醫部征臺衛生彙報》，〈出征中痧病的治驗〉（1896），國家圖書館臺灣分館藏，頁501。
61　緒方洪庵，《虎狼痢治準》（大阪：適適齋，1858）。
62　耿貫一主編，《流行病學》（北京：人民衛生出版社，1996），頁11-12。

物型（classical biotype）霍亂」的疾病發源區，因此，本區域也有「人類霍亂故鄉」的別稱。迄至 19 世紀初期以前，有一部分醫史學家形容霍亂的傳染速度有如「騎著駱駝旅行」，蓋因霍亂只是被局限於恆河三角洲部分區域內，隨著雨季來臨而周期性流行發作的地方性疾病。對印度和孟加拉等地居民而言，霍亂一直都屬於地方性疾病[63]。

德國公共衛生學研究所所長彼藤科費爾（Max Josef von. Pettenkofer，1818-1901）認為，霍亂如同傷寒（typhoid fever）一樣，自古以來便確實存在於印度某些區域的地方性疾病。16 世紀，當葡萄牙航海隊繞過好望角（Cape of Good Hope）抵達印度之後，葡萄牙人罹患了這種歐洲地區從未見過的新疾病，並且在水手之間爆發流行[64]。

關於「亞洲型霍亂」世界性大流行的年代與時間區隔，醫學史家之間存在著不同的看法。茲舉其犖犖大者如下，1882 年，德國醫師希瑟（Haeser，1811-1885）將大流行區分為四期，其中，第一期又分為兩個亞期；1883 年，德國醫師與醫學史家赫須（Hirsch，1817-1894）也將大流行分為四期，蓋因迄至 19 世紀時大流行尚未結束之故。

1912 年，司悌克（Sticker）將大流行分為五期；1934 年，中國醫史學家伍連德將大流行分為七期；1959 年，美國醫學院教授薄立哲（Pollitzer，1923-2002）也將大流行分為七期；1967 年，費森菲爾德（Felsenfeld）則將大流行分為六期[65]。

以上亞洲型霍亂大流行分期，依據世界衛生組織（WHO）的菌型分類，全部是由「古典生物型（classical biotype）」霍亂弧菌所造成[66]。

63　王旭東、孟慶龍著，《世界瘟疫史》（北京：中國社會科學出版社，2005），頁 82。

64　Max von. Pettenkofer, Thomas Whiteside Hime transl., *Cholera: How to Prevent and Resist It* (London: Baillière, Tindall, & Cox, 1883), p. 25.

65　程愷禮（Kerrie L. MacPherson），〈霍亂在中國（1820-1930）──傳染病國際化的一面〉，收入劉翠溶、伊懋可主編，《積漸所至──中國環境史論文集（下）》（臺北：中央研究院經濟研究所，1995），頁 750。

66　WHO, "Guidelines for the Production and Control of Inactivated Oral Cholera Vaccines," WHO Technical Report, Series No. 924, 2004.

　　究竟大流行該如何分期？有必要繼續探究。

　　自 1851 年起，歐美等「文明」國家陸續召開了十一次的國際衛生會議（International Sanitary Conference），各國取得一致結論，以 1817 年發生於印度傑索爾（Jessore，位於現今孟加拉西南部，加爾各答和達卡之間）地區的疫情作為第一次「亞洲型霍亂」世界性流行的起始。因此，可以確認亞洲型霍亂是由印度「輸出」到全世界[67]。

　　自古以來亞洲型霍亂即是印度恆河三角洲（Ganges Delta）地區的地方病，16 世紀以後蔓延至印度國內其他地方，造成許多次大流行；19 世紀初，霍亂病原菌開始散播至印度境外，亞洲多數地區都有霍亂的流行紀錄。因此，有史學家將 1817-1923 年期間定義為「霍亂流行的世紀」，參酌希瑟（Haeser）與赫須（Hirsch）等醫學史家及世界衛生組織的分類，略可區分為六次大流行。1923 年起，第六次亞洲型霍亂大流行在歐洲與遠東地區肆虐，此後便逐漸銷聲匿跡[68]。茲簡要敘述歷次的大流行如下：

一、第一次世界性大流行（1817-1823）

　　赫須、伍連德認為，第一次世界性大流行介於 1817-1823 年，流行時間為 6 年[69]。希瑟則認為，應是 1816-1823 年，蔓延時間為 7 年，屬於第一次大流行的前半期。

　　1817 年以前，亞洲型霍亂僅存在於恆河（Ganges）地區。1817 年 9 月 16 日，在印度與英國往來的一封書信中，提及「霍亂病」（cholera

67　Norman Howard-Jones, "The Scientific Background of the International Sanitary Conferences, 1851-1938," History of International Public Health, No. 1 (Geneva: World Health Organization, 1975), p. 30.

68　Roy Poretr 主編，張大慶主譯，《劍橋插圖醫學史》（濟南：山東畫報，2007），頁 24。

69　伍連德，〈中國霍亂流行史略及其古代療法概況〉，《同仁醫學》，8:4，1935。

morbus）之概念，之後，有關本次流行的任何正式文件都沒有將這次疫病稱為「霍亂」（cholera）；疫情持續到 1817 年底，霍亂傳遍了孟加拉地區，並於翌年 1 月蔓延到本德爾康得（Bundelcund）的黑斯廷斯侯爵營地（Marquis of Hastings）、德里、孟買等印度大部分地區，據估計，疫情肆虐的地區有高達 7.5% 人口罹患該病[70]。

1818 年，印度境外的錫蘭島（Ceylon，今斯里蘭卡）也開始出現流行；翌年，蔓延至馬來半島，且席捲了緬甸、暹羅（今泰國）、新加坡、菲律賓等地；1820 年，霍亂進而向東襲擊了爪哇、巴達維亞（今印尼雅加達）、廣東、寧波等地；1821-1822 年，北京、婆羅洲（Borneo）、朝鮮等地亦爆發流行，日本也於 1822（文政 5）年受到波及。

霍亂向西的傳播途徑，主要是侵襲了非洲東岸與小亞細亞地區，只有歐洲未受到波及。

1817-1823 年英國征服印度之役、1821 年波斯與土耳其戰役等，都助長了疫情的傳播，霍亂病原菌隨著波斯軍隊到達巴格達、敘利亞等地[71]。1823 年，霍亂侵襲了埃及、蘇丹、裏海沿岸，沿地中海海岸傳遍了整個敘利亞。霍亂的消退很緩慢，大流行持續了許多年才停止[72]。

大體而言，首次世界性大流行區域主要集中在印度、錫蘭、緬甸、尼泊爾、暹羅、麻六甲、蘇門達臘、菲律賓、阿拉伯、美索不達米亞、波斯、敘利亞、高加索、中國、日本、埃及、蘇丹等亞洲和非洲部分地區，歐美地區並未受到波及。

關於本次大流行的肇因，部分醫學史家根據英國的「印度報告」（British India Reports）分析，1817 年，孟加拉地區降雨量暴增，導致

70　王旭東、孟慶龍著，《世界瘟疫史》（北京：中國社會科學出版社，2005），頁 84-85。

71　窪田一夫，〈臺灣二於ケル「コレラ」ノ疫學的觀察—前編（疫史編）（附表）〉，《臺灣醫學會雜誌》，34:367，1935，頁 1684-1685。

72　王旭東、孟慶龍著，《世界瘟疫史》（北京：中國社會科學出版社，2005），頁 84。

洪水泛濫，造成了糧食歉收、饑饉等，以及蜂擁前來恆河淨身的宗教朝聖者、軍隊和商旅的遷徙等，都是引發霍亂流行的自然環境及社會環境的間接因素[73]。這是人類歷史上第一次有明確記錄的霍亂大流行，受害人數多達數十萬之眾。

　　在東亞地區，以中國為例，氣候異常也是霍亂大流行的助因之一。從長江下游地區的地方文獻記載中顯示，1808（嘉慶13）年松江府的氣候異常造成痢疾流行，據載：「秋八月，上海三涇廟桃花盛開，是時痢疾多不治」[74]，其死亡率與後來流行的亞洲型霍亂差可比擬。

　　十二年後，1820（嘉慶25）年起第一次亞洲型霍亂世界性大流行的記載開始出現，包括了松江府、太倉州、寧波府等[75]。1821年，疫情持續發威，長江下游遭波及的區域更廣，多達7個府，包括江寧府、蘇州府、松江府、太倉州、嘉興府、湖州府、寧波府等地[76]。該年的疫情

73　程愷禮（Kerrie L. MacPherson），〈霍亂在中國（1820-1930）──傳染病國際化的一面〉，收入劉翠溶、伊懋可主編，《積漸所至──中國環境史論文集（下）》（臺北：中央研究院經濟研究所，1995），頁755-756。王旭東、孟慶龍著，《世界瘟疫史》（北京：中國社會科學出版社，2005），頁85。

74　應寶時修，俞樾纂，《（同治）上海縣志》，〈雜記、祥異〉，收入《中國方志叢書》華中地方第169號（臺北：成文，1989），頁2623。

75　松江府：「金山、奉賢耕秋大疫，須臾不救，有一家傷數口者。上海秋大疫。青浦秋大疫。川沙秋大疫。華婁秋大疫。南匯疫癧大行，轉筋霍亂症自此始」。太倉州：「太倉州鎮洋縣秋大疫，患者手足蜷攣，俗名蜘蛛瘟。嘉定秋大疫」。寧波府：「鄞縣秋大疫，其病腳筋縮即死，名吊腳痧。慈溪六月寒可御裘，是秋大疫，其病霍亂吐瀉，腳筋頓縮，朝發夕斃，名吊腳痧，死者無算。象山大旱，秋大疫，石浦尤甚，其症腳筋抽搐即死，城中設蘸教場演武廳，七日疫止。定海疫，獲此疾者十有七、八死，死者速在一、二日間」。見余新忠，《清代江南的瘟疫與社會──一項醫療社會史的研究》（北京：中國人民大學出版社，2003），頁54。

76　江寧府：「金陵秋疫。夏秋之交，上江痧症大行，患者腹絞痛，吐瀉不出，四肢厥冷，逾時即不可救，死者甚眾，名曰：『穿心痧』」。蘇州府：「蘇州府大疫。昆新夏秋大疫，民多驟死，鄉村尤甚，市棺者價驟增數倍，匠役工時易如之。貧者至不能具棺，好義者為貿工市材以給，入冬始止。吳江春疫，夏疫甚。常熟、昭文夏秋疫，至冬乃止，名蜘蛛瘟」。松江府：「夏，松江府大疫，秋，雞翼兩旁生爪，歲大熟，其症似乾霍亂，手足拘攣，須臾不可救，有一家喪數口者。上海夏大疫，其症多係乾霍亂，手足拘攣，須臾不救，且易傳染，有一家喪數口者。川

更延續至 1822（道光 2）年初。

　　由此可知，當人們遭受新型傳染病初襲時，由於缺乏足夠的抵抗力，短時間內造成大量的人口死亡，乃勢所必然。無怪乎，第一次亞洲型霍亂在中國長江下游地區流行時多達七個府遭受波及並造成眾多人罹難。本次流行範圍內的人口約 2,582 萬人，面積約 38,930 平方公里[77]，面積比臺灣稍大。

　　1822 年，接近大流行的尾聲，疫情逐漸消退，受到波及的地方明顯變少，只有蘇州府一地：「夏，常熟、昭文疫又作，水中見紅色，人飲之輒病。」明顯的，是因水質污染所造成的流行性腸胃道疾病[78]。

二、第二次世界性大流行（1826-1837）與歐洲

　　赫須、伍連德認為第二次世界性大流行介於 1826-1837 年，流行時

沙大疫，其症似乾霍亂，手足拘攣，須臾不可救，有一家喪數口者。瘟疫時行。金山鬼火夜盛，瘟疫時行。南匯通邑患霍亂，治稍緩即斃，有全家罹此劫者」。太倉州：「太倉州鎮洋縣六月大疫，至九月始已。時難翅兩旁生爪。名曰蜘蛛瘟，始而嘔瀉，繼而手足筋骨俱欠，醫藥無效，至二年十月始止。嘉定秋大疫，手足麻木，經脈攣縮，俗名蜘蛛瘟，或一家死二、三人，身有紅印。其疾初患，麻木自手者，手即冷，自足者，足即冷，筋脈攣縮，痛不可忍，俗名蜘蛛瘟，有一村死二、三人者，有一家死二、三人者，患時身有紅印，或方或圓者多死。寶山夏秋大疫」。嘉興府：「平湖夏大疫，俗名吊腳痧，死者甚眾。六、七月間，嘉善大疫，名吊腳痧，死者無虛日，秋有年。秀水新暦秋大疫。桐鄉青鎮夏大疫」。湖州府：「雙林夏大疫，俗名吊腳痧，死者無算。德清夏大疫。長興大疫，死者無算。烏程南潯夏大疫」。寧波府：「八月，鎮海桃李花開，夏秋間，霍亂盛行，犯者上吐下瀉，不逾時殞命，城鄉死者數千人，惟僧尼孩幼少犯，秋冬霜盛漸瘥。慈溪夏又疫，較上年更甚」。見余新忠，《清代江南的瘟疫與社會——一項醫療社會史的研究》（北京：中國人民大學出版社，2003），頁 375。

77　依據王業鍵、黃瑩珏，〈清中葉東南沿海糧食作物分布、糧食供需及糧價分析〉，《中央研究院歷史語言研究所集刊》，70:2，1999，頁 376-377。見余新忠，《清代江南的瘟疫與社會——一項醫療社會史的研究》（北京：中國人民大學出版社，2003），頁 55。

78　余新忠，《清代江南的瘟疫與社會——一項醫療社會史的研究》（北京：中國人民大學出版社，2003），頁 372-408。

間為 11 年；希瑟則認為該階段屬於第一次大流行的後半期；希瑟之所以將本次流行歸為第一次大流行，蓋因疫情延續上一波疫情而毫無間斷的跡象。

1824 年，霍亂在孟加拉地區再度復燃，持續至 1826 年，盛行於恆河三角洲，軍隊中也出現了霍亂病例。接著，1827 年，印度發生小規模的流行，不久，進而往境外蔓延，出現第二次世界性大流行，美洲地區亦未能倖免。

關於本次大流行的傳染途徑，大致以孟加拉（Bengal）地區的霍亂為始向外散播。陸路部分，以土耳其、俄羅斯兩地最為嚴重；傳染源也經由海路侵襲英國，由英國蔓延至加拿大、美洲中部各地。海路部分，向東侵襲中國南部沿海、廣東、北京及滿蒙地區。本次造成歐洲大流行的源頭，被懷疑與前往麥加（Mecca）朝聖返鄉民眾所攜帶的病原有關[79]。

關於本次大流行的梗概，1827 年，霍亂由孟加拉蔓延至印度旁遮普地區；兩年後，1829 年，肆虐波斯、裏海沿岸，8 月，抵達俄羅斯的北部和西部。1830 年，莫斯科（Moscow）成為歐洲地區第一個慘遭霍亂蹂躪的城市，死亡率超過五成，驚惶失措的難民湧入聖彼得堡（St. Petersburg）與斯摩林斯克（Smolensk），無形中加速了霍亂的散播，波蘭、德國等地相繼淪陷，病菌更藉由船隻傳入英國。本次傳播的途徑可分為二，海陸部分先襲擊各國的港都，接著沿河川與運河蔓延；陸路散播的途徑是隨著商人、勞工、軍隊與難民潮。1830 至 1831 年冬天，波蘭境內的俄國軍隊爆發了數波流行，並於翌年春天侵入華沙與波蘭全境[80]。

79　窪田一夫，〈臺灣ニ於ケル「コレラ」ノ疫學的觀察—前編（疫史編）（附表）〉，《臺灣醫學會雜誌》，34:367，1935，頁 1685。

80　Arnold Karlen（阿諾・卡倫）著，楊幼蘭譯，《病菌與人類的戰爭（Men and Microbes）》（臺中：晨星，2000），頁 195。

　　歐洲中部地區，1831 年 6 月起，匈牙利（Hungary）爆發疫情，接著，向東肆虐土耳其和麥加；7 月，霍亂橫掃君士坦丁堡；8 月，侵襲羅馬尼亞、柏林和維也納；10 月，漢堡、英格蘭的桑德蘭（Sunderland）地區相繼宣告淪陷，疫情持續至該年秋末冬初，方才停歇[81]。

　　歐洲地區的霍亂疫情，在英、法兩國引起了高度的關注。相關的學者與衛生官員認為，霍亂與數個世紀以前發生的黑死病相似，顯然是藉由旅行者、商人和水手而造成的遠距離傳播；影響所及，為了阻擋霍亂越過英吉利海峽，英國軍艦曾緊急出動，對疫區駛來的貨船實施攔截，然而，並未能有效阻止疫病在英國登陸[82]。

　　1831 年，霍亂侵襲歐洲陸地、英國等，以巴黎一地為例，自 3 月 26 日傳出首宗霍亂病例以來，迄 4 月分為止，總共有 12,733 人因為霍亂而喪生，全年總罹難人數則達到 44,119 人。1831 年 6 月，巴黎皇家醫學會（The Royal Academy of Medicine of Paris）受法國政府之託，針對俄羅斯、普魯士（Prussia）、奧地利等國提供相關援助。然而，仍無法有效遏阻霍亂的蔓延[83]。1831、1832、1837 年，普魯士因為霍亂病歿者高達 51,926 人[84]。

　　1832 年 6 月，霍亂橫越大西洋而登陸美洲，加拿大率先受到波及。疫病史學家推測，該年 4 月，霍亂侵襲愛爾蘭，病源可能是隨著由疫區都柏林啟程的移民船「卡里克斯」（Caricks）號抵達加拿大；6 月 3 日，該船駛抵魁北克（Québec）以前，在船上的 173 名乘客中，已經有 42 人出現霍亂症狀而死亡；8 日，魁北克當地開始出現霍亂疫情；

81　王旭東、孟慶龍著，《世界瘟疫史》（北京：中國社會科學出版社，2005），頁 85。

82　E. A. Heaman, "The Rise and Fall of Anticontagionism in France," *Bulletin of the History of Medicine*, 12 , 1995, pp. 3-25.

83　Norman Howard-Jones, "The Scientific Background of the International Sanitary Conferences, 1851-1938," History of International Public Health, No. 1 (Geneva: World Health Organization, 1975), pp. 10, 18.

84　陳紹馨，《臺灣的人口變遷與社會變遷》（臺北：聯經，1992），頁 269。

19日，蒙特利爾（Montreal）傳出疫情；23日起，霍亂南下入侵美國紐約，該年共造成3,513人死亡；7月5日，費城也成為霍亂疫區，避疫的難民紛紛逃往格林威治（Greenwich）與哈林（Harlem）等鄉鎮。1833年，霍亂持續在中南美洲地區發威，迅速散播到加勒比海和中美洲地區。1834年，紐約因霍亂而死亡者共有971人[85]。1835年，霍亂再度於地中海沿岸的義大利爆發；直到該年年底，霍亂終於在印度暫歇。當時，歐洲與美國的醫學界幾乎束手無策，完全不知道能夠用什麼樣的藥物或治療方法來對付這種疫疾，所以，一旦罹患霍亂便等同於絕症。以東歐地區為例，1830年的霍亂大流行時，平均每20個俄羅斯人或每30個波蘭人中，就有一人罹病死亡；據說，歐洲當時最惡毒的詛咒話是：「你去得霍亂！」[86]。

　　第二次世界性大流行時，中國方面的記載不多，有可能是受到的波及不大。比較明確的記載，出現於溫病學家王孟英撰的《隨息居霍亂論》一書中，據載，1837（道光17）年8、9月間，杭州盛行霍亂轉筋之症[87]。

　　對歐美地區而言，這次霍亂大流行造成了社會、經濟等方面的衝擊甚大，此後的幾次大流行接踵而至，政府、醫學界和科學界所作出的因應之道有助於歐美地區的科學發展，諸如細菌學說的盛行、衛生的改良和普及即是。

三、第三次世界性大流行（1846-1862）與國際衛生會議

　　赫須、伍連德認為第三次世界性大流行介於1846-1862年，流行時

85　陳紹馨，《臺灣的人口變遷與社會變遷》（臺北：聯經，1992），頁323。
86　Arnold Karlen（阿諾・卡倫）著，楊幼蘭譯，《病菌與人類的戰爭（Men and Microbes）》（臺中：晨星，2000），頁195。
87　王孟英，《隨息居霍亂論》，收入盛增秀主編，《明清名醫全書大成：王孟英醫學全書》（北京：中國中醫藥出版社，1999），頁166-167。

間為 17 年。依據希瑟的分期，則屬於第二階段流行（1840-1850）和第三階段流行（1852-1860），流行時間合計為 18 年。綜合兩人的論述後發現，兩種分期的流行總時間相近，只有一年差距，但起始年卻有六年的差距，蓋因雙方掌握的資料和對流行的認定有所差異所致。多數史學家認為本次大流行的起始時間為 1846 年，這應該是因為忽略了亞洲的流行所造成。茲略述本次大流行的梗概如下：

1839 年，霍亂病原菌自印度地區隨著英國軍隊進入阿富汗；1840年，霍亂隨著鴉片戰爭（The Opium War）進入中國；1841、1842 年，在中國造成數次大流行；1844、1845 年，霍亂傳到波斯和中亞地區，隨後，迅速蔓延到世界各地[88]。

1846 年，霍亂在恆河三角洲與阿富汗（Afghanistan）等地再度流行，然後沿著波斯灣侵入阿拉伯、兩河流域、波斯等地；1846-1847年，霍亂傳到阿拉伯海、裏海和黑海沿岸，僅 1846 年 11 月，麥加地區罹病而亡者眾；1847 年 10 月 24 日起，霍亂襲擊君士坦丁堡[89]。

1848 年春天，潛伏於中東地區的霍亂再度爆發，沿著阿拉伯、波蘭、瑞典的路線傳播；3 月，席捲巴黎，此後，法國、義大利、突尼斯和阿爾及利亞等地相繼遭受荼毒；同年 7 月，病毒進犯柏林；9 月，到達漢堡、荷蘭，並越過英吉利海峽進入倫敦和愛丁堡、英格蘭等地區。12 月，霍亂進而跨越大西洋侵入紐約（New York）和新奧爾良（New Orland），旋即快速橫掃北美大陸。換句話說，本年的疫情已經完全覆蓋了第二次世界大流行的區域[90]，足見人口擁擠的城市往往是霍亂的溫床，從表 2-2-1 中可知，普魯士在本階段即發生過四次大流行與兩次小

88　王旭東、孟慶龍著，《世界瘟疫史》（北京：中國社會科學出版社，2005），頁 86。

89　〔英〕Frederick Cartwright（卡特賴特）、Michael Biddiss（比迪斯）等著，陳仲丹等譯，《疾病改變歷史（Disease & History）》（濟南：山東畫報出版社，2004），頁 129。

90　窪田一夫，〈臺灣ニ於ケル「コレラ」ノ疫學的觀察—前編（疫史編）（附表）〉，《臺灣醫學會雜誌》，34:367，1935，頁 1700-1701。

流行，總死亡數約 17 萬人。

表 2-2-1　1846-1862 年普魯士的霍亂流行與死亡人數概況表

流行年度	死亡人數（人）
1848-1850	84,665
1851	305
1852-1853	48,610
1854	775
1855	30,353
1856-1860	6,211
總計	170,919

資料來源：陳紹馨，《臺灣的人口變遷與社會變遷》（臺北：聯經，1992），頁 269。

　　1849 年 1 月，霍亂席捲了全愛爾蘭（Ireland）的救濟院、醫院與監獄，據推測，病源可能是往來於愛丁堡（Edinburgh）及貝爾發斯特（Belfast）的交通船；傳染源藉由交通便利之故進襲北美洲，該年，紐約地區因霍亂病歿者有 5,071 人[91]。1850 年，霍亂病原菌藉由馬車車隊和巴拿馬啟航的船隻，從海陸兩途夾擊加利福尼亞（California）地區；同年，霍亂並席捲北非、歐洲及南、北美洲各地，疫情報告未曾間斷，許多地區的疫情一直延續至 1852 年[92]。

　　1851 年，霍亂肆虐於大加那利（Grand Canary）島；1853-1854 年，霍亂持續在俄羅斯、中歐各國、近東和美洲蔓延，據統計，法國共有 143,478 人喪生。1853-1856 年的克里米亞（Creamier）戰爭期間，英國、法國、薩丁尼亞、土耳其聯軍受到霍亂所苦，不但折損戰力，更造成地中海沿岸地區大流行[93]。

　　在東亞地區，1851 年，寧波出現霍亂流行；1852 年，霍亂到達印

91　陳紹馨，《臺灣的人口變遷與社會變遷》（臺北：聯經，1992），頁 323。

92　Arnold Karlen（阿諾‧卡倫）著，楊幼蘭譯，《病菌與人類的戰爭（Men and Microbes）》（臺中：晨星，2000），頁 178-179。

93　窪田一夫，〈臺灣ニ於ケル「コレラ」ノ疫學的觀察—前編（疫史編）（附表）〉，《臺灣醫學會雜誌》，34:367，1935，頁 1685。

度尼西亞（Indonesia）；1854 年，再度席捲中國和日本，死亡枕藉，在紐約共造成 2,509 人死亡[94]；1856 年，杭州地區爆發霍亂流行，當地人稱為「吊腳痧」，出現吐瀉腹痛、足筋拘急等危症，若不及時救治，兩小時以內即斃命[95]；1858 年，受到第一次英法聯軍的影響，霍亂病源隨著軍隊再度肆虐中國；鄰近的日本（安政 5 年）也遭受池魚之殃，江戶（東京）一地受創尤重[96]。1856-1858 年間，西班牙、葡萄牙兩國受到霍亂無情的肆虐；1859 年，霍亂侵襲朝鮮；1861 年秋，嘉興濮院盛行霍亂轉筋之症[97]，1862 年 4 月，嘉興流行吐瀉之急症、罹病者往往在一日內死亡，同年夏天，上海有數百人死於霍亂，常熟、吳江等地的流行則被稱為「子午痧」或「吊腳痧」，每日死亡者高達數十人；1863 年，富陽、海寧、常熟、吳江、新陽、嘉興等地再度流行，死亡枕藉，以致「鄉間無棺可售」[98]。

總之，本次流行同樣波及了亞、歐、非、美等四大洲。

值得注意的是，本次大流行期間，1851、1859 年起，歐洲國家在巴黎召開過兩次國際衛生會議（International Sanitary Conference）。在 19 世紀的數次國際衛生會議上，冗長的辯論主要集中在「霍亂」這個議題上；討論的主軸圍繞著「微生物」（microbial versus）抑或「瘴氣因素」（miasmatic causes）導致霍亂？並且，特別針對歐洲國家，討論「個人衛生」（hygiene）、「環境衛生」（sanitation）、「檢疫工作」

---

94 陳紹馨，《臺灣的人口變遷與社會變遷》（臺北：聯經，1992），頁 323。
95 余新忠，《清代江南的瘟疫與社會──一項醫療社會史的研究》（北京：中國人民大學出版社，2003），頁 93。
96 高島祐庵，《瀉疫新論》，收入陳存仁主編，《皇漢醫學叢書》（臺北：新文豐，1989），山田業廣跋，頁 1。
97 王孟英，《隨息居霍亂論》，收入盛增秀主編，《明清名醫全書大成：王孟英醫學全書》（北京：中國中醫藥出版社，1999），頁 133。
98 應寶時修，俞樾纂，〈雜記、祥異〉，《（同治）上海縣志》，收入《中國方志叢書》華中地方第 169 號（臺北：成文，1989），頁 2624。

（quarantine）等各項措施對於控制或預防霍亂蔓延的優缺點與成效[99]。然而，針對霍亂的防治，與會代表的意見相當分歧，並未達成任何共識。

1854 年，倫敦爆發大流行期間，英國皇家醫學會醫師史諾（John Snow）進行首次流行病學調查，所獲得的結果，有助於世界重視遭受污染的水源正是霍亂病傳染的元兇，間接促進了日後流行病學與公共衛生學的興盛[100]。同年，帕西尼在佛羅倫斯解剖了三具因霍亂而死亡的遺體，發現數以百萬計的弧菌。同時，與身體其他組織比較過以後，帕西尼作出如下推論：

> 型態相似的弧菌也有可能存在於身體其他部位，對於人體並無明顯的危害，惟獨霍亂弧菌是一種特殊的致病物種，當它存在於人體的腸道以後，與霍亂症狀密不可分[101]。

這是在 19 世紀時，針對霍亂弧菌具有特定傳染性最早且正確的描述。此後 30 年期間，帕西尼以義大利文發表了 6 篇關於霍亂的各種觀察報告，由於歐洲地區認定該傳染病是源於印度，因此，帕西尼將這種流行性傳染病冠以「亞洲型霍亂」（colera asiatico）的專稱，其研究成果如下：「亞洲型霍亂的顯微鏡觀察與病理推論」、「亞洲型霍亂的具體原因」、「亞洲型霍亂的本質」、「亞洲型霍亂患者瀕臨死亡前的救療」、「亞洲型霍亂死亡個案之研究」、「亞洲型霍亂病程」等[102]。但是，因為

99　S. C. Hugh, "The International Sanitary Conference," *American Journal of Public Health*, 16:10, 1926, pp. 975-980.

100　陳建仁編著，《流行病學》（臺北：編者，1983），頁 26-27。

101　Norman Howard-Jones, "The Scientific Background of the International Sanitary Conferences,1851-1938," History of International Public Health, No. 1 (Geneva: World Health Organization, 1975), pp. 27, 33, 35, 42, 46.

102　帕西尼的義大利原文研究成果如下：*Osservazioni microspociche e deduzioni patologiche sul Cholera asiatico*, Firenze (1854); *Sulla causa specifica del colera asiatico*, Firenze (1865); *Della natura del colera asiatico, sua teoria matematica e sua comparizione col*

論文完全沒有翻譯成英文之故,所以,歐洲其他地區無法充分認識帕西尼的研究成果。然而,直到他去世前,這樣的概念完全沒有被注意。

四、第四次世界性大流行(1864-1875)與公共衛生

第三次與第四次大流行之間的空窗期極短,各地仍然出現了小流行。本次流行,赫須、伍連德認為,介於 1864-1875 年,流行時間為 12 年[103]。依據希瑟的分期,則為 1863-1873 年,流行時間為 11 年。兩者的劃分大致相同。

由於海陸交通發達之故,1864 年起,第四次霍亂大流行再度席捲世界各地。有學者認為,第四次霍亂大流行的起始時間應為 1863 年,也有人認為始於 1865 年,這是因為該年 5 月在麥加地區的霍亂大流行,經由蘇伊士(Suez)運河歸航的巡禮船將病原菌帶入埃及地區,此後數週,疫情主要圍繞著地中海進行傳播,席捲南歐一帶的法國馬賽(Marseilles)、義大利安科那(Ancona)、馬爾他(Malta)、君士坦丁堡(Constantinople)等地;同時,更侵襲法國、義大利、西班牙、土耳其、羅馬尼亞、俄羅斯等地而造成大流行[104]。

美洲新大陸亦未能倖免。1865-1866 年,西印度群島、美國等地

---

colera eurepeo e con altri profluvi intestinali, Firenze (1866); *Sull'ultimo stadio del colera asiatico o stadio d morte apparente dei colerosi e sul modo di farli risorgere*, Firenze (1871); *Sopra il caso particolare de morte apparente del ultimo stado del colera asiatico*, Firenze (1876); *Del processo morboso del colera asiatico*, Firenze (1880). See Norman Howard-Jones, "The Scientific Background of the International Sanitary Conferences,1851-1938," History of International Public Health, No. 1 (Geneva: World Health Organization, 1975), pp. 27-28, 42.

103 余新忠,《清代江南的瘟疫與社會──一項醫療社會史的研究》(北京:中國人民大學出版社,2003 年),頁 93。

104 Norman Howard-Jones, "The Scientific Background of the International Sanitary Conferences,1851-1938," History of International Public Health, No. 1 (Geneva: World Health Organization, 1975), pp. 41-42.

爆發霍亂流行，紐約市依循英國的模式，設立公共衛生委員會（Public Health Committe），美國聯邦政府隨即跟進，在都市排水與廢棄物處理系統的不斷改良之下，霍亂病例數明顯減少，1866 年，紐約的霍亂死亡數為 1,137 人[105]。

歐洲部分，1866 年，霍亂由鹿特丹港（Rotterdam）侵襲英國，該病源被懷疑來自於德國。據分析，1866 年初，霍亂在普奧戰爭的推波助瀾下，很快地傳遍歐洲大陸，其中，由於德國和奧地利是交戰國，霍亂疫情蔓延迅速；該年，普魯士的霍亂死亡人數高達 114,776 人，翌年，疫情稍退，死亡 6,086 人[106]。此後，更進而肆虐了俄國、瑞典、英國、匈牙利、荷蘭、比利時、義大利、阿爾及利亞等地。1866-1867 年，北非的阿爾及利亞、摩洛哥、幾內亞，以及中東的阿拉伯、敘利亞等地，陸續傳出小規模流行[107]。

1868 年，當霍亂再度襲擊英國，由查德威克（Edwin Chadwick）、威廉・法爾（William Farr）等人努力改善公共衛生與排水系統的成效終於顯現，英國地區的感染率或死亡率都明顯降低[108]。

1869 年，東非、南美洲的布宜諾斯艾利斯（Buenos Aires）等地也傳出大流行；1869-1870 年，俄國發生小規模流行疫情後暫歇；1871 年，病毒餘威侵襲中歐，造成德意志地區流行，俄國的西伯利亞南部城市托博爾斯克（Tobolsk）和托木斯克（Tomsk）等地同受波及。1871-1874 年，美洲與波斯地區再度爆發流行，疫情延續至 1875 年才停歇；1872-1873 年，匈牙利共有 19 萬人死於霍亂；1873 年，普魯士

---

105 Arnold Karlen（阿諾・卡倫）著，楊幼蘭譯，《病菌與人類的戰爭（Men and Microbes）》（臺中：晨星，2000），頁 202。
106 陳紹馨，《臺灣的人口變遷與社會變遷》（臺北：聯經，1992），頁 269。
107 王旭東、孟慶龍著，《世界瘟疫史》（北京：中國社會科學出版社，2005），頁 87。
108 Arnold Karlen（阿諾・卡倫）著，楊幼蘭譯，《病菌與人類的戰爭（Men and Microbes）》（臺中：晨星，2000），頁 200-201。

即有 28,634 人死於霍亂，全德國因為霍亂而喪生者共 33,156 人[109]。此外，1877-1879 年，日本亦遭遇嚴重的霍亂流行，1879 年，共有 158,204 人發病、89,207 人死亡，該部分雖未被列入第四次世界性大流行的範圍，仍然應該加以觀察[110]。

在中國，1864（同治 3）年，適為第四次世界性大流行的第一年，霍亂波及長江下游的蘇州府，而太平天國亂事更助長了疫情，據載：「四月，自長毛去後，常熟遍處起病，醫者忙極，西南尤甚，死者亦多。」上海也傳出嚴重的疫情。之後，迄至 1876 年的 12 年間，未再出現霍亂流行的記載[111]。

1877（光緒 3）年，上海地區霍亂流行，共造成 22 名外國人死亡，中國人的死亡數則不得其詳，寧波也爆發流行；翌年春天，上海一地喉症與霍亂兼行，醫藥大多罔效，寧波也受到霍亂肆虐[112]。據《申報》記載，上海一地因霍亂而死亡者不多，只有南匯地區較為嚴重。9月 10 日報導：

> 時疫盛行：霍亂吐瀉之症，本埠亦間有之，第因此而亡者，當
> 不多耳，惟南匯間頗盛行，每夜登屋招魂者，幾至同聲相應，
> 大抵夏日太涼，攝衛稍疏，致有此症耳[113]。

大流行以外，各地仍有小流行。1881 年，上海地區的霍亂，共造成中國籍 251 人及外國籍 25 人死亡；翌年，蘇州也爆發霍亂流行[114]。

---

109 陳紹馨，《臺灣的人口變遷與社會變遷》（臺北：聯經，1992），頁 269。

110 窪田一夫，〈臺灣ニ於ケル「コレラ」ノ疫學的觀察—前編（疫史編）（附表）〉，《臺灣醫學會雜誌》，34:367，1935，頁 1685-1686。

111 余新忠，《清代江南的瘟疫與社會——一項醫療社會史的研究》（北京：中國人民大學出版社，2003），頁 97。

112 余新忠，《清代江南的瘟疫與社會——一項醫療社會史的研究》（北京：中國人民大學出版社，2003），頁 91、372-408。

113 《申報》，1877 年 9 月 19 日。

114 余新忠，《清代江南的瘟疫與社會——一項醫療社會史的研究》（北京：中國人民

　　1866 年，在伊斯坦堡（Istanbul）所舉行的第三次國際衛生會議上，各國取得了共識，肯定史諾的研究成果，即「霍亂是源自於印度的疾病，以水為媒介而傳播；自 1830 年以來，藉由人口移動而散播席捲全球」，相反的，卻完全無視於帕西尼的研究成果。蓋因為當時的會議，由德國籍公共衛生奠基者彼騰科費爾（Max Josef von. Pettenkofer，1818-1901）所主導，他堅持「空氣是霍亂傳播的工具」，因此，導致霍亂的依舊是「瘴氣（miasma）」而非細菌[115]。

五、第五次世界性大流行（1883-1896）與病源探索

　　關於第五次大流行的起迄時間，眾說紛紜，薄立哲（Pollitzer）認為是 1881-1893 年間；費森菲爾德（Felsenfeld）認為是 1881-1896 年間，兩者的起始時間相同。伍連德則認為本次流行屬於第五（1883-1887 年）與第六階段（1892-1895 年），換句話說，從 1883-1895 年間，只有 1888 至 1891 年的短暫四年，屬於流行的「空窗期」[116]。本文採臺灣總督府的看法，以 1883-1896 的 13 年期間為流行期，與薄立哲和費森菲爾德的分類法較接近[117]。流行區域以東歐及北歐的疫情較嚴重。

　　1882 年，漢堡（Hamburg）地區首先傳出霍亂病例，也啟動了歐洲地區的流行。起初，疫情僅局限於地中海沿岸的北非和南歐地區，後

大學出版社，2003），頁 94。

[115] Norman Howard-Jones, "The Scientific Background of the International Sanitary Conferences,1851-1938," History of International Public Health, No. 1 (Geneva: World Health Organization, 1975), p. 34.

[116] 程愷禮（Kerrie L. MacPherson），〈霍亂在中國（1820-1930）——傳染病國際化的一面〉，收入劉翠溶、伊懋可主編，《積漸所至——中國環境史論文集（下）》（臺北：中央研究院經濟研究所，1995），頁 750。

[117] 臺灣總督府警務局編，《大正八、九年「コレラ」病流行誌》（臺北：編者，1922），頁 2。

來蔓延至俄國和德國內地；翌年，霍亂再度由印度傳出境外，造成波斯、阿拉伯、埃及、小亞細亞等地區的流行；1884 年，法國境內爆發流行；西班牙地區分別於 1884、1885 和 1890 等三個年度傳出疫情，其中，以 1885 年的疫情較為嚴重；1887 年，紐約發生霍亂時，因為檢疫制度與衛生設施的改良奏效，立刻抑制了疫情，但是，拉丁美洲地區卻爆發嚴重的流行[118]。

　　1885 年夏秋之交，中國嘉定、寶山、湖洲等地遭逢數次暴風雨的侵襲之後，發生霍亂流行；翌年，霍亂流行於定海、無錫、金匱等地；1887 年，吳門、紹興、鄞縣、慈溪、奉化剡源、沙隄、公塘、康嶺、象山等地遭受霍亂肆虐；翌年，上海有 375 人因為霍亂而死亡，寧波、武進、陽湖也爆發流行；1890 年，霍亂侵襲上海、嘉定、寶山、溧陽、金壇等地；翌年夏秋之交，吳江黎里、長州相城、溧陽等地傳出疫情；1895 年，流行於常熟昭文、蘇州、青浦、奉化等地，上海租界分別有外國籍 20 人及中國籍 930 人病歿[119]。

　　1891-1892 年，俄羅斯、德國等地爆發流行。1892 年，僅俄羅斯一地因霍亂而歿者達到 266,200 人，粗估全歐洲地區死亡者約有 410,000 人[120]。由表 2-2-2 中可知，1892-1895 年，霍亂在歐洲地區的流行仍然相當嚴重，總死亡數約 335,902 人。

---

118 〔英〕Frederick Cartwright（卡特賴特）、Michael Biddiss（比迪斯）等著，陳仲丹等譯，《疾病改變歷史（Disease & History）》（濟南：山東畫報出版社，2004），頁 142。
119 余新忠，《清代江南的瘟疫與社會──一項醫療社會史的研究》（北京：中國人民大學出版社，2003），頁 95-96。
120 陳紹馨，《臺灣的人口變遷與社會變遷》（臺北：聯經，1992），頁 77。

表 2-2-2　1892-1895 年歐洲地區的霍亂流行與死亡人數概況表

流行地 ＼ 流行年	1892	1893	1894	1895	計
漢堡	8,060	70	1	-	8,131
普魯士	866	289	478	-	1,634
比利時	981	452	1,228	41	2,702
西班牙	119	916	8,739	425	10,199
義大利	-	3,040	20	-	3,060
法國	4,550	3,000	-	-	7,550
荷蘭	193	113	53	-	359
俄羅斯	266,220	30,000	-	-	296,200
匈牙利	5,276				5,276
羅馬尼亞	871				871

資料來源：陳紹馨，《臺灣的人口變遷與社會變遷》（臺北：聯經，1992 年），頁 270。

1892-1894 年，霍亂還侵襲了美洲、非洲、中國、日本等地[121]。

本次大流行期間的科學成就，在於霍亂致病菌獲得科學家的分離，以及國際的認可。

1883-1884 年，羅伯特・柯霍（Robert Koch）奉德國政府之命，在亞歷山大城（Alexandria）和加爾各答進行深入的霍亂研究。1883 年 9 月，由柯霍、Gaffky、Fischer 等人組成「德意志衛生調查委員會」，前往埃及的亞歷山大城從事霍亂病原菌調查研究，從 10 具屍體解剖的腸內容物及腸壁中，發現不同於已往的細菌，於是，該委員會將新發現菌株保存並加以實驗；在埃及的疫情止息之後，12 月，柯霍等人前往印度加爾各答地區繼續追蹤研究，從 42 名發病者與 28 具屍體解剖後所採得的病原菌，證實與埃及的病菌株相同。於是，柯霍等人分別於 1883、1884 年在《Deutsche Medizinische Wochenschrift》雜誌上發表

---

121 〔英〕Frederick Cartwright（卡特賴特）、Michael Biddiss（比迪斯）等著，陳仲丹等譯，《疾病改變歷史（Disease & History）》（濟南：山東畫報出版社，2004），頁 131。

「霍亂病原菌經證實為コンマ菌（逗點狀菌、Eine Komma-ähnlich）」的看法[122]。

　　至今，傳染病學獨尊細菌，以為有細菌存在便得以獨立形成傳染病，實以柯霍在本次大流行所發表之霍亂桿菌研究為嚆矢[123]。

六、第六次世界性大流行與遠東地區的流行觀察（1902-1923）

　　第六次大流行的起迄時間也是互有出入。薄立哲（Pollitzer）認為係 1889-1923 年間，費森菲爾德（Felsenfeld）認為，係 1898-1923 年間；窪田一夫則認為，係 1902-1923 年間；伍連德認為該流行屬於第七階段（1910-1925），起始時間異於前三者[124]。

　　本次流行，受災最嚴重的仍是亞洲地區，與前幾次大流行不同的是，西半球的南北美洲地區沒有傳出重大疫情。本次流行的傳播途徑與第五次大流行相似，受到影響的地區主要是印度、西亞、地中海沿岸、東亞、埃及、俄國西部及巴爾幹半島。

　　疫病異於地方病，疫病是從一個地方傳播至其他地方，要觀察一個地區的疫病流行狀況，要先瞭解疫病流行的全貌；同樣的，要瞭解遠東地區，如臺灣的霍亂疫情，必須先觀察鄰近地區的流行狀況。

　　就地理位置觀之，緬甸（Burma）、暹羅（Siam）、印度支那（越南、寮國、高棉）等地毗鄰霍亂發源地印度，較易受到波及。事實上，交通往來頻繁的中國華南地區更常受到侵擾，餘波盪漾，使得臺灣與日本連帶爆發流行。1923 年，歐洲地區的霍亂流行絕跡之後，遠東地區

122 窪田一夫，〈臺灣ニ於ケル「コレラ」ノ疫學的觀察—前編（疫史編）（附表）〉，《臺灣醫學會雜誌》，34:367，1935，頁 1686。

123 張國周，〈傳染病之西漢醫觀〉，《臺灣皇漢醫界》，23，1930，頁 19。

124 程愷禮（Kerrie L. MacPherson），〈霍亂在中國（1820-1930）──傳染病國際化的一面〉，收入劉翠溶、伊懋可主編，《積漸所至──中國環境史論文集（下）》（臺北：中央研究院經濟研究所，1995），頁 750。

的霍亂則延續至 1926 年才逐漸消聲匿跡。觀察遠東一帶華南、南洋等地區的流行狀況，有助於瞭解交通往來頻繁的臺灣地區疫情。

20 世紀以降，受到流行病學統計的影響，《臺灣醫學會雜誌》對於東亞各地的霍亂疫情有較為可靠詳實的紀錄。茲依年度敘述其流行梗概：

1901-1903 年，新加坡、廣東、菲律賓等地區均於冬天發生規模大小不等的流行，與平常好發於夏、秋兩季的霍亂有所不同。1901 年 11 及 12 月，新加坡地區共有 21 人發病，其中 9 人死亡，死亡率 42.86%；1901 年 11 月 24 日至 1902 年 4 月 12 日，廣東地區爆發大流行，據統計報告顯示，每四週的死亡人數分別為 136 人、148 人、214 人、500 人、513 人，計 1,551 人[125]。

1902 年 1 月至 3 月 20 日，荷蘭屬地印度尼西亞共有患者 551 人，其中 428 人死亡，死亡率 77.68%；2 月中旬起至 4 月 25 日，土耳其共有 1,371 人死亡。自 3 月起至年底，菲律賓馬尼拉地區的霍亂患者共有 144,000 多人，死亡 67,000 多人，死亡率約 47%；其中，死亡數最多的是菲律賓人，其次為中國人，還有少數的歐洲、美國及日本人[126]。3 月 20 日，在香港停泊的輪船上，有一位中國籍廚師發生上吐下瀉症狀，經證實為霍亂確定病例後，疫情就在香港地區迅速蔓延，至 3 月底，共有 101 人發病，死亡 79 人，死亡率 70.83%[127]；4 月 2 日至 24 日，埃及共有 48 人發病、34 人死亡，死亡率 78.22%；7、8 月期間，中國東北地區遼寧蓋平縣發生霍亂大流行，至 9 月時疫勢才稍緩，同時間起至年底，還合併發生鼠疫的流行[128]。

---

125 窪田一夫，〈臺灣二於ケル「コレラ」ノ疫學的觀察─前編（疫史編）（附表）〉，《臺灣醫學會雜誌》，34:367，1935，頁 1687-1688。
126 〈「マニラ」ノ「コレラ」〉，《臺灣醫學會雜誌》，2:7，1903，頁 29。
127 〈傳染病蔓延概觀（獨乙帝國衛生院ノ報告二據ル）〉，《臺灣醫學會雜誌》，1:3，1902，頁 31-35。
128 〈清國蓋平縣ノ虎列拉及ペスト〉，《臺灣醫學會雜誌》，2:7，1903，頁 30。

　　1903 年，據統計，至 5 月 23 日止，菲律賓地區共有 4,888 人發病、3,757 人死亡，死亡率 76.86%[129]。7 月 17 日，神戶出現 2 名霍亂確定病例；8 月，廈門鼓浪嶼的日本租借區內發生霍亂，其中，有中國籍 13 人及日本籍 1 人死亡[130]。9 月 26 日，一艘挪威籍輪船由上海出航，於 10 月 2 日抵達日本函館前，據報船上有乘員發生霍亂症狀，該船隻抵達後，日本衛生單位即刻封鎖該船並進行消毒、隔離及檢疫工作，使得疫情未進一步擴大[131]。

　　1904-1906 年，東亞地區未傳出疫情。

　　1907 年 8 月，福岡縣門司市出現流行，據警務課統計，至 22 日止，因霍亂死亡者有 69 人、痊癒者僅 2 人[132]。

　　1908 年 6 月及 7 月上旬，廈門市區的中國人居住地爆發霍亂疫情，平均每日發生新患者 4-5 人；7 月下旬起，疫情逐漸擴大；8 月 10 日起，疫情達到最高峰，平均每日超過 300 人發病；9 月中旬起，平均每日仍有 100 人以上發病[133]，患者中絕大多數為中國人，而日本人發病者只有 4 人；鼓浪嶼公共租借區內，共有患者 33 人，其中只有外國人 1 人發病[134]。據日本領事館的統計，該年度，全廈門市民有將近四分之一罹患霍亂，死亡總數約 15,000 人；7、8 月的大流行期間，平均每日超過 300 人死亡；9 月，時序進入秋季，天氣轉涼，疫情才逐漸獲得控制[135]。

　　1908 年 7 月 23 日，在福岡縣門司港發生境外移入的霍亂病例，造成 3 人感染，其中，停泊於博多市洲崎町中的帆船有 1 人發病，小倉市

129 〈マニラ及フィリッピン群島傳染病病況〉，《臺灣醫學會雜誌》，2:12，1903，頁 43-44。

130 〈廈門の真性虎列剌〉，《臺灣醫學會雜誌》，2:12，1903，頁 41。

131 〈諾威汽船內ノ「コレラ」〉，《臺灣醫學會雜誌》，2:15，1903，頁 26-27。

132 〈門司の虎列拉〉，《臺灣日日新報》第 2798 號，明治 40 年 8 月 30 日第五版。

133 〈廈門の虎列拉〉，《臺灣日日新報》第 3126 號，明治 41 年 9 月 30 日第二版。

134 〈對岸の虎列剌狀況〉，《臺灣醫學會雜誌》，7:71，1908，頁 442。

135 〈對岸の「コレラ」〉，《臺灣醫學會雜誌》，7:72，1908，頁 502。

京町及馬返町各有 1 人發病[136]，死亡人數則不得其詳。

　　1909 年 9 月 23 日，廣島縣安藝郡仁保島村似島出現霍亂病患 1 人[137]；翌日，愛媛縣松山市出現病患 1 人[138]；10 月 12 日，九州福岡縣門司港出現病患 2 人[139]。

　　1910 年 9 月 13 日，神戶港內停泊的艀船（駁船）內發生 1 起霍亂病例以後，大阪府、兵庫縣、廣島縣、福岡縣、佐賀縣等地陸續有疫情傳出。依通報時間的先後，各疫區累計患者數目如下：至 10 月 5 日止，大阪府大阪市有 126 人發病、郡部有 95 人發病，共計 221 人；至 10 月 12 日止，兵庫縣神戶市有 167 人、武庫郡有 20 人、川邊郡 20 人、楫保郡 8 人、有馬郡 5 人、飾磨郡 7 人、印南郡 8 人，共計 235 人發病；至 10 月 13 日止，佐賀縣共有 7 人發病；至 10 月 14 日止，廣島縣共計 22 人發病；至 10 月 15 日止，福岡縣門司市有 33 人、若松町 14 人、小倉市 1 人、戶畑町 1 人、八幡町 2 人、黑崎町 1 人、美津村 3 人、勝野村 1 人、植木町 1 人，共計 57 人發病[140]。此後，疫情持續擴散，至 11 月 19 日，疫情波及三府、二十縣，病患共計 2,611 人[141]（見表 2-2-7）。

　　其中，以大阪府接近千人最多，其次為兵庫、香川、廣島、福岡等縣及京都府，其他地方均不及百人。關西地區的疫情到 11 月才略見緩和[142]。關東地區，至 11 月 7 日止，東京都共有 100 人感染霍亂，其中 60 人死亡[143]。

　　1910 年，歐洲各地霍亂疫情如下：德國境內有 18 人發病，4 人死

136〈福岡縣の虎列剌〉，《臺灣醫學會雜誌》，7:71，1908，頁 442。
137〈廣島縣下の虎列剌〉，《臺灣醫學會雜誌》，8:83，1909，頁 552。
138〈松山市の虎列剌〉，《臺灣醫學會雜誌》，8:84，1909，頁 619。
139〈門司港の虎列剌〉，《臺灣醫學會雜誌》，8:84，1909，頁 619。
140〈內地ノ虎列剌〉，《臺灣醫學會雜誌》，9:95，1910，頁 1384。
141〈內地の虎列剌〉，《臺灣醫學會雜誌》，9:98，1910，頁 1512-1513。
142〈內地虎疫減退〉，《臺灣醫學會雜誌》，9:97，1910，頁 1442。
143〈東京の虎列剌〉，《臺灣醫學會雜誌》，9:97，1910，頁 1442。

亡；奧地利境內有 36 人發病，1 人死亡；至 8 月 20 日為止，俄羅斯的疫情最為嚴重，共有 45,000 人發病，死亡 18,466 人；至 9 月 15 日為止，義大利境內共有 449 人發病，292 人死亡[144]。

據日本駐廣東領事報告，1912 年 6 月中旬，汕頭已經是霍亂大流行疫區[145]；8 月，上海亦淪為霍亂重疫區；同月下旬，病原菌隨船舶入侵門司、下關等九州沿海一帶，並由福岡、山口兩縣蔓延至關東一帶，包括神戶、大阪、京都、東京等地，造成日本地區 3 府 21 縣的大流行，共有 2,720 人發病（見表 2-2-7）。比較 1912 與 1910 年之疫情顯示，兩次霍亂流行的分布稍有差異，1912 年新增神奈川、千葉、埼玉等三縣。明治末年曾流行的奈良、三重、愛知、滋賀等四縣，並未傳出疫情。

1913 年 11 月初，福州發生霍亂疫情，由日本帝國領事警察官吏及日本人協會囑託醫等沿著閩江沿岸調查，包括南臺中州、中亭街、下渡等地方，針對每日新發生病例及死亡者作精確的統計，並嚴密監控日籍居民及軍艦；16 日，一名日本籍產婆證實感染，隨於翌日死亡；據統計，福州一帶的華人居住區，每年均發生霍亂疫情，1913 年，較以往稍加嚴重[146]。

1914 年，歐洲地區爆發第一次世界大戰，奧地利、德意志、俄羅斯等國由於軍事行動或逮獲的俘虜等因素，造成各國境內不同程度的流行[147]。遠東地區的香港，因位居交通貿易樞紐，該年共有霍亂發病者 19 人，其中 14 人死亡，死亡率 73.68%。翌年 5 月，香港地區又開始出現霍亂病例，以 10 月分的患者數最多，全年共有患者 12 人，全數不幸罹難（見表 2-2-6）。

---

144 〈歐洲ノ虎列剌狀況〉，《臺灣醫學會雜誌》，9:97，1910，頁 1421。
145 〈汕頭ノ「コレラ」病況〉，《臺灣醫學會雜誌》，11:116/117，1912，頁 768。
146 〈福州コレラ發生狀況〉，《臺灣醫學會雜誌》，12:123，1913，頁 62。
147 窪田一夫，〈臺灣ニ於ケル「コレラ」ノ疫學的觀察—前編（疫史編）（附表）〉，《臺灣醫學會雜誌》，34:367，1935，頁 1700-1701。

　　1920 年代，由於海上貿易頻繁，助長了霍亂病毒的散播。其中，以 1916 年的「布哇丸號」為例，觀察其所影響的區域，茲簡述如後：

　　1916 年，馬尼拉地區爆發霍亂。據《臺灣醫學會雜誌》調查，7 月，由馬尼拉啟航的大阪商船會社「布哇丸」號郵輪，沿途停泊了香港、長崎、神戶、清水等港口，於同月 27 日到達橫濱；7 月 30 日至 8 月 3 日期間，陸續有登岸乘客發生霍亂症狀，經過顯微鏡細菌學檢查，發病者 55 人中，確定病例 44 人，其中，5 人死亡，有 3 人成為帶菌者，疑似病例 8 人。

　　本次疫情，初發病例為由神戶上船的和歌山縣人西谷ハナ，透過疫情通報系統，船上成員全部移至長濱消毒所隔離檢疫觀察；此後，病例數持續攀升。第二位患者杉本常吉，岡山縣吉備郡足守町人，由神戶上船，發病後，即於 7 月 30 日晚上 9 時死亡；第三位患者林幸之助，與第二位患者杉本同籍，由神戶上船，當杉本發病時擔任看護而被傳染；第四位患者廣中信一，曾擔任第一位發病者西谷的看護，也曾協助搬運遺體。其後的霍亂發病情形見表 2-2-3：

表 2-2-3　1916 年「布哇丸」乘客罹患霍亂概況表

登船地	姓名	年齡	籍貫	備註
神戶	湯淺音吉	44	和歌山縣和歌山市東釘貫町	
	湯淺宇吉	35	廣島縣那賀郡中野島村	
	上田直	20	熊本縣下益城郡小野部田村	
	中島傳藏	39	福岡縣三池郡銀水村	
	永山惠一郎	29	熊本縣葦北郡田浦村	
	長瀧谷彥三郎	18	大阪府泉南郡佐野村	
	黑田村人	27	廣島縣安藝郡仁保島村	8 月 3 日晚上 8 時死亡
	宇治川真一郎	40	京都府與謝郡日ノ谷村	
	松田エイ	24	福岡縣築上郡	
	吉岡ナワヨ	24	廣島縣安藝郡下蒲刈島村	8 月 8 日上午 9 時 30 分死亡
	小林文治郎	41	廣島縣御調郡向島西村	
	金田龜吉	27	福井縣三方郡山東村	
	西坂安吉	33	大阪府泉南郡貝塚町	8 月 4 日晚上 6 時死亡

登船地	姓名	年齡	籍貫	備註
神戶（續）	山崎作治	43	高知縣吾川郡四分村	
	松本ハヤ子	21	廣島縣甲奴郡甲奴村	
	瀧本ニツ	19	岡山縣吉備郡池田村	
	平川國之助	45	廣島縣沼隈郡田島村	
	小松原勝太郎	14	和歌山縣西牟婁郡目置村	
	宮下ノ次郎	49	滋賀縣大上郡福滿村	
	西谷孫一	46	和歌山縣西牟婁郡古座町	
	加藤ナツ	26	岡山縣都窪郡茶屋町	
	井上久太郎	不詳	岡山縣上道郡玉井村	
	中高下豐次郎	35	廣島縣安藝郡矢野村	
	林コヨウ	37	岡山縣都窪郡瀨野町	
	藤村兔三郎	44	岡山縣川上郡松原村	
橫濱	前田一松	38	福井縣三方郡南西鄉村	
	伊藤キヨエ	3	愛知縣中島郡祖父江町	
	寺田小平	52	福井縣三方郡北西鄉村	
	疋田岩吉	51	滋賀縣大上郡磯田村	
	伊藤才一	42	愛知縣中島郡祖父江町	
	鎌田太助	21	東京市芝區琴平町	
	寺西長之助	34	和歌山縣日高郡三尾村	
	伊藤幸次	4	和歌山縣日高郡三尾村	伊藤才一之子
	佐藤ハル	29	新潟縣岩船郡遠澤村	
	時山清	18	山口縣阿武郡山田村	
	伊藤エイ	29	愛知縣中島郡祖父江町	
	笠井シヨウ	30	山梨縣西八代郡	
	渡邊庫記	33	福岡縣雙業郡大堀村	
	鈴木ミヨ	42	岡山縣志太郡燒津町	
	中村又藏	36	福岡縣糸島郡元岡村	
	古屋光明	22	山梨縣東山梨郡八幡村	
長崎	出口喜太郎	34	熊本縣菊池郡清泉村	
	原運八	34	佐賀縣三養基郡北茂安村	
	田中正藏	19	福岡縣浮羽郡田主丸町	
	柳原マス	28	福岡縣朝倉郡大福村	
	內山信造	29	熊本縣上益城郡甲佐町	

資料來源：〈橫濱碇泊中ノ布哇丸ニ「コレラ」發生〉，《臺灣醫學會雜誌》，15:166，1916，頁751-754。

　　其他，鈴木儀三郎（8月8日上午三時死亡）、足立巽、橋本豐、足立文伍（36歲，愛知縣丹羽郡丹陽村人）、松野エイ（15歲，大阪府泉南郡岸和田町人）等5人，是船上的工作人員[148]。

　　由上可知，病例55人中，有29人是由神戶上船，占52.72%為最多；其次，由橫濱上船者16人，占29.09%；由長崎上船者5人，占9.09%。全船發病者中，只有5人死亡，占9.09%，算是不幸中之大幸。

　　從年齡別觀察發現，發病者最小為3歲，最長為52歲。患者年齡分布上，以21-30歲者最多，約占25.46%；其他依次為31-40歲者、約占23.69%，41-50歲者、約占17.47%，0-10歲者、約占3.67%，51-60歲者、約占3.67%；足見患者仍以青壯年為主。

　　1916年8月起，香港也開始出現發病者。4日，由香港出發，途經芝罘，於10日下午5時停泊在大連的「泰平丸號」輪船，在進行檢疫當中，船上水手谷昌藏開始出現上吐下瀉的症狀，經過檢查，於12日確定罹患虎列刺；同船的倉本丸一則被證實為霍亂帶原者[149]。

　　迄該年年底，日本總共有超過1萬人發生霍亂症狀，是東亞地區流行最嚴重的國家之一。香港地區的疫情相對輕微，只出現發病者9人，全部死亡。

　　同年，菲律賓地區流行狀況如下：8月20至26日是該年的流行高峰，據統計，馬尼拉市內霍亂新患者112人，死亡者52人，死亡率約46.43%；菲律賓群島的十三個州當中，新患者235人，死亡者138人，死亡率58.72%[150]。該年，馬尼拉市共有霍亂患者120人，死亡者54人，死亡率45%；全國共有患者488人、死亡278人，死亡率

---

148 〈橫濱碇泊中ノ布哇丸二「コレラ」發生〉，《臺灣醫學會雜誌》，15:166，1916，頁751-754。〈布哇丸二發生セシ「コレラ」其後ノ狀況〉，《臺灣醫學會雜誌》，15:167，1916，頁819-820。
149 〈大連二「コレラ」發生〉，《臺灣醫學會雜誌》，15:167，1916，頁820。
150 〈比律賓群島二於ケル虎列拉狀況〉，《臺灣醫學會雜誌》，15:167，1916，頁820。

56.97%（見表 2-2-5）。

　　1917 年，日本仍然呈現小規模流行。7 月 27 日，富山縣高岡市、伏木港及附近地區，出現 4 個霍亂確定病例、7 個疑似病例；群馬縣高崎市出現自國外旅遊返回的 2 名境外移入確定病例，4 名疑似病例[151]。該年，共出現患者 383 人，其中，死亡者 214 人，死亡率 55.87%（見表 2-2-7）。

　　菲律賓地區，馬尼拉出現零星病例，全年共出現患者 33 人、其中死亡者 5 人，死亡率 15.15%；馬尼拉以外的十三個州，疫情較為嚴重，共出現患者 4,369 人、死亡者 2,629 人，死亡率 61.62%（見表 2-2-5）。香港地區未傳出任何疫情。

表 2-2-4　1917-1918 年日本內地傳染病統計表

時間	霍亂		腸傷寒、副腸傷寒		赤痢		鼠疫		痘瘡		猩紅熱		白喉		斑疹傷寒		總計	
	患者	死者	患者	死者	患者	死者	患者	死者	患者	死者	患者	死者	患者	死者	患者	死者	患者	死者
1917.1.1-1917.7.31.	383	214	4,161	2,624	4,323	737	25	23	4,993	1,098	835	47	11,019	2,785	194	21	35,923	7,549
1918.1.1-1918.3.30			6,069	1,419	308	69			668	110	283	16	5,310	1,407			13,662	3,021

說明：1918 年日本內務省共畫分日本本土為一道廳三府四十六縣。

資料來源：

1.〈全國の傳染病患者及死亡數〉，《臺灣醫學會雜誌》，16:179，1917，頁 618。
2.〈內地の傳染病患者及死亡者〉，《臺灣醫學會雜誌》，17:185，1918，頁 470。
3.〈內地各府縣ニ流行セル傳染病〉，《臺灣醫學會雜誌》，16:174，1917，頁 288。
4.〈海內の傳染病；富山、群馬兩縣ノ「コレラ」〉，《臺灣醫學會雜誌》，16:179，1917，頁 618。
5.〈海內の傳染病；內地各府縣ノ「コレラ」患者數〉，《臺灣醫學會雜誌》，16:180，1917，頁 695。
6.〈內地各府縣に於ける本年一月中の傳染病患者狀況〉，《臺灣醫學會雜誌》，17:185，

151〈海內の傳染病；富山、群馬兩縣ノ「コレラ」〉，《臺灣醫學會雜誌》，16:179，1917，頁 618。

1918，頁 470。

7. 〈内地各府縣に於ける二月中の傳染病狀況〉,《臺灣醫學會雜誌》, 17:186，1918，頁 551。
8. 〈内地各府縣に於ける三月中の傳染病狀況〉,《臺灣醫學會雜誌》, 17:187，1918，頁 647。
9. 〈内地各府縣に於ける虎疫流行狀況〉,《臺灣醫學會雜誌》, 19:211，1920，頁 683。
10. 〈内地及對岸各地方ノ傳染病狀況〉,《臺灣醫學會雜誌》, 20:219，1921，頁 546。
11. 〈内地及對岸各地方ノ傳染病狀況〉,《臺灣醫學會雜誌》, 21:220，1922，頁 81。
12. 〈海内ニ於ける傳染病患者發生數〉,《臺灣醫學會雜誌》, 26:272，1927，頁 1159。

　　1918 年，馬尼拉傳出霍亂病例，日本衛生單位接獲消息，防治得宜，未傳出重大疫情。11 月 12 日，由馬尼拉駛往橫濱停泊的三井物產會社所屬「生駒丸號」船上，有 3 名船員發生下痢症狀，其中 1 名患者在入港前死亡，其餘 2 位船員即刻送往檢疫所附屬醫院隔離治療[152]。長崎縣港務部為防止疫情擴大，宣布由馬尼拉來航的所有船舶，全體船員在下船後，必須立刻進行隔離與糞便篩檢，如 21 日入港的「サイベリア」號[153]。該年度統計，菲律賓共有患者 1,112 人、死亡 803 人，死亡率約 72.21%（見表 2-2-5）。

　　同年冬季，俄羅斯遠東西伯利亞地區疫情爆發後即不可收拾，先後有四個城市受到波及，兩週內即有 1,646 人發病，869 人死亡[154]，死亡率 52.8%。

152 〈橫濱埠頭の虎疫〉,《臺灣醫學會雜誌》, 17:194，1918，頁 1131。
153 〈長崎の虎疫警戒〉,《臺灣醫學會雜誌》, 17:194，1918，頁 1132。
154 〈シベリア方面に於ける虎疫〉,《臺灣醫學會雜誌》, 17:194，1918，頁 1134。

表2-2-5　1916-1918年菲律賓群島亞洲型霍亂流行統計表

地區別 年別	馬尼拉市			其他地區			菲律賓全國		
	患者	死亡	死亡率	患者	死亡	死亡率	患者	死亡	死亡率
1916	120	54	45.00	368	225	61.14	488	278	56.97
1917	33	5	15.15	4,369	2,692	61.62	4,402	2,828	64.24
1918	6	2	33.33	1,106	801	72.42	1,112	803	72.21

資料來源：

1. 〈比律賓群島ニ於ケル虎列拉狀況〉,《臺灣醫學會雜誌》, 15:167, 1916, 頁820。
2. 〈比律賓群島ニ於ケル（自十二月二十四日至十二月三十日）中ノ「コレラ」狀況〉,《臺灣醫學會雜誌》, 16:172, 1917, 頁249。
3. 〈比律賓群島ニ於ケル虎列剌狀況〉,《臺灣醫學會雜誌》, 16:173, 1917, 頁228-229。
4. 〈比律賓群島ニ於ケル虎列剌狀況〉,《臺灣醫學會雜誌》, 16:174, 1917, 頁292-293。
5. 〈比律賓群島ニ於ケル虎列剌狀況〉,《臺灣醫學會雜誌》, 16:175, 1917, 頁345。
6. 〈比律賓群島ニ於ケル「コレラ」狀況〉,《臺灣醫學會雜誌》, 16:176, 1917, 頁416。
7. 〈比律賓群島ニ於ケル虎列剌狀況〉,《臺灣醫學會雜誌》, 16:177, 1917, 頁491-492。
8. 〈比律賓ニ於ケル「コレラ」狀況〉,《臺灣醫學會雜誌》, 16:178, 1917, 頁552-553。
9. 〈比律賓ニ於ケル「コレラ」狀況〉,《臺灣醫學會雜誌》, 16:179, 1917, 頁621-622。
10. 〈比律賓ニ於ケル「コレラ」狀況〉,《臺灣醫學會雜誌》, 16:180, 1917, 頁700。
11. 〈フイリピン群島虎列剌狀況〉,《臺灣醫學會雜誌》, 16:181, 1917, 頁809。
12. 〈フイリッピン群島虎列剌狀況〉,《臺灣醫學會雜誌》, 17:185, 1918, 頁468-469。
13. 〈フイリッヒン群島虎列剌狀況〉,《臺灣醫學會雜誌》, 17:186, 1918, 頁555。
14. 〈フイリツピン群島虎列剌狀況〉,《臺灣醫學會雜誌》, 17:187, 1918, 頁654-656。
15. 〈フキリツピン群島の虎列剌狀況〉,《臺灣醫學會雜誌》, 17:191, 1918, 頁890。
16. 〈フキリツピン群島の虎列剌狀況〉,《臺灣醫學會雜誌》, 17:192, 1918, 頁984-985。
17. 〈フキリッピン群島に於ける虎列剌狀況〉,《臺灣醫學會雜誌》, 18:195/196, 1919, 頁434。

　　1919、1920年，遠東地區遭受霍亂肆虐，各地災情慘重。茲分述如後：

　　1919年時，最早傳出霍亂疫情的地區為中國廣東、福建沿海一帶。6月3日，廣東汕頭潮州城內，出現了一名上吐下瀉症狀患者，旋於翌日死亡；5日，汕頭停車場工地中國人宿舍內，也有一位患者發生

相同症狀，因畏懼隔離，不久之後即逃亡，下落不明[155]。18 日，臺灣總督府發布告示第 98 號，宣布福州及汕頭兩地為霍亂流行疫區[156]。7 月初，廈門開始出現霍亂病例，7 月 13 日，臺灣總督府發布告示第 111 號，宣布廈門為霍亂流行疫區[157]；據日本領事報告，19 及 21 日，分別出現患者 7 人及 2 人，疫情一時難以遏止，當地雖然有開業醫 200 餘人，醫療人力仍明顯不足[158]；7 月 20 日至 26 日，福州有 12 人出現霍亂症狀，其中 9 人死亡，包括 1 名日本人在內；外籍歐美人士累計有 6 人死亡，疫情仍然持續擴散[159]。

　　7 月及 8 月，中國華中地區的上海、南京、浙江等地，均分別傳出疫情。首先，由上海浦東、爛泥渡、陸家嘴等地同時發生，漸往城內的公共租借區蔓延，隨後，滬寧及滬杭鐵路沿線地區均受到感染。茲分別敘述如後：

（一）上海地區

　　（1）浦東：7 月 5 日，發生首例亞洲型霍亂患者，至 26 日止，已有一千餘人死亡；自 27 日至 8 月上旬，周浦鎮平均每週死亡達數百人。設在爛泥渡的南市上海醫院分院，自 7 月起至 8 月 3 日止，共收治了發病者 5,000 人，死亡 900 人，死亡率 18%。

　　（2）公共租借區：自 7 月 7 日至 22 日，英國租借區天津路時疫

155　〈汕頭に疑似「コレラ」患者發生〉，《臺灣醫學會雜誌》，18:200，1919，頁 720。
156　〈「コレラ」流行地の指定〉，《臺灣醫學會雜誌》，18:201，1919，頁 815。（明治三十二年八月律令第二十三號臺灣海港檢疫規則竝明治四十年八月府令第七十二號臺灣海港檢疫施行規則第十四條第一項二依リ支那福州及汕頭ヲ「コレラ」流行地ト指定ス）
157　〈「コレラ」流行地指定〉，《臺灣醫學會雜誌》，18:202，1919，頁 894。（依リ支那廈門ヲ「コレラ」流行地ト指定ス）
158　〈廈門に於ける虎疫流行狀況〉，《臺灣醫學會雜誌》，18:202，1919，頁 901。
159　〈福州に於ける「コレラ」病狀況〉，《臺灣醫學會雜誌》，18:202，1919，頁 901。

醫院共收治 1,906 人，接受食鹽水注射治療的重症患者 671
人，死亡 140 人。自 7 月 10 日至 25 日，天津路紅十字會臨
時時疫醫院共收治 3,416 人，接受食鹽水注射治療的重症患
者 169 人，其中，死亡 267 人。至 8 月 8 日，北京路紅十字
會醫院共收治 3,867 人，死亡 378 人。自 7 月上旬至 8 月 3
日，上海南市公立上海醫院共收治 1,500 人，死亡 75 人。總
計公共租借區內各醫院收治患者 10,689 人，死亡 860 人，總
死亡率 8.05%。

（二）滬寧鐵路沿線

（1）南京：係華中的大都會區之一。當地政府為了有效遏止疫情
　　　的氾濫，開始草擬自來水設置計畫書，實施嚴格的檢查，檢
　　　查對象包括搭乘火車的旅客、市區內販售的飲料水、市場販
　　　售的蔬菜及肉類等，並且禁止游泳及在街頭露宿。地方士紳
　　　韓世昌響應政府，捐資在下關設立臨時防疫醫院。南京地
　　　區，在有效的防疫措施之下，本次疫情共死亡 69 人，遠較上
　　　海地區輕微。

（2）無錫：自 7 月 28 日至 8 月 12 日，玉泉菴內臨時時疫治療所
　　　共收治患者 480 人，死亡 96 人；普仁、大同兩醫院共收治患
　　　者 160 人，死亡 32 人。

（3）鎮江：7 月 25 日，由西南部的鄉鎮地區傳出疫情，8 月 18 日
　　　以後，死亡人數遽增，然而，缺乏可靠統計數字。

（4）常州：8 月 8 日起，傳出疫情，由地方政府與各區警察機
　　　關，共同研擬防疫辦法。

（5）揚州：8 月中旬及下旬的死亡人數最多，詳細情況不得而
　　　知。

（6）蘇州：7 月下旬，由滸關區傳出首例死亡疫情。自 8 月 12 日
　　　至 18 日期間，穿心街舊參署內臨時時疫醫院共收治患者 273

人，死亡 6 人。

（7）蕪湖：8 月中旬以後，陸續傳出零星病例。

（三）滬杭鐵路沿線

（1）松江：因為毗鄰上海，而較早遭受病原菌波及，疫情以 7 月中旬至 8 月下旬最為嚴重，由上海同仁醫院松江分院及當地臨時時疫醫院負責收治患者。

（2）嘉興：迄 8 月底，累計死亡 33 人。

（3）杭州：8 月初開始，警察機關對火車旅客的清潔及攤販販售的飲食物實施預防檢查；同月下旬，疫情開始嚴重，政府宣布，原訂 9 月 1 日各級學校的開學日延後，以免疫情擴散。

（4）吳興：8 月中旬，疫情最為嚴重，累計死亡超過 30 人。

（5）蕭山：當地民眾相信「龍能伏虎」的傳說，於是舉辦大型「龍燈」比賽，造成許多人未能循正常管道就醫，使得發病者與死亡者的統計數字難以準確掌握[160]。

由上可知，在大都會的上海、南京等地，患病者能獲得較佳的治療，防疫政策也能有效減少感染者；相對地，鄉村地區民眾，罹患傳染病的風險較高。

10 月 19 至 23 日，日本政府發布關東州（中國東北）各區的發病情形如後：以大連的 1,291 人最多，其餘依次為：撫順 339 人、本溪湖 273 人、鞍山 157 人、金州 144 人、奉天 123 人、安東 112 人、普蘭店 110 人、瓦房店 94 人、長春 66 人、旅順 62 人、鐵嶺 34 人、營口 30 人、開原 28 人、公主嶺 17 人、四平街 14 人、遼陽 13 人、大石橋 7 人，總計 3,014 人[161]。

---

160 〈大正八年中部支那に流行しれる虎疫蔓延の狀況〉，《臺灣醫學會雜誌》，19:206/207，1920，頁 256-259。

161 〈關東廳に於ける狀況（自十月十九日至十月二十三日）間の「コレラ」狀況〉，《臺灣醫學會雜誌》，18:205，1919，頁 1079。

　　同一時期，駐紮青島的日本守備軍「傳染病豫防委員會」報導，當地呈現小規模流行，平均每日有新患者 2 至 5 人，確定病例為日本人 54 人、死亡 13 人，中國人 62 人、死亡 37 人[162]，總死亡率 43.1%。

　　該年的疫情，持續延燒到 11 月 20 日，日本內務省才宣告中國的關東州（東北）、天津、汕頭、廈門等地的霍亂疫情解除[163]。

　　1922 年 5 月 10 日，南京市區通報出現一名確定病例，由當地警察廳追蹤調查，至 6 月中旬，已經出現患者 36 人，鑑於疫情蔓延，居留在南京的日本僑民開始接受霍亂疫苗注射[164]。

　　1919 年，香港地區，共有 43 人發病，其中，死亡 40 人，死亡率 93.02%。朝鮮地區，也在 6 月開始爆發疫情，短時間內迅即蔓延各處，至 10 月 22 日，依據朝鮮警務局的累計，共有患者 24,265 人（朝鮮人 24,085 人、日本人 175 人、中國人 5 人），治療痊癒者 8,940 人（朝鮮人 8,887 人、日本人 53 人），死亡 12,344 人（朝鮮人 12,251 人、日本人 90 人、中國人 3 人）[165]，死亡率 51%。12 月 8 日，朝鮮地區的疫情才宣告解除[166]。1920 年，香港地區，只出現零星病例 5 人，死亡率 100%（見表 2-2-6）。

　　日本方面，1919 年 8 月 16 日傳出首位患者，據推測，由上海疫區的病毒傳入福岡市後，蔓延至全國 3 府 15 縣，患者計 2,912 人。

　　1920 年，東亞地區由日本首先傳出疫情。1 月，自日本國內爆發第一例患者以來，其中，以長崎的 333 人最多；其次，分別為大阪 269 人、兵庫 247 人、福岡 175 人、廣島 100 人，其他府縣則屬於小規模流行[167]。6 月 7 日，在神戶港碇泊的船上有乘員爆發霍亂，疫情立刻涵蓋

162〈青島に於ける「コレラ」狀況〉，《臺灣醫學會雜誌》，18:204，1919，頁 1013。
163〈「コレラ」流行指定地の解除〉，《臺灣醫學會雜誌》，18:205，1919，頁 1073。
164〈南京に虎疫發生〉，《臺灣醫學會雜誌》，21:224，1922，頁 531。
165〈朝鮮に於ける虎疫患者數〉，《臺灣醫學會雜誌》，19:213，1920，頁 795。
166〈朝鮮の虎疫終熄〉，《臺灣醫學會雜誌》，20:214，1921，頁 990。
167〈內地各府縣に於ける虎疫流行狀況〉，《臺灣醫學會雜誌》，19:211，1920，頁

整個瀬戶內海地區，漸波及全國各地3府22縣，疫情至12月中旬才控制，患者共計4,985人。1920年6月上旬，日本福岡縣也傳出疫情，漸擴張至全縣各地，至6月中旬，已有約100人發病，死亡數約80人；當時，有數名長崎縣居民正在疫區旅行，回家後亦不幸發病。於是，兩縣衛生機關針對海上（從門司港乘船渡臺者）及陸上實施嚴格採樣、檢疫與消毒措施，並將最新狀況通報基隆檢疫所，以有效防堵疫情[168]。

至9月11日，以大阪累計700人最多，其次，為兵庫615人，流行的規模已超過1910年，且人數更持續增加[169]。至11月9日，累計患者4,420人、疑似病例748人、帶原者640人，合計5,806人。可說是1910年以來規模最大的一次流行[170]。

1921年，東亞各地並未傳出重大疫情。

1923及1924年，《臺灣醫學會雜誌》上未見東亞地區霍亂流行之報導。

1925年，日本國內共有3府18縣等地區發生霍亂流行。其中，確定病例631人、疑似病例23人，合計654人，乃是1917年以來規模較小的一次流行。此外，還驗出帶原者231人[171]，於是加強控管，以免日後造成大規模傳染。

1926年，南亞、東亞等地分別出現小規模流行，其中，以上海一地較為嚴重。1月，據新加坡保健部統計，馬尼拉出現確定病例2人、印度加爾各答出現死亡病例29人，其後，未有明顯疫情。9月2日至18日，據新加坡保健部統計，廈門有患者50人；上海有66人發病、

683。

168 〈內地に於ける虎疫流行狀況〉，《臺灣醫學會雜誌》，21:224，1922，頁531。

169 〈內地各府縣に於ける虎疫患者數〉，《臺灣醫學會雜誌》，19:212，1920，頁742-743。

170 〈內地に於けるコレラ、ペスト發生狀況〉，《臺灣醫學會雜誌》，19:213，1920，頁795。

171 〈大正十四年中內地に於けるコレラ患者發生數〉，《臺灣醫學會雜誌》，25:251，1926，頁188。

20 人死亡；大連有 1 人發病；曼谷有 2 人發病、1 人死亡[172]。同時，朝鮮地區的霍亂疫情為平安南道出現確定病例 2 人，平安北道有確定病例 248 人及帶原者 16 人[173]。12 月 11 日，日本兵庫縣瀧野町出現男性及女性疑似霍亂病例各 1 人，經過檢查，該名男子確定為陽性感染者[174]。至 12 月 16 日，上海地區累計有患者 1,418 人、死亡 452 人[175]。該年，香港地區共出現發病者 3 人，其中死亡 2 人，死亡率 66.67%（見表 2-2-6）。從歷年統計上可發現，1 月是香港最冷的季節，也是衛生狀況最良好的時候，1915 年 1 月只出現 19 位傳染病患者[176]。

表 2-2-6　　1914-1926 年香港地區八大傳染病統計表

統計起迄	霍亂		腸傷寒、副腸傷寒		赤痢		鼠疫		痘瘡		猩紅熱		白喉		流行性腦脊髓膜炎		總計	
	患者	死者	患者	死者	患者	死者	患者	死者	患者	死者	患者	死者	患者	死者	患者	死者	患者	死者
1914 年	19	14					2,162	1,893	101	83							2,281	1,990
1915 年	12	12					144	140	31	28							187	180
1916 年	9	9	206	104			38	37	636	474	1		93	51			878	591
1919 年	43	40	108	56			463	393	26	12	5	0	27	16	247	149	919	667
1920 年	5	5	130	49			136	118					68	14			339	186
1926 年	3	2	158	821					39	26	1	0	62	19	18	8	281	876

資料來源：

1. 〈香港及廈門ニ於ケル傳染病狀況〉，《臺灣醫學會雜誌》，13:145，1914，頁 1185。
2. 〈香港ニ於ケル自十二月十三日至十二月十九日中傳染病狀況〉，《臺灣醫學會雜誌》，14:148，1915，頁 158。
3. 〈香港ニ於ケル自十二月二十日至十二月三十一日中傳染病狀況〉，《臺灣醫學會雜誌》，14:148，1915，頁 158。

---

172 〈海外に於ける傳染病發生狀況〉，《臺灣醫學會雜誌》，25:259，1926，頁 999。
173 〈朝鮮ニ於ケル「コレラ」患者發生狀況〉，《臺灣醫學會雜誌》，25:259，1926，頁 999。
174 〈內地ニ「コレラ」及痘瘡患者發生〉，《臺灣醫學會雜誌》，25:260，1926，頁 1080。
175 〈上海ニ於ケル「コレラ」發生狀況〉，《臺灣醫學會雜誌》，25:260，1926，頁 1080。
176 〈香港ニ於ケル傳染病狀況〉，《臺灣醫學會雜誌》，14:149，1915，頁 232-233。

4. 〈香港ニ於ケル傳染病狀況〉,《臺灣醫學會雜誌》,14:149,1915,頁 232。

5. 〈香港ニ於ケル自五月二日至五月八日中傳染病狀況〉,《臺灣醫學會雜誌》,14:152, 1915,頁 740。

6. 〈香港ニ於ケル自五月九日至五月十五日中傳染病狀況〉,《臺灣醫學會雜誌》, 14:152,1915,頁 741。

7. 〈香港、上海ニ於ケル傳染病狀況〉、〈香港ニ於ケル自五月三十日至六月五日中傳染 病狀況〉,《臺灣醫學會雜誌》,14:153,1915,頁 769。

8. 〈香港ニ於ケル自六月六日至六月十二日中傳染病狀況〉,《臺灣醫學會雜誌》, 14:153,1915,頁 771。

9. 〈香港ニ於ケル自六月十三日至六月十九日傳染病狀況〉,《臺灣醫學會雜誌》, 14:154,1915,頁 845。

10. 〈香港ニ於ケル自七月二十五日至七月三十一日中傳染病狀況〉,《臺灣醫學會雜誌》, 14:155,1915,頁 915。

11. 〈香港ニ於ケル八月中一般傳染病狀況〉,《臺灣醫學會雜誌》,14:156,1915,頁 986。

12. 〈香港ニ於ケル自九月十九日至九月二十五日傳染病狀況〉,《臺灣醫學會雜誌》, 14:157,1915,頁 1045。

13. 〈香港ニ於ケル自十月十七日至十月二十三日中傳染病狀況〉,《臺灣醫學會雜誌》, 14:158,1915,頁 1092。

14. 〈香港ニ於ケル自大正四年十一月十四日至同年十二月二十四日中ノ傳染病狀況〉, 《臺灣醫學會雜誌》,15:159,1916,頁 68。

15. 〈香港ニ於ケル自大正四年十二月二十五日至同五年一月十五日中ノ傳染病狀況〉, 《臺灣醫學會雜誌》,15:160,1916,頁 146。

16. 〈香港ニ於ケル自大正五年一月十六日至二月五日中ノ傳染病狀況〉,《臺灣醫學會雜 誌》,15:161,1916,頁 217。

17. 〈香港ニ於ケル自大正五年二月十三日至同年二月十九日中ノ傳染病狀況〉,《臺灣醫 學會雜誌》,15:162,1916,頁 245。

18. 〈香港ニ於ケル二月中ノ傳染病狀況〉,《臺灣醫學會雜誌》,15:162,1916,頁 246。

19. 〈香港ニ於ケル自大正五年八月二十日至同年九月九日中ノ傳染病狀況〉,《臺灣醫學 會雜誌》,15:168,1916,頁 878。

20. 〈香港ニ於ケル自五年十二月三十一日至六年一月六日中ノ傳染病狀況〉,《臺灣醫學 會雜誌》,16:173,1917,頁 226。

21. 〈香港ニ於ケル自二月十一日至二月十七日中ノ傳染病狀況〉,《臺灣醫學會雜誌》, 16:174,1917,頁 291。

22. 〈香港ニ於ケル自三月十一日至三月十七日中ノ傳染病狀況〉,《臺灣醫學會雜誌》, 16:175,1917,頁 345。

23. 〈香港ニ於ケル自四月十五日至四月三十一日中ノ傳染病狀況〉,《臺灣醫學會雜誌》, 16:176,1917,頁 416。

24. 〈香港ニ顧ケル其後ノ傳染病狀況〉,《臺灣醫學會雜誌》,16:177,1917,頁 491。

25.〈香港ニ於ケル其後ノ傳染病狀況〉,《臺灣醫學會雜誌》,16:178,1917,頁552。

26.〈香港ニ於ケル傳染病狀況〉,《臺灣醫學會雜誌》,16:179,1917,頁620。

27.〈香港ニ於ケル自八月五日至同十一日間傳染病週報〉,《臺灣醫學會雜誌》,16:180,1917,頁698。

28.〈香港ニ於ケル傳染病狀況〉,《臺灣醫學會雜誌》,16:181,1917,頁808。

29.〈香港に於ける傳染病狀況〉,《臺灣醫學會雜誌》,17:185,1918,頁468。

30.〈香港ニ於ケル傳染病狀況〉,《臺灣醫學會雜誌》,17:186,1918,頁554。

31.〈香港に於ける（自四月十四日至四月二十日）間の傳染病狀況〉,《臺灣醫學會雜誌》,17:187,1918,頁649。

32.〈香港に於ける（自五月十九日至同二十五日）間の傳染病狀況〉,《臺灣醫學會雜誌》,17:188,1918,頁726。

33.〈香港に於ける（自十一月十日至十一月十六日）間の傳染病患者數〉,《臺灣醫學會雜誌》,17:194,1918,頁1134。

34.〈香港に於ける（自三月二十三日至同二十九日）間の傳染病狀況〉,《臺灣醫學會雜誌》,18:198,1919,頁596。

35.〈香港に於ける（自三月二十四日至同三十日）間の傳染病狀況〉,《臺灣醫學會雜誌》,18:199,1919,頁658。

36.〈香港に於ける（自五月十八日至同二十四日）間の傳染病患者數〉,《臺灣醫學會雜誌》,18:200,1919,頁720。

37.〈香港に於ける（自七月十三日至同月十八日）間の傳染病狀況〉,《臺灣醫學會雜誌》,18:202,1919,頁901。

38.〈香港に於ける（自九月二十八日至十月四日）間の傳染病狀況〉,《臺灣醫學會雜誌》,18:204,1919,頁1013。

39.〈香港に於ける（自十月五日至十月十一日）間の傳染病狀況〉,《臺灣醫學會雜誌》,18:205,1919,頁1079。

40.〈香港に於ける〈自十二月十一日至同十七日〉間の傳染病狀況〉,《臺灣醫學會雜誌》,19:208,1920,頁314。

41.〈香港に於ける傳染病狀況〉,《臺灣醫學會雜誌》,19:209,1920,頁423。

42.〈香港に於ける（自三月二十八日至四月三日）傳染狀況〉,《臺灣醫學會雜誌》,19:210,1920,頁548。

43.〈香港に於ける傳染病狀況〉,《臺灣醫學會雜誌》,19:211,1920,頁684。

44.〈海外の衛生狀況〉,《臺灣醫學會雜誌》,20:214,1921,頁990。

45.〈香港ニ於ケル傳染病患者數〉,《臺灣醫學會雜誌》,20:216,1921,頁197。

46.〈對岸各地方に於ける傳染病及び衛生狀況〉,《臺灣醫學會雜誌》,21:222,1922,頁263-264。

47.〈對岸各地傳染病狀況〉,《臺灣醫學會雜誌》,22:229,1923,頁336-339。

48.〈香港に於ける傳染病發生狀況〉,《臺灣醫學會雜誌》,25:260,1926,頁1080-1081。

　　據《臺灣醫學會雜誌》分析，若以流行規模、患者數多寡區分，
日本在大正年間（1912-1925），患者數 1,000 人以上的有 4 個年度，
分別為 1912（大正元）年、1916（大正 5）年、1919（大正 8）年、
1920（大正 9）年；患者數介於 500-1,000 人之間的有 3 個年度，分別
為 1917（大正 6）年、1922（大正 11）年、1925（大正 14）年等；其
他年度則甚少流行，不復重演明治年間的慘況（詳見表 2-2-7）。

表 2-2-7　1910-1925 年日本霍亂患者數統計表（單位：人）

年別　府縣別	1910	1912	1916	1917	1920	1925
兵庫縣	520	77	25		615	146
大阪府	966	129	161		700	55
廣島縣	202	44	3		139	58
福岡縣	146	663	3		399	1
佐賀縣	44	103			58	
長崎縣	14	118	429		436	13
鹿耳島縣	3	11				5
愛媛縣	23	81	2		214	48
香川縣	363	8	6		21	6
岡山縣	63	83	1		44	23
奈良縣	27				190	
德島縣	52	8			94	10
和歌山縣	19	5	1		63	20
京都府	139	7		1	41	7
大分縣	1	75			9	
山口縣	18	301	6		108	2
三重縣	8				16	19
熊本縣	9	18	43		11	
愛知縣	3					
滋賀縣	7					
東京府	1	194	5		3	81
高知縣	60	34	2		5	15
島根縣	3	2			46	

年別 府縣別	1910	1912	1916	1917	1920	1925
神奈川縣		76	90		1	82
千葉縣		66	13			52
埼玉縣		3				4
山梨縣		3				
靜岡縣		39				7
富山縣				318	224	
石川縣				79		
新潟縣				8		
群馬縣				14		
福井縣					1	
栃木縣						1
鳥取縣						2
宮崎縣						1
合計	2,691	2,148	790	420	3,438	658

資料來源：

1.〈內地の虎列剌〉,《臺灣醫學會雜誌》,9:98,1910,頁 1512-1513。

2.〈內地ノ「コレラ」病況〉,《臺灣醫學會雜誌》,11:121,1912,頁 1047。

3.〈最近ニ於ケル內地各地ニ發生セシ「コレラ」患者數〉,《臺灣醫學會雜誌》,15:167,1916,頁 817-819。

4.〈海內の傳染病；內地各府縣ノ「コレラ」患者數〉,《臺灣醫學會雜誌》,16:180,1917,頁 695。

5.〈內地各府縣に於ける虎疫患者數〉,《臺灣醫學會雜誌》,19:212,1920,頁 742-743。

6.〈大正十四年中內地に於けるコレラ患者發生數〉,《臺灣醫學會雜誌》,25:251,1926,頁 188。

據《臺灣醫學會雜誌》報告,1927-1938 年間,日本的霍亂病源均屬於境外移入,全部來自上海地區,幸而流行的規模都不大,較大規模的流行出現在 1929（昭和 4）年,長崎、大阪一帶共有患者 202 人[177]。此後,亞洲型霍亂逐漸銷聲匿跡,未再傳出大規模流行。

---

177 窪田一夫,〈臺灣ニ於ケル「コレラ」ノ疫學的觀察—前編（疫史編）（附表）〉,《臺灣醫學會雜誌》,34:367,1935,頁 1698。

　　據研究，1817-1926 年，遠東地區亞洲型霍亂流行概況如表 2-2-8：

表 2-2-8　1817-1926 年遠東地區亞洲型霍亂流行概況

流行年度	流行地區
1817	印度
1818	印度、錫蘭
1819	印度、緬甸、暹羅、蘇門答臘
1820	印度、菲律賓、中國
1821	印度、中國
1822	中國、日本
1826	孟加拉
1827	印度
1830	中國
1831	日本
1846	印度
1847	印度
1848	印度
1849	印度
1852	印度
1854	中國、日本
1857	中國、日本
1858	印度、菲律賓、中國、日本
1859	中國、朝鮮、日本
1860	中國、印度
1861	印度
1863	印度、錫蘭、中國、日本
1864	印度、錫蘭、中國、日本
1865	印度
1883	印度
1885	日本
1886	日本
1888	印度、菲律賓、中國
1889	印度、菲律賓
1890	印度、蘭領印度尼西亞、中國、朝鮮、日本
1891	印度、錫蘭、暹羅、海峽殖民地、中國、日本

流行年度	流行地區
1892	印度
1893	印度
1894	印度
1895	印度、中國、朝鮮、日本
1896	印度、爪哇
1897	印度、印度尼西亞
1898	印度
1899	印度
1900	印度、法屬印度支那（今越南、寮國、柬埔寨）、日本、海峽殖民地（新加坡）
1901	印度、法屬印度支那、蘇門答臘
1902	錫蘭、法屬印度支那、菲律賓、婆羅乃、西裏伯島、中國、滿州、朝鮮、日本
1903	印度、法屬印度支那、爪哇、菲律賓、日本
1904	印度、法屬印度支那
1905	印度、法屬印度支那、西裏伯島
1906	印度、中國、菲律賓
1907	印度、中國、菲律賓、日本
1908	印度、法屬印度支那、中國、菲律賓、日本
1909	印度、法屬印度支那、中國、菲律賓、日本
1910	印度、菲律賓
1911	印度、蘭領印度尼西亞、法屬印度支那、中國、暹羅、日本、安南、海峽殖民地、菲律賓、夏威夷
1912	印度、法屬印度支那、蘭領印度尼西亞、中國、錫蘭、日本、暹羅、海峽殖民地、滿洲
1913	印度、法屬印度支那、蘭領印度尼西亞、中國、錫蘭、日本、暹羅、海峽殖民地、菲律賓
1914	印度、法屬印度支那、蘭領印度尼西亞、中國、錫蘭、日本、暹羅、海峽殖民地、菲律賓
1915	印度、錫蘭、蘭領印度尼西亞、法屬印度支那、暹羅、海峽殖民地、菲律賓、婆羅乃、中國
1916	印度（中央縣、孟加拉）、錫蘭、蘭領印度尼西亞（爪哇）、法屬印度支那、暹羅、海峽殖民地、菲律賓、中國、日本

流行年度	流行地區
1917	印度（孟加拉）、蘭領印度尼西亞、法屬印度支那、暹羅、海峽殖民地、菲律賓、中國、日本
1918	印度（孟加拉、聯合縣）、蘭領印度尼西亞（爪哇）、法屬印度支那、菲律賓
1919	印度（孟加拉）、錫蘭、蘇門答臘、蘭領印度尼西亞（爪哇）、法屬印度支那、暹羅、海峽殖民地、菲律賓、香港、中國、日本
1920	印度、蘭領印度尼西亞、法屬印度支那、暹羅、海峽殖民地、菲律賓、香港、中國、朝鮮、日本
1921	印度（中央縣、聯合縣、孟加拉）、蘭領印度尼西亞、法屬印度支那、菲律賓
1922	印度（孟加拉）、法屬印度支那、暹羅、海峽殖民地、香港、中國、日本
1923	印度（孟加拉）、錫蘭、法屬印度支那、暹羅、菲律賓、日本、中國
1924	印度（聯合縣）、錫蘭、法屬印度支那、暹羅、海峽殖民地、菲律賓、中國
1925	印度（馬德拉斯、喀什米爾）、錫蘭、暹羅、海峽殖民地、菲律賓、香港、中國
1926	法屬印度支那

資料來源：Kolle und Schürmann、Kolle und Prigge 等。見窪田一夫，〈臺灣ニ於ケル「コレラ」ノ疫學的觀察—前編（疫史編）（附表）〉，《臺灣醫學會雜誌》，34:367，1935，頁 1687-1689。

　　要之，亞洲型霍亂的發源地印度，不但是最早發生大規模流行的地區（1817 年），且是流行頻率最高的地區，累計共有 36 個年度。錫蘭、緬甸、暹羅、蘇門答臘等印度鄰近地區，分別自 1818、1819 年起爆發流行，菲律賓、中國、日本等地區，也分別於 1820、1822 年起爆發流行。上述地區可稱之為亞洲型霍亂的「早發地區」。

　　其中，中國的流行頻率達 31 個年度，是為次高地區；日本的流行頻率達 30 個年度，是為第三高地區。法屬印度支那（今越南、寮國、柬埔寨，始發於 1900 年）的流行頻率 23 個年度，是為第四高地區。流行頻率達到 15 個年度的有菲律賓（始發於 1820 年）、蘭領印度尼西亞（含爪哇，始發於 1890 年）；流行頻率達到 14 個年度的有錫蘭、暹羅、

海峽殖民地（今新加坡，始發於 1891 年）。比較特殊的是，亞洲型霍亂
於 1911 年「遠征」夏威夷而造成流行[178]。

　　此一期間，遠東地區幾乎年年都受到亞洲型霍亂疫情的威脅，能夠
「免疫」的年代寥寥可數。持續時間較長者為 1866-1883 年間的 18 個年
度；其次，為 1832-1845 年間的 14 個年度。

第三節　清季臺灣亞洲型霍亂之流行

　　歷來，傳統的史料均缺乏系統而準確的人口統計，臺灣的地方志也
不例外，關於瘟疫對於人口的影響，多半是以「死人無算」、「疫死者幾
半」等詞彙籠統記述之，因此，瘟疫對人口造成的實際損失，難以精確
地判斷。

　　清領時期，臺灣的地方志對於「亞洲型霍亂」的相關記述，即便僅
僅記為「霍亂」、「吐瀉」、「絞腸痧」、「吊腳痧」者，亦皆付之闕如。

　　由於臺灣的海上貿易頻繁，相對的，更容易受到同一時期世界
性疫病流行的侵襲；然而，遍查同一時期臺灣地方志，往往只略記為
「疫」、「大疫」或「死人無算」，以致於甚難判斷究竟當時流行的是哪一
種傳染病。

　　如《臺灣通史》、《苗栗縣志》、《淡水廳志》等地方志，同樣記載了
1820（嘉慶 25）與 1821（道光元）年臺灣淡水、宜蘭疫病流行，卻完
全無從得知是何種疾病[179]？

178　窪田一夫，〈臺灣ニ於ケル「コレラ」ノ疫學的觀察─前編（疫史編）（附表）〉，
　　《臺灣醫學會雜誌》，34:367，1935，頁 1687-1689。
179　《臺灣通史》，「（嘉慶）二十五年……夏，淡水大旱。秋，疫」。連橫，《臺灣通史》
　　〈卷三、經營紀〉（臺北：臺灣銀行經濟研究室，臺灣文獻叢刊第 128 種，1962），
　　頁 76-77。《苗栗縣志》：「（嘉慶）二十有五年夏，大旱。秋，疫」。沈茂蔭，《苗
　　栗縣志》〈卷八、祥異考（人瑞、兵燹附）、天災〉（臺北：臺灣銀行經濟研究室，
　　臺灣文獻叢刊第 159 種，1962），頁 129-130。《淡水廳志》：「（嘉慶）二十有五年
　　夏，大旱；秋，疫」。陳培桂，《淡水廳志》〈卷十四、考四、祥異考〉（臺北：臺灣

　　有研究者認為，迄日本統治以前，臺灣共發生過 9 次亞洲型霍亂大流行，分別為：1820（嘉慶 25，庚辰，文政 3）年、1821（道光元，辛巳，文政 4）年、1856（咸豐 6，丙辰，安政 3）年、1857（咸豐 7，丁巳，安政 4）年、1866（同治 5，丙寅，慶應 2）年、1868（同治 7，戊辰，明治元）年、1884（光緒 10，甲申，明治 17）年、1885（光緒 11，乙酉，明治 18）年、1890（光緒 16，明治 23）年等[180]。

　　以上所述，包含日本與法國軍隊侵臺時，是否與臺灣疫情蔓延有關？傳統醫藥，如中醫或漢醫對於該疾病的控制成效為何？茲略述清領時代臺灣幾次亞洲型霍亂之流行及其影響：

一、首次亞洲型霍亂世界性大流行與臺灣

　　臺灣從何時開始受到境外移入的霍亂病襲擊已不可考。從地理位置上觀察，臺灣與中國廈門僅 40 浬之隔，中國的病原如果要迅速偷渡到臺灣，應該是輕而易舉，因此，臺灣與對岸福建、廣東等省的霍亂疫情，有必要綜合探討。

　　首先，觀察臺灣沿海的貿易港口。1731（雍正 9）年，臺灣島內各港口之間的貿易已經甚為頻繁，已有淡水、鹿仔、海防、三林、勞施、蓬山、後壠、中港、竹塹、南港等 10 個港口；乾隆年間，清朝政府為了開拓臺灣而獎勵中國居民遷住，兩岸各港口的客貨運量遽增，福建泉州府下蚶江成為與臺灣往來的聯絡點，主要與臺灣北部的鹿港、造船港（香山港）、中港、大安港，南部的打狗、東港、萬丹、安平等港口往

銀行經濟研究室，臺灣文獻叢刊第 172 種，1963），頁 349。《中復堂選集》：「（道光元年，辛巳）春，攝噶瑪蘭通判事。六月癸未，大風甚雨，伐木壞屋，禾大傷，繼以疫。府君以事在郡，聞之，急馳回，周巡原野，撫卹災傷，為請緩徵，並製藥療其病，民大悅」。姚瑩，《中復堂選集》（臺北：臺灣銀行經濟研究室，臺灣文獻叢刊第 83 種，1960），頁 241。

180　窪田一夫，〈臺灣二於ケル「コレラ」ノ疫學的觀察—前編（疫史編）（附表）〉，《臺灣醫學會雜誌》，34:367，1935，頁 1700。

來。

　　1784（乾隆 49）年，清政府批准蚶江與鹿港的貿易，並且在鹿港增設北路海防同知；1792（乾隆 57）年，再批准八里坌口（淡水）與蚶江、福州府下五虎門的貿易；除了已經開放的府內港、鹿港、八里坌口之外，還准許戎克船（帆船）與臺灣更多的港口貿易，包括雞籠港（基隆）、烏石港（頭圍）、竹塹港（舊港）、香山港、後壠港、梧棲港、笨港（北港）、東石港、萬丹港、媽宮港（馬公）等[181]。

　　1820 年代，亞洲型霍亂第一次世界性大流行是否波及臺灣？可以從《痧症全書》中所述加以考察：

> 嘉慶庚辰秋，人多吐瀉之疾，次年辛巳，其病更劇，不移時而
> 殞者比比皆是。此症始自廣東，今歲福建、臺灣患者尤多，或
> 云自舶趨風來[182]。

　　以上論述，不僅認識到該種疫病的酷烈，而且發現先從沿海諸省發病，緣由「舶趨」將病原菌從域外帶入。由所述之「吐瀉之疾」、「病更劇，不移時而殞者比比皆是」等，可以推測 1820、1821 年第一次亞洲型霍亂大流行已先後席捲中國沿海的廣東、福建、臺灣等地，這些沿海省份商旅輻湊，自然容易由境外移入各種傳染病。

　　與臺灣有密切交通往來的廈門地方如果暴發霍亂大流行，臺灣自難倖免，《廈門志》中記載了 1820 年一場疫病流行，可以推測得知時間上與中國境內爆發第一次霍亂大流行的時間相符[183]。鄰近的金門也未能免

181　窪田一夫，〈臺灣ニ於ケル「コレラ」ノ疫學的觀察—前編（疫史編）（附表）〉，《臺灣醫學會雜誌》，34:367，1935，頁 1713-1714。

182　彭勝權主編，《溫病學》（北京：人民衛生出版社，2000），頁 303。

183　「嘉慶二十五年，廈門大疫，署廈防同知咸成、興泉永道倪琇置地，給貧民埋葬，並施棺木」、「施棺義廠……嘉慶二十五年，因疫癘時行，巡道倪琇、水師中營參將楊繼勳、廈防同知咸成勸捐洋銀四千一百七十五圓，隨時施棺瘞埋」。周凱，《廈門志》〈卷二、分域略、墳墓、（附）義塚〉（臺北：臺灣銀行經濟研究室，臺灣文獻叢刊第 95 種，1961），頁 74、76。「黃登瀛……太學生……嘉慶二十五

除這一場浩劫[184]。

　　因此，亞洲型霍亂從印度散播至國外後，首先造成南洋地區的流行。不久，1820（嘉慶 25）年，病原菌入侵廣州、寧波一帶，此後，造成中國境內屢屢發生流行。

　　與中國一葦帶水之隔的臺灣，因交通往來頻繁，極易遭受傳染病侵襲，即便是位處後山的宜蘭地區也不能倖免。《噶瑪蘭廳志》記載，1821 年噶瑪蘭地區遭受颱風侵襲後，接著爆發了一場疫病流行，姚瑩聞之，立刻上奏朝廷減免賦稅、施醫給藥，疫情獲得控制[185]。

　　研究者認為，《淡水廳志》所記載「嘉慶 25 年」（1820 年）的疫情，與該年南洋地方的霍亂流行至廣東、溫州、寧波等地後，再藉機入侵臺灣本島有關。《噶瑪蘭廳志》所記載：「皇帝登極之元年」，係指 1821（道光元年），由於去年的餘毒再度復燃，中國的北京、山東等地爆發大規模流行，臺灣也同樣受到餘毒肆虐，日本則是第一次大流行（文政 5 年）。此外，《澎湖廳志》所記載「咸豐六、七（1856、1857）年」臺灣的流行，與世界性第二次大流行、日本（安政 5 年）的大流行時間一致，都造成慘重的疫情[186]。

年，疫氣流行，窮民死，不獲斂殯」。周凱，《廈門志》〈卷十三、列傳（下）、列傳五、義行、國朝、黃登瀛〉（臺北：臺灣銀行經濟研究室，臺灣文獻叢刊第 95 種，1961），頁 527。

184 「（嘉慶）二十五年，大疫，饑。道光元年春，蟲食薯豆根，秋，疫。二年，旱，大疫。縣丞蕭重投詩於城隍、龍神，三日大雨，仍為詩謝焉。三年，疫。二十六年，大疫。（咸豐）八年，饑，大疫」。林焜熿，《金門志》〈卷十六、舊事志、祥異〉（臺北：臺灣銀行經濟研究室，臺灣文獻叢刊第 80 種，1960），頁 409-410。

185 「皇帝（道光）登極之元年六月癸未夜，噶瑪蘭風颶也。或曰：『颱雨甚，伐木壞屋，禾大傷，繼以疫』。於是，噶瑪蘭闢十一年矣，水患之歲五、颱患之歲三。蘭人大恐，謂鬼神降災，不悅人之闢斯土也，將禳之。姚瑩自郡反，聞災馳至，周巡原野，傾者扶之、貧者周之，請於上而緩其徵，製為藥而療其病，疫以止，民大悅。」陳淑均，《噶瑪蘭廳志》〈卷八，雜識（下）／紀文（下），姚瑩：噶瑪蘭颱異記（辛巳）〉（臺北：臺灣銀行經濟研究室，臺灣銀行文獻叢刊第 160 種，1963），頁 382。

186 窪田一夫，〈臺灣ニ於ケル「コレラ」ノ疫學的觀察─前編（疫史編）（附表）〉，

二、內亂外患時期與霍亂大流行

　　清領時期，關於亞洲型霍亂之治療，文獻中記述不多。1848-1854
年期間擔任臺灣道的徐宗幹，告老還鄉後於辛酉（1861年）夏，疊見
災異現象；徐氏認為這種異象往往造成「人多疾疫」，於是預製「靈通
萬應丹」，以備救治，其中一項療效即包括與亞洲型霍亂相似的「疹
症、絞腸、霍亂、轉筋、吐瀉及胃脘疼」等[187]。不久，臺灣連續發生多
起內憂外患，間接助長亞洲型霍亂的流行。

（一）戴潮春之亂與疑似亞洲型霍亂流行

　　1862（同治元）年，適值第三次亞洲型霍亂世界大流行
（1846-1862）的尾聲。此時，彰化地區戴潮春發動了抗清民變，清廷從
中國徵調軍隊渡臺後，極有可能因受到霍亂與其他傳染病的影響而戰力

《臺灣醫學會雜誌》，34:367，1935，頁1715。

[187] 災異現象為：「五月二十六日，夜間出彗星，在北斗尾，以漸至柄。是夜半有人
　　見光至數十丈，直射東南，以後漸短；未匝月而滅。或以為長星主兵革，或曰主
　　帥有變，或曰天喪星。五旬而大行皇帝升遐。七月某日戌刻，見流星火箭奔馳，
　　忽東忽西，錯綜來往；自初更至二更，有數十次。又某日午後，西北有火毬，大
　　如斗，墜地；或見其有雙尾。又傳說山東境內星隕如雨。八月後，薄暮每見有黑
　　氣如虹互天，交秋淫雨，無木棉，稻黍亦損傷；否則，大有年也」。徐宗幹，《斯
　　未信齋雜錄》〈歸田續記〉（臺北：臺灣銀行經濟研究室，臺灣文獻叢刊第93種，
　　1960），頁117-118。靈通萬應丹組成如下：麝香三錢。蒼朮三兩，米泔水浸七
　　次。公丁香六錢。甘草三兩四錢。蟾酥五錢，澆酒化融，用大麥麵拌勻，晒乾研
　　末。明雄黃三兩六錢。麻黃三兩六錢。大黃六兩。明天麻三兩六錢。辰沙水飛六
　　錢。右藥研末，澆酒泛丸如綠豆大。辰沙為衣，磁瓶收貯。一、治疹症、絞腸、
　　霍亂、轉筋、吐瀉、中寒、中暑以及胃脘疼九種。氣痛用七丸，放舌下微麻，開
　　水送下。中暑昏迷不省人事用一丸，研細吹鼻取嚏，後服七丸。喉風、喉痺用七
　　丸，嚙化，三服即愈。二、治腸食、腸水，用三丸，照前服。三、治瘧疾，用
　　十三丸，照前空心早服。中暑腸水轉成痢疾及裏急後重，用七丸，照前服。四、
　　治瘟疫，傳染服十七丸，被蓋取汗即愈。尚未傳染者，預服可免。口嚙一丸，可
　　避嵐瘴及四時不正之氣。五、治臟腑蟲積，服七丸。癰疽腫毒照服，外用七丸唾
　　津研搽。又寒濕腳氣，照前服。偏正頭風，研吹鼻孔。六、治蛇蝎蟲傷，內服外
　　敷。跌打傷，研吹鼻孔取嚏，後服一、二次，皆效。孕婦忌服，小兒減半。

受損，以致一時無法平定亂事。《嘉義管內采訪冊》載稱：「秋七月，小曾鎮撤回鹿港，以兵勇多染疾疫也。」[188]傳染病的影響更是延續了數年，「同治三年，戴逆亂後，疫症盛發，人民死者甚多。」[189]

（二）英法聯軍與臺灣北部的霍亂流行

　　咸豐年間，中國連續遭受兩次英法聯軍進犯，加速霍亂病原的散播，臺灣亦不能倖免。如《澎湖廳志》記載 1856、1857 年的疫情，死亡者共有數千，以大城北、宅腳嶼等地的疫情較為嚴重；翌年，疫勢仍未消歇，米價暴漲，民不聊生[190]。

　　其後，隨著天津條約（1858）、北京條約（1860）的簽訂，清廷同意法、英、美、俄等國可與臺灣府內港、淡水等地從事貿易，正式對外開港；1863（同治 2）年，再開放臺灣府內港的附屬港——打狗港，以及淡水港的附屬港——雞籠港；1871（同治 10、明治 4）年，「日清修好條約」（中日友好條約）中准許日本在臺灣口（安平）、淡水口通商。1875（光緒元、明治 8）年以後，兩岸的交通更為頻繁；劉銘傳擔任臺灣巡撫後，各港口的貿易更是盛極一時。

　　由上可知，自臺灣開放通商口岸以來，與海外的交通頻繁，中國福建、廣東等地的傳染病蔓延至臺灣是一件很容易的事情[191]。

　　《淡水廳志》、《澎湖廳志》記載「同治五年、七年（1866、1868）」疫情流行，應當與 1865、1867 年在廣東、上海、福州等地區的亞洲型

188　林豪，《東瀛紀事》〈卷上、鹿港防勦始末〉（臺北：臺灣銀行經濟研究室，臺灣文獻叢刊第 8 種，道光 9 年原刊，1957），頁 15。

189　《嘉義管內采訪冊》（臺北：臺灣銀行經濟研究室，臺灣文獻叢刊第 58 種，1959），頁 48。

190　「（咸豐）六年丙辰，大疫。死者數千人，大城北、宅腳嶼尤甚……七年丁巳，猶疫，五穀價長。時內地大荒，米價驟長，故澎湖亦因之貴」。林豪，《澎湖廳志》〈卷十一　舊事／祥異〉（臺北：臺灣銀行經濟研究室，臺灣銀行文獻叢刊第 164 種，1963），頁 373-374。

191　窪田一夫，〈臺灣ニ於ケル「コレラ」ノ疫學的觀察—前編（疫史編）（附表）〉，《臺灣醫學會雜誌》，34:367，1935，頁 1714-1715。

霍亂流行有關；《淡水廳志》記載：「（同治）五年春，地震。夏四月，大疫。五月，大旱，饑。」[192]《澎湖廳志》：「（同治）七年戊辰，有疫。秋七月林投、圭璧二澳大疫。」[193]

　　1872 年，抵達臺灣北部傳教的加拿大長老會宣道師馬偕（G. L. Mackay），曾親眼目睹了臺灣當地居民處理亞洲型霍亂的方式：

> 對於「亞洲的霍亂」（asiatic cholera），據信當地人採用某種草
> 本引赤發泡劑（counter-irritant）塗敷在身體上，他們也會用
> 針刺身體上的某些部分，用食指和中指夾皮膚而捽之，到使其
> 發紅為止[194]。

　　馬偕並沒有詳細記述霍亂患者發病時的情形，也未提到他有否使用西洋的醫術進行治療。他所提到的傳統療法，屬於中醫的針灸和類似「刮痧」的方法。

（三）牡丹社事件與清日兩軍的亞洲型霍亂流行

　　日本人意識到臺灣瘴氣嚴重的情形，始於牡丹社事件。1874 年，日本以保護琉球屬民為名義，出兵臺灣，造成了「牡丹社事件」，當時，正值第四次亞洲型霍亂世界大流行（1864-1875）的末期。

　　為了應付日軍攻臺的變局，清廷方面，沈葆楨奉命率兵來臺，直隸總督李鴻章於該（同治13）年 6 月 12 日上奏，認為局勢窘迫，為了顧全大局，臺灣需兵設防，建議淮軍調遣唐定奎統帶所部步隊 13 營，合計 6,500 人，由徐拔赴瓜州口，分批航海赴臺，聽候沈葆楨調遣。該

---

192 陳培桂，《淡水廳志》〈卷十四　考四　祥異考／祥異〉（臺北：臺灣銀行經濟研究室，臺灣銀行文獻叢刊第 172 種，1963），頁 349-350。

193 林豪，《澎湖廳志》〈卷十一　舊事／祥異〉（臺北：臺灣銀行經濟研究室，臺灣銀行文獻叢刊第 164 種，1963），頁 373-374。

194 George Leslie Mackay, J. A. Macdonald (ed.), *From Far Formosa: The Island, Its People and Missions* (New York: Fleming H. Revell, 1896), pp. 310-311.

軍「向習西洋槍礮，訓練有年，步伐整齊，技藝嫻熟，將士一心，尚可資指臂之助」，不久，9 月 14-16 日，已分別有先頭五營抵達臺灣鳳山駐紮[195]。

在此之前，該年 7、8 月間，鳳山地區已傳出有疾疫流行，軍隊登陸後，兵勇在水土不服之餘，復遭受霍亂等疫病侵擾，死亡率極高，傷兵累累，雖有新式裝備仍無法發揮戰力，由「七、八月間，鳳山等處，時疫流行，營中士多物故」[196] 可知。

清軍當中，流行病蔓延的實際狀況為：八月初四日以後，營中疫氣流行，病者不計其數，每日死者高達 4 至 5 人，經過一週以後，情況變本加厲，營中疫氣猶盛，每日死亡者由 2、3 人至 8、9 人不等。經過醫生診治，判定係「水土不服」所致，軍中皆涕泣思歸，疫病蔓延區域由臺郡（臺南）至鳳山，以王開俊、李學祥兩營尤甚，營中罹病者竟達四成。淮軍後援部隊抵達澎湖後，仍在觀望是否推進至旂后（高雄旗山）[197] 等。

可見該種疫病在軍中造成極高的死亡率，與亞洲型霍亂若合符節。

當時，這些清朝軍隊在未正式與日本軍隊交戰之前，即因為罹患傳染病，死傷眾多而紛紛內渡，其甚者，全營未罹病者僅有 27 人，遑論戰力；清軍只得撤回，據唐定奎報稱：染疫最重之右軍正營、銘中左營，已於 6 月 1 日先令啟程回國[198]。

---

195 《同治甲戌日兵侵台始末》〈卷三、九月戊午（十九日）辦理臺灣等處海防大臣沈葆楨等奏〉（臺北：臺灣銀行經濟研究室，臺灣文獻叢刊第 38 種，1959），頁 51-52、167。

196 沈葆楨，《福建臺灣奏摺》〈請獎提督唐定奎片〉（臺北：臺灣銀行經濟研究室，臺灣文獻叢刊第 29 種，1959），頁 22。

197 《同治甲戌日兵侵台始末》〈卷三、九月戊午（十九日）辦理臺灣等處海防大臣沈葆楨等奏〉（臺北：臺灣銀行經濟研究室，臺灣文獻叢刊第 38 種，1959），頁 139、166、197。

198 「惟淮軍自去秋渡臺以後，沿海設防，衝風冒雨，瘴癘交侵，物故者已不少；今年深入內山圍勦番社，披荊斬棘，越澗騰巖，艱險萬狀，將士勞苦之餘，加以疾

日軍方面的疾疫傷亡情形也不遑多讓。時值夏、秋季節，疫氣橫流，據派弁王國勛報稱，此役日軍總數實計三千餘人，從日本開赴臺灣的運兵船上已經傳出疫情，抵達臺灣後，當日即有 7 位士兵病歿，必須立刻「破肚實以樟腦及鹽」，亦即發生傳染病而罹難者的遺體，須採用「防腐」手續後，以木桶運回日本，前後計月餘時間，染疫而亡者達百餘人，因患病無力再戰而載運回國者幾達全軍之半數，因此，迫使日軍不斷從本土增調支援兵力前來[199]。

清日雙方均無力再戰，日軍的第一次征臺之疫，只得草草結束。

此役結束後，日本方面清查發現，疫病流行時間由夏天持續至冬天，在參與戰役的 4,500 多名軍士當中，陣亡者 12 人、病歿者 550 人[200]，全部葬於肥前（長崎縣）彼杵郡小島鄉梅崎，天皇特敕命西鄉從道勒碑紀念[201]，戰死者數約為病死者數的三十五分之一，足見霍亂流行造成戰力折損之一斑。

翌年，1875 年 10 月末，據《海關醫報（Medical Reports）》中記載：

> 打狗內陸爆發一起「膽汁性霍亂」傳染病，結束了許多衰弱與
> 患病者的生命，因此本地人之間引起相當大的驚慌；醫官只診

疫，其甚者至一營無病之人僅二十有七。炎荒酷熱，深秋未已，為日正長；大支勁旅，關國家元氣，非及早量移，恐有不堪設想者」。見沈葆楨，《福建臺灣奏摺》〈臺南撫番就緒淮軍陸續凱撤摺、光緒元年六月十八日〉（臺北：臺灣銀行經濟研究室，臺灣文獻叢刊第 29 種，1959），頁 54-55。

199 王元，《甲戌公牘鈔存》〈臺灣道稟省憲〉（臺北：臺灣銀行經濟研究室，臺灣文獻叢刊第 39 種，1959），頁 109、139。

200 「是役也，自夏涉冬，瘴氣發疫。全軍四千五百餘人，其死於戰者，十二人；死於病者，五百五十餘人。天皇賞其功而憫其死，敕葬之肥前彼杵郡小島鄉梅崎，命史官建碑，錄其顛末」。羅大春，《台灣海防並開山日記》〈附錄三、征番紀勳〉（臺北：臺灣銀行經濟研究室，臺灣文獻叢刊第 276 種，1972），頁 86。

201 《明治七年征臺史》〈征臺軍戰病死者ノ追悼〉（國立臺灣圖書館藏）。

治了六件病例，其中的兩人因太晚接受治療而死亡[202]。

所謂「膽汁性霍亂」，即為「choleric cholera」，也是在形容亞洲型霍亂的症狀。本宗零星爆發的亞洲型霍亂病例，仍為世界性大流行的一部分，似與日軍侵臺時挾帶的病菌有所關聯。不久，臺灣的《海關醫報（Medical Reports）》也注意到這種上吐下瀉的疾病異於往常，明確地以「亞洲型霍亂」一詞加以記述[203]。1877-1878年，正當第四次與第五次世界性霍亂大流行的空窗期，《海關醫報》記載中國的廈門發生了地方性亞洲型霍亂流行，很幸運的，臺灣並未受到波及。

迄中法戰爭以前，1881-1884年期間，臺灣北部口岸的華人聚集區年年流行霍亂，從嚴重發病者的症狀、體態、死亡率等，如「攻擊的迅速、容貌的突然塌陷、小腿的引起疼痛、豐富米水的糞便、尿液的完全抑制」等綜合分析發現，應屬亞洲型霍亂地方性流行，即使以皮下注射乙醚也對病情毫無幫助，海關醫師認為可能與平日蔬菜攝取不足有關[204]。

---

202 見蘇芳玉，〈清末洋人在臺醫療史——以長老教會、海關為中心〉，國立中央大學歷史研究所碩士論文，2002，頁96。

203 「一八七七年至一八七八年，在中國造訪數個口岸的從未出現於打狗或臺灣府，雖經過禮乃最細心的調查，仍未能取得在臺灣發生的病例證據，了解到大陸（主要是廈門與泉州）與沿著臺灣西海岸的小口岸及港口進行著廣泛的戎克船貿易，很驚訝的發現『亞洲型霍亂』未造訪南臺灣，因為當廈門流行時，許多外國船隻從那裡來到打狗與臺灣府貿易」。見蘇芳玉，〈清末洋人在臺醫療史——以長老教會、海關為中心〉，國立中央大學歷史研究所碩士論文，2002，頁96。

204 「一八八一年至一八八四年，每年的秋天，北部口岸的中國人之間總有霍亂流行病，一八八四年不比一八八三年嚴重。雖然常提及像印度霍亂，但它似乎有較小的感染力，於嚴重的病例中，其症狀與印度霍亂相同，即是說，攻擊的迅速、容貌的突然塌陷、小腿的引起疼痛、豐富米水的糞便、尿液的完全抑制等。病人於幾個小時之內去世，並且除非在剛開始，否則沒有藥物有任何的效果，就像沒有一樣，即使皮下注射乙醚也無效，因為於塌陷的期間是無法吸收的。中國人對於該疾病的危險是充滿警覺的，並且一般會平靜的躺下來死去；一八八三年秋天期間整個家庭被霍亂消除了，而全部的犧牲者可能生活在蔬菜攝取不足的情況下，農人們幾乎完全以蕃薯為主食是主要的因素，對於任何的歐洲人或中國人，

　　根據日本學者的追溯，1883 年，宜蘭廳宜蘭街等附近地區，也曾經發生大規模流行性下痢[205]。

（四）中法戰爭與霍亂

　　1884-1885 年中法戰爭期間，正值第五次亞洲型霍亂世界性大流行（約 1881-1893 年）。

　　中法戰爭以前，澎湖地區的氣候竟然出現異常，居民的日常飲用井水水質發生改變，天候的遽變，有利於傳染性病原菌的孳生。中法戰爭初起時，法軍勢如破竹，攻克福州後，更渡海進犯臺灣，守軍不堪一擊[206]。當時，臺灣軍力薄弱，由中國調派來臺的軍隊復因疾疫而戰力大減[207]。

　　1884 年 8 月 4 日（光緒 10 年 6 月 15 日），法國海軍提督孤拔

　　採取適當的預防，例如注意飲食與曝曬，可能會避開染患這病的危險。周漢森認為預防霍亂的方法，就是要注意飲食習慣，例如農家可能在蔬菜攝取不足的情況下染患這疾病」。見蘇芳玉，〈清末洋人在臺醫療史──以長老教會、海關為中心〉，國立中央大學歷史研究所碩士論文，2002，頁 96。

205 森滋太郎，〈大正元年宜蘭廳下ニ流行シタル「コレラ」ニ就テ（前號ノ續キ）〉，《臺灣醫學會雜誌》，12:126，1913，頁 268-270。

206 「（光緒）十年甲申夏六月，大疫。冬十一月每夜有大聲，發於海澨，蓋地鳴也。又雄雞亂鳴，井水變味，甘鹹相反，未幾法夷來犯……（十一年）九月，李鴻章電傳劉銘傳初三日由廈門轉電略云：初二日，法又到船六艘，在臺北者不下二十隻；二十八日，法四船擾臺南，澎湖存亡無信，富紳多舉家逃走；土勇已募五千餘，無器械，不受約束；不能禦敵，徒索餉鬨事；土匪四起，軍士疫癘不止，日有死亡，能戰者不足三千人。敵勢甚大，日內必有惡戰，傳同將士惟拚命死守，保一日是一日；現在洋火藥已缺、食鹽無來，百姓擾亂，餉路亦阻，臺局不堪設想，可為痛哭云」。陳衍，《臺灣通紀》〈錄自福建通紀卷十九、德宗光緒（元年至十一年）〉（臺北：臺灣銀行經濟研究室，臺灣文獻叢刊第 120 種，1961），頁 213。

207 「當是時，法既摧閩軍於馬江，毀兵艦三十，法大將孤拔益鼓勝兵攻滬尾。朝命江督用三輪船濟師，皆不達。會盛暑，疫癘流行。我軍既疲勞，復感瘴，多疾病，軍中炊煙日減。公短衣草履，親拊循士卒，弔死問疾，與同食飲。將士感奮，人人皆樂為吾帥死」。劉銘傳，《劉壯肅公奏議》〈卷首、書先壯肅公守臺事〉（臺北：臺灣銀行經濟研究室，臺灣文獻叢刊第 27 種，1958），頁 75-76。

（Amédée Courbet，1826-1885）攻擊基隆、淡水等地，復於 1885 年，率領艦隊南下，轉攻澎湖群島，占領馬公。據 Garnot 著《L'expedition Franncaise de Formose 1893》一書所述，本次戰役，軍隊衛生狀態欠佳，一直困擾著法軍。1884 年 10 月 23 日，孤拔圍攻基隆時致電法國政府，報告指出，由於遠征軍不能適應當地的風土氣候，許多人感染傷寒，也有不少人出現霍亂症狀。1885 年 2 月 5 日至 19 日期間，孤拔由基隆致電法國海軍大臣，報告「基隆當地接連出現狂風暴雨，妨礙了法軍近一步攻勢，有 91 名士兵罹患霍亂，其中 31 人死亡」[208]。法國遠征軍因為罹患霍亂而死亡的比率高達 34.07%，嚴重斲喪戰力，其後，孤拔便封鎖臺灣西部沿海，轉攻澎湖。由此可知，當法國的遠征軍進犯臺灣，可能在圍攻基隆時受到霍亂病菌感染，在轉攻澎湖時病毒趁勢蔓延[209]。據《澎湖廳志》記載，因孤拔歿於澎湖，法國有意與清廷求和[210]。

---

208 窪田一夫，〈臺灣ニ於ケル「コレラ」ノ疫學的觀察─前編（疫史編）（附表）〉，《臺灣醫學會雜誌》，34:367，1935，頁 1701-1702。

209 「（光緒）十一年春二月，法酋孤拔犯媽宮港，分兵由蒔裏登岸。綏靖副中營副將陳得勝逆戰不利，法軍入據媽宮澳。二月十三日，孤拔率戰輪來犯，自泊蒔裏，以四船進攻。……十三晚，夷酋分兵五、六百，由蒔裏登岸，半踞紗帽山頂，半紮山下。……十四日，得勝率所部列陣前進，至井仔垵。……是日，敵兵死者四十餘人，我軍傷死約十人耳。日暮，得勝以孤軍難守，退至大城北，……十五日天明，得勝率軍接仗，策馬衝陣者再，馬悲鳴不前。得勝忽中鎗墜地，昏絕，親軍救之得免。……諸軍陸續接仗，皆無戰心，潰至大城北。……法酋於十五日由雙頭跨直抵媽宮據之。先是十三、十四等日，媽宮民北逃頂山，沿途大砲雨下，……十九日，焚我港底寮火藥局。……接仗後數日，而和議信至；孤拔旋死於澎湖，夷兵亦多疫死。至六月二十四日，其酋李士卑斯始率眾去。臺澎解嚴，而築城改鎮之議遂起矣……」。林豪，《澎湖廳志》〈卷十一　舊事／紀兵〉（臺北：臺灣銀行經濟研究室，臺灣銀行文獻叢刊第 164 種，1963），頁 366-367。

210 「（光緒）十一年春二月，法酋孤拔犯媽宮港，……接仗後數日，而和議信至；孤拔旋死於澎湖，夷兵亦多疫死。至六月二十四日，其酋李士卑斯始率眾去，臺澎解嚴……十一年乙酉夏四月，大疫。法夷事平，恤難民銀米；夏六月，民間猶疫，耕牛多死。」。林豪，《澎湖廳志》〈卷十一　舊事／祥異〉（臺北：臺灣銀行經濟研究室，臺灣銀行文獻叢刊第 164 種，1963），頁 378。

　　據法國海軍上尉葛諾（Garnot）的記述，法軍於 1884 年 10 月 1 日時，共有 53 名軍官和 1,800 名士兵登陸基隆，當時他們都受到疫病的威脅，而以「虎列拉」（cholera）造成的死亡最嚴重，自 1884 年 11 月至翌年 5 月，共造成 82 人死亡，影響所及，具有戰鬥能力的兵員不足 1,000 人[211]。

　　除了基隆地區外，在大稻埕從事茶葉貿易的英國商人陶德（John Dodd）也曾目睹：

　　霍亂（cholera）或某些類似的疾病在此地流行已有些時日，在
　　鎮上和鄉間有許多人死了[212]。

　　據推測，當時臺灣的亞洲型霍亂傳染來源可能有二：

　　其一，在南部爆發疫情後，隨著軍隊的遣調北上而擴散至滬尾（淡水）、基隆等地[213]。疫情的猖獗，造成臺灣守軍戰力相當大的折損[214]，

211　劉翠溶、劉士永，〈臺灣歷史上的疾病與死亡〉，《臺灣史研究》，4:2，1999，頁105。

212　黎烈文譯，《法軍侵臺始末》（臺北：臺灣銀行經濟研究室，1960），頁 20-23、47、49、60、71、77；J. Dodd, *Journal of a Blockaded Resident in North Formosa during the Franco-Chinese War, 1884-1885* (Hong Kong: The Daily Press Office, 1888; Taipei: Ch'eng-wen Publishing Co., 1975), p. 14。劉翠溶、劉士永，〈臺灣歷史上的疾病與死亡〉，《臺灣史研究》，4:2，1997，頁 105。

213　「其時臺南疫癘盛行，兵丁多病，僅來五百人。嗣又添調巡緝營一營。……自七月杪基隆疫作，將士十病六、七，不能成軍。八月十三日之戰，九營僅挑選一千二百人，內中尚有抱病勉強應敵者……惟基隆五月以來，疫癘橫流，將士十病八、九。七月而後，死喪益多。勇不能工，軍無可饟……值疫氣染至臺北滬尾一帶，軍民俱病。提臣孫開華、署臺灣鎮總兵章高元、總兵柳泰和等俱抱重病。曹志忠六營營官，無不病者。臣隨從文武員弁，日斃數人」。劉銘傳，《劉壯肅公奏議》〈卷二、謨議略、覆陳臺北情形請旨查辦李彤恩一案以明是非摺〉（臺北：臺灣銀行經濟研究室，臺灣文獻叢刊第 27 種，1958），頁 108、140、143。《劉銘傳撫台前後檔案》〈附錄、具陳臺北情形以明是非疏（光緒十一年）〉（臺北：臺灣銀行經濟研究室，臺灣文獻叢刊第 276 種，1969），頁 256、258。

214　「基隆疫作，將士病其六、七，不能成軍；八月十三日之戰，九營僅選一千二百人，尚有扶病應敵者」。《述報法兵侵台紀事殘輯》〈羅惇：附錄、中法兵事本末〉

然而，流行病猖獗也逼使法軍暫時退出基隆地區[215]，據普陀山當地的僧侶報告，以及曾國荃的電報也可印證[216]。法軍只得暫時退駐舟山群島沿海避疫，伺機而動，後來轉攻澎湖，又將疫病擴散至當地[217]。

　　另一個可能的原因是，亞洲型霍亂已經在越南地區流行，造成清軍罹病死亡者眾，更因為法軍的調遣，進而將病原菌攜帶至臺灣，從越南當地的疫情流行觀察可知[218]。因此，疫病也有可能隨著法國軍隊登陸滬尾而散播，以至於造成「死於戰陣者十分之一，死於瘴疫者十之四、五」，其幸而存者，「類皆瘴癘鋒鏑餘生，恍如再世」[219]。

（臺北：臺灣銀行經濟研究室，臺灣文獻叢刊第 253 種，1968），頁 442。

215「基隆瘟疫盛行，法人全退在寧波普陀山洋面，計大兵船七、小兵船四。鎮海口外，有鐵甲船二艘。所有法人軍裝，一概遷至普陀云」。《述報法兵侵台紀事殘輯》〈光緒乙酉二月初四日、法船萃浙〉（臺北：臺灣銀行經濟研究室，臺灣文獻叢刊第 253 種，1968），頁 373。

216「基隆疫重，法人全退（駐普陀）；現在普泊法船七、大赤山鎮口外鐵甲二，共十三艘」。《清季外交史料選輯》〈光緒十一年、江督曾國荃致樞垣報法人棄基隆駐普陀電〉（臺北：臺灣銀行經濟研究室，臺灣文獻叢刊第 198 種，1964），頁 157。《清季外交史料選輯》〈附錄、清季外交年鑑（節錄）〉（臺北：臺灣銀行經濟研究室，臺灣文獻叢刊第 198 種，1964），頁 346。

217「（光緒）十年夏五月，以直隸陸路提督一等男劉銘傳任福建巡撫，治軍臺灣。夏，大疫，兵民多死。六月，法艦犯基隆，復犯滬尾，均擊退之。八月，法軍據基隆。銘傳退駐臺北。法軍遂封禁沿海。十一年春二月，法艦攻澎湖，入據媽宮澳。三月，和議成。銘傳奏請專駐臺灣籌辦善後。四月，澎湖復大疫，耕牛多斃」。連橫，《臺灣通史》〈卷三、經營紀〉（臺北：臺灣銀行經濟研究室，臺灣文獻叢刊第 128 種，1962），頁 84、86。

218「十六日，王方伯由谷松順過觀音橋、屯枚一帶查看，布置進兵。惟天行瘟疫，楚軍病死以千數，道途屍穢，不堪目；越南之諒山巡撫發草蓆瘞埋，日不暇給。粵勇較能耐瘴，稍病而已；此六月以前開仗之捷報也……況當此隆冬之日猶是疫症橫流，東京法兵染者甚眾；轉瞬春融，其若之何！」。《述報法兵侵台紀事殘輯》〈光緒甲申（十年）九月十七日、論越南卒底平定〉、〈光緒甲申（十年）十二月初四日、旁觀者清〉（臺北：臺灣銀行經濟研究室，臺灣文獻叢刊第 253 種，1968），頁 81。

219「獨念基隆地方，週圍不過三十里，終年風雨，瘴毒橫生，不特內地無此屬鄉，即全臺亦無此絕域；偶罹沴疫，遂與死鄰。各將士致身行間，不畏死於兵戎，惟恐亡於煙瘴……論戰功固以滬尾一捷為最著，論勞績則以基隆為最苦、最久、最

　　不論傳染病的來源為何，均足以證明霍亂疫病的威力折損兩軍戰鬥兵員而扭轉戰局，造成中法雙方軍隊皆不能久於戰事[220]，戰事僵持不下，法國內部政權亦不穩定。1885 年，法國遠東艦隊總司令孤拔（Amédée Courbet，1826-1885），可能因感染霍亂和悲憤交加，殂歿於澎湖媽宮港內的法艦「巴雅爾號」上：

> 孤拔憤無後援，且疫作，將士多歿，遂病死，以副提督李士卑
> 斯接之[221]。

　　法軍離開臺灣後，臺灣的疫情並未消退，由「臺北瘴疫，現尚未靖」、「臺北水土惡劣，兵散餉匱，疫死枕藉，望救如歲」[222]之情況可知。兵員傷亡慘重，軍紀難以貫徹，也是戰力廢弛之要素，在臺灣與越南兩地的清兵均發生類似的情形[223]。

　　險、最難；其地瘴煙風雨，寒燠不時，將士隨臣身臨前敵」。劉銘傳，《劉壯肅公奏議》〈卷九、賢略、基隆法兵全退臺北解嚴請獎戰守各員紳摺；賢略、戮減基滬立功將士懇照前單給獎摺、光緒十一年十月初六日〉（臺北：臺灣銀行經濟研究室，臺灣文獻叢刊第 27 種，1958），頁 375、380-381。

220 「法人利在緩戰，而不在言和；其忽然請和者，大抵越南夏令將交，瘟疫流行，軍無鬥志……又自五月初十以後，各營疾疫大作，與上兩年正復相似；天氣酷熱，轉戰殊艱，不得不稍緩以待」。左宗棠，《左文襄公奏牘》〈一、奏稿、密陳要盟宜慎防兵難撤摺、光緒十一年三月初四日；二、書牘、答徐樹人中丞〉（臺北：臺灣銀行經濟研究室，臺灣文獻叢刊第 88 種，1960），頁 70、84。

221 連橫，《臺灣通史》〈卷十四、外交志、法軍之役〉（臺北：臺灣銀行經濟研究室，臺灣文獻叢刊第 128 種，1962），頁 413。〈孤拔紀念碑〉文，見〈澎湖烽煙的故事〉摺頁，交通部觀光局澎湖國家風景區管理處（2010）。此外，維基自由百科全書中也提到，近年來在法國找到的一部分法國小兵的信件中，表示孤拔在戰爭前身體就相當虛弱，可判斷應是染病而死。

222 《述報法兵侵台紀事殘輯》〈光緒甲申（十年）十二月初二日、臺北近信〉、〈光緒甲申（十年）十二月初七日、丁和克書〉（臺北：臺灣銀行經濟研究室，臺灣文獻叢刊第 253 種，1968），頁 147、188。

223 「而駐基隆之軍，則眾以瘟疫聞；守諒山之卒，則多以死亡報；顛連困苦中，猶復夜郎自大，頻年索餉、終日徵兵，為恫喝之詞、作要求之狀」。《述報法兵侵台紀事殘輯》〈光緒甲申（十年）十二月初三日、論法無能為〉（臺北：臺灣銀行經濟研究室，臺灣文獻叢刊第 253 種，1968），頁 155。

　　雙方軍隊均已無力再戰，惟有求和一途，因此，第五次亞洲型霍亂大流行，也可以被認為是提前結束中法戰爭的因素之一。

　　影響所及，1885 年 7、8 月，鹽水地區爆發霍亂流行，藥石罔效，死亡枕藉，居民驚慌失措，求助於關聖帝君，並燃放「蜂炮」以驅逐「瘟疫」，其風俗延續迄今，成為該地特色之一[224]。

　　中法戰爭結束之後，臺灣的原住民，可能因為部落內災疫嚴重而又紛紛「出草」，迫使政府不得不大力剿蕃[225]。劉銘傳奉命，繼續剿番以平定地方亂事，也因為疾疫流行而造成將士折損[226]，其中，如道員方策勖的病歿，即相當令人扼腕[227]。

　　經過比較後發現，《澎湖廳志》所記載之「光緒十、十一（1884、1885）年」的流行，與中國、日本（明治 17、18 年）的流行時間

---

224 邱瀅儒，〈鹽水武廟與社群互動形式之研究〉，國立雲林科技大學文化資產維護研究所碩士論文，2003，頁 78。

225 「（光緒十三）年，五、六月間，疫癘大作，守隘勇丁避疫山外，山番被疫尤重。其俗：殺人禳災；於是北道大坵諸番復肆殺，竿其頭於門；諸將請討，八月，暑氣稍退，提督李定明以四營隨林維源就近勦辦」。陳衍，《臺灣通紀》〈錄自福建通紀卷二十、（光緒）十三年〉（臺北：臺灣銀行經濟研究室，臺灣文獻叢刊第 120 種，1961），頁 225-226。

226 「竊臣於光緒十三年閏四月初四日，曾將招撫各路生番歸化情形奏明在案。本年五、六月間，臺灣內外山疫癘大作，守隘勇丁避疫山外，番社被疫尤重，其俗殺人禳災……時屆暑瘴，兵勇病疫，乃撤隊回防休息……兩軍當癘疫之後，病勇過多。臺南各軍，又遠在埤南之地」劉銘傳，《劉壯肅公奏議》〈卷四、撫番略、中北兩路化番滋事派兵勦復摺、光緒十三年十一月初一日；卷九、賢略、彰匪圍城劫餉派兵勦平摺、光緒十四年九月二十四日〉（臺北：臺灣銀行經濟研究室，臺灣文獻叢刊第 27 種，1958），頁 221、231、402。

227 「上年六月，調辦宜蘭勦番，適當炎夏，瘴疫方深，水土惡劣，方策勖深入內山，勦平溪頭、小坡塘等十餘社，回營後即染瘴癘，瀉痢月餘。九月初，臣督勦中路叛番，方策勖復同銘、健兩軍，由北路進勦白阿歪等社，力疾率隊，開路造橋，勤能倍至。不料瘴疾復作，於十一月十四日病亡淡水營次。……臣伏查方策勖才兼文武，果敢耐勞，為軍營不可多得之選，經臣奏調來臺，方期得收臂指之助，遽以歷受瘴疫，中道遽亡，勞苦一生，家貧如洗。追念三十年來，久同患難，心實傷之」。劉銘傳，《劉壯肅公奏議》〈卷九、賢略、道員方策勖病歿請卹片〉（臺北：臺灣銀行經濟研究室，臺灣文獻叢刊第 27 種，1958），頁 398。

一致，日本的疫情比較不嚴重，總患者數只有 900 人。但是，次年
（1886、明治 18）年，由上海傳入長崎的霍亂病原菌，卻釀成九州、關
西、橫濱等地慘重的疫情，死亡者眾。此後，據伍連德的報告，1888
年，淡水地方（Tamsui District）曾發生霍亂疫情；1890 年，臺灣北部
再度爆發大流行，傷亡慘重，當地居民直到日治初期仍餘悸猶存[228]。可
能與 1888-1893 年期間，中國華南地方的流行有關聯，惟具體傷亡詳情
不得而知[229]。

（五）霍亂流行與茅港尾之沒落

疫病的傷害性極高，甚至有沿門闔戶傳染而滅村者，即便是幾乎與
世隔絕的原住民部落也不能倖免，同治年間來臺的丁曰健已發現此一現
象[230]。光緒年間，居住在「哈里味」（嘉義梅山鄉太和村）的鄒族「全
那社」曾爆發霍亂，全社倖存者 20 餘人，被迫遷社避疫[231]。臺南地區
為臺灣的早期開墾之地，住民日益興盛自屬必然，以「茅港尾」為例，
歷經多次天災人禍，最後，受到亞洲型霍亂而造成該聚落一蹶不振。

「茅港尾」一地，今人多不詳悉，目前行政區劃屬於臺南市下營
區茅港村。據連橫《臺灣通史》記載，荷蘭人據臺之初，即已選定茅
港尾附近地區為軍事要塞[232]，可見在荷蘭人據臺後，茅港尾已經奠定相

---

228 〈虎列拉之豫防〉，《漢文臺灣日日新報》第 2804 號，明治 40 年 9 月 6 日第二版。

229 窪田一夫，〈臺灣ニ於ケル「コレラ」ノ疫學的觀察—前編（疫史編）（附表）〉，
《臺灣醫學會雜誌》，34:367，1935，頁 1699-1700。

230 「山後有崇爻八社（康熙三十四年賴科等招撫歸附，原是九社；因水輦一社，數年
前遭疫沒盡，今虛無人，是以只有八社），東跨汪洋大海，在崇山峻嶺之中；其
間密菁深林，巖溪窮谷，高峰萬疊，道路不通。土番分族八社：曰筠椰椰、曰斗
難、曰竹腳宣、曰薄薄，為上四社；曰芝武蘭、曰機密、曰貓丹、曰丹朗，為下
四社」。丁曰健，《治臺必告錄》〈卷一、鹿洲文集、紀臺灣山後崇爻八社〉（臺北：
臺灣銀行經濟研究室，臺灣文獻叢刊第 17 種，1959），頁 42。

231 《嘉義縣志》〈人物志・經濟篇〉（嘉義：嘉義縣政府，2009），頁 121。

232 「當是時，荷人政令，南至打鼓，北達諸羅，而蚊港為北鄙互市之口，猴樹港、
鹽水港、茅港尾諸水彙焉；蚊港外為青峰闕，荷人築炮臺以守，制若城，內鑿一
井，舟師邏之」。連橫，《臺灣通史》〈軍備志〉（臺北：臺灣銀行經濟研究室，臺灣

當的發展基礎。鄭成功驅逐荷蘭人之後，實施以屯墾為主的寓兵於農政策，冀圖長期對抗清政權，當時，茅港尾地區包括原住民和後來移入的漢人，人口快速增加，更具備了興盛的條件。清朝領有臺灣後，茅港尾一躍而為地方行政重心，當時的茅港尾堡，隸屬於臺灣府諸羅縣開化里[233]。

地理位置上，茅港尾處於北回歸線以南，氣候溫暖，雨水充足，適宜各種作物生長，當鄭成功率領大批軍民渡海來到臺南地區落腳之初，漳、泉等處的農作物也被大量移植於本地，因此，俗諺有云茅港尾地區「一年耕而三年足用。」[234] 物產豐盛之餘，商旅輻湊之地，貿易興盛自不在話下。迨及雍正、乾隆之世，茅港尾已經成為一個大型市鎮，周邊人口密集區還有半旗營社、中營社，舟車所至，四通八達，據非正式統計，當時的茅港尾「人口已達上萬，豬屠戶廿八處」[235]。

迄今，當地居民常提及「茅港尾八景」記錄著過往之繁華，「八景」分別為：「吳園消夏」、「暗街夜市」、「營盤烽火」、「竹寺眺晚」、「鵝脰

銀行文獻叢刊第 128 種，1962），頁 23。

233 「當鄭氏中葉，寓兵於農之法行矣，屯田之官佃眾矣，在新港（今之新市）、目加溜灣、蕭壠（今之佳里）、麻豆四社既開而為市矣，我先民深慮漢番雜處，生齒日繁，則擴四野之山地，從事畎畝，經而營之，以養以生……及乎康熙末年，我鄉保域既成，幅裒之廣，北至橋南（即今鐵線橋之南也），南及東、西兩莊，……，西踰海堆（今下營莊，即古稱海堆營也），截長補短，猶滿十里。又行保甲之法，以茅港尾為保首，餘之村落分為十甲，有利共之、有患當之，守望相助，法至善也」。黃清淵纂，〈茅港尾紀略〉，收入《臺灣輿地彙鈔》（臺北：臺灣銀行經濟研究室，臺灣銀行文獻叢刊第 216 種，1965），頁 130-131。

234 黃清淵纂，〈茅港尾紀略〉，收入《臺灣輿地彙鈔》（臺北：臺灣銀行經濟研究室，臺灣銀行文獻叢刊第 216 種，1965），頁 131-132。

235 茅港尾能成為嘉義與臺南之間的驛站，是由於：「當是時，半線（彰化）以北猶未全闢，北自諸羅（即嘉義）、南至承天（係延平郡王創業之故郡，即今之臺南也），相去百里；西則溪港汪洋（佳里興等處），恆愁利涉；東則崎嶇疊巘（果毅後等處），不易通行。南北往來，故假道於我茅焉」。黃清淵纂，〈茅港尾紀略〉，見《臺灣輿地彙鈔》（臺北：臺灣銀行經濟研究室，臺灣銀行文獻叢刊第 216 種，1965），頁 129。

採菱」、「橋頭晒網」、「東郭踏青」、「西疇收穫」等，可略窺茅港尾地區
之繁榮富庶[236]。

　　清代，茅港尾雖然歷經多次亂事蹂躪[237]，事平之後往往很快恢復繁
華。但是，同治、光緒年間陸續發生的大地震、中法戰爭、亞洲型霍亂
等惡疫的肆虐，遂使得茅港尾一蹶不振。其中，文獻並未特別注意到的
「亞洲型霍亂」蔓延，讓本地人口因死亡或避疫外逃而急遽減少，應該
才是造成茅港尾沒落的主要因素。

　　1862（同治元）年，茅港尾街街市的繁華，已經與鄰近的「月津」
（鹽水港之別號）處於伯仲之間，當時的非正式統計，居民戶數約有千
餘，「店舖櫛比鱗居，民安樂業，街衢修潔，亦一埠會」之形態。

　　該年5月11日亥時，突有怪聲自東南來，「迫及始聞之，恍若遠
雷，繼則翻江作浪，坤輿箕播，樹末一拂，幾與地齊，屋宇一傾，如同
山倒，瞬息萬聲怒號，又轟然一聲」，三座天后宮也應聲而倒。

　　由於地震發生在半夜，居民猶在睡夢之中，造成傷亡慘重，據黃
清淵描述，當時宛若人間煉獄般，「可憐安樂土，一剎那化為修羅場，
天愁地慘，星月無光」；黎明之後，鄰村立刻趕來救援，景況之悽涼令
人不忍卒睹，最後統計，當場死亡共有172人，傷重而死者亦有數十
人，「其棺木一時告罄，或用草薦、或釘門扉，甚至用龍骨車之車桶以
代之」，至於斷足折臂而成為殘廢者更是不計其數。其後餘震不斷，居
民一日數驚，附近玉枕山山崩達數百仞，曾文溪的地盤也下陷，入夜之
後，居民不敢入宿屋宅之中，多半架設蓬柵於空曠之地而露宿[238]。

---

236 黃清淵纂，〈茅港尾紀略〉，見《臺灣輿地彙鈔》（臺北：臺灣銀行經濟研究室，臺
　　灣銀行文獻叢刊第216種，1965），頁136-139。
237 包括：劉卻（1701）、朱一貴（1721）、林爽文（1786）、張丙（1832）等抗清民
　　變。
238「掘開倒屋，有母子四人同斃一牀者，有父子交橫十字而死者，有兄弟牽連死於壁
　　下者，有姊妹慘亡於屋隅者，有姑媳同登極樂世界者，有妯娌齊赴枉死城中者，有
　　夫婦赤身裸體死於溫柔鄉者，有樂人手執鼓吹被天后宮之圓光門榨如扁魚者，有旅
　　客壓死而無屍親可尋者，有血肉模糊難辨孰是昆仲者，有祖孫父子同遭其災者，有

地震之後，1865 年，麻豆地區爆發霍亂，茅港尾首當其衝，死亡枕藉，幾於無日無之，住民紛紛他遷避疫，茅港尾近於荒蕪[239]。

當時，文字記載並不發達，因此缺乏相關的描述，況且疫癘盛行之際，人人避之唯恐不及，在人口大量死亡與外流之下，茅港尾地區的繁華便難再現[240]。

由上可知，貿易、戰爭與亞洲型霍亂疫情密不可分。霍亂是屬於烈性傳染病，它容易在人口密集處與衛生較不良的環境中擴散，交戰時軍隊更是霍亂滋生的溫床，可見軍人還有更難以捉摸的敵人需要面對——疾病[241]。

《澎湖廳志》、《臺灣詩乘》等書中即曾描述軍中疫病對於戰力的折損情況[242]，日軍依據〈馬關條約〉接收臺灣之初，除了面對飄忽不定的抗日游擊軍隊外，亞洲型霍亂等疫病在軍中的蔓延，更是棘手。

———

一家八口至靡有遺類者……法蘭西之役又作，霍亂及瘟癀症之橫行，疫屬相繼，死亡枕藉。先頹社內（半旗營，今臺南市新市區社內村），次殃四鄰，繼陷本街，居民非死則徙。又緣改隸，變步道而為鐵道；既不堪商，又勿善農，日就零落，而我茅終難撥雲霧而見天日矣」。黃清淵纂，〈茅港尾紀略〉，收入《臺灣輿地彙鈔》（臺北：臺灣銀行經濟研究室，臺灣銀行文獻叢刊第 216 種，1965），頁 140。

239 鄭佳韻，〈麻豆地區開發與社會經濟變遷之研究〉，國立臺南大學臺灣文化研究所碩士論文，2008，頁 51。

240 劉翠溶、劉士永，〈臺灣歷史上的疾病與死亡〉，《臺灣史研究》，4:2，1999，頁105。

241 「妾為君家數月婦，君輕別妾出門走，從軍遠涉大海東，向妾叮嚀代將母，驚聞海東水土惡，征人疾疫十而九；猶望遙傳事未真，豈意君訃播人口！滔滔白浪拍天浮，誰為負骨歸邱首？君骨不歸君衣存，攬衣招魂君知否？……天災降有由，由民心所致。休咎徵『洪範』，貞祥詳『禮記』；降吉與降凶，其理明且易。癘疫及干戈，災眚無二義……大靈無梯登蒼穹，呼閻不答天夢夢。開闢以來千萬劫，水火疾疫與兵戎。誰言盛世無災祲，堯水湯旱周大風，黔黎渾噩不知識」。林豪，《澎湖廳志》〈卷十四　藝文（下）／詩／撫恤六首，答蔡生廷蘭〉（臺北：臺灣銀行經濟研究室，臺灣銀行文獻叢刊第 164 種，1963），頁 458、491。

242 「十夫九病疫，何以負戈矛？賊來忽忘疾，抱創爭出頭。軍中無藥餌，飲血病已瘳」。《臺灣詩乘》（臺北：臺灣銀行經濟研究室，臺灣文獻叢刊第 64 種，1960），頁 13。陳肇興，《陶村詩稿》〈卷六、辛酉、後從軍行傚杜出塞體五首〉（臺北：臺灣銀行經濟研究室，臺灣文獻叢刊第 144 種，1962），頁 84。

第三章
日治初期亞洲型霍亂之流行與臺灣總督府之初步因應（1895-1912）

臺灣一向被清朝政府視為「化外之地」，日本則認為「タイワン」是「瘴癘蠻雨之鄉」的同義詞[1]。因此，死亡率甚高的亞洲型霍亂等疫病，成為日本軍隊與臺灣總督府亟須克服的衛生課題，征臺之役後，更加促使日本政府重視臺灣的公共衛生與防疫體系。

日治初期，正當亞洲型霍亂第五次世界大流行末期及第六次世界大流行前期，因此，本章將探討臺灣數次大小規模流行概況、臺灣總督府的防疫措施，以及相關研究的展開等課題。

為瞭解臺灣對于亞洲型霍亂科學的研究與成果，茲以臺灣醫學會發行的《臺灣醫學會雜誌》為主要探討對象。

第一節　日治初期亞洲型霍亂之流行

McNeill 指出：「戰爭不僅是戰爭的歷史」，歷來軍隊中突然爆發的傳染病往往扭轉戰局，有時甚至決定戰爭的勝負[2]，透過「乙未征臺之役」，可以探究日本軍隊受到「亞洲型霍亂」的衝擊和影響。

1　臺灣總督府警務局編，《臺灣の警察》（臺北：編者，1935），頁 183。
2　麥克尼爾（William H. McNeill）著，楊玉齡譯，《瘟疫與人——傳染病對人類歷史的衝擊》（臺北：天下遠見，1998），頁 5。

一、日軍接收臺灣前後亞洲型霍亂流行概況

中日戰爭期間，日軍尚未進攻澎湖前，即預料將會遭遇炎熱的氣候、海上的風浪及當地的熱病等困難。待比志島混成支隊、第二師團、第四旅團等陸續登陸澎湖島之後，日軍意外遭遇到真正的強敵，這個勁敵便是「虎列刺」病（亞洲型霍亂）[3]。

1894（明治 27）年中日戰爭期間，出征遼東半島和朝鮮的日軍中爆發了霍亂疫情，多艘艦艇也出現霍亂蔓延[4]。

1895 年 3 月上旬，由中國返航的皇室御用船停泊門司、宇品兩地時也傳出疫情，病原菌蔓延至大阪、廣島、兵庫、富山、東京等地，全國共有發病者 55,144 人，死亡 40,154 人[5]，死亡率高達 72.82%。顯示霍亂致病菌隨著軍隊移動而到處散播。

日軍的霍亂流行情況及其影響如下：

最早由日本出發的是比志島義輝率領的「比志島混成支隊」，負責占領澎湖。1895 年 3 月 15 日，先鋒部隊由佐世保軍港（今長崎縣）出航，途中，運兵船上已有 91 名士兵陸續出現上吐下瀉的症狀，其中，有 27 人死亡；3 月 23 日，軍隊登陸澎湖島裏正角後，疫情持續蔓延；25 日，裏正角開設隔離避病所，海軍軍醫外谷部及醫員坂井彌五郎等負責醫療任務；不久，馬公城內也開設隔離避病所，由於不敷使用，必須借用寺院及搭設帳棚充當臨時收容所，患者的呻吟聲在數里之外仍清晰可聞。26 日，攻占馬公後，由於水土不服及氣候等因素，軍隊中疫情更為猖獗，罹病死亡者日增；28 日，暴風雨侵襲澎湖地區，霍亂疫

3　「（敵人）揮舞著巨劍、發射巨砲，受到攻擊的人在瞬間瘦骨嶙峋、雙肩峰高突、氣息奄奄，一日之內就造成兩百人以上的傷亡，三軍束手無策」。市毛淺太郎編，《征臺顛末》（東京：日進堂，1897），頁 160。

4　〈二十一日，艦內コレラ病蔓延ノ兆アリ〉，國立臺灣圖書館藏，《臺灣史料稿、日清戰史》第六卷第三十五章，頁 244。

5　窪田一夫，〈臺灣ニ於ケル「コレラ」ノ疫學的觀察—前編（疫史編）（附表）〉，《臺灣醫學會雜誌》，34:367，1935，頁 1701。

情雪上加霜，3月底至4月上旬達到流行的最高峰，其後患者數陸續減少，日本海軍加派秋津洲號軍醫少佐山科巖進入馬公城視察，並由海軍軍醫大監三田村主持檢疫部，指揮各軍醫官加強清潔營舍衛生、增加醫師及看護助手等，霍亂疫情才逐漸獲得控制；至5月16日，疫情方歇[6]。

綜觀本次戰役中霍亂流行的原因，在於飲用水衛生不良、缺少燃料用薪炭、衛生員不足、衛生設施與消毒用品缺乏等，復因澎湖氣候炎熱，助長了疫情。據某分隊長轉述：

> 在陸軍的營舍當中，每一營舍平均進駐六至九人不等，也許今天全舍的士兵都很健壯，明天全舍士兵就突然罹病而暴斃[7]。

由於戰時醫療資源極為欠缺，瀕死的霍亂患者只有一面小毛巾蔽體，或兩個患者共用一條被單、三個人共用一罐藥瓶等，許多患者在斷氣前甚至滴水未進。

當時「細菌學」、「傳染病學」等概念尚未普及，一般人仍舊以目測判斷環境清潔與否，作為疾病來源的依據。

日本人認為，派遣征臺之艦艇上均相當注重衛生條件與飲食清潔，即使船上有人發生霍亂症狀而死亡，仍不足以解釋為軍隊登陸澎湖後霍亂疫情猖獗的原因，尤其是澎湖地區與外界的海陸交通隔絕之後，霍亂疫情與澎湖當地的衛生環境有關。

另一方面，日本人將日本國內視為「山明水秀」，相對的，將清朝臺澎地區視為「臭穢蠻烟」，因此認定日軍登陸後霍亂疫情有增無減之因在於污穢的環境：

> 澎湖島民醜穢臭陋太甚，包覆髮辮的頭巾污穢不堪，容貌枯

6　市毛淺太郎編，《征臺巔末》（東京：日進堂，1897），頁161-164。

7　市毛淺太郎編，《征臺巔末》（東京：日進堂，1897），頁166。

槁憔悴，雙手沾滿汙泥，家屋內充滿跳蚤、蚊蠅、蛤蟆等蟲類[8]。

4月中旬以後，日軍後勤運補衛生材料與衛生人員充足，疫情開始受到控制。在50天的流行期間，比志島混成支隊全員6,194人中，證實罹患霍亂的有1,945人，發病率高達31.4%；發病者中，死亡1,247人，死亡率64.1%。罹難者合葬於馬公城外東南面，距離陽明門十五町的7座軍人公墓中，據統計，一號墓葬有204人、二號墓葬有78人、三號墓葬有220人、四號墓葬有68人、五號墓葬有181人、六號墓葬有181人、七號墓葬有48人[9]。

據推測，該波流行的病原菌可能來自日本國內，潛伏於運兵船之中所造成[10]。

隨後出兵的為近衛師團，以逼迫清廷議和、平定臺灣本島為目的。

1895（明治28）年3月3日，馬關議和談判之際，近衛師團開始集結，希冀藉由武力壓迫清廷儘速議和。

4月，近衛師團自日本宇品港出發，先登陸中國大連灣金州半島。當艦隊在大連灣的外海待命時，有數十位官兵陸續發生上吐下瀉的類似霍亂症狀，軍醫部門立刻動員清潔消毒，以防止疫情擴散。

馬關議和之初，清廷知悉日軍在澎湖遭受霍亂疫情所困，曾有增兵臺灣的計畫，以利拖延談判進度[11]。依據馬關條約，日本領有臺灣、

───────

8　市毛淺太郎編，《征臺顛末》（東京：日進堂，1897），頁163。

9　市毛淺太郎編，《征臺顛末》（東京：日進堂，1897），頁160-167。

10　丸山芳登編集，《日本領時代に遺した臺灣の医事衛生業績》（橫濱：編集者發行，1946），頁33。

11　「日據澎疫甚，僅剩二千餘人，兼旬未動。臺南、北無事，福、廈晏然。惟漳州民心惶惑，現飭侯名貴回漳州鎮任；委總兵徐萬福率兩營駐泉州、游擊許承禮一營駐興化……唐景崧電：有策士自日來，謂日窘甚，若停和議、不允賠款，彼計立窮。又探得日因疫甚，死者多，刻在澎抽兵」《清季外交史料選輯》〈光緒二十一年（三月二十一日）、閩督譚鍾麟致軍務處報日據澎疫盛臺南北無事電〉、〈附錄、清季外交年鑑（節錄）〉（臺北：臺灣銀行經濟研究室，臺灣文獻叢刊第198種，

澎湖及其附屬島嶼。1895 年 5 月上旬，臺灣紳民擁戴巡撫唐景崧成立臺灣民主國，反對日本的接收，於是，日本決定出兵征臺。5 月 22 日起，近衛師團所屬各部隊由旅順、大連灣出發，霍亂病原菌也隨著運兵船行動，航行途中即出現零星病例。5 月 30 日，近衛師團的先鋒部隊登陸澳底後再傳出疫情；5 月 31 日上午，日本赤十字社社員搭乘的「橫濱丸號」上有一人確認罹患「虎列剌」，預備登陸的軍艦上也有數人發生上吐下瀉症狀，軍醫官立刻決定在澳底地區搭設帳棚充當臨時隔離所。

　　6 月下旬，近衛師團全部登陸基隆完畢[12]。部隊所到之處造成疫情擴散，以 6 至 8 月三個月的流行最為迅速，9、10 兩個月疫情漸趨緩和，至 11 月 7 日才解除疫情。

　　茲簡述近衛師團登臺後的流行狀況如下：

　　6 月間，軍醫部共收容虎列剌患者 76 人。6 月 2 日，輜重監視隊隊員中，有一名士兵發生上吐下瀉症狀，即刻移往救護所隔離，並且指派一名軍醫負責監護[13]；翌日，衛生隊更在基隆市區南部擇一民宅開設救護站，設有 3 個病房，其中，包括專門收容上吐下瀉症狀的隔離室[14]；4 日，近衛師團軍醫部駐紮於基隆舊輪船招商局樓上，附設衛生隊及病室，當日，收容虎列剌患者 1 人[15]；6 日，軍醫部決定以基隆港舊水雷營作為「吐瀉症狀傳染病」的專門隔離收容室，當日，共收容虎列剌患

1964），頁 253、364。

12　木村達，《近衛師團軍醫部征臺衛生彙報》，〈戰鬥衛生記事〉（1896），國立臺灣圖書館藏，序、頁 85。
13　木村達，《近衛師團軍醫部征臺衛生彙報》，〈六月二日〉（1896），國立臺灣圖書館藏，頁 99。
14　木村達，《近衛師團軍醫部征臺衛生彙報》，〈六月三日〉（1896），國立臺灣圖書館藏，頁 110。
15　木村達，《近衛師團軍醫部征臺衛生彙報》，〈六月四日〉（1896），國立臺灣圖書館藏，頁 116。

者 17 人[16]；翌日，基隆衛生隊再收容虎列剌新患者 3 人[17]。9 日，第一
旅團抵達臺北，鑑於士兵當中流行傳染性吐瀉疾患，旅團長指示儘速設
置隔離病室，當日，即收容虎列剌新發病者 2 人[18]；翌日，近衛師團臺
北衛生隊再收容 2 名虎列剌新發病者，其中 1 人不久即死亡[19]。11 日，
近衛師團司令部駐紮於臺北府舊布政使司衙門，軍醫部隨之進駐，衛生
隊雇用 20 名臺灣本地人士，負責軍營與病房內外的清潔工作，當日，
收容虎列剌新發病者 6 人，死亡 1 人[20]。6 月 12 日，收容虎列剌新發病
者 13 人，其中，有 1 人死亡。

　　當時，軍醫部判斷，近衛師團登臺後的疫情仍然屬於遼東半島金州
地區虎列剌疫情的延續。鑑於虎列剌患者有增無減，師團司令部召集各
部隊軍醫舉行「醫官會議」，指示相關的衛生預防決議如下：

（1）各部隊的副食品烹調必須依照日本固有的方式。
（2）副食品當中富含脂肪的肉類（如豬肉等），必須分開食
　　　用。
（3）禁止食用中國式饅頭或不成熟的水果。
（4）臺灣當地的水質不佳，飲用水必須先煮沸，各部隊必須
　　　預備儲裝飲用水的水桶或水壺。
（5）各部隊必須專設洗臉與被服的洗濯場所。
（6）各部隊的休息區之內必須專設一處隔離室。

16　木村達，《近衛師團軍醫部征臺衛生彙報》，〈六月六日〉（1896），國立臺灣圖書館
　　藏，頁 122。
17　木村達，《近衛師團軍醫部征臺衛生彙報》，〈六月七日〉（1896），國立臺灣圖書館
　　藏，頁 126。
18　木村達，《近衛師團軍醫部征臺衛生彙報》，〈六月九日〉（1896），國立臺灣圖書館
　　藏，頁 130。
19　木村達，《近衛師團軍醫部征臺衛生彙報》，〈六月十日〉（1896），國立臺灣圖書館
　　藏，頁 131。
20　木村達，《近衛師團軍醫部征臺衛生彙報》，〈六月十一日〉（1896），國立臺灣圖書
　　館藏，頁 134。

（7）迅速設置各軍營的廁所[21]。

　　翌日，近衛師團臺北衛生隊收容虎列剌新發病者 9 人，其中死亡 6 人。由於隔離室內人滿為患，衛生隊增闢第二隔離室，其後，第一隔離室專門收容虎列剌新發病者[22]。6 月 14 日，衛生隊再收容虎列剌新發病者 7 人[23]；15 日，衛生隊新增第三隔離室，收容虎列剌患者 7 人，其中死亡 2 人[24]；16 日，衛生隊收容虎列剌新發病者 3 人[25]；17 日，衛生隊收容的虎列剌新發病者 5 人，全數不幸死亡[26]。

　　近衛師團司令部還嚴格規定，衛生隊處理虎列剌患者的吐瀉物時必須先以特製容器收貯、消毒，然後深埋於土中[27]。

　　近衛師團混合第四旅團三等軍醫堀內次雄，描述當時的軍隊衛生狀況：

　　旅團長是伏見宮貞愛親王，於八月六日抵達基隆，七日進入台北。當時台北流行霍亂，陸軍傳染病醫院住滿了霍亂和赤痢病患，每天上午都有屍體送往火葬場，因為屍體太多，只能以草蓆捲起，用一根竹竿抬走，就像搬鮪魚一樣。駐紮在市內的軍

21　木村達，《近衛師團軍醫部征臺衛生彙報》，〈六月十二日〉（1896），國立臺灣圖書館藏，頁 135-136。

22　木村達，《近衛師團軍醫部征臺衛生彙報》，〈六月十三日〉（1896），國立臺灣圖書館藏，頁 139。

23　木村達，《近衛師團軍醫部征臺衛生彙報》，〈六月十四日〉（1896），國立臺灣圖書館藏，頁 140。

24　木村達，《近衛師團軍醫部征臺衛生彙報》，〈六月十五日〉（1896），國立臺灣圖書館藏，頁 141-142。

25　木村達，《近衛師團軍醫部征臺衛生彙報》，〈六月十六日〉（1896），國立臺灣圖書館藏，頁 146。

26　木村達，《近衛師團軍醫部征臺衛生彙報》，〈六月十七日〉（1896），國立臺灣圖書館藏，頁 149。

27　木村達，《近衛師團軍醫部征臺衛生彙報》，〈六月十九日〉（1896），國立臺灣圖書館藏，頁 154。

隊雖然暫時到新庄，當時稱為海山口的地方避難，但那裏也發生霍亂，只好借住板橋富豪林本源家[28]。

　　7月，近衛師團挺進至臺北、桃園、新竹等地。新竹衛生隊左側關建為「臨時軍醫院」，附設有外科治療室、一般病房、傳染病房、隔離病房等；隔離病房專門收容虎列刺患者，有專用的廁所、看護，患者的污漬物必須焚毀、便器嚴格消毒[29]。12日，步兵彈藥縱列醫官報告，該部隊從基隆行軍至臺北途中，出現虎列刺患者6人[30]；14日，第一聯隊挺進至中壢，其中一名馬伕出現疑似虎列刺症狀，包括數度下痢、四肢發冷、脈絕、聲嘎、顏面冷汗等，據調查，該患者因行軍途中勞頓，曾飲用溪間濁水解渴，發病後，於深夜2時死亡[31]；翌日，第六中隊士兵中，感染虎列刺並死亡者有3人，死亡時間分別為同日下午2時及4時45分，翌日上午4時，再有一人死亡。據其中一位虎列刺患者自述，前一晚因為口渴欲飲水時前往溪邊，不慎失足墜入水中，大便失禁，被人發現救起後，醫官前往診視後發現，該患者脈微細、四肢發冷、聲嘶音嘎等，由於該患者的霍亂病原菌排泄物已經污染水源，大隊長下令，軍隊若取用該處溪水時，必須先行煮沸後才可以飲用[32]。17日，在桃園地區行軍途中，有11人發生下痢症狀，經檢查後，判斷與虎列刺疫情無關，可能與前一日膳食中的大豆有關。

　　征臺之役告一段落，返航日本途中，在船上竟然還出現新發病者3

28　小田俊郎著，洪有錫譯，《台灣醫學五十年》（臺北：前衛，1995），頁3。

29　木村達，《近衛師團軍醫部征臺衛生彙報》，〈七月一日〉（1896），國立臺灣圖書館藏，頁190。

30　木村達，《近衛師團軍醫部征臺衛生彙報》，〈七月十二日〉（1896），國立臺灣圖書館藏，頁216。

31　木村達，《近衛師團軍醫部征臺衛生彙報》，〈七月十四日〉（1896），國立臺灣圖書館藏，頁231-232。

32　木村達，《近衛師團軍醫部征臺衛生彙報》，〈七月十五日〉（1896），國立臺灣圖書館藏，頁237。

人[33]。

　　近衛師團在臺灣期間，曾經收容的亞洲型霍亂患者如下：（1）6月17日至7月26日，「臺北舍營病院」共收治248人；（2）8月14日至30日，「後壠野戰第一病院」共收治137人；（3）10月，「嘉義野戰病院」共收治27人、「臺南舍營病院」共收治33人。總計445人。

　　據可靠統計，1895年近衛師團征臺期間，各月分亞洲型霍亂患者發生數與兵種、軍階如下：4月，下士1人、戰鬥兵8人、運輸兵1人，共10人；5月，戰鬥兵3人、運輸兵3人，共6人；六月，將校1人、下士1人、戰鬥兵8人、運輸兵4人，共14人；7月，將校1人、下士1人、戰鬥兵1人，共3人；8月，將校1人、下士2人、戰鬥兵2人、運輸兵1人，共6人；9月，戰鬥兵3人；10月，軍佚10人；11月，戰鬥兵3人[34]。

　　由上可知，發病者計有軍官3人、下士5人、戰鬥兵28人、運輸兵9人、軍夫10人，總計55人。其中，日軍軍官罹患霍亂者，與臺灣的抗日游擊勢力所掌握的情資接近，劉永福等人認為「臺灣民主國」仍大有可為，可以驅逐日本勢力而讓臺灣回歸清朝[35]。

　　近衛師團出征以來官兵發病情況如下：最早的發病病例出現在旅順港外碇泊的船艦上，計有重症4人、下痢症4人，共8人；在盛京省蘇家屯，重症3人、輕症1人、下痢症3人，共8人。抵達臺灣後，在澳底，輕症1人；在錫口，輕症1人；在臺北，重症2人、輕症3人、下痢症2人，共7人；在滬尾，重症3人、輕症4人、下痢症1人，共8人；在後壠，重症1人；在白沙墩，重症1人；在苑里，重症2人、下

33　木村達，《近衛師團軍醫部征臺衛生彙報》，〈七月十七日〉（1896），國立臺灣圖書館藏，頁248。

34　木村達，《近衛師團軍醫部征臺衛生彙報》，〈二十八年患者發生月別表〉（1896），國立臺灣圖書館藏，頁504-505。

35　連橫，《臺灣通史》〈卷三、經營紀〉（臺北：臺灣銀行經濟研究室，臺灣文獻叢刊第128種，1962），頁98。

痢症 3 人，共 5 人；在永靖街，輕症 1 人；在北斗街，輕症 1 人；在莿
桐港，重症 1 人；在嘉義，輕症 1 人。此外，在北屹，重症 4 人、輕症
6 人，共 10 人；在東京，輕症 1 人。

總計輕症 23 人、重症 19 人、下痢症 13 人，共 55 人[36]，範圍遍及
中、日、臺三地。

表 3-1-1　1895 年近衛師團野戰隊衛生部員罹患亞洲型霍亂死亡統計

序號	姓名	單位職稱	死亡時間	死亡地點	備註
1	小野木利吉	近衛師團步兵第三聯隊看護手	4.28	金州（遼東）	類似虎列拉
2	田中貞之助	第一師團第一野戰病院一等看護長	6.7	臺北	類似虎列拉
3	增田兵五郎	第一師團第二野戰病院看護手	7.13	臺北	類似虎列拉
4	橫田政太郎	第一師團第一野戰病院一等看護長	7.16	臺北	類似虎列拉
5	深澤泰助	近衛師團騎兵大隊三等看護長	7.20	臺北	類似虎列拉
6	島田房次郎	第一師團第二野戰病院看護手	8.8	基隆	類似虎列拉
7	善場新之助	第一師團第二野戰病院看護手	9.15	彰化	類似虎列拉
8	西村東	近衛師團第一野戰病院	10.7	廣島	類似虎列拉
9	高梨薰作	近衛師團衛生隊看護手	6.12	臺北	虎列拉
10	中村五郎平	近衛師團步兵第一聯隊看護手	8.31	大甲	虎列拉
11	古川金太郎	近衛師團第二野戰病院看病人	8.31	臺北	虎列拉
12	菊川正之	近衛師團砲兵第二縱列三等軍醫	9.9	大甲	虎列拉
13	今井安吾	近衛師團砲兵第一縱列二等看護長	9.24	大甲	虎列拉
14	內田作太郎	第一師團第二野戰病院三等看護長	10.22	臺南	虎列拉
15	有馬純孝	近衛師團步兵第一聯隊看護手	10.22	廣島	虎列拉
16	牛丸冬	第二師團軍醫部二等軍醫	11.6	臺南	虎列拉
17	佐藤袈裟太郎	近衛師團第二野戰病院看護手	11.10	臺北	虎列拉

資料來源：木村達，《近衛師團軍醫部征臺衛生彙報》，〈出征後野戰隊衛生部員死亡表〉
　　　　（1896），國家圖書館臺灣分館藏，頁 608-609。

近衛師團的部隊駐紮臺灣中部期間，原以為戰事稍停，可以安心，
卻因罹患霍亂、瘧疾、赤痢、腳氣等病的士兵逐漸增加，據當時擔任軍

36　木村達，《近衛師團軍醫部征臺衛生彙報》，〈發病地症別表〉（1896），國立臺灣圖
　　書館藏，頁 505。

醫的堀內次雄回憶，一般軍人可以趁機得到休養，但是衛生局人員反而更加忙碌，連堀內自身也可能感染霍亂，臥病在臺南安平的億載金城內，有許多同事病歿，堀內幸運痊癒[37]。

由表 3-1-1 中可知，如堀內所述，衛生隊因為職責所在，必須就近照護傳染病患者，罹病甚至死亡的風險大增，其中，位階最高者為第二師團軍醫部二等軍醫牛丸冬，次為砲兵第二縱列三等軍醫菊川正之，全衛生單位人員的霍亂發病率約 5%。

近衛師團軍醫部也稱亞洲型霍亂為「痧病」，其治療情況為重症痧病，死亡 21 人、治癒 2 人，計 23 人；輕症痧病死亡 3 人、治癒 10 人、預後不明 6 人，計 19 人；痧性下痢治癒 13 人。總計死亡 24 人、占 49%；治癒 25 人、占 51%[38]。顯示霍亂的輕症患者治癒率較高。

征臺之役告一段落，依據近衛師團軍醫部的統計，1895 年，動員作戰人數共有 17,756 人，因作戰受傷者 484 人，其中，死亡 110 人，死亡率 22.73%；因病住院者 9,473 人，其中，死亡 708 人，死亡率 7.8%[39]。由此可知，本次征臺之役因病受傷者約為作戰受傷者的二十倍，因病死亡者約為作戰死亡者的六倍。

近衛師團從日本出發後，在清日馬關談判期間，出征遼東半島金州的野戰部隊發生的傳染病有虎列剌、腸窒扶斯、疱瘡、麻疹、水痘、流行性感冒等六種。其中，以虎列剌的患者數最多，共有 86 人，死亡 39 人、死亡率 45.3%，痊癒 31 人、痊癒率 36.1%。抵臺後，軍醫部所記載之傳染病有虎列剌、腸窒扶斯、赤痢、麻拉里亞等四種。虎列剌患者數僅次於麻拉里亞，共有 622 人，死亡 348 人、死亡率 55.9%，痊癒

37　小田俊郎著，洪有錫譯，《台灣醫學五十年》（臺北：前衛，1995），頁 4。

38　木村達，《近衛師團軍醫部征臺衛生彙報》，〈症別轉歸表〉（1896），國立臺灣圖書館藏，頁 506。

39　木村達，《近衛師團軍醫部征臺衛生彙報》，〈負傷者概況報告〉（1896），國立臺灣圖書館藏，頁 449。

91 人、痊癒率 14.6%[40]。

由上可知，近衛師團在臺灣的發病數為在遼東半島的 7 倍以上，死亡數約為 9.2 倍，無怪乎，日本人將臺灣視為「瘴癘之鄉」。

繼近衛師團主力部隊之後，混成第四旅團也負責支援平定臺灣之任務。

1895 年 8 月 2 日，混成第四旅團由大連灣啟程赴臺，9 月 6 日至 8 日期間，陸續登陸基隆，當部隊駐紮基隆及臺北期間，尚未傳出疫情。

10 月 2 日，旅團收到南進命令後，由基隆開拔，途經澎湖；10 日，從布袋嘴登陸，其中，步兵第五聯隊從啟航至登陸期間，共陸續傳出霍亂病例 66 人，其他聯隊也受到波及。10 月 19 日至 11 月 2 日，「布袋嘴患者集合所」收治確診與疑似病例共 240 人，其中死亡 50 人。

至 10 月下旬，各地旅團野戰醫院收治情形為：「霄壠收容所」有 24 人、「臺南收容所」有 43 人；11 月 11 日以後，疫情逐漸減輕；11 月下旬，「鹿港舍營病院」收治最後發生的患者 3 人，疫情才宣告解除。

不久，第四旅團奉命移師到臺灣中部，10 月 2 日從台北出發，搭乘運輸船暫停在澎湖島，然後從臺南附近的海岸布袋嘴登陸。當時澎湖島也盛行霍亂，軍醫、官兵先後染病，每日新增患者達數十人，其中，只有一位年輕的軍醫負責診療。澎湖地區原本就盛行霍亂，馬關議和之際，占領澎湖的日軍在船上就出現霍亂病例，登陸後，由於衛生人員、衛生器材不足、飲水及其他衛生條件不良，以致瘟疫蔓延，幾乎導致全軍覆沒。後來，在馬公公園的一角曾興建慰靈碑，詳述當時的狀況[41]。

其後，第二師團守備隊也負責支援平定臺灣之任務。

1895 年 5 月 8 日起，第二師團守備隊由遼東開拔，經大連灣出

40　木村達，《近衛師團軍醫部征臺衛生彙報》，〈患者一覽〉（1896），國立臺灣圖書館藏，頁 477-478、480。
41　小田俊郎著，洪有錫譯，《台灣醫學五十年》（臺北：前衛，1995），頁 4。

航，途經澎湖；10 月 11 日起，陸續由枋寮登陸，21 日，進入臺南城。
部隊轉進期間，搭乘京都丸的師團司令部軍官中有少數人發病；抵臺
後，各支隊陸續傳出病例，11 月以後，疫情才消歇[42]。

　　日軍受到亞洲型霍亂疫情的重創，戰力明顯折損，臺灣的抗日勢力
稍得喘息之機。雖然在臺北的臺灣民主國已經瓦解，第一任臺灣總督向
抗日軍總司令劉永福招降，卻遭劉以「天遣降疫」而斷然拒絕[43]。日本
部隊一方面要防臺灣抗日軍的襲擊，又因霍亂流行嚴重而疲憊不堪[44]。
其中，中岡祐保大佐於 9 月 13 日病歿彰化，一週後，山根少成少將也
於 9 月 22 日病歿於彰化、得年 48 歲；病歿之軍官尚包括步兵中尉松崎
純一郎、同川幡清貞、林田遊龜等[45]。

　　領導幹部的病歿更包括本次軍事行動的總司令——北白川宮能久
親王，北白川宮親王也因疑似在彰化感染亞洲型霍亂，後來在臺南病
死[46]，使得掃蕩臺人抗日勢力的進度未如預期，被迫更改征臺軍隊的南
進計畫[47]。清廷知悉後，以為有機會再將臺灣收回版圖[48]。當時，滿清

42　窪田一夫，〈臺灣ニ於ケル「コレラ」ノ疫學的觀察—前編（疫史編）（附表）〉，
　　《臺灣醫學會雜誌》，34:367，1935，頁 1702-1703。
43　「樺山資紀介英人移書永福解兵，永福得書不從，復曰：……刻下臺北時疫大作，
　　貴國兵隊病故者多。民情不附，天災流行，已可概見」。見連橫，《臺灣通史》〈卷
　　三、經營紀〉（臺北：臺灣銀行經濟研究室，臺灣文獻叢刊第 128 種，1962），頁
　　98。
44　「日軍初至，病者二百餘人；數日，疫症流行。其後山根（少成）少將、中岡（祐
　　保）大佐、緒方參謀、其他將校多病死焉」。見陳衍，《臺灣通紀》〈錄自福建通紀
　　卷二十、（光緒）二十一年〉（臺北：臺灣銀行經濟研究室，臺灣文獻叢刊第 120
　　種，1961），頁 256。
45　市毛淺太郎編，《征臺顚末》（東京：日進堂，1897），頁 393-396。
46　小田俊郎著，洪有錫譯，《台灣醫學五十年》（臺北：前衛，1995），頁 4。
47　鷲巢敦哉，《臺灣統治回顧談（臺灣の領有と民心の變化）》（臺北：臺灣警察協
　　會，1943），頁 65-66。
48　「自是日親王滯在彰化街臺灣府署內一個月。彰城設野戰病院，初止患者二百餘
　　人，後數日疫症流行，忽千餘人。患者多在市內舖戶，病人呻吟。至九月中旬，
　　病勢益烈，師團中健者約五分之一。山根少將、中岡大佐、緒方參謀及其他將
　　校，多入鬼籍。……七月十四日（西曆九月三日），日本北白川宮親王巡視鹿港，

政府還希冀由列強出面干涉，譴責日本屠殺臺灣人民的暴行[49]。日本方面所發布的官方文件認為，北白川宮能久親王是因為罹患瘧疾合併左肺炎症，於 1895 年 10 月 28 日上午 7 時，併發心臟麻痺而薨逝於臺南城內；11 月 4 日，明治天皇特追贈為「陸軍大將」併「敘功三級金鵄勳章賜菊花章頸飾」；翌日，宮內省告示第 14 號發布，訂於 11 月 11 日舉行國葬[50]。

以近衛師團第二野戰病院為例，自從占領彰化後，軍中罹病者眾，曾有單日收容 550 人的最高紀錄，總收治人數高達數千人次以上，尤有甚者，一個中隊只有 14 人尚有戰鬥能力，足見疫病對軍隊影響之大[51]。軍醫森林太郎（1862-1922，筆名森鷗外）也描述當時臺灣的衛生狀況惡劣，許多官兵為瘟疫所困，其中以亞洲型霍亂的流行最為猖獗[52]。據統計，自 1895 年 5 月 26 日至 12 月 15 日，作戰受傷者 515

旋回駐彰化；以川村旅團駐軍鹿港，以山根旅團駐軍彰化，分兵各處駐守。……時日兵多染腳氣、虎列拉、赤痢諸疫，其困難非常」。《割臺三記》〈讓臺記、光緒二十一年乙未七月〉（臺北：臺灣銀行經濟研究室，臺灣文獻叢刊第 57 種，1959），頁 61-64。

49　「讀有電，悲憤曷已。昨已將和議逐條利害瀝陳，請以重利求大國力助，不知有益否。頃王爵堂來電，言法外部謂倭力竭疫甚，不能久，冀華堅持；法、俄兩國已電勸倭減讓等語」。見張之洞，《張文襄公選集》〈張文襄公選集三、致臺北唐撫台、光緒二十一年三月二十七日辰刻〉（臺北：臺灣銀行經濟研究室，臺灣文獻叢刊第 97 種，1961），頁 175。

50　能久親王遺留了一首「臺灣偶成」，描述征臺的艱辛：「河水淼流激急湍，危岩荒谷草芽攢，如斯險惡恐無比，猷蹊鳥道幾心酸，遠伐荊蠻百事辛，奚堪惡水與災塵，去京半歲君休笑，忽作白頭黑面人」。〈十月二十八日、近衛師團長能久親王殿下病氣御危篤ニ陷ラセラル〉，見《臺灣史料稿、陸軍幕僚歷史草案》第一卷；《平臺紀念錄、貳》，頁 206-208。〈十一月五日、近衛師團長能久親王殿下薨去ノ儀發表セラル〉，見《臺灣史料稿、官報》。

51　市毛淺太郎編，《征臺顛末》（東京：日進堂，1897），頁 391-395。

52　「1895 年 5 月，森鷗外被任命為臺灣陸軍局軍醫部部員，他和局長大島久道少將從宇品出發，29 日，抵達三貂角，隨同北白川宮能久親王率領的近衛師團同時登陸，森鷗外與師團同行，路經基隆，於 6 月 11 日抵達臺北。19 日，臺灣總督府正式成立衛生委員會諮詢機構、開設事務所，同日，森鷗外被任命為臺灣總督府陸軍局軍醫部部長」。見小田俊郎著，洪有錫譯，《台灣醫學五十年》（臺北：前

人，戰死者 164 人；相對的，罹病者（因病住院者）26,994 人，其中，死亡 4,622 人[53]。也就是說，乙未之役日軍飽嚐臺灣這個「瘴癘之地」風土病及高溫高濕等滋味[54]。

在〈臺灣ニ於ケル「ペスト」ノ流行學的研究〉一文指出，1896（明治 29 年）臺灣南北兩地流行鼠疫之際，臺灣地區具備相當學識的（漢）醫生、洋醫生、學者約 30 餘人，曾記述當時的觀察；依據黃玉階、朱煥奎、淡水傳教士醫生馬偕（マッケ）之轉述，可知該年亞洲型霍亂在臺灣住民之間的流行情況。據大稻埕漢醫黃玉階、芝蘭儒者朱煥奎等回憶，自臺灣開闢後，近 30 餘年來開始發生霍亂吐瀉，自身已親歷過三次；住在淡水的傳教士醫師馬偕證實，亞洲型霍亂曾在四、五年之前爆發流行，淡水一地在數日之內出現百餘名死者，臺北地區的受災情形更甚於此[55]。

由上可知，征臺之役，比志島支隊由日本國內攜帶病原菌，近衛師團與第二師團則可能由遼東攜帶病原菌，不但在軍中釀成慘重疫情，也同時造成臺灣許多地方受到亞洲型霍亂病原菌的侵襲。

據統計，日軍官兵中，霍亂患者數共 5,459 人，死亡 3,916 人，死

衛，1995），頁 4。

53　井出季和太也在《臺灣治績誌》當中提到：「甲午戰役後，於一八九五年（明治二十八年）來臺的日本兵，也因疫病，嚐吃了一大筆虧。同年三月二十一日登陸澎湖島的比志島混成支隊，敵不過了霍亂的猛襲，總員六千一百九十人中，至五月初旬，發生患者一千九百四十五人，其中死亡者竟達一千二百四十七人。登陸臺灣本島的近衛師團也極受了霍亂、瘧疾、赤痢、傷寒、腸炎、腳氣諸症之苦，直至同年九月下旬止，全師團中得保持健康者，只及全數的五分之一而已。據日人的紀錄，在明治二十八年的所謂征臺役，戰死者僅有一百六十四人，負傷者五百一十五人，病死者四千六百四十二人。而患者二萬六千〇九十四人中，在臺灣住院者五千二百四十六人，被送還日本者二萬一千七百四十八人」。見陳紹馨，《臺灣的人口變遷與社會變遷》（臺北：聯經，1992），頁 80。

54　小田俊郎著，洪有錫譯，《台灣醫學五十年》（臺北：前衛，1995），頁 6-8。

55　窪田一夫，〈臺灣ニ於ケル「コレラ」ノ疫學的觀察—前編（疫史編）（附表）〉，《臺灣醫學會雜誌》，34:367，1935，頁 1699。

亡率 71.73%[56]。征臺之役結束後，宜蘭廳宜蘭街等附近地區再度發生小規模下痢流行，據研究者指出，與 1883 年的流行，應該同屬霍亂的侵襲[57]。

二、日治初期亞洲型霍亂流行概況

（一）1902 年的大流行

　　1902 年的亞洲型霍亂疫情，是日本領臺後的首次大流行[58]。該年 2、3 月間，廣東、馬尼拉、香港等地區陸續爆發流行；不久，由新加坡開往廈門的輪船上出現亞洲型霍亂患者 13 人，臺灣總督府接獲消息後，鑑於往來各港口的輪船和帆船絡繹不絕，疫情將會擴散至本島，於是採取必要的檢疫措施[59]。

　　然而，病菌是無孔不入的，5 月 15 日，臺北市新起街有一名日人女性被證實罹患霍亂，此後，病菌藉著船舶入侵臺灣各港口。據警務部統計，該年共發生 8 次境外移入病例：（1）5 月 19 日，由廈門駛來基隆的俄羅斯軍艦「ラスボイニック號」；（2）6 月 4 日，停泊淡水港的輪船「海龍號」；（3）7 月 18 日，停泊媽宮港的輪船「舞鶴丸號」；（4）7 月 29 日，停泊鹿港的帆船「順泰號」；（5）8 月 4 日，停泊鹿港的帆船「金順美號」；（6）8 月 9 日，停泊舊港的帆船「王發順號」；（7）8 月 20 日，停泊卑南港的輪船「須磨丸號」；（8）11 月 13 日，停泊基隆

56　窪田一夫，〈臺灣ニ於ケル「コレラ」ノ疫學的觀察—前編（疫史編）（附表）〉，《臺灣醫學會雜誌》，34:367，1935，頁 1702-1703。

57　森滋太郎，〈大正元年宜蘭廳下ニ流行シタル「コレラ」ニ就テ（前號ノ續キ）〉，《臺灣醫學會雜誌》，12:126，1913，頁 268-270。

58　臺北市衛生課編，《臺北市衛生設施要覽（昭和九年）》（臺北：編者，1935），頁 88。

59　臺灣總督府警務局編，《大正八、九年「コレラ」病流行誌》（臺北：編者，1922），頁 13。

港的輪船「明石丸號」等[60]。

　　本年度的流行，以 8、9 兩個月的疫情最嚴重，發病人數，則以臺北、基隆兩廳最多。

　　臺北廳部分，從市區到近郊支廳都被霍亂疫病侵襲，市區的患者數 296 人、近郊的患者數 154 人，總計 440 人，流行時間長達 8 個月。基隆廳部分，首位發病者出現於 5 月 19 日，而以 8 月上旬的流行最為猖獗，主要蔓延於基隆市街和基隆港築港工程的勞工之間，疫情流行至 12 月 1 日才停歇，患者數共計 236 人[61]。

　　受害次嚴重的地區為深坑廳、桃仔園廳、臺中廳等。

　　深坑廳部分，8 月 9 日，在景尾支廳出現首例患者，流行期間共有 29 人發病，12 月 5 日，疫情才完全解除。據追蹤，8 月 4 日，深坑廳某居民從大稻埕買水果返家食用後，開始出現吐瀉症狀而亡故，參加過葬禮中的 10 個人陸續在相近的時間內發病，因此，可以推斷病原菌來自大稻埕。桃仔園廳部分，9 月 27 日，在三角湧支廳出現首例患者後，陸續有 4 人發病；據追蹤，首例患者是從臺北廳新店街購買祭拜用品食用後發病，至 10 月 14 日止，桃仔園廳共出現患者 15 人。臺中廳部分，8 月 31 日起，在下塗葛堀支廳出現首例患者以後，相較於其他支廳，本廳的罹病者病勢較劇烈，往往發病後 14 個小時以內便死亡。據追蹤，8 月 29 日，曾在下塗葛堀港內停泊的中國籍帆船上有人發生吐瀉病後死亡，屍體被秘密埋葬於海岸的砂地，這可能就是病菌的來源，至 9 月 14 日止，共出現患者 11 人[62]。

　　其他地區，如苗栗、宜蘭、新竹、彰化、臺東、澎湖等廳，僅出現

60　臺北市衛生課編，《臺北市衛生設施要覽（昭和九年）》（臺北：編者，1935），頁 90。

61　臺灣總督府警務局編，《大正八、九年「コレラ」病流行誌》（臺北：編者，1922），頁 10。

62　臺灣總督府警務局編，《大正八、九年「コレラ」病流行誌》（臺北：編者，1922），頁 12。

零星病例，12 月 8 日，內務省宣告全島疫情解除[63]。

　　由表 3-1-2 中可知，本次大流行的病源主要來自中國的廣東、香港、廈門等地，流行時間以臺北廳、基隆廳的 8 個月為最長，次為深坑廳。

表 3-1-2　1902 年臺灣地區亞洲型霍亂流行概況

廳別	初發日（初發地）	終止日	患者數	死亡數	病菌來源	蔓延地區
臺北	5.15（臺北市新起街）	12.8	440	368	廣東、香港	臺北市、北投、滬尾、士林、新店、錫口、枋橋
基隆	5.19（仙洞莊）	12.1	236	102	臺北、中國	基隆市及附近十三莊、仙洞莊、社後莊、水返腳、金包裏、瑞芳
深坑	8.9	12.5	29	23	臺北大稻埕	木柵莊、石皮坑莊、樟州莊除外的八莊，深坑街及附近三莊
桃仔園	9.27	10.14	15	10	臺北廳新莊街	溪墘厝莊及附近五莊
臺中	8.31	9.14	11	10	中國	塗葛窟莊及附近三莊
宜蘭	10.24	10.27	4	3	基隆	龜山莊
苗栗	9.13	9.18	4	1		十三甲莊
新竹	7.30	9.13	3	2	臺北、中國	新竹街、（舊港）船舶內
彰化	7.26		2	2	中國	（鹿港、鹽水港）船舶內陸上無疫情
臺東	8.19		2	2	基隆	（卑南港）船舶內
澎湖	7.18		1	1	廈門	（媽宮港）船舶內

資料來源：
1. 窪田一夫，〈臺灣ニ於ケル「コレラ」ノ疫學的觀察—前編（疫史編）（附表）〉，《臺灣醫學會雜誌》，34:367，1935，頁 1704。
2. 臺灣總督府警務局編，《大正八、九年「コレラ」病流行誌》（臺北：編者，1922），頁 10-22。

　　據警務局的統計，全臺 22 廳中，有 11 廳受到波及，總患者數 746

63　臺灣總督府警務局編，《大正八、九年「コレラ」病流行誌》（臺北：編者，1922），頁 13。

人，其中死亡 613 人，死亡率高達 82.17%[64]。

由 1902 年法定傳染病統計可知，霍亂的患者數 746 人，僅次於鼠疫 2,308 人、赤痢 754 人等，然而，霍亂的死亡率 82.17% 卻高於鼠疫 80.29% 及赤痢 24.93%，而躍居首位[65]。

（二）1912 年的大流行

1912 年，臺灣本島爆發日治以來第二次亞洲型霍亂大流行。

本次流行的區域包括臺灣北部的臺北、基隆、新竹，東部的宜蘭、花蓮港等地；流行期間自 6 至 12 月，共 7 個月；發病者 333 人、死亡 256 人，死亡率 76.88%[66]。規模略遜於 1902 年的大流行。

推究其因，在天候部分，1912 年 4 至 6 月期間，北部地方連續三個月降雨不斷，天氣陰鬱，8 月及 9 月又受到颱風的肆虐。當時，臺灣境外的東亞地區均未傳出重大疫情，只有在汕頭、南洋地區傳出零星病例[67]。

就流行區域觀之。基隆地區，6 月 10 日，出現首位霍亂症狀患者，該名患者是基隆哨船頭的日人漁民，病源可能是南洋方面受感染的漁獲物。隨後，八斗子庄、八尺門庄的漁民、基隆港內停泊的中國籍船員陸續發病，發生疑似霍亂症狀的 9 名漁夫分別為：坂本兼吉、岩田仁之進、揚野善之助、鈴木善太郎、松行芳太郎、上井宗太郎、鈴木重吉、園田岸吉、吉浦駒三郎等；其中，吉浦駒三郎等 4 人死亡。然而，該次疫情並未立即獲得官方公報證實[68]。16 日，鼻仔頭街漁販池田さわ

64　臺灣總督府警務局編，《大正八、九年「コレラ」病流行誌》（臺北：編者，1922），頁 13。

65　臺灣省政府行政長官公署統計室編印，《臺灣省五十一年來統計提要》（南投：編印者，1946），頁 1271-1275。

66　臺灣省政府行政長官公署統計室編印，《臺灣省五十一年來統計提要》（南投：編印者，1946），頁 1271-1275。

67　〈汕頭ノ「コレラ」病況〉，《臺灣醫學會雜誌》，11:116/117，1912，頁 705。

68　〈虎列拉之可虞〉，《臺灣日日新報》第 4324 號，明治 45 年 6 月 13 日第六版。

被證實為罹患霍亂[69]。至 6 月底，共出現確定病例 28 人、疑似病例 6 人[70]。

臺北地區，6 月 13 日，臺北市府後街民政部的官舍內爆發首宗病例[71]，蔓延於城內、萬華、南門等町[72]，至 7 月 21 日，疫情才暫時停歇。府前街五金商人山下仙太郎因罹患霍亂死亡，經家屬同意後，由臺灣總督府醫學校研究室醫長橫川定主持病理解剖[73]。同年 10 月，池田正賢、笹山安行兩位學者在臺灣醫學會例會上證實，該年度臺北市共有患者 31 人（重症下痢 9 人、輕症下痢 11 人、假死性霍亂患者 11 人）[74]。

宜蘭地區，7 月 12 日時，頭圍支廳抱竹庄出現首宗病例；8 月 18、19 日，大坑圍庄陸續出現疑似病例 4 人[75]；5 名患者的檢體被送到宜蘭醫院後，成為最佳的「霍亂類弧菌屬」標本，在當時細菌學檢查設備不充分的時代，宜蘭醫院的霍亂弧菌標本成為檢驗的依據；日後，海軍軍醫監壁島為造更將它歸類為「霍亂異型菌」，成為實驗室內製造血清凝集的來源；不久，當地陸續出現類似症狀的患者時，細菌學方面的檢查便快速而且準確[76]。

69　〈虎列拉彙報：基隆の新患者〉，《臺灣日日新報》第 4328 號，明治 45 年 6 月 17 日第七版。

70　臺灣總督府警務局編，《大正八、九年「コレラ」病流行誌》（臺北：編者，1922），頁 14。

71　〈虎列拉彙報：臺北の新患者〉，《臺灣日日新報》第 4328 號，明治 45 年 6 月 17 日第七版。

72　〈臺北虎疫彙報〉，《臺灣日日新報》第 4330 號，明治 45 年 6 月 19 日第六版。

73　〈虎列拉彙報：屍體解剖〉，《臺灣日日新報》第 4328 號，明治 45 年 6 月 17 日第六版。

74　池田正賢、笹山安行，〈本年臺北市街ニ於テ流行セル虎列拉病ニ付テ〉，《臺灣醫學會雜誌》，11:121，1912，頁 65。

75　〈宜蘭の疑似虎列拉〉，《臺灣日日新報》第 4391 號，明治 45 年 8 月 20 日第七版。

76　森滋太郎，〈大正元年宜蘭廳下ニ流行シタル「コレラ」ニ就テ〉，《臺灣醫學會雜誌》，12:126，1913，頁 176。

　　宜蘭的疫情蔓延宜蘭街、羅東街及一百甲庄等地區，共出現患者124人。據推測，宜蘭地方的病菌應該來自於海路，因為宜蘭街（即今宜蘭市）的物資供應仰賴東方三公里的東港，此外，距離羅東街東北2.5公里的一百甲庄，與基隆港的船舶往來頻繁，病源菌容易由基隆進犯[77]。

　　花蓮地區，8月16日，花蓮港廳原住民部落「加禮宛番社」，出現首宗病例，短時間內陸續出現吐瀉症狀的患者20人，並且蔓延至鄰近地區[78]；花蓮港街有日人1人、臺人4人發病[79]；至10月底止，共出現患者69人、死亡52人。據追蹤，花蓮港廳的病菌可能源自於基隆、宜蘭、羅東等疫情嚴重地區[80]。

　　新竹地區，初發病例是一位日人女性[81]，6月9日，從蘇澳經由基隆、臺北回到新竹後，於同月14日發病；至28日止，新竹共出現患者7人[82]。疫情延續至7月方止[83]。

　　其他地方，錫口街出現一名確定病例，士林[84]、桃園[85]、臺中[86]等地皆為疑似病例[87]。

77　川田敬治、坂上弘藏、前田保十郎，〈「コレラ、ノストラス」ニ就テ〉，《臺灣醫學會雜誌》，11:121，1912，頁68。

78　〈花蓮港の疑似虎列拉〉，《臺灣日日新報》第4389號，明治45年8月18日第五版。

79　〈花蓮港に真性虎列拉發生〉，《臺灣日日新報》第4391號，明治45年8月20日第七版。

80　臺灣總督府警務局編，《大正八、九年「コレラ」病流行誌》（臺北：編者，1922），頁15。

81　〈虎疫來矣〉，《臺灣日日新報》第4330號，明治45年6月20日第六版。

82　〈虎疫彙報〉，《臺灣日日新報》第4340號，明治45年6月30日第七版。

83　〈新竹の虎疫終熄〉，《臺灣日日新報》第4351號，明治45年7月11日第七版。

84　〈虎疫彙報〉，《臺灣日日新報》第4351號，明治45年7月11日第七版。

85　〈虎疫彙報〉，《臺灣日日新報》第4342號，明治45年7月2日第七版。

86　〈臺中疑似虎疫後報〉，《臺灣日日新報》第4328號，明治45年6月17日第六版。

87　〈臺中虎疫續報〉，《臺灣日日新報》第4330號，明治45年6月19日第六版。窪

　　由表 3-1-3 中觀之，本次大流行的病源疑似開始於北部地區，境外移入的現象並不明顯，由於是本土病例居多，因此，病源被歸類為「霍亂異形菌」，蓋因日人研究者發現，在生物學型態上異於 1893 年由柯霍所發現的「原型菌」[88]。

表 3-1-3　　1912 年臺灣地區亞洲型霍亂流行概況

廳別	初發時間	終止時間	患者數	死亡數	傳染源	蔓延地區	初發地
臺北	6.10	7.21	116	69	南洋	基隆市區及其近郊，臺北市區及其附近支廳	基隆市
新竹	6.14	6.28	8	5	基隆	新竹街內	新竹街
宜蘭	7.12	12 月	142	130	基隆	頭圍支廳、宜蘭街、羅東街及其近郊一帶	頭圍支廳抱竹庄
花蓮港	8.16	10.6	69	52	宜蘭	花蓮港街及近郊的番社	加禮宛番社

資料來源：
1. 窪田一夫，〈臺灣ニ於ケル「コレラ」ノ疫學的觀察—前編（疫史編）（附表）〉，《臺灣醫學會雜誌》，34:367，1935，頁 1706。
2. 臺灣總督府警務局編，《大正八、九年「コレラ」病流行誌》（臺北：編者，1922），頁 10-22。

（三）日治初期之小流行

　　日治初期的小流行共有 7 次，其中，19 世紀末有 2 次，20 世紀初有 5 次。

　　1898 年 9 月，有一名日人男子發病；1901 年 5 月，有一名臺人男子發病。經臺灣總督府技師高木友枝確認，該 2 名患者均屬於亞洲型霍亂[89]。

田一夫，〈臺灣ニ於ケル「コレラ」ノ疫學的觀察—前編（疫史編）（附表）〉，《臺灣醫學會雜誌》，34:367，1935，頁 1705-1706。

[88] 〈虎列剌菌檢查法指針〉，《臺灣醫學會雜誌》，11:120，1912，頁 517。
[89] 臺灣總督府警務局編，《大正八、九年「コレラ」病流行誌》（臺北：編者，1922），頁 12-13。

1899 年，據報載，9 月 24 日晚上 7 時臺中縣苗栗辦務署大甲支署后里派出所巡查藤村小三郎發生霍亂症狀，經大甲支署公醫及臺中縣衛生課警部、臺中醫院等單位確認[90]。

1902 年 5 月，警察本署獲報鹿港地區有 2 人罹患「吐瀉症最劇烈者」之虎列拉[91]；同月 15 日，臺北市新起街、新起橫街兩地各出現 1 名霍亂患者，由臺北醫院醫師高木友枝檢驗後確認[92]；新竹廳一區至六區出現零星病例之傳聞，然未見進一步之報導[93]。該年，香港、呂宋等地則爆發較大規模之流行[94]。

1903 年 7 月 9 日大稻埕朝東後街六十六番戶居民沈吉安突然發生上吐下瀉症狀，臺北廳即刻派遣防疫醫官採取檢體化驗，初步判定為疑似病例[95]；18 日，基隆港內停泊的中國籍船上，出現一名霍亂確定病例，疫情並未蔓延至陸地上[96]。

1904 年 6 月，鳳山地區有一名臺人男子出現吐瀉症狀，經早川孝三檢查後，確定為亞洲型霍亂；據推測，病菌來源疑似為中國，該年僅止一病例。

1905 年，歐洲的研究報告指出，該年夏天亞洲型霍亂流行及細菌學檢查的狀況，重症患者以青壯年居多[97]。所幸，該年及 1906 年期間，臺灣並未發生霍亂疫情。

---

90 〈虎列拉病發生す〉，《臺灣日日新報》第 426 號，明治 32 年 10 月 1 日第七版。
91 〈鹿港虎病〉，《臺灣日日新報》第 1204 號，明治 35 年 5 月 9 日第四版。
92 〈真正虎列拉〉，《臺灣日日新報》第 1213 號，明治 35 年 5 月 20 日第五版。
93 〈新竹瑣聞：漸萌虎病〉，《臺灣日日新報》第 1277 號，明治 35 年 8 月 3 日第六版。
94 〈虎病又發〉，《臺灣日日新報》第 1229 號，明治 35 年 6 月 7 日第四版。
95 〈疑似虎列拉の發生〉，《臺灣日日新報》第 1557 號，明治 36 年 7 月 10 日第五版。
96 窪田一夫，〈臺灣ニ於ケル「コレラ」ノ疫學的觀察─前編（疫史編）（附表）〉，《臺灣醫學會雜誌》，34:367，1935，頁 1703-1704。
97 ヘッチ，〈千九百五年「スプリーワルド」ニ於ケル虎列剌樣下痢症及ビ死亡〉，《臺灣醫學會雜誌》，7:65，1908，頁 149。

　　1907 年，臺灣地區只發生零星的病例，主要為境外移入[98]。8 月 24 日，由門司港前來基隆的輪船「旺洋丸號」上，有 2 人發病；29 日，基隆仙洞庄有 1 名日人男子發病[99]；30 日，停泊於基隆的輪船「福岡丸號」上，有 2 人發病，其中，牛山安太郎於 31 日死亡[100]；9 月 9 日，基隆田寮港有 1 名日人女子發病[101]；10 月 2 日，臺北市古亭庄有 1 名日人男子下山榮藏發病[102]，由城南醫院收治後於 16 日痊癒出院[103]。

　　該年累計共出現患者 7 人，這些個案都沒有造成疫情的蔓延[104]。

　　1908 年 8 月及 9 月，廈門爆發疫情，臺灣總督府在安平、打狗、媽宮等港口設立了臨時海港檢疫所，提高警戒[105]。

　　9 月上旬，臺北市出現急性腸胃加答兒（急性腸胃黏膜炎）患者 12 人，經過細菌檢查後，其中 3 人證實屬於亞洲型霍亂[106]。當時病症蔓延情形為：理髮匠黃灼標食用水果後發病[107]，10 月 2 日病歿[108]，任職於土木局的宮城春光幸運地痊癒[109]；同日，大稻埕千秋街宮副商店員辰見

---

98 〈虎列拉之豫防〉，《漢文臺灣日日新報》第 2804 號，明治 40 年 9 月 6 日第二版。

99 〈基隆の虎列拉發生に就て〉，《臺灣日日新報》第 2801 號，明治 40 年 9 月 3 日第五版。

100 〈福岡丸の虎列拉〉，《臺灣日日新報》第 2801 號，明治 40 年 9 月 3 日第五版。

101 〈基隆の虎列剌〉，《臺灣醫學會雜誌》，6:59，1907，頁 390。

102 〈古亭庄に疑似虎列拉發生す〉，《臺灣日日新報》第 2825 號，明治 40 年 10 月 2 日第五版。〈古亭庄の疑似虎列拉詳報〉，《臺灣日日新報》第 2826 號，明治 40 年 10 月 3 日第五版。〈古亭庄之虎列拉真性確定〉，《漢文臺灣日日新報》第 2828 號，明治 40 年 10 月 5 日第五版。

103 〈虎列拉患者の全快〉，《臺灣日日新報》第 2837 號，明治 40 年 10 月 16 日第五版。

104 臺灣總督府警務局編，《大正八、九年「コレラ」病流行誌》（臺北：編者，1922），頁 13。

105 〈對岸の虎列剌狀況〉，《臺灣醫學會雜誌》，7:71，1908，頁 441。

106 〈虎列拉發生す〉，《臺灣日日新報》第 3126 號，明治 41 年 9 月 30 日第七版

107 〈大稻埕の虎列拉〉，《臺灣日日新報》第 3127 號，明治 40 年 10 月 1 日第五版。

108 〈虎列拉病患者〉，《臺灣日日新報》第 3128 號，明治 41 年 10 月 2 日第五版。

109 〈虎疫患者〉，《漢文臺灣日日新報》第 3129 號，明治 41 年 10 月 3 日第五版。

兵三郎出現上吐下瀉的疑似症狀[110]，由城南醫院隔離治療，不幸於5日下午6時病歿[111]；8日傍晚，艋舺育嬰堂邊街居民陳海中（43歲）也出現上吐下瀉的疑似症狀[112]，旋於夜間死亡[113]；14日，大稻埕河溝頭街鐵道部官舍又出現亞洲型霍亂確定病例1人；15日，北門街二丁目居民八尾福藏（48歲）發生急性腸加答兒（急性腸黏膜炎）症狀，由貴島醫院通報為疑似病例，透過警察課衛生醫、警察醫等轉介治療，將該患者移至城南醫院隔離，並診斷為亞洲型霍亂確定病例[114]；20日，大稻埕健昌街一丁目居民瀧目かま（62歲）也出現了亞洲型霍亂症狀[115]，21日病逝於城南醫院[116]。同月，桃園廳三角湧支廳海山堡山仔腳庄蘇姓人家有三口疑似感染虎列拉死亡[117]，公醫立刻對該家戶進行消毒並阻斷其交通[118]，疫情幸未擴散[119]。

　　隨著天氣轉涼，疫情有暫時消歇趨勢[120]。10月22日，由中國華南地方駛來東港的帆船上出現亞洲型霍亂患者10人[121]；繼之，澎湖地區也出現一例亞洲型霍亂患者[122]，至11月22日，共出現疑似患者38人[123]。11月22日，大稻埕有一位30歲婦人張氏富確定感染亞洲型霍

110 〈千秋街の虎列拉〉，《臺灣日日新報》第3129號，明治41年10月3日第五版。
111 〈虎疫續發〉，《漢文臺灣日日新報》第3129號，明治41年10月3日第五版。〈死於虎疫〉，《漢文臺灣日日新報》第3131號，明治41年10月6日第五版。
112 〈艋舺の虎列拉〉，《臺灣日日新報》第3135號，明治41年10月10日第五版。
113 〈艋舺虎疫〉，《漢文臺灣日日新報》第3135號，明治41年10月10日第五版。
114 〈虎列拉發生す〉，《臺灣日日新報》第3115號，明治41年9月16日第五版。
115 〈大稻埕の虎列拉〉，《臺灣日日新報》第3120號，明治41年9月22日第五版。
116 〈臺北に虎列剌發生す〉，《臺灣醫學會雜誌》，7:71，1908，頁442。
117 〈桃園虎疫〉，《漢文臺灣日日新報》第3135號，明治41年10月10日第五版。
118 〈桃園の虎列拉病〉，《臺灣日日新報》第3133號，明治41年10月8日第五版。
119 〈桃園の虎列拉、一家三人の死亡〉，《臺灣日日新報》第3135號，明治41年10月10日第五版。
120 〈傳染病熄む〉，《臺灣日日新報》號外，明治41年10月26日第五版。
121 〈東石港の虎列拉〉，《臺灣日日新報》第3119號，明治41年9月20日第五版。
122 〈澎湖疫氣〉，《漢文臺灣日日新報》第3196號，明治41年12月25日第五版。
123 〈澎湖島の虎列拉〉，《臺灣日日新報》第3167號，明治41年11月20日第五版。

亂死亡[124]，疫情死灰復燃[125]。其後，臺灣地區平均每日新增患者 2 至 3 人，至 12 月 24 日止，計有 52 人發病；其中，痊癒 27 人，死亡 25 人[126]，死亡率達 49%[127]。該年疫情傳染地區達到一街六鄉[128]，因天氣轉冷而疫情趨緩。

1909 年，臺灣並未發生霍亂疫情。

1910 年，日本國內霍亂疫情延燒，9 月 27 日至 10 月 3 日期間，門司港出現患者 20 人、死亡 11 人[129]，死亡率高達 55%；由於門司港距離臺灣的航程僅有四天，立刻引起臺灣當局密切注意[130]。11 月 8 日，由該港啟航來臺灣的交通船上，有 1 名日人女子發病；隨後，基隆的社寮島、三沙灣有 7 名漁夫陸續發病[131]；同月 14 日至 25 日，臺北市共出現患者 6 人。據推測，臺北市首位病例是在基隆吃了生鰤魚片後發病，病菌源自基隆，而基隆的病菌則源自日本國內。

基隆地區的疫情如下：11 月 15 日，基隆社寮島居民伊舍堂傳八（34 歲）、山口仁藏（25 歲）及三沙灣居民川口芳太郎（29 歲）等三人，陸續被診斷為亞洲型霍亂確定病例；16 日，三沙灣居民澤田菊次（31 歲）也證實罹病，其中，川口於 18 日死亡[132]。

臺北地區的疫情如下：11 月 15 日，古亭庄居民蓮池トモ（38 歲）及書院街居民德永德藏（42 歲）分別發病，其中，德永於 19 日死亡；

124〈虎列拉病〉，《漢文臺灣日日新報》號外，明治 41 年 11 月 24 日第三版。〈大稻埕的虎列拉〉，《臺灣日日新報》第 3168 號，明治 41 年 11 月 21 日第五版。

125〈虎列拉又出たり〉，《臺灣日日新報》第 3158 號，明治 41 年 11 月 10 日第五版。

126〈新庄の虎列拉〉，《臺灣日日新報》第 3160 號，明治 41 年 11 月 12 日第五版。

127〈澎湖島の虎列剌終熄〉，《臺灣醫學會雜誌》，8:75，1909，頁 65。

128〈澎湖島の虎列剌〉，《臺灣醫學會雜誌》，7:75，1908，頁 562。

129〈虎疫未熄〉，《漢文臺灣日日新報》第 3738 號，明治 43 年 10 月 9 日第三版。

130〈嚴檢虎疫〉，《漢文臺灣日日新報》第 3737 號，明治 43 年 10 月 8 日第三版。

131〈基隆虎列拉〉，《漢文臺灣日日新報》第 3768 號，明治 43 年 11 月 15 日第三版。患者名單如下：平田春子、38 歲，山口仁藏、25 歲，伊舍堂傳八、24 歲，普仙間膳三、31 歲，山口芳太郎、29 歲，澤田菊次、30 歲。

132〈基隆の虎列剌〉，《臺灣醫學會雜誌》，9:98，1910，頁 1511。

同月 19 日，龍匣口庄新榮街居民福元マサオ（10 歲）發病後死亡；25
日，西門外街居民石松藤五郎（43 歲）發病，翌日死亡[133]。

1911 年，臺灣並未發生霍亂疫情。

由上可知，臺灣北部的亞洲型霍亂病例，幾乎均是由基隆先爆
發[134]，此乃因基隆地處「全臺北門之鎖鑰」[135]，對外交通頻繁，傳染病
源易由境外移入所致。

第二節　臺灣總督府之防疫措施

日治初期，臺灣發生數次霍亂流行，由於民眾普遍缺乏衛生與傳染
病等常識，導致排泄物處置不當，以及隱匿疫情等行為，更容易造成病
原菌的散播[136]。因此，本階段的防疫措施被稱為「衛生創業」時代[137]。

舉例來說，臺北市曾發生一名亞洲型霍亂患者，將排泄物投擲於埤
圳之內，隨後，造成下游地區居民多人感染而發病；桃園廳三角湧支廳
曾發生亞洲型霍亂患者被家屬藏匿於柴堆、山谷之中，而且事前將排泄
物清理乾淨，以避免被調查人員發現的案例。

在治療方式上，由於臺灣民眾缺乏正確認識，往往將霍亂視為普通
疾病，私下採取求神、祈禱、問卜、符咒、服用漢藥等治療行為，由於
療效不彰，而將霍亂患者的死亡歸咎於「天命」。此外，患者瀕死前，
親友群聚在臥榻之側，以手掌撫慰患者後，通常又互相慰藉，無形中加
速了病原菌的接觸傳染速度，在臺北廳新莊及臺東廳馬蘭番社等地均曾

---

133 〈臺北の虎列剌〉，《臺灣醫學會雜誌》，9:98，1910，頁 1511。
134 〈基隆防疫之盡瘁〉，《臺灣日日新報》第 5912 號，大正 5 年 12 月 16 日第七版。
135 石坂莊作編纂，《基隆港》（臺北：臺灣日日新報社，1917），頁 1。
136 珮香譯，〈雜報：談百斯篤（十一）〉，《漢文臺灣日日新報》第 2714 號，明治 40
　　年 5 月 23 日第三版。
137 臺灣總督府警務局衛生課編，《臺灣の衛生（昭和十二年版）》（臺北：編者，
　　1937），頁 2。

發生過類似個案[138]。

　　有鑑於此，主管全臺衛生事務的權責機關幾經變更而臻於完備。自
1895 年 7 月設立總督官房衛生事務所；8 月，衛生事務分屬民政局內務
部警保課、陸軍局軍醫部等。1896 年 4 月，由民政局總務部衛生課職
掌軍隊衛生之外的衛生事務[139]。

一、總督府對整體傳染病之認識與相關防疫措施

　　1870 年代以降，巴斯德（Louis Pasteur）與柯霍兩位專家證明細
菌（germ）是導致傳染病的主要原因，逐漸形成與近代醫學息息相關
的「細菌學革命」（bacteriological revolution）。明治維新時期，日本採
擷了德國最先進的細菌理論（bacteriology）；1892 年，北里柴三郎自德
返日，主持「私立傳染病研究所」，仿效德國醫學，確立了細菌學與實
驗室在醫療體系中的崇高地位[140]，日本國內細菌學研究水準突飛猛進，
尤其是對於鑑別鼠疫、霍亂、傷寒等「洲際型傳染病」（transcontinental
epidemics）病原菌，以及血清疫苗製作頗有佳績。這股細菌學研究浪
潮立刻成為日本醫學界的主流。1895 年領臺以來，總督府以德國衛
生學為基礎，陸續在臺灣推動相關的防疫政策與衛生基礎建設；1896
年，總督府發布《傳染病預防規則》，確認八種法定傳染病，分別為：
鼠疫、天花、霍亂、傷寒、腸傷寒（或名副傷寒，即 paratyphoid）、痢
疾、白喉和猩紅熱等[141]；同時，明訂設立檢疫站、隔離患者、阻斷交通
路徑（交通遮斷）、屍體處置，醫師有彙報疫情之義務等防疫之基本措

---

138 臺灣總督府警務局編，《大正八、九年「コレラ」病流行誌》（臺北：編者，
　　1922），頁 28、32-33。
139 臺灣總督府編，《臺灣事情（大正八年）》（臺北：編者，1919），頁 609-614。
140 劉士永，〈一九三〇年代以前日治時期臺灣醫學的特質〉，《臺灣史研究》，4:1，
　　1999，頁 102。
141 〈傳染病予防規則制定〉，《臺灣總督府公文類纂》第 61 冊 16 號，明治 29 年 10 月
　　15 日（國立臺灣圖書館藏）。

施。在傳染病的防治作為上，如鼠疫、霍亂、瘧疾等防治主要是遵循「以細菌學鑑別病原或宿主」，卻「仰賴隔離法及一般清潔法控制疫情」的模式[142]。

　　在衛生行政上，殖民政府依據「警察萬能」的觀點，以中央集權為主幹，配合遍布全臺的警察系統與保甲組織開枝散葉，而警察獨具高度強制性的執行權利[143]。就 1906 年臺灣的衛生行政體系而言，其統屬關係如下：

　　臺灣總督府→民政部警察本署衛生課→地方官廳警務課→衛生
　　係（課）。

　　足見臺灣的衛生警察權獨大的情況相當明顯[144]。

　　日治時期，在衛生行政中細菌學的影響力與日俱增，例如各級學校入學的身體檢查項目中必有細菌檢驗一項、衛生單位檢驗市面販售之漁畜肉品和果蔬飲料之含菌數目等。易言之，防疫政策即是以檢驗細菌之有無為前提[145]。

二、乙未征臺之役所累積的亞洲型霍亂防疫經驗

　　1879 年時，日本政府已注意到某些傳染病可藉由「水」為媒介而散播蔓延，因此，頒布了〈飲用水注意法〉，進而成立「霍亂事務所」，

---

142 劉士永，〈「清潔」、「衛生」與「保健」──日治時期臺灣社會公共衛生觀念之轉變〉，《臺灣史研究》，8:1，2001，頁 41、43、56-57、62。

143 范燕秋，〈日治前期臺灣之公共衛生──以防疫為中心之研究〉，國立臺灣師範大學歷史研究所碩士論文，1994，頁 42-85。

144 劉士永，〈一九三〇年代以前日治時期臺灣醫學的特質〉，《臺灣史研究》，4:1，1999，頁 115。

145 劉士永，〈「清潔」、「衛生」與「保健」──日治時期臺灣社會公共衛生觀念之轉變〉，《臺灣史研究》，8:1，2001，頁 66。

企圖有效控制亞洲型霍亂在日本的疫情[146]。

（一）領臺初期本土漢醫師之防疫作為

　　日本領臺之初，是否依賴臺灣本土醫師（如：漢醫）以遏止亞洲型霍亂疫情，值得觀察。

　　據相關研究指出，臺灣漢醫治療亞洲型霍亂代表性人物為清末的黃玉階：

> 光緒十年（即一八八四年），臺北地方發生霍亂症，死者枕藉，他就精選良方，獨創合藥，施劑診療，因而全治者達七八百人……乙未割臺的那一年（一八九五），日人入據臺灣，正當大兵之後的凶年，全臺人心惶惶未定之間，臺北縣復再發霍亂疫症，勢甚猖獗。他在這困難當中，奮不顧身，又合藥施濟，同時印發《霍亂吊腳痧醫書》千本，分送全臺，這一年受其診治全活者有千餘人，疫氣亦而幸告撲滅[147]。

　　以上論述有許多值得討論之處：首先，因霍亂而接受黃玉階治療後痊癒者多達 1,800 人，這些人數統計從何而來？ 1884 年中法戰爭時，銜命來臺的法國提督曾感嘆，「基隆是東亞海岸中最不衛生的地方」；若黃玉階在中法戰爭期間能有效控制清朝軍隊霍亂疫情，劉銘傳就不必感嘆軍中幾無可用之兵，此為疑點一。其次，1895 年的霍亂疫情，因日本軍隊帶原而從境外移入乃是因素之一，他所印製的《霍亂吊腳痧醫書》，在當時臺灣本地居民識字率不高的時代，發送千本即能救治千人之說法，是為疑點二。若以黃玉階當時之盛名，近衛師團軍醫堀內次雄並未有所耳聞，他認為在日本統治以前，臺灣「欠缺具有現代醫學經驗

---

146 劉俐伶，〈臺灣日治時期水道設施與建築之研究〉，國立成功大學建築學系碩士論文，2004，頁 2-4。

147 王一剛，〈黃玉階的生平〉，《臺北文物》，5:2/3，1957，頁 75。

的醫師，民眾患病，就依賴沒受過嚴格訓練的漢醫，參拜神廟燒香求籤，用抽到的籤號換取已準備好的同一號碼的處方，拿到藥草店取配方服用」，堀內指出，「以前臺灣的漢醫中雖有林元俊、徐厥纘等名醫」，但是庸醫較多[148]。對於急功好利的日本人而言，近衛師團在霍亂流行劇烈時，並未立刻延聘黃玉階這位名醫控制霍亂疫情，是為疑點三。

　　因此，臺灣本地漢醫面臨亞洲型霍亂流行時的作為，確有探討之必要。

（二）征臺軍隊所累積的衛生防疫觀察

　　首先，關於近衛師團對付亞洲型霍亂等傳染病的防疫作為。

　　為了有效治療乙未之役的傷病員，近衛師團軍醫部陸續開設野戰醫院的地區有基隆、臺北、新竹、後壠、彰化、嘉義、臺南等，其中，最早成立的是基隆第一與第二野戰醫院，分別於 1895 年 6 月 7 日、7 月 13 日開設。迄 11 月 10 日止，征臺之役告一段落，各處野戰醫院共收容 10,422 名傷病員[149]。

　　近衛師團的衛生體系可區分成軍醫部、戰鬥衛生部、後勤衛生部等三大部分。軍醫部直屬的機關有第一與第二野戰醫院、衛生隊、衛生預備員隊、衛生預備廠、患者運送隊等，共配屬 236 人。軍醫部派赴各陸軍戰鬥單位包括步兵四個聯隊、騎兵大隊、砲兵聯隊、砲兵彈藥兩個分隊、工兵大隊、步兵彈藥三個分隊、臨時工兵中隊、架橋兩個分隊等，共配屬 92 人。軍醫部派赴各陸軍後勤單位包括三個糧食分隊、兩個兵站糧食分隊、砲廠監視隊、兩個輜重監視隊、兵站電信隊、獨立野戰電信隊等，共配屬 16 人。衛生單位共有 344 人（參見表 3-2-1）。

148　小田俊郎著，洪有錫譯，《台灣醫學五十年》（臺北：前衛，1995），頁 42。
149　木村達，《近衛師團軍醫部征臺衛生彙報》，〈病院報告附藥物報告〉（1896），國立臺灣圖書館藏，頁 390-394、418-420。

表 3-2-1　近衛師團衛生部員人名表

隸屬單位	職級	姓名
軍醫部	一等軍醫正	木村達
	一等軍醫	高田忠良
	一等藥劑官	大前寬忠
	一等看護長	山口直衞
	二等看護長	相磯紋作
第一野戰病院	二等軍醫正	菅野順
	一等軍醫	加納米次郎
	三等軍醫	多田憲寬、小出誠義、濱田貞幹、伊達清照、赤澤和作、井上好、松倉茂
	三等藥劑官	三井良賢、小島義明
	一等調劑手	松山周雄
	二等看護長	小澤真吉、橫田政太郎
	三等看護長	藤井宣、杉村新右衞門、小北榮次郎、鈴木鎗作
	三等調劑手	津村多敬雄、湯原竹之助
	豫後備看護手	國分源吉、橫山萬造、成島源治、山崎勇一郎、村松藤市、小林彰、澤市次、林林太郎、加藤木淺次郎、石川庄司、島田定海、柳堀子之助、太田源之助、野口三之助、宮本吉三郎、平山吉之助、金高久治、中山金一郎、四方田幸太郎
	看病人	林五郎七、山口憲、細川繁治、齊藤又吉、朝倉喜六、本直常次郎、吉川竹次郎、石川尚三、德木正風、長谷川錄四郎、岩下辨次郎、永田藤一、河合良朔、富永貞吉、關戶種吉、真野文次郎、山名民次郎、杉山龜治、澄川峰吉、佐々木源三郎
	磨工	中村信善
第二野戰病院	二等軍醫正	林代次郎
	一等軍醫	松本三郎
	三等軍醫	川井清
	一等調劑手	二木泰次郎

隸屬單位	職級	姓名
第二野戰病院（續）	二等看護長	小林半次郎、竹內一二、行岡宗郎
	三等看護長	瀨戶喜重郎、谷謙次郎、大久保啟之助、細川榮太郎
	二等調劑手	大山義一
	三等調劑手	藤森未彌
	豫後備看護手	鈴木英清、矢田辰造、向藪八代造、庄司民吉、細川榮太郎、福田周太郎、善場新之助、中村善三郎、中村高三郎、反町延太郎、加藤龜吉、本田才次郎、直井勝三郎、島田房次郎、谷泰助、高橋丑五郎、西川九良次、
	看病人	末松惟廣、言代貞助、尾形禪觀、廣部貞藏、木村信敏、塚田酒造三、平川安久利、島本秀猪、樋口卯三郎、中西昭太郎、上月萬三郎、井口秀之助、金高猪之助、太田量之助、田中國平、山田勇、渡邊永稔、香取太郎、河原崎文治郎、吉川金太郎、本池亮、小山惠之助、
	磨工	服部員次郎
衛生豫備員	二等軍醫正	西鄉吉義
	二等軍醫	澁川釜二郎
	二等藥劑官	堀口廣助
	三等軍醫	內野秀三郎、岡田勇、猪狩省三郎、櫻井榮次郎、伊藤三省
	一等調劑手	飯田鎗次郎
	三等看護長	竹原条次郎、渡邊一萬、鄉直朗、大林清平、松下周平、野田寶也、新野國五郎、仲仁、田中要次郎、諏訪友太郎、大島芳次郎、田村岩吉、竹內憲
	三等調劑手	白鳥駒吉、梅澤壽郎、佐久間定五郎
	豫後備看護手	松澤篤藏、串戶金次郎、秋葉一郎、和田新平、風見道之助、向後龜吉、田邊友次郎、石井逸三郎、萩原栃惣、米澤育造、宇賀村幸治、柴沼政市、青葉碩、町田嘉一、市川與助、須藤禮二郎、宮本盛之助、竹內寬重、藏持儀重、野上與助、並木道生、高梨董市
	看病人	梅澤源兵衞、長谷川太郎吉、秋永憲章、瀧本正男、山本新右衞門、足羽顯、淺井駒次郎、中井宗兵衞、下平清吉、杉浦己之助、寺井福太郎、熊本與太郎、川上寶年、吉本織藏、岸城一、藤澤徹英、瀧川將雄、廣瀨澳之助、谷字作吉、澤井昇一、三島英介、立石榮江

隸屬單位	職級	姓名
衛生豫備廠	二等藥劑官	羽田益吉
	一等調劑手	三浦藏次郎
	三等調劑手	加納克一
	磨工	前田鶴太郎、木村博三郎
步兵第一聯隊	一等軍醫	宍道弘一
	二等軍醫	島邨信司
	三等軍醫	仲田幸太郎、木村辰次
	一等看護長	瓦井丑五郎
	二等看護長	西村源之助
	看護手	田中真之助、押川甚袈裟、井上豐助、綾部格太郎、井手梅太郎、後藤利助、中村五郎平、山根太郎
步兵第二聯隊	一等軍醫	井上回
	二等軍醫	細堀謙治
	三等軍醫	平野其夫、下飯坂政長
	一等看護長	南條茂雄
	三等看護長	三宅悌吉
	看護手	筱田今藏、小野原淺吉、相澤省太郎、武波信助、宮崎博、村上始、藤村義正、古賀嘉久真
步兵第三聯隊	一等軍醫	山野新太郎
	二等軍醫	藤野貞三
	三等軍醫	小林省三、谷田新一郎
	三等看護長	淺井米次郎、加納辰五郎
	看護手	神吉淺吉、藤井準藤、杉村玄器、伊藤和太郎、河內時亮、山下勇次郎、小西喜代造、小野木利吉
	豫後備看護手	關口巳三郎
步兵第四聯隊	一等軍醫	有馬禮太郎
	二等軍醫	寺西幸作
	三等軍醫	田代豐吉郎、吉田博
	二等看護長	吉田赤吉、稻垣喜作
	看護手	佐々木手、福田時松、浦野兼次郎、上條好十、本田普一郎、井上憲、原田彌太郎、石井庄太郎
	豫後備看護手	西村東

隸屬單位	職級	姓名
騎兵大隊	一等軍醫	渡邊東春
	三等軍醫	大屋貫之
	三等看護長	深澤泰助
	看護手	橘鐵次郎、小原宗泰郎
衛生隊	一等軍醫	小尾章、林源八郎
	三等軍醫	平野守成、大內文仲、若林新三郎、小山時從
	三等藥劑官	相摸佳作
	一等調劑手	酒井源次郎
	二等看護長	三宿忠三郎、澀谷作太郎
	三等看護長	星順介、矢野角吉、倉橋友造、細谷次男、岩崎衛生、增田霜次郎、中島勢太郎
	看護手	竹田鎮吉、井上長次郎
	豫後備看護手	小淵源次郎、伊藤信太、加瀨涉、田中擊、山口俊夫、布川修藏、飯村角太郎、所昌、池互信之、保坂藤一郎、上村萬平、秋葉穩藏、遠藤周平、藤沼藤五郎、中井条三郎、永井半次郎、檜山千松
砲兵聯隊	二等軍醫	武山巖
	三等軍醫	峰直次郎
	二等看護長	相澤信好
	看護手	中山伊代作、高木德之助、土屋忠光、小村卯作
砲兵彈藥第一縱列	三等軍醫	長岡米次郎
	三等看護長	岩尾雄吉
砲兵彈藥第二縱列	三等軍醫	菊川正之
	三等看護長	今井安吉
工兵大隊	二等軍醫	岩崎準太郎
	一等看護長	不破末松
	看護手	吉田乙松
步兵彈藥第一縱列	二等軍醫	福井治昌
	三等軍醫	高村鐵五郎
	三等看護長	小林長次郎
步兵彈藥第二縱列	三等軍醫	松村虎之助
	三等看護長	青木正路郎
步兵彈藥第三縱列	三等軍醫	窪田慎太郎
	三等看護長	園部重次郎

隸屬單位	職級	姓名
步兵彈藥第四縱列	三等軍醫	菱沼龍湖
	三等看護長	安原熊次郎
患者輸送部	二等軍醫	都築甚之助
	三等軍醫	大堀泰平
	三等看護長	本田昌清
	豫後備看護手	梶山伊太郎、金澤幸三郎
	看病人	岡本十郎、野崎由藏、忠石通義
第一糧食縱列	三等軍醫	中山延令
	一等看護長	井上安雄
第二糧食縱列	三等軍醫	吉河為久藏
	三等看護長	新野直三郎
第三糧食縱列	三等軍醫	池田照
	三等看護長	池田不二夫
第一兵站糧食縱列	三等軍醫	前田保十郎
	三等看護長	廣瀨忠夫
第二兵站糧食縱列	三等軍醫	藤江喜美
	三等看護長	馬渡勇吉
臨時工兵中隊	三等軍醫	桑名兵吉
	二等看護長	林鶴太郎
	看護手	山本金平
大架橋縱列	三等看護長	綿施光治
	看護手	坂本喜作
小架橋縱列	三等看護長	和田睦次郎
砲廠監視隊	三等看護長	飯塚義朋
第一輜重監視隊	三等看護長	伊藤豐太郎
第二輜重監視隊	三等看護長	延谷彬
兵站電信隊	三等看護長	鈴木作次郎
獨立野戰電信隊	看病人	栗原証太郎、坂口福松

資料來源：木村達，《近衛師團軍醫部征臺衛生彙報》，〈戰鬥衛生記事〉（1896），國立臺灣圖書館藏，頁 552-592。

為突顯亞洲型霍亂異於其他普通腸胃道傳染病，近衛師團軍醫部特別將出征遼東半島與臺灣的亞洲型霍亂流行，記述為「痧病」[150]。

為了徹底杜絕霍亂在軍中的流行，第一步驟必須先究明散播傳染的媒介，包括有水源、食物、昆蟲等。軍醫部根據征臺的經驗發現，散播「痧病」的媒介，包括有：（1）海水：在旅順停泊的船上發病者，有可能以海水洗滌食器，或者漱口、洗臉之後而感染，由法國馬賽港海水取樣所發現的「痧病」細菌報告，可略見端倪；（2）曾經以不乾淨的生水飲用或漱口；（3）食用過量的水果；（4）食用過量且難以消化的食物，如蕎麥等；（5）蚊、蠅等昆蟲，如蒼蠅的糞便中發現活的「痧病」細菌[151]。

亞洲型霍亂的病程、病情等，在官方文件上也有較為詳細的描述。

潛伏期一般大約 2 至 3 天，極少超過一週者。發生初期的症狀為噁心、食慾不振、腹鳴、身體倦怠、輕微消化不良、心悸、輕微下痢等。

此外，「痧性下痢」與普通下痢最明顯的歧異在於對身體的損害程度，普通下痢對身體的損傷較不明顯，也較容易復原。

「痧性下痢」又有早晚發作的不同。在夜間發生的痧性下痢通常會伴隨腹部厥冷、全身濕潤、飲食不吸收等症狀。在白晝發生的痧性下痢會伴隨突然的腸絞痛與便意、大量水瀉，有時輕微腹痛，糞便呈微黃色、味臭，一天內的瀉痢次數由 4、5 回至 15、16 回。不論早晚發作，在下痢 2、3 回之後，患者開始出現疲倦、站起時頭暈、小便澀滯或無尿、噁心、不思飲食、明顯口渴、舌苔污穢、脈搏快速且細小、臉色蒼白憔悴、輕微腿部腓腸肌疼痛性痙攣等症狀，也有出現聲音沙瘂的案例。

150 木村達，《近衛師團軍醫部征臺衛生彙報》，〈出征中痧病的治驗〉（1896），國立臺灣圖書館藏，頁 500。
151 木村達，《近衛師團軍醫部征臺衛生彙報》，〈出征中痧病的治驗〉（1896），國立臺灣圖書館藏，頁 501。

在病情方面，「痧病」可分為輕症與重症，重症的預後通常不佳。

「痧病輕症」的患者，一般在發生 2-3 次下痢後，開始伴隨出現頻繁劇烈嘔吐症狀。糞便顏色呈灰白色污水狀或稀薄的米泔水樣。嘔吐剛發生時，嘔吐物呈黃色，往往包含食物殘渣。多數患者會出現腓腸肌疼痛性痙攣、臉色蒼白、四肢厥冷，眼窩陷沒、鼻翼與雙頰肌肉塌陷等容貌改變；脈搏快速卻軟弱，心音微弱、倦怠無力而口渴，聲音沙啞、全不思食、舌苔白、口中黏膩或乾燥、皮膚出冷汗，小便餘瀝或呈現無尿狀態等。

「痧病重症」的判斷依據為絕脈與身體厥冷，較輕症患者相較更為明顯。通常，患者在初起時即突然發生劇烈下痢與嘔吐症狀，吐瀉物量大，而且由口腔與肛門呈噴射狀湧出，顏色呈現典型的米泔水樣。最明顯的是，患者虛脫的情況更加迅速，容貌也大為改變，包括眼球深陷在眼窩之內、眼睛周圍呈青紫色、眼瞼半開、眼球上吊、臉頰肌肉萎縮造成鼻尖與顴骨高突等。此外，由於全身脫水而造成皮膚嚴重塌陷和萎縮，因而造成皮下組織吸收能力減退，使得皮下注射藥物的效果不彰。舌苔乾燥或呈赤紅色，最令患者痛苦的是腓腸肌肌肉疼痛性痙攣，有時也發生於大腿痙攣。後期，肛門括約肌完全失禁，處於嗜睡狀態。因此，重症患者的死亡時間，最快在 5 個小時以內死亡，多數在第 2 與第 3 天死亡，也有罕見地在第 8 天死亡者。由於戰地物資缺乏，軍醫通常只能投予鴉片製劑或樟腦等強心劑，肌肉疼痛性痙攣患者，則再施予食鹽灌腸法[152]。

此外，從近衛師團的出征與回國船團行進路線，可略窺「痧病」霍亂的流行梗概：

第一段航線，由日本宇品港至遼東半島，航程自 1895 年 3 月上旬至 4 月下旬。徵用船隻總數 30 艘，搭乘人員 17,466 人，平均每船搭載

---

152 木村達，《近衛師團軍醫部征臺衛生彙報》，〈出征中痧病的治驗〉（1896），國立臺灣圖書館藏，頁 501-506。

582 人；另有馬匹 2,935 頭，平均每船搭載 97.8 頭。航海時間最短的為「東洋丸」，航行 3 日又 16 小時；最長的為「松山丸」，航行 12 天又 20 小時 30 分鐘。

本段航線，共有 1,430 人生病，平均每船 47.7 人，占總船員數的 8.19%；其中，虎列拉病 200 人，占病患總數的 13.99%。

其中，發生霍亂患者數最多的是「和泉丸」軍艦，在 1,305 名乘員中，發生霍亂症狀者 142 人，比例高達 10.9%，水源為河水。推究其因，在於該船內空間狹隘、空氣不流通、飲用水不潔等。次多者為「姬路丸」軍艦，發生類似虎列拉患者 18 人。

其餘船艦發生霍亂的病患數目及使用水源分別為：「大洋丸」有 1 人，「膽振丸」有 1 人、使用井水，「兵庫丸」有 4 人、使用泉水，「福岡丸」有 18 人、使用自來水，「三池丸」有 2 人、使用河水，「海城丸」有 5 人、使用河水，「天津丸」有 12 人、使用河水，「廣島丸」有 12 人等[153]。

由上可知，第一段航程中，船隊所使用的四種水源皆出現霍亂發病者。

第二段航線，由遼東半島至臺灣，航程自 1895 年 5 月下旬至 6 月中旬。徵用船隻總數 30 艘，搭乘人員 15,067 人，平均每船搭載 502.23 人；另有馬匹 3,098 頭，平均每船搭載 103.27 頭。

本段航線，共有 719 人生病，占總船員數的 4.77%。航海時間最長的為「愛國丸」，航行 23 日又 25 分鐘；最短的為「報國丸」，航行 4 日 11 小時又 10 分鐘。航行中發生霍亂病例的有：「志賀浦丸」7 人、使用井水，「豐橋丸」的發病數不明、使用自來水，「愛國丸」2 人、使用自來水等[154]。

153　木村達，《近衛師團軍醫部征臺衛生彙報》，〈航海報告概況〉（1896），國立臺灣圖書館藏，頁 517-518、520-522、537-539。

154　木村達，《近衛師團軍醫部征臺衛生彙報》，〈航海報告概況〉（1896），國立臺灣圖

　　第三段航線，由臺灣返回宇品港，航程自 1895 年 11 月上旬至下旬。徵用船隻總數 18 艘，搭乘人員 10,506 人，平均每船搭載 583.66 人；另有馬匹 533 頭，平均每船搭載 29.61 頭。

　　本段航線，共有 1,009 人生病，占全體船員的 10.56%，每船平均有發病者 61.61 人。航海時間最長的為「仁川丸」，航行 11 日 3 小時又 5 分鐘；最短的為「豐橋丸」，航行 3 日 18 小時又 30 分鐘。「仁川丸」曾將船艙內空間擴充，改善通風狀況等，減少了亞洲型霍亂的發生。因此，本次航程中，只有「土佐丸」上出現虎列拉患者 2 人，該船使用自來水[155]。

　　由上可知，衛生條件經過改善後，能有效遏止船隊上亞洲型霍亂的發生。

　　其次，關於比志島混成支隊的亞洲型霍亂防遏作為。

　　1895 年 3 月 15 日，比志島混成支隊由佐世保軍港出發後，3 月 22 日抵達澎湖以前，航行途中，運兵船上即有 24 人罹患亞洲型霍亂。3 月 21 日，船隊立刻成立「船中衛生委員會」，可視為日本在臺灣最早的霍亂防疫機關[156]。

　　登陸後，霍亂患者即刻被送往「裏正角避病院」隔離；24 日，占領馬公後，再成立「馬公避病院」，由於疫情失控，僅 26、27 兩日，新患者就暴增 260 餘人，衛生單位搭設了十數個帳棚充作臨時隔離與治療所，死者枕藉。27 日，媽宮設立「混成第一野戰郵便局」，檢疫院長三田村發布告示，自 4 月 18 日起，凡澎湖寄發之郵件須經由醫療船「神戶丸」的消毒殺菌程序，方可裝載運交日本[157]，是為臺灣「郵政檢疫」

　　書館藏，頁 518-519、522-525。

155 木村達，《近衛師團軍醫部征臺衛生彙報》，〈航海報告概況〉（1896），國立臺灣圖書館藏，頁 519-520、526、542。

156 臺灣總督府警務局編，《大正八、九年「コレラ」病流行誌》（臺北：編者，1922），頁 4-6。

157 陳郁欣，〈日治時期臺灣郵政的初建：「野戰郵便」〉，《臺灣學研究》，6，2008，頁

之嚆矢。

4月4日，比志島混成支隊二等軍醫正山內醫官呈報「意見書」，認為：「澎湖地區的高溫與水質不良、缺乏搬運屍體人手等因素，造成日軍登陸以後疫情氾濫」，因此，建議「儘速撤軍」回國。

在傳染病防疫措施上，比志島混成支隊設有「衛生隊區」與「檢疫委員會」等組織。

依據比志島混成支隊「軍事衛生委員會」的決議，將全員劃分為三個衛生區：步兵第一聯隊第一大隊彈藥縱列屬於「第一衛生區」；支隊司令部、輜重縱列、步兵第一聯隊第二大隊等，屬於「第二衛生區」；步兵第十二聯隊第二大隊、山砲兵中隊等，屬於「第三衛生區」。

各衛生區分別設置有委員長1名、委員2名、軍醫2名，以及士兵、軍夫共8名，負責馬公市區的清潔衛生，包括糞廁、污物的掃除，以及飲用水及食品的監測等。

為了更有效地篩檢出霍亂患者，由比志島混成支隊艦隊司令長指示成立「檢疫委員會」，海軍軍醫大監三田村擔任檢疫委員長，陸軍二等軍醫正山內、海軍橋立丸號大軍醫關丈之助等擔任委員，並且配屬了陸軍下士與軍夫20名，全力協助防疫事宜[158]。

其後，每當臺灣發生較大規模亞洲型霍亂流行時，總督府大致依循此一防疫模式，由中央、地方衛生單位與警察機關合作防疫，因此，征臺日軍軍醫部防疫體系成為臺灣「衛生檢疫」之濫觴。

二、臺灣的海港檢疫

「海港檢疫」屬於防疫措施的首要環節之一，茲分清領時期與日治時期略述於後：

82。
[158] 市毛淺太郎編，《征臺顛末》（東京：日進堂，1897），頁146。

（一）清領時期的海港檢疫

清廷領有臺灣後，在臺灣府內港設置海防同知，即相當於中國沿岸的稅關。

1860 年代，臺灣依據條約開港以來，歐美各國來臺貿易日漸興盛，中國海關總稅務司負責管轄西洋船舶貿易的關稅徵收事宜，在各海港設立「洋關」（又稱新關或海關）。1862（同治元）年起，淡水首先設立海關，其次為 1863 年 8 月在雞籠、1864 年 4 月在安平及打狗等港口設置海關。據推測，臺灣各港口應該都派駐有外籍醫師（洋醫）負責稅關檢疫事務。

（二）日治時期的海港檢疫

1895 年，日本領有臺灣後，百廢待舉，臺灣總督府為了防遏鼠疫病原菌的入侵，開始注重海港檢疫。1896（明治 29）年，臺灣開始採行「國際海港檢疫」，以因應當時廈門地方爆發的鼠疫流行，而「船舶檢疫手續」也成為臺灣符合國際化標準的海港檢疫制度之始。

1896（明治 29）年，臺灣總督府的民政布告第 453 號規定，對入港的船舶實施必要的檢疫手續，設置檢疫的港口包括有：基隆、淡水、安平、打狗、鹿港等地。但是，病原菌是無孔不入的，5 月及 9 月，廈門的鼠疫病原菌悄悄地入侵安平及淡水兩港，造成了流行。鑑於與臺灣有密切往來的中國華南與南洋等地區各種惡性傳染病橫行，海港檢疫的設施必須更加完備；1897 年，基隆港檢疫所開工，越兩年，於 1899 年完工，是為全臺首座規模完備的海港檢疫暨隔離場所[159]。

硬體設備之外，還必須有法令的配合。

1899 年 8 月，臺灣總督府發布律令第 23 號「臺灣海港檢疫規則」，其法源依據為同年 2 月發布的法律 19 號「海港檢疫法」。1900年，公布「臺灣海港檢疫所官制」，基隆正式設置海港檢疫所，淡水設

---

159 臺灣總督府警務局編，《臺灣の警察》（臺北：編者，1935），頁 205。

置海港檢疫所支所；11 月，敕令第 403 號規定，臺灣總督府除了在基隆與淡水成立常設檢疫所與支所，必要時得在各港口設立臨時海港檢疫所，由各廳長指揮管理。1902 年，舊港等 10 個港口成立臨時海港檢疫所；1907 年 8 月，臺灣總督府發布府令第 72 號「臺灣海港檢疫施行規則」；1908 年，中國華南沿海、香港、菲律賓群島等地區虎列拉流行猖獗，輿論形容臺灣陷於「包圍」當中，總督府未雨綢繆，立即在打狗、安平、媽宮成立臨時海港檢疫所[160]；1912 年 5 月，修正公布「臺灣海港檢疫所官制」，基隆海港檢疫所成為基隆港務所轄下機關，淡水的海港檢疫支所改稱為出張所（派出所）[161]。

1902 年初，廣東、香港、馬尼拉等地霍亂疫情猖獗，情報顯示，由新加坡出發至廈門的輪船上有 13 人爆發霍亂疫情，為了防堵病原菌入侵臺灣，3 月 14 日，基隆海港檢疫所與各相關廳長接獲命令，必須密切注意由香港、廣東等地來臺停泊的船隻；29 日，臺灣總督府發布告示第 33 號，諭令基隆與淡水以外的 10 個通商海港設立臨時海港檢疫所。首先，在基隆、滬尾兩個港口，各成立常設海港檢疫所；4 月 1 日，在舊港、後壠、梧棲、鹿港、下港口、東石港、安平、打狗、東港、媽宮等港口，也分別設立臨時海港檢疫所，加強防範[162]。

4 月 1 日起，各臨時海港檢疫所必須對所有進港船舶進行嚴格的消毒與檢疫措施後，才能讓船舶放行駛入港口，船舶檢疫措施沿用訓令第 108 號「臺灣船舶檢疫手續」。

據統計，1902 年時，亞洲型霍亂病原菌入侵臺灣港口共有 8 次，分別為 5 月及 11 月入侵基隆港、6 月入侵淡水港、7 月入侵媽宮港、7 月及 8 月入侵鹿港、8 月入侵舊港及卑南港。

---

160 〈南清之虎列拉〉，《漢文臺灣日日新報》第 3105 號，明治 41 年 9 月 4 日第二版。
161 《臺灣史料稿本》〈告示第九十八號：支那福州及汕頭ヲ「コレラ」病流行地ト指定ス〉，大正八年七月十八日（國立臺灣圖書館藏）。
162 臺灣總督府警務局編，《大正八、九年「コレラ」病流行誌》（臺北：編者，1922），頁 13。

　　隨著疫情趨緩，10 個臨時海港檢疫所中，舊港、後壠、下湖口、東石港、東港等於 9 月 30 日廢止；其餘的梧棲、鹿港、安平、打狗、媽宮港等，則於 11 月 20 日廢止。

　　1903 年 5 月 20 日，臺灣總督府宣布，上海等多個中國沿海港口，被認定為重大傳染病（惡疫）流行地區，臺灣各港口必須對入港船舶加強檢疫[163]。

　　1908 年，東石港出現類似虎列拉症狀患者 12 人（陸上 5 人、船上 7 人），幸防範得宜，至 9 月 22 日即銷聲匿跡[164]。

　　為了提升海港檢疫的效率[165]，尤其是亞洲型霍亂帶原者的早期診斷有其必要性。據外國的研究，1910 年，Bandi 發表新一代細菌培養鑑定法，對海港檢疫甚有助益；不久，P. TH. Müller 及 Bochia 兩人，以實驗證明 Bandi 氏之法確實可行[166]。其後，世界各地廣泛採用以 Bandi 氏凝集反應試驗，提供各港口作為霍亂菌快速輔助診斷法的依據。

三、公共衛生與霍亂的預防

　　日治之初，日軍認為最頑強的敵人並非臺人的抗日游擊隊，而是缺乏環境衛生所造成的惡疫、瘴癘，導致日人往往視臺灣為「鬼界」。

　　有鑑於此，總督府在日治初期具體實施建設上水及下水道、市區規劃、市場設置、海港檢疫、傳染病預防、都會區公立醫院等衛生防疫措施。由派駐各地的「公醫」負責公共衛生，以及傳染病的預防、檢驗、診斷、確認等；當霍亂疫情發生時，由總督府警務局指揮各地衛生課進

---

163 〈惡疫流行地認定〉，《臺灣醫學會雜誌》，2:12，1903，頁 44。
164 〈虎列拉潛踪〉，《漢文臺灣日日新報》第 3134 號，明治 41 年 10 月 9 日第六版。
165 〈虎列拉と上陸船客〉，《臺灣日日新報》第 3118 號，明治 41 年 9 月 19 日第五版。
166 桐林茂，〈コレラ早期診斷ニ關スル研究補遺　第一篇　特ニ「ペプトン」水ヲ「メデイウム」トスル凝集反應試驗法ニ就テ〉，《臺灣醫學會雜誌》，30:319，1931，頁 1098-1109。

行消毒、舉辦衛生講習、宣導手部清潔、預防注射等[167]；各地也不定期舉辦醫師講習訓練，充實各地公醫、開業醫的亞洲型霍亂知識等[168]。

　　1897（明治 30）年 3 月，依據總督府府令第 8 號成立「臺灣中央衛生會」，設會長 1 人、委員 18 人，由總督府直轄，屬於總督府之衛生事項諮詢機關，因此，委員由總督府警務局長、醫學專門學校校長、中央研究所衛生部長、臺北州知事、臺灣軍軍醫部長，以及總督府內各局長、事務官、參事官、技師等擔任[169]。兩年後，1899 年 10 月，復設「臺灣地方病及傳染病調查委員會」，成立之初衷在於調查研究與矯治鴉片煙癮患者，兼研究各種傳染病、保健衛生調查、衛生設施改善調查等，委員係遴選專家擔任之[170]。

　　1902（明治 35）年 8 月 4 日，總督兒玉源太郎在官邸召集民政部各局課主管，訓示加強霍亂的預防[171]；11 日至 15 日，臺北廳滬尾、錫口、枋橋、林口等地輪流舉行防疫演說[172]；11 月，總督府頒布府訓令第 234 號「大清潔法施行規程」，日後，各地方政府依循此一法源，進行清潔掃除運動[173]。翌年，基隆港新建棧橋落成，輪船及船客暫泊、進行檢疫時更為便利[174]。

---

167 〈手の消毒〉，《臺灣日日新報》第 3133 號，明治 41 年 10 月 8 日第五版。

168 臺灣總督府警務局編，《大正八、九年「コレラ」病流行誌》（臺北：編者，1922），頁 27、29-31。

169 臺灣總督府警務局編，《臺灣の警察》（臺北：編者，1935），頁 185-186。

170 臺灣總督府警務局衛生課編，《臺灣の衛生（昭和十二年版）》（臺北：編者，1937），頁 40-42。

171 〈虎列拉豫防に關する總督の訓示〉，《臺灣日日新報》第 1278 號，明治 35 年 8 月 5 日第二版。

172 〈防疫演說〉，《臺灣日日新報》第 1285 號，明治 35 年 8 月 13 日第三版。

173 臺北市衛生課編，《昭和九年臺北市衛生設施要覽》（臺北：編者，1935），頁 126。

174 〈基隆港の檢疫〉，《臺灣日日新報》第 1557 號，明治 36 年 7 月 10 日第五版。

　　1907 年，基隆地區除嚴格執行海港檢疫[175]、輪船與乘員的消毒[176]之外，陸上禁止集會[177]，實施汽車檢疫制度等[178]，有效遏止該年疫情之擴散。翌年，臺北三市街屬行健康調查[179]、基隆廳長指示加強防疫相關事宜[180]；同時，基隆、臺北之間，以及淡水、大稻埕之間各車站嚴格實行汽車檢疫及消毒[181]。

　　1912 年 6 月 13 日，因霍亂疫情，基隆防疫組合召開役員會，議決與基隆支廳擬定共同防疫事宜如下：

（1）由本年度預備費內，支出一千圓，除充實藥品及消毒器
　　　具等費用，並且提供補助給遭受隔離之人員、船家損
　　　失；
（2）防疫委員與組合委員總代，宜協力為各負責區域內遮斷
　　　家屋居住者，發給日用飲食料；
（3）遮斷家屋居住者，為此致喪失生計，其應給養者，宜設
　　　法救助之；
（4）印刷預防須知書，四處配布，俾眾周知；
（5）違犯組合規約，以致妨礙病勢之防過者，應行過怠處
　　　分[182]。

---

175 〈虎列拉病豫防に就て〉，《臺灣日日新報》第 2801 號，明治 40 年 9 月 3 日第五版。〈虎列拉の豫防〉，《臺灣日日新報》第 2802 號，明治 40 年 9 月 4 日第二版。
176 〈汽船の防疫〉，《臺灣日日新報》第 2802 號，明治 40 年 9 月 4 日第二版。
177 〈基隆の集會禁止〉，《臺灣日日新報》第 2802 號，明治 40 年 9 月 4 日第二版。
178 〈虎列拉之豫防〉，《漢文臺灣日日新報》第 2804 號，明治 40 年 9 月 6 日第二版。
179 〈市內健康調查〉，《臺灣日日新報》第 3120 號，明治 41 年 9 月 22 日第五版。
180 〈基隆の防疫方法〉，《臺灣日日新報》第 3120 號，明治 41 年 9 月 22 日第五版。
181 〈汽車の檢疫〉，《臺灣日日新報》第 3121 號，明治 41 年 9 月 23 日第五版。
182 〈基隆防疫組合決議〉，《臺灣日日新報》第 4326 號，明治 45 年 6 月 15 日第五版。

　　該月，臺北廳決議提撥 1 萬 5 千圓經費，設置臨時避病院[183]，負責之稻江醫院全年共收容虎列拉患者 453 人[184]；7 月 16 日起[185]，總督府臺北醫院院長稻垣長次郎、臺北醫學專門學校校長高木有枝等專家學者，假艋舺公學校講堂舉辦衛生講話會，民眾前來聆聽者甚多，對於霍亂防疫之啟迪甚有裨益[186]。8 月 18 日至 25 日，基隆支廳與防疫組合會，以「生命為自己所專有」為題，巡迴舉辦 6 場衛生電影放映演講會[187]。9 月，花蓮港廳劃設 3,600 坪公有地闢建 2 棟避病院[188]。

（一）臺灣的水質檢測

　　日治以前，臺灣居民的飲用水源以河流、水塘、瀦留水等為主源，易遭受污染，日軍抵臺之初，經常遭遇缺乏清潔水源可用之窘境[189]。

　　由於征臺日軍以露宿為主，因此，近衛師團軍醫部極為注重飲用水水質的檢測。配合軍隊駐紮處所，注意水源上游住家是否有傳染病患、每日派員監督井水，也借用附近民家將飲用水煮沸後分配使用。廁所區隔為軍官、下士、兵卒等不同階級者使用，每日採用石炭酸水或石灰消毒[190]。

　　此外，配合近衛師團征臺之路線，也針對全臺的飲用水源進行檢查，經軍醫部採樣檢測臺灣西部各地的水質後，公布適合作為飲用水源

---

183 〈臨時設置避病院〉，《臺灣日日新報》第 4330 號，明治 45 年 6 月 20 日第六版。

184 〈東西南北—移轉せる稻江醫院〉，《臺灣日日新報》第 4696 號，大正 2 年 7 月 2 日第七版。

185 〈防疫組合衛生講話〉，《臺灣日日新報》第 4359 號，明治 45 年 7 月 19 日第五版。

186 〈第三防疫衛生講話〉，《臺灣日日新報》第 4359 號，明治 45 年 7 月 19 日第六版。

187 〈基隆の衛生幻燈〉，《臺灣日日新報》第 4389 號，明治 45 年 8 月 18 日第五版。

188 〈避病院工事〉，《臺灣日日新報》第 4413 號，明治 45 年 9 月 11 日第二版。

189 臺灣總督府警務局編，《臺灣の警察》（臺北：編者，1935），頁 209。

190 木村達，《近衛師團軍醫部征臺衛生彙報》，〈征臺軍事宿泊其他ノ景況〉（1896），國立臺灣圖書館藏，頁 545-546。

的有基隆、獅球嶺山下、水返腳、臺北、新竹、後壠、大甲、彰化、嘉義、臺南等地的井水，以及海山口的河水等。不適宜作為飲用水的是海山口的井水，因為水質混濁且有異味和雜質[191]。

以臺北都會區為例，隨著人口增加，家家戶戶自行鑿井的狀況普及，不久，演變成井口數邊增而湧水量邊減的缺水現象[192]。1907（明治40）年，總督府普設上水道，足夠全臺北市32萬人以上的清潔飲用水源[193]。翌年，臺北市街以預防虎列拉為前提，針對水井[194]、水溝進行消毒疏浚[195]，民政部衛生委員加強清潔檢查[196]，未達標準之水井勒令停止使用[197]。

總督府衛生技師高木友枝認為，自來水普及後應該能有效防堵水源性傳染病[198]。1911年，霍亂再度於臺灣北部小規模流行，輿論指出，為了有效預防霍亂的感染，勸戒民眾絕不可飲用生水，或者冷米線、冷豆腐、冬鍋菜、米篩目、白粉條等與生冷水有關之食品；市面販售之削皮鳳梨、甘蔗，以及鮮魚膾等應避免食用[199]。

（二）生鮮類食材管制與消毒

為了有效預防亞洲型霍亂，生鮮類食材的管制與消毒法是其中關鍵

---

191 木村達，《近衛師團軍醫部征臺衛生彙報》，〈臺灣島飲料水檢查成績表〉（1896），國立臺灣圖書館藏，頁417-418。
192 1908年，臺北的鑿井數有607個。〈井戶水の檢查〉，《臺灣日日新報》第3128號，明治41年10月2日第五版。
193 臺灣總督府警務局編，《臺灣の警察》（臺北：編者，1935），頁209。
194 〈井戶調への屬行〉，《臺灣日日新報》第3119號，明治41年9月20日第七版。
195 〈井戶水消毒の延期〉，《臺灣日日新報》第3140號，明治41年10月16日第五版。〈浚井展期〉，《漢文臺灣日日新報》第3140號，明治41年10月16日第五版。
196 〈井戶渫の屬行〉，《臺灣日日新報》第3128號，明治41年10月2日第五版。
197 〈飲用禁止の井戶〉，《臺灣日日新報》第3130號，明治41年10月4日第七版。
198 〈臺北水道の引水〉，《臺灣日日新報》第3126號，明治41年9月30日第五版。
199 〈霍亂豫防與注意〉，《漢文臺灣日日新報》第3769號，明治43年11月16日第三版。

的一環[200]。1908 年，臺北警務課加強飲食業者的衛生管理[201]；曾沒收書院街二丁目周國與西門街王水源、許坎等攤販已經腐敗或瀕於腐爛的柚子、文旦共三百顆[202]，以免民眾誤食而感染[203]。若出現疑似患者，即刻進行檢驗確認[204]。

　　國內外的研究顯示，亞洲型霍亂菌最容易寄生在水果[205]、水生類動物身上，尤其是人類最常食用的魚類，病菌存活時間極長，當霍亂流行時，重視魚類的消毒便能夠保持料理的安全性。

　　1913 年，西龜三圭提出，對於有遭受病菌污染疑慮的魚類消毒方法：（1）使用 3% 的稀釋鹽酸溶液消毒 30 分鐘，或以 1% 的稀釋鹽酸溶液消毒 1 小時；（2）鹽漬魚類必須超過 1 週以上才可以食用[206]。

　　1915 年 9 月 27 日，日本內務省衛生局防疫官二木謙三以稀釋鹽酸溶液，對魚類及植物所作的殺菌成效實驗報告，結論如下：

稀釋鹽酸溶液對於表皮光滑緻密的果實（如林檎或梨子）等，具有良好的殺菌效果，相反地，在魚皮及魚肉則無法產生有效的殺菌作用[207]。

　　二木發現，若將 1：5,000 倍的稀釋後鹽酸溶液，塗抹在表皮光

200 〈虎列拉と飲食物（上）〉，《臺灣日日新報》第 3133 號，明治 41 年 10 月 7 日第五版。
201 〈宿屋料理屋へ訓示〉，《臺灣日日新報》第 3118 號，明治 41 年 9 月 19 日第五版。
202 〈腐敗果物の沒收〉，《漢文臺灣日日新報》第 3166 號，明治 41 年 11 月 19 日第五版。
203 〈沒收菓物〉，《漢文臺灣日日新報》第 3167 號，明治 41 年 11 月 20 日第五版。
204 〈市內の健康診斷〉，《臺灣日日新報》第 3118 號，明治 41 年 9 月 19 日第五版。
205 〈果物の消毒〉，《臺灣日日新報》第 3132 號，明治 41 年 10 月 6 日第五版。
206 西龜三圭，〈「コレラ」菌ニ對スル魚類ノ消毒法ニ就キテ〉，《臺灣醫學會雜誌》，12:132，1913，頁 744。
207 〈稀薄鹽酸溶液ノ虎列剌菌殺菌力〉，《臺灣醫學會雜誌》，15:168，1916，頁 374-375。

滑緻密果實上的亞洲型霍亂培養菌後，5分鐘內細菌便會全部死亡；其次，若再稀釋成1：10,000倍的溶液後，細菌會在10分鐘內全部死亡。但是，如果以人參、牛蒡或馬鈴薯作為實驗對象，即使以濃度較高的1：3,000倍鹽酸溶液塗抹表皮，經過1小時後細菌仍然存活，這是因為霍亂菌能夠潛伏在疏鬆表皮的毛細孔內，無法達到預期的殺菌效果。

隨後，二木再以新鮮魚類作為實驗對象時（報告中未明確交代魚之種類），分別以1：500倍，1：2,000倍，1：3,000倍之較高濃度鹽酸溶液測試魚皮、魚肉、魚鰓、魚胃、魚腸等部位，經過30分鐘至1小時左右，細菌只有部分減少而無法完全消滅。

二木認為，這是由於蛋白質及水分對霍亂菌具有保護作用，水生動物的魚類正好提供霍亂病原菌絕佳的寄生環境。因此，在「魚類加工」上，當時的居民仍普遍使用傳統鹽漬後，再加以乾燥或燻製後成為食材，能夠達到良好的消毒殺菌成效。

1917年，海軍軍醫壁島為造也發表海水中亞洲型霍亂弧菌污染魚類的實驗報告：

（1）將魚類置於受霍亂弧菌污染的海水中，約經過5至10分鐘以後，魚類的腸道中就會有大量的弧菌寄生。

（2）將霍亂弧菌污染的海水滴在死亡魚類的腸道當中，同樣可以有寄生繁殖現象。

（3）一旦霍亂弧菌寄生在魚類身上，對於任何消毒藥劑都具有很強的抗藥性。

（4）即使切開魚類的腸道後，再投以消毒殺菌藥，也無法有效殺死細菌。

（5）寄生在魚類身上的霍亂弧菌，需經過鹽漬8天後才會消失。

（6）為了徹底消滅霍亂弧菌，魚類必須採用煮沸方式烹調，

再以醋浸泡 4 個小時後才能安全食用[208]。

此外，在外國的實驗報告中，比較赤痢阿米巴菌（Amoeba dysenteriae）及霍亂螺旋菌的殺菌實驗上，J. B. Thomas 使用過許多種化學溶液加以實驗後發現，能夠讓赤痢阿米巴菌及霍亂螺旋菌在 30 分鐘左右停止繁殖的溶液有：（1）1% 單寧酸溶液；（2）0.1% 硫酸溶液；（3）0.05% 硫酸銅溶液；（4）0.025% 過滿俺酸加里溶液等[209]。

1912 年，霍亂再度大流行，總督府技師堀內次雄建議，民眾的飲用水必須煮沸[210]，坊間酸乳的製造與販售必須遵循總督府研究所的指導[211]。

（三）亞洲型霍亂疫苗的研發製造與注射

1884 年，西班牙發生亞洲型霍亂大流行時，曾實施疫苗注射；1894-1899 年期間，印度也曾實施霍亂預防接種。

幾經改良之後，疫苗是採用コルレ氏法製造：

> 將霍亂弧菌置於寒天培養基當中 24 小時，然後以 58-60℃加溫殺菌 30 分鐘至 1 小時，再以石炭酸（Carbolic acid）水作為溶劑備用[212]。

1902 年 7 月至 12 月，賀屋隆吉在日本兵庫縣開始進行「コルレ氏

---

208 壁島為造，〈海水二混ゼル「コレラ」菌卜鹹水魚卜ノ關係〉，《臺灣醫學會雜誌》，16:173，1917，頁 201-202。

209 J. B. Thomas，〈赤痢「アメーバ」及ビ虎列拉菌二對スル諸化學品ノ作用二就テ〉，《臺灣醫學會雜誌》，5:44，1906，頁 735。

210 〈虎疫と飲食店—生ものと生水と消毒〉，《臺灣日日新報》第 4328 號，明治 45 年 6 月 17 日第六版。

211 〈虎疫豫防と酸乳〉、〈酸乳の製造販賣〉，《臺灣日日新報》第 4328 號，明治 45 年 6 月 17 日第六版。

212 Schmitz，〈ルスチッヒ法二從ヒ製セル虎列拉接種液試驗成績〉，《臺灣醫學會雜誌》，5:41，1906，頁 664。

霍亂菌疫苗接種」試驗研究，分成「注射實驗組」與「未注射對照組」。

經過統計，在「注射實驗組」內曾接種過的 77,907 人中，有 47 人發生霍亂症狀、發病率為萬分之 6；發病者中，死亡 20 人、死亡率為 42.5%。

在未接種疫苗「對照組」內的 825,287 人中，有 1,152 人發生霍亂症狀、發病率為萬分之 13，是注射實驗組的 2 倍；死亡 863 人、死亡率為 75%，也比注射實驗組多出 32.5%[213]。

由此可知，接種過疫苗者，能夠明顯降低亞洲型霍亂的感染和發病率。

1906 年，Schmitz 在研發出鼠疫疫苗之後，又試圖以類似方法研製亞洲型霍亂疫苗。其方法是：

> 將霍亂菌置於寒天培養基當中，加入 1% 的加里滷汁，經過約 3 個小時之後，呈現黃白色的連續菌絲聚落，此時可加入 1% 的醋酸水中和，再靜置一段時間，會產生棉絮狀的沉澱物，此時，將上層的澄澈液體吸乾，待沉澱物乾燥後靜置備用[214]。

上述「沉澱物」即為毒性較弱的霍亂弧菌疫苗，注射時，以 1% 曹達水（蘇打水）作為溶劑，可以在人體內產生免疫力。

1908 年，德國科學家普法伊費爾（R. F. Pfeiffer），進一步創立「Pfeiffer 氏」法：

> 採用新鮮霍亂弧菌菌株，在寒天培養基當中置放 24 小時後，再以 60℃ 等溫減弱其毒性。

---

213 賀屋隆吉，〈明治三十五年虎列剌菌史〉，《臺灣醫學會雜誌》，4:31，1905，頁 311。

214 Schmitz，〈ルスチツヒ法ニ從ヒ製セル虎列拉接種液試驗成績〉，《臺灣醫學會雜誌》，5:41，1906，頁 664。

　　也有科學家建議將霍亂及鼠疫的疫苗採用口服方式，俾能從腸道中直接提升殺菌免疫能力[215]。

　　當時，亞洲型霍亂的預防仍然採用疫苗注射方式為主。

　　第一次世界大戰（1914-1918）期間，希臘、奧地利等國軍隊，為了預防亞洲型霍亂傳染而影響戰力，也曾分別實施一至二次的接種。

　　據統計，希臘軍隊中接種與未接種過疫苗的發病情形如下：未接種過疫苗的士兵中，有1,113人發生亞洲型霍亂症狀，其中306人死亡、死亡率27.5%；只接種過一次疫苗的士兵，有433人發病，其中53人死亡、死亡率為12.2%，較未接種者死亡率減少15.3%；接種過兩次疫苗的士兵，有281人發病，其中29人死亡、死亡率為10.2%，較接種一次者的死亡率減少2%。

　　奧地利的軍隊中接種與未接種過疫苗的發病情形如下：未接種過疫苗的士兵中，有778人發生霍亂症狀，其中303人死亡、死亡率為39%；只接種過一次疫苗的士兵，有151人發病，其中39人死亡、死亡率26%，較未接種者死亡率減少13%；接種過兩次疫苗的士兵，有40人發病，其中6人死亡、死亡率15%，較接種一次者的死亡率減少11%[216]。

　　由上可知，曾接種過疫苗的人較能有效避免感染霍亂。

　　接受過霍亂疫苗注射之後少數人會產生局部發炎、腫脹或輕微水腫的現象，全身也會有頭痛、倦怠、發熱等症狀。

（四）下水道的建設與大清潔法

　　日治以前，民眾隨意棄置污水，除了有礙市容，也容易滲透污染地下水源。因此，總督府將下水道的建設列為衛生行政第一要項，1899

215　R. F. Pfeiffer (Konigsberg)，〈腸窒扶斯百斯篤及虎列拉二對スル豫防接種法二於テ〉，《臺灣醫學會雜誌》，7:69，1908，頁311-312。

216　クライン，〈虎列剌菌體越幾斯分ヲ用フル免疫法二就テ〉，《臺灣醫學會雜誌》，5:46，1906，頁806。

（明治 32）年，以律令公布「臺灣下水道規則」，初期以建設臺北、臺中、臺南等都會區的公共衛生下水道為主，經費由國庫及各廳地方費、公共衛生費提撥，日後下水道成為全臺普設之衛生設備[217]。

依據 1905（明治 38）年 11 月頒布的「大清潔法施行規程」，臺灣及澎湖分別在每年春、秋兩季（3 月、9 月）施行「大清潔」，重點包括有一般住宅外的掃除、排水溝的暢通、井水的清潔、鼠類防治等[218]。

1907 年，《漢文臺灣日日新報》社論呼籲民眾注意清潔，包括：（1）飲用水必須先經煮沸，斷不可飲用生水；（2）水井應避免被污水滲入；（3）親友如果自疫區來訪，不許容留過夜；（4）發生吐瀉症狀，應即刻就醫或通報派出所[219]。

據 1907 年末之普查，臺北市總家戶數共有 486,000 餘戶，其中不乏與雞、豚等禽畜同處生活者，衛生堪虞[220]。1908 年，鑑於臺北及東石港陸續出現類似虎列拉患者，臺北廳長召集轄區內開業醫，指示注意霍亂之疫情預防及通報[221]、飲食物的清潔衛生[222]、舉辦巡迴衛生講話會[223]、動員 200 餘名苦力清除市區街道排水溝淤積等[224]。臺南醫生支部會例會上，衛生主任指示，注意轄區內居民衛生狀態[225]。以臺北廳為例，動員檢疫人力 155 人，包括警部 4 人、警部補 11 人、巡查 114

217 臺灣總督府警務局編，《臺灣の警察》（臺北：編者，1935），頁 210。

218 臺灣總督府警務局編，《臺灣の警察》（臺北：編者，1935），頁 211。

219 〈清潔之必要〉，《漢文臺灣日日新報》第 2808 號，明治 40 年 9 月 11 日第二版。

220 珮香譯，〈雜報：談百斯篤（十一）〉，《漢文臺灣日日新報》第 2714 號，明治 40 年 5 月 23 日第三版。

221 〈虎疫に就ての注意〉，《臺灣日日新報》第 3116 號，明治 41 年 9 月 17 日第五版。

222 〈虎列拉豫防心得〉，《臺灣日日新報》第 3118 號，明治 41 年 9 月 19 日第五版。

223 〈衛生講話の日割〉，《臺灣日日新報》第 3119 號，明治 41 年 9 月 20 日第七版。〈練習所の豫防講話〉、〈大稻埕の衛生講話〉，《臺灣日日新報》第 3125 號，明治 41 年 9 月 29 日第五版。

224 〈裏下水大掃除〉，《臺灣日日新報》第 3125 號，明治 41 年 9 月 29 日第五版。

225 〈醫生例會〉，《漢文臺灣日日新報》第 3130 號，明治 41 年 10 月 4 日第五版。

人、巡查補 18 人、檢疫醫 8 人[226]。

此外，臺灣總督府透過警察與保甲組織，建立層層嚴密把關的衛生監控系統，以減少臺灣民眾藏匿病人、屍體，以及逃往他處等不符合防疫要求的行為[227]。各地方政府也積極配合，訓練民眾清潔環境等作為，例如宜蘭廳發布「污物掃除規則」等，在防治亞洲型霍亂方面，已逐步發揮其成效[228]。

第三節　亞洲型霍亂研究之展開

為瞭解臺灣對於亞洲型霍亂科學的研究與成果，茲以臺灣醫學會發行的《臺灣醫學會雜誌》為主要探討對象。

1899（明治 32）年 2 月，由臺北病院院長山口秀高發起，聯合副院長松尾知明、臺中醫院院長馬場瑞之助、臺南醫院院長長野純藏，及臺北醫院的原勇四郎、和辻春次、富士田豁平、川添正道、堀內次雄、賴尾昌索等人，以「擴大熱帶醫學知識，使日本國內人士瞭解臺灣衛生狀況」為宗旨，發行《臺灣醫事雜誌》，因經費拮据，隨著山口的去職，於 1901 年 12 月被迫停刊。因此，《臺灣醫事雜誌》可視為《臺灣醫學會雜誌》的前身。

翌年，高木友枝繼任臺北病院院長，有志之士再度集議創設醫學會與發行雜誌，在民政長官後藤新平的號召下，共集合在臺灣的日本籍醫師三百餘人，組成「臺灣醫學會」，並發行《臺灣醫學會雜誌》。

「臺灣醫學會」成立伊始，第一任會長為高木友枝，雜誌主編為掘

---

226 〈健康調查の效果〉，《臺灣日日新報》第 3137 號，明治 41 年 10 月 13 日第五版。
227 董惠文，〈行政監控與醫療規訓──談日治初期傳染病的防治〉，南華大學社會學研究所碩士論文，2004，頁 53。
228 董惠文，〈行政監控與醫療規訓──談日治初期傳染病的防治〉，南華大學社會學研究所碩士論文，2004，頁 53。

內次雄，編輯委員包括吉田坦藏、木下嘉七郎、田中祐吉等人[229]。

1903 年 11 月，後藤新平在「第一屆臺灣醫學會大會」上提出兩項主張。首先，為「醫學專科整合」，這是為了矯正醫學專科分科的弊病；其次，重視「統計」以利於臺灣的衛生改革。因此，臺北病院自開設以來至第二次世界大戰終戰為止，每年均出版詳細的統計年報[230]。

丸山芳登認為，「自 1895 至 1945 年，正可謂『微生物學興盛的青春期』」。因此，臺灣本地的傳染病研究者，參考歐美等先進國家的研究報告，瞭解惡性傳染病的形態，有助於應付日本接收臺灣之初的亞洲型霍亂等急性傳染病，這些衛生問題的解決，將有助於日本國際地位的提升[231]。

一、亞洲型霍亂的臨床病理研究

《臺灣醫事雜誌》中，並未發現關於亞洲型霍亂的研究論文，只有在第 2 卷第 2 期中，由松本次吉發表〈誤食「コレラ」豆〉所造成的類似霍亂症狀[232]。

藉由發行已超過百年歷史的《臺灣醫學會雜誌》，可以觀察日治時期臺灣醫學人士對於「亞洲型霍亂」的相關病理、病態與病史研究，並得悉亞洲鄰近國家的疫病狀態，進一步綜合比較其他具有傳染性的腸胃道傳染病（如：腸傷寒、赤痢）。

《臺灣醫學會雜誌》中的「亞洲型霍亂」相關論文大致可以分成以下幾大類：（1）「學說及實驗」（含「原著」或「臨床實驗」）；（2）「熱帶醫事中外彙報」（含「熱帶醫學抄報」或「內外熱帶醫學抄報」），以

---

229 小田俊郎著，洪有錫譯，《台灣醫學五十年》（臺北：前衛，1995），頁 77-79。
230 小田俊郎著，洪有錫譯，《台灣醫學五十年》（臺北：前衛，1995），頁 79-80。
231 丸山芳登編集，《日本領時代に遺した臺灣の医事衛生業績》（横濱：編集者發行，1946），序編，頁 1。
232 松本次吉，〈「コレラ」豆ニ就テ〉，《臺灣醫事雜誌》，2:2，1901，頁 114-115。

採擷德國醫學雜誌當中較具有研究價值的論文為主；（3）「演講」；（4）「其他」（含「醫院醫學校抄讀會記事」、「臺灣醫學會大會演說要旨」、「臺灣醫學會臨時會記事」、「學會記事」、「大會記事」、「抄錄」、「雜纂」等）；（5）雜錄等。

其中，「學說及實驗」為原創性著作，較具有研究意義。

從表 3-3-1 中可知，1903-1912 年間的「亞洲型霍亂」相關論文共有 34 篇。其中，以「熱帶醫事中外彙報」類的數量最多，有 23 篇，占 67.65%；「學說及實驗」類則僅有四篇，只占 11.76%。

就「熱帶醫事中外彙報」類觀之，分別譯介歐、美當期之醫學雜誌者 18 篇，以德國之醫學雜誌為主，如《柏林衛生學會報告》；譯介《美國醫學會雜誌》者一篇。其餘轉載自《東京醫事新誌》、《細菌學雜誌》、《京都醫學雜誌》、《大阪醫學會雜誌》等日本國內醫事雜誌。其中，針對霍亂流行的治療與調查之報告有：增山正信發表 1902 年在大阪地區使用血清治療，福原龜司發表 1902 年在山口縣彥島村使用血清治療，方山薰發表 1910 年愛媛縣溫泉郡及松山市的流行調查報告，秦佐八郎發表 1910 年俄羅斯局部地區的流行報告。關於細菌學培養與診斷方面，Kolle 認為在已發現的 85 種霍亂菌中只有 22 種有害，賀屋隆吉簡介 1902 年的霍亂菌史等。關於帶原者、合併者、動物實驗等內容，詳見後文。

表 3-3-1　1903-1912 年《臺灣醫學會雜誌》中「亞洲型霍亂」相關論文

作者	年度	卷：期	主題	分類
增山正信	1903	2:8	虎列拉血清治療成績	熱帶醫事中外彙報
福原龜司	1903	2:8	コレラ血清ノ治驗	熱帶醫事中外彙報
W. Kolle	1903	2:15	「コレラ」診斷現代ノ知見	熱帶醫事中外彙報
Hemehandra	1904	3:21	慢性赤痢及「コレラ」ニ對スル水銀劑ノ作用	熱帶醫事中外彙報
H. Schottmüller	1905	4:31	急性胃腸炎（歐洲虎列剌）ノ原因	熱帶醫事中外彙報
賀屋隆吉	1905	4:31	明治三十五年虎列剌菌史	熱帶醫事中外彙報
Schmitz	1906	5:41	ルスチッヒ法ニ從ヒ製セシ虎列拉接種液試驗成績	熱帶醫事中外彙報
J. B. Thomas	1906	5:44	赤痢「アメーバ」及ビ虎列拉菌ニ對スル諸化學品ノ作用ニ就テ	熱帶醫事中外彙報
クライン (Kleine)	1906	5:46	虎列剌菌體越幾斯ヲ用フル免疫法ニ就テ	熱帶醫事中外彙報
	1906	5:46	虎列拉菌存有者ノ特異ナル血清變化	熱帶醫事中外彙報
ベッセル (Vessel)	1906	5:46	虎列拉菌ノ培養試驗	學說及實驗
谷口巖	1908	7:63	臺北ニ發生セシ虎列拉患者ト予ガ診療セシ急性腸胃炎患者入佐友次卜ノ關係ニ就テ	熱帶醫事中外彙報
	1908	7:65	千九百五年「スプリーワルド」ニ於ケル虎列剌樣下痢症及ビ死亡	熱帶醫事中外彙報
R. F. Pfeiffer (Konigsberg)	1908	7:69	腸窒扶斯、百斯篤及虎列拉ニ對スル豫防接種法ニ於テ	熱帶醫事中外彙報
今裕	1909	8:77	「コムプレメント」結合試驗ニ依ル「コレラ」及「コレラ」類似「ヴィブリオ」類ノ鑑別（獨逸衛生及傳染病時報第六十二號所載）	學說及實驗
パウル・リヒテル (Es ist Richter)	1909	8:80	「コレラ」菌診斷的培養基タル血液亞兒加里寒天ニ就テ	醫院醫學校抄讀會記事

作者	年度	卷：期	主題	分類
山口謹爾	1909	8:86	チュドン子氏虎列拉菌急速證明法ニ就テ	學說及實驗
	1912	11:122	「コレラ」ノ細菌學的診斷補遺	學說記事
福原義柄	1909	8:86	虎列剌菌ノ血球毒形成	熱帶醫事中外彙報
方山薰	1910	9:88	愛媛縣下溫泉郡及松山市ニ於ケル「コレラ」流行ニ就テ	熱帶醫事中外彙報
秦佐八郎	1910	9:97	ペートルスブルクノ虎列拉ニ就テ	熱帶醫事中外彙報
伊良子暉造	1911	10:99	コレラ菌天養基上ニ於ケル特異ノ發育狀態ニ就テ	臺中醫院抄讀會
ワイスコップ（Weiss-Glas）	1911	10:108	「コレラ」菌ノ診斷	熱帶醫事中外彙報
L. Rogers	1911	10:99	虎列拉ノ治療法	熱帶醫事中外彙報
	1911	10:106	糞便中虎列拉菌ノ一新分離法	熱帶醫事中外彙報
	1911	10:106	虎列拉菌ノ急速診斷法	熱帶醫事中外彙報
エ、ワイル（Ach, es ist. Weill）	1911	10:108	虎列拉菌ノ「モルモット」腹腔內感染ニ際シ白血球ノ意義ニ就テ	抄錄
照內豐、肥田音市	1912	11:112	細菌學的「コレラ」診斷補遺	熱帶醫事中外彙報
高橋京藏	1912	11:112	醱酵病ニ就キテ（脚氣、壞血症、「バルロー」氏病小兒「コレラ」其他）	雜錄
C. Defressin	1912	11:120	虎列拉菌ノ膽囊中現出ニ就テ	熱帶醫事中外彙報
Prof. Slasi	1912	11:120	慢性虎列拉菌携帶者	熱帶醫事中外彙報
丸山芳登	1912	11:121	虎列剌菌及虎列剌類似菌ノ診斷上血液寒天ノ應用ニ就テ	學說及實驗
池田正賢、笹山友行	1912	11:121	本年臺北市街ニ於テ流行セル虎列拉病ニ付テ	學說記事
川田敬治、阪上弘藏、前田保十郎	1912	11:121	「コレラ、ノストラス」ニ就テ	學說記事

資料來源：《臺灣醫學會雜誌》。

　　「學說及實驗」類論文之作者中，谷口巖、山口謹爾等 2 人畢業於長崎醫學專門學校，丸山芳登更於大正年間獲得博士學位。

　　谷口巖出生於 1873 年 1 月 29 日，佐賀縣嬉野人。1892 年入學長崎醫學專門學校（後更名第五高等學校醫學部），1879 年畢業。1879 年，進入鹿兒島縣立病院從事研究；1899 年渡臺，擔任臺灣總督府臺北醫院醫務囑託；1900 年，擔任臺北醫院內科醫長；1901 年，在臺北市榮町開設私立「谷口醫院」；1920 年，擔任臺北市協議會員；1931-1936 年，獲選任為臺北州會議員。歷任臺北醫師聯合會長、大同公會長、總督府評議會員、東海自動車東亞商工株式會社監查、臺灣奉公醫師團本部理事、軍事援護會理事、軍醫官、防護團長等。時論稱譽其「威風凜然、舉措慧敏、具備精悍卓進氣魄」[233]。

　　山口謹爾也畢業於長崎醫專，主要經歷為蛇類研究專家、議論家等，有「蛇的博士」美譽[234]。

　　丸山芳登出生於 1885 年 3 月 17 日，山形縣米澤市下矢來略人。青山學院高等科畢業。1905 年，山形縣醫術開業前期試驗及格；1908 年，取得醫術免許證第百十六號、臺灣公醫候補生；1910 年，臺灣總督府研究所技手；1918 年，臺灣總督府醫學校助教授；1920 年，臺灣總督府研究所技師衛生學部勤務；1923 年，臺北醫學專門學校教授；1926 年，獲醫學博士；1929 年，總督府在外研究員，留學德國、法國、英國一年。1936 年，臺北帝國大學附屬醫學專門部教授；1937 年，兼總督府技師、文教局學務課勤務；1938 年，總督府體育官[235]。

233《臺灣紳士名鑑》（新高新報社），國家圖書館館藏。
234 興南新聞社編纂，《臺灣人士鑑》（臺灣新民報，1943）。
235（1）國家圖書館《臺灣人物誌（上中下 1895-1945）》，相關資料包括：《臺灣統治與其功勞者》、《南國之人士》、《南部臺灣紳士錄》、《臺灣人物誌》、《臺灣紳士名鑑》、《大眾人士錄》、《新臺灣を支配する人物と產業史》、《大眾人士錄－外地海外篇》、《台湾関係人名簿》、《臺灣人士鑑》、《臺灣人士之批評記》、《新竹州の情勢と人物》、《臺灣の中心人物》、《現代台灣史》、《新臺灣（御大典奉祝號）》、《最近の南部臺灣》、《臺灣官紳年鑑》、《戰時體制下に於ける事業及人物》、《自

19 世紀，細菌學提供了辨認致病微生物的辦法，也提供了新的療法，如疫苗即是[236]。茲分析日治初期亞洲型霍亂研究狀況如下：

（一）亞洲型霍亂病源菌的追蹤

海水中霍亂弧菌生存狀態的研究，一直受到歐美等國的重視。在實驗室中，霍亂弧菌本身的性質，以及海水的化學狀態、氣候、水溫等都能影響菌類的繁殖。

為了進一步釐清霍亂的傳播源，必須仔細觀察霍亂患者的臨床症狀與既往行程，谷口巖曾經提出，遭污染的魚類可能就是霍亂的主要傳染源。他的研究如下：

首例研究個案為入佐友次，男性，25 歲。自述在尚未發病前，連日來感覺身體倦怠，1908 年 9 月 27 日凌晨 1 點時，突然腹痛並下痢一次，自行服用藥物仍未見改善；爾後，持續出現劇烈腹痛、上下肢痙攣性疼痛，且再度下痢一次，於上午 10 點到院就診，當時體溫 37℃、心跳約每分鐘 100 下、脈搏微弱、胃部嚴重痙攣性疼痛；即刻處方以「樟腦劑」（Camphor，荷文カンフル，德文カンファア）注射後，脈搏稍微回復。下午 5 點時，仍留院觀察，當時體溫 36℃、脈細數緊，表情苦悶、神識清晰、有貧血徵兆、口渴明顯、眼窩陷沒、聲音嘶啞、噯氣、嘔吐，皮膚彈性正常、四肢稍微冰冷。胸腹部理學檢查發現，肺部有異常陰影、心音微弱且有雜音、胃部疼痛拒按。晚上 7 點，又下痢一次、糞便稍帶黃赤色黏液而透明、只能排出少許尿液，腹部疼痛稍減，但心臟逐漸衰弱。延至午夜 12 點，因心臟麻痺死亡。

治制度改正十週年紀念人物志》、《新日本人物大系》、《新竹州の情勢と人物》、《臺灣人物評》、《始政三十年紀念出版－東臺灣便覽》、《臺灣大觀》、《臺灣警察遺芳錄》、《新竹大觀》、《中部臺灣を語る》、《臺灣人物展望》、《南臺灣の寶庫と人物》、《在臺の信州人》、《臺灣事業界と中心人物》等。（2）《大阪高等醫學專門學校雜志》，1 卷 1 号— 10 卷 6 号，大阪高等醫學專門學校醫學會，1932-1943。

236 克爾・瓦丁頓（Keir Waddington）著，李尚仁譯，《歐洲醫療五百年史（卷三）——醫療與國家》（台北：左岸文化，2014），頁 33-34。

　　谷口發現，入佐從初發病到死亡只有 23 小時，急性症狀明顯，是值得研究的個案。穀口岩指出，該名男子可能有五種病因，作為診斷參考：（1）腳氣衝心、（2）急性赤痢、（3）藥物中毒、（4）流行性腦脊髓膜炎、（5）穿孔性急性腹膜炎等，必須藉由顯微鏡檢查才能確診。

　　谷口以脫脂棉插入死者肛門中，採取黃色糞便檢體，從顯微鏡觀察發現，有類似霍亂菌的菌體存在，因此，必須再追蹤該死者的既往行程。

　　10 月 1 日，有一位名叫下山榮藏的患者，也出現疑似霍亂的症狀，翌日，經過顯微鏡檢查，確認為亞洲型霍亂。

　　於是，谷口追踪下山榮藏、入佐友次的既往行程發現：9 月 12 日，他們與山田德藏由日本國內乘船抵達基隆港後，14 日至 26 日的一起寄宿期間，都曾食用過鹽漬鯖魚，因此，下山與入佐可能都因食用受霍亂菌污染的鯖魚而罹病，只有山田幸運未發病。

　　因此，谷口建議衛生單位，必須對鹽漬鯖魚實施嚴格細菌學檢查及控管[237]，以避免「病從口入」。

（二）亞洲型霍亂的傳染病學研究

　　在傳染病學調查上。1910 年，在愛媛縣的溫泉郡及松山市三津濱町周邊地區，發生小規模的亞洲型霍亂流行，方山薰藉此進行一系列相關的研究，接受調查者包括發病者及其家族共 120 人，檢查項目包括：（1）霍亂帶原者與本次流行的關係；（2）病患家族及同居者糞便檢查結果；（3）從發病至痊癒後，糞便中霍亂弧菌的存在與消失時間等。

　　從調查的結果發現：（1）發病者家族及周邊防疫區共篩檢出 5 名帶原者；（2）有 4 名感染者在潛伏期就已經被檢驗出來；（3）帶原者的糞便中帶菌時間，最長者為 8 天、最短為 3 天，平均為 5.2 天；（4）發

---

237 谷口巖，〈臺北ニ發生セシ虎列拉患者ト予ガ診療セシ急性腸胃炎患者入佐友次トノ關係ニ就テ〉，《臺灣醫學會雜誌》，7:63，1908，頁 37-43。

病者的糞便中帶菌時間因體質而異，最長者為 18 天、最短者為 4 天，平均為 10.6 天；（5）恢復期的糞便中帶菌時間，最長者為 11 天、最短者為 2 天，平均為 5.2 天[238]。

同年，秦佐八郎由歐洲考察返國，途中經過俄羅斯，分別在莫斯科及聖彼得堡兩地，比較了亞洲型霍亂今昔的流行歷史及消長情形；發現19 世紀初期兩地皆曾爆發劇烈流行，一直到 20 世紀初期疫情才逐漸趨緩[239]。

（三）亞洲型霍亂患者的生理改變與治療方法探索

在進行有效治療前，必須先瞭解霍亂患者的生理狀態。大阪地區的醫師曾以聽診器檢查霍亂患者的心臟及肝臟交界處，發現大約有 83.2%的患者，在該處身體標記範圍內聽診濁音會消失，大約經過 4 至 5 日以後才會再度出現。這種情形是因為霍亂初期連續劇烈的下痢及嘔吐，造成身體水分大量流失，心臟和大動脈弓萎縮而造成聽診音消失所致[240]。

自 19 世紀末至 20 世紀初，治療亞洲型霍亂的方法，包括注射生理食鹽水療法、注射血清療法等，茲簡述並比較如下。

1899-1909 年間，俄國聖彼得堡發生亞洲型霍亂大流行時，醫師嘗試採用大劑量生理食鹽水注射以後，再觀察動脈的血壓變化；觀察的重點為：（1）患者厥冷期的生理食鹽水注射後血壓變化、（2）注射次數及注射劑量與血壓變化之間的關係。

霍亂患者發病以後，造成血壓變化的可能原因有：（1）水分大量流失，造成全身血液總量減少；（2）霍亂弧菌分泌的毒素造成心臟及血管

238 方山薰，〈愛媛縣下溫泉郡及松山市ニ於ケル「コレラ」流行ニ就テ〉，《臺灣醫學會雜誌》，9:88，1910，頁 95。

239 秦佐八郎，〈ペートルスブルクノ虎列拉ニ就テ〉，《臺灣醫學會雜誌》，9:97，1910，頁 1421-1422。

240 〈「コレラ」ノ經過中に心肝濁音界ノ消失〉，《臺灣醫學會雜誌》，2:10，1903，頁31。

的變化;(3)強烈的腸胃道功能紊亂症狀,造成心臟與血管反射;(4)血液黏稠度增加;(5)血中炭酸蓄積與酸素缺乏;(6)厥冷期造成腎臟生理的變化。

生理食鹽水注射後,患者的血壓變化情形為:(1)厥冷期的平均血壓下降,是因為收縮壓下降,但是舒張壓反而上升,只有重症患者的舒張壓才會升降不定;(2)造成血壓如此變化的原因,是因為水分大量流失、血液總量減少,血管產生攣縮的結果;(3)每位患者,平均以2公升的生理食鹽水溶液,靜脈注射治療,迅速補充血液及組織內流失的水分,使血液總量能接近正常;(4)注射治療後,經由腎臟的生理調節,使得血管擴張、血壓上升、脈搏數增加;(5)厥冷期的靜脈生理食鹽水注射量,應介於2.5-3公升之間;(6)大量食鹽水注射的同時,應隨時監測心臟搏動頻率是否出現異常[241]。

為了有效改善霍亂患者的血壓以減低死亡率,部分醫師嘗試採取注射血清的療法。

1902年,大阪流行霍亂之際,增山正信收治過382名患者,其中,有218人兼用了生理食鹽水及血清注射治療,大多數患者獲得痊癒,死亡率僅有5.5%。有一名患者使用注射兼內服血清治療,獲得痊癒;有4名患者單純使用內服血清治療,只有1名痊癒。

增山認為,以血清治療霍亂的成效,與年齡有關,其中,以20-40歲之間的青壯年患者,療效最為明顯[242]。

1902年夏天,日本山口縣彥島村因罹患亞洲型霍亂而住院的43名病患,被區分為「實驗組」與「對照組」兩組。「實驗組」共有7位患者,使用血清療法而痊癒,無人死亡。「對照組」共有36位患者,使用

---

241 ラグン,〈「コレラ患者」ノ動脈血壓及多量ノ食鹽水注入二應スル其變化二就テ〉,《臺灣醫學會雜誌》,12:125,1913,頁181-182。

242 增山正信,〈虎列拉血清治療成績〉,《臺灣醫學會雜誌》,2:8,1903,頁34-35。

一般的生理食鹽水療法，其中，有 19 位死亡，死亡率為 53%[243]。

山口縣的醫師發現，霍亂重症患者只要注射過一次 40 毫升的血清便可明顯改善，在注射血清後的 24 小時以內，患者即可入睡，第二天清晨，患者即可排尿而獲得痊癒。

由上顯示，以血清治療霍亂的方法，與中國傳統醫學書籍《傷寒論》當中：「治下利不止者，當利小便，使水道通而利自止」的治法有異曲同功之妙[244]。

1908 年 10 月 3 日至 22 日期間，德國 Magdalena 醫院 Klaus 醫師，將使用血清治療的霍亂患者 12 人，區分為重症患者 10 人、較重症患者 2 人。治療過程中，醫師使用醫療血清 100-700 毫升不等，混合 500-700 毫升不等的生理食鹽水，以肘靜脈注射後，依據患者的脈搏、腸胃症狀、是否排尿等生理現象，區分成三組觀察：

（1）第一組有 3 人，在注射血清以後，腸道泄瀉症狀更加劇烈，並且伴隨有心力衰竭現象，最後，3 人皆不治。

（2）第二組有 4 人，在注射血清以前，同樣都有下痢、糞便呈米泔汁樣、無力、脈搏微弱頻數、無法排尿等症狀；在注射血清後的隔日，症狀均明顯好轉，最後，4 人皆痊癒。

（3）第三組有 5 人，在注射血清的同時，伴隨 2-3 日的發冷現象以後，嘔吐、下痢、痙攣等症狀減退，心臟搏動力增加，能夠排尿，卻都不幸併發急性腎臟炎症。其中，有 2 人在 3 天後痊癒，其餘 3 人，分別在經過 5-14 天後因合併腎中毒症而死亡[245]。

---

243 福原龜司，〈コレラ血清ノ治驗〉，《臺灣醫學會雜誌》，2:8，1903，頁 35。
244 《傷寒論、太陽篇》：「傷寒服湯藥，下利不止，心下痞鞕，服瀉心湯已，復以他藥下之，利不止，醫以理中與之，利益甚；理中者，理中焦，此利在下焦，赤石脂禹餘糧湯主之，復利不止者，當利其小便。」可參考大塚敬節著，吳家鏡譯，《傷寒論解說》（臺南：大眾書局，1979），頁 193-194。
245 Alexander Jegunoff，〈抗毒性虎列剌血清靜脈內注射ノ虎列剌病ノ經過二及ボス影響二就キテ〉，《臺灣醫學會雜誌》，9:98，1910，頁 41-43（轉載自 Weiner kli. Wochenschr. Nr. 24. 1909）。

　　該臨床實驗證明，以血清治療霍亂的有效率為 50%，Klaus 醫師認為，血清治療能夠降低霍亂的死亡，但是，因腎臟炎併發症而死亡者，應該進一步施行病理解剖以釐清原因[246]。

　　1909 年 6 月 23 日至 8 月 1 日期間，Klaus 醫師持續進行血清療法實驗。將收治住院的 146 名霍亂患者區分為「血清治療組」35 人、「生理食鹽水治療組」111 人。經過治療及統計後發現，「血清治療組」痊癒者 18 人，有效率為 51.4%；「生理食鹽水治療組」痊癒者 61 人，有效率為 55.0%。因此，當時以生理食鹽水治療霍亂，似乎比血清較為有效，而且符合經濟效益（參見表 3-3-2）。

表 3-3-2　血清與生理食鹽水療法之比較

療法 \ 結果	痊癒		死亡		總計
	人數	%	人數	%	人數
血清療法	18	51.4	17	48.6	35
食鹽水療法	61	55.0	50	45.0	111
總計	79	54.1	67	45.2	146

資料來源：Robert Hundogger，〈千九百九年六月及七月ニ於テクラウス氏血清ヲ以テセル虎列剌血清療法ニ關スル報告〉，《臺灣醫學會雜誌》，9:98，1910，頁 43-46（轉載自 Weiner kli. Wochenschr. Nr. 52. 1909）。

　　接著，Klaus 醫師進一步分析死亡原因後發現，大多數患者以發冷或併發尿毒症為主；其中，以血清治療而併發尿毒症的死亡率為 64.7%，以生理食鹽水治療而併發尿毒症的死亡率為 60.0%（參見表 3-3-3）。

　　在兩種療法中，尿毒症致死率只相差 4.7%，因此，クラウス醫師認為，以血清治療霍亂不會產生有害的副作用[247]。

---

246 Robert Hundogger，〈千九百九年六月及七月ニ於テクラウス氏血清ヲ以テセル虎列剌血清療法ニ關スル報告〉，《臺灣醫學會雜誌》，9:98，1910，頁 43-46（轉載自 Weiner kli. Wochenschr. Nr. 52. 1909）。

247 Robert Hundogger，〈千九百九年六月及七月ニ於テクラウス氏血清ヲ以テセル虎列剌血清療法ニ關スル報告〉，《臺灣醫學會雜誌》，9:98，1910，頁 43-46（轉載

表 3-3-3　死亡原因分析

療法 併發症	發冷		尿毒症		總計
	人數	%	人數	%	人數
血清療法	6	35.3	11	64.7	17
食鹽水療法	18	36.0	32	64.0	50
總計	24	35.8	43	64.2	67

資料來源：Robert Hundogger，〈千九百九年六月及七月ニ於テクラウス氏血清ヲ以テセ
　　　ル虎列刺血清療法ニ關スル報告〉，《臺灣醫學會雜誌》，9:98，1910，頁 43-46
　　　（轉載自 Weiner kli. Wochenschr. Nr. 52. 1909）。

此外，L. Roger 醫師總結多年來治療亞洲型霍亂的經驗如下：

（1）1875 至 1905 年間，以直腸及皮下注射生理食鹽水溶液法，共治療過 1,243 人，其中，783 人死亡，死亡率 59%；（2）1906 年，以正規生理食鹽水溶液靜脈注射法，治療 112 人，其中，57 人死亡，死亡率 51.9%；（3）1907 年，再度以直腸及皮下注射生理食鹽水溶液法治療 153 人，其中，94 人死亡，死亡率 59.5%；（4）1908 及 1909 年間，以高張食鹽水溶液注射法治療 294 人，其中，96 人死亡，死亡率 32.6%；（5）1909 至 1910 年 7 月間，以高張食鹽水溶液注射法合併口服過滿俺酸（おれの酸），治療 103 人，其中，24 人死亡，死亡率 23.3%。

L. Roger 發現，霍亂菌毒素破壞腸壁的情形與蛇毒類似，因此採用高張食鹽水溶液注射法合併口服過滿俺酸的治療效果最為理想。若患者是在發病後 12 小時內的黃金救援時間立刻送入醫院接受治療，即使血壓只剩下 70mm/Hg 也有存活的機會，死亡率可降至 19%，治療效果更好[248]。

除了生理食鹽水及血清療法之外，德國醫師嘗試以「過滿俺酸加里療法」治療霍亂，其方法為將加熱後的「過滿俺酸加里」稀釋溶液，

自 Weiner kli. Wochenschr. Nr. 52. 1909）。

[248] L. Rogers，〈虎列拉ノ治療法〉，《臺灣醫學會雜誌》，10:99，1911，頁 58。

採用靜脈注射治療 7 名重症患者，其中，有 6 名痊癒[249]，有效率達到
85.71%。

　　1904 年，Hemehandra 經由屍體解剖發現，亞洲型霍亂、慢性赤痢
及肝硬化等患者膽汁分泌明顯不足，於是針對上述三種患者施以黑硫化
汞（HgS 或 Mercury sulfide）注射，刺激膽汁的分泌，冀望提升腸道內
的殺菌作用[250]。

二、亞洲型霍亂弧菌的培養與研究

　　由於亞洲型霍亂的發病急驟，必須進行霍亂菌的快速分離培養及診
斷，以爭取治療及防疫時效。

　　日治初期，日本有部分學者已經開始依據西方的實驗室標準研究霍
亂菌株，關於入侵日本、臺灣等地的亞洲型霍亂弧菌菌株及其細菌學型
態研究，是值得探討的課題。

（一）日治初期亞洲型霍亂弧菌之檢查

　　1895 年，臺灣割讓之後，日本的征臺軍隊中爆發霍亂流行，兵馬
倥傯之際，難以進行精確的細菌學檢查。

　　1898 與 1901 年，臺灣各發生一名霍亂病例。以此為研究素材，
1903 年 12 月，總督府技師高木友枝在「第一回臺灣醫學大會」上，
發表「關於臺灣的衛生」之演講，詳細說明 1898、1901 年霍亂流行狀
況，但是缺乏精確的細菌學檢查。

　　1902 年，臺灣北部發生日治以來首度霍亂大流行，並沒有留下任
何關於細菌學檢查的紀錄；翌年，霍亂再度流行，也沒有留下任何菌株
作為標本。

---

249 〈虎列拉ノ過滿俺酸加里療法〉，《臺灣醫學會雜誌》，3:18，1904，頁 65。

250 Hemehandra，〈慢性赤痢及「コレラ」二對スル水銀劑ノ作用〉，《臺灣醫學會雜
　　誌》，3:21，1904，頁 190。

1902 年，日本醫師利用當時在日本國內流行的霍亂患者檢體，採集到 14 種菌株，從免疫反應上，鑑定出真正能夠導致霍亂發病的只有コッホ（Koch）氏菌[251]。

藉由顯微鏡的觀察，1903 年時，臺灣醫師對於霍亂弧菌型態學的研究已有豐富的描述，據觀察統計，亞洲型霍亂弧菌共有 85 種型態變化，類霍亂弧菌則有 22 種型態變化。外形上的變化主要有短棒狀、橢圓狀、球狀、弧狀、細長狀……等。

此外，亞洲型霍亂弧菌菌體的特徵是，一端有豎立的鞭毛；而類霍亂弧菌的鞭毛分布在菌體兩側，鞭毛數量由兩條至八條不等；因此，可以先藉由鞭毛型態的特徵，鑑別出致病的霍亂弧菌[252]。

1904 年，鳳山地區發生霍亂疫情，早川孝三利用該次流行進行細菌學的檢查，其成果發表於鳳山醫學會。

早川在專屬的研究實驗室中將血清稀釋 5,000 倍後，進行霍亂弧菌凝集反應試驗，受試細菌確實出現了「Pfeiffer 氏現象」[253]，也發現細菌培養過程中受到溫度變化的影響很大。

隨後，都築甚之助以實驗確認早川的霍亂弧菌實驗報告，這是受到 1902 年日本國內進行定量凝集反應實驗的影響，臺灣也開始採用該種方法進行霍亂弧菌鑑定實驗。

1907 年，停泊於基隆港的「旺洋丸號」輪船上，有船員爆發急性吐瀉症狀後死亡，基隆海港檢疫所採取該罹難者的檢體，以顯微鏡觀察後，證實為亞洲型霍亂弧菌作祟，並進一步使用細菌學檢查確認。

---

251 〈昨年內地二流行シタル所謂「コレラ」ノ病原〉，《臺灣醫學會雜誌》，2:15，1903，頁 27。

252 W. Kolle，〈「コレラ」診斷現代ノ知見〉，《臺灣醫學會雜誌》，2:15，1903，頁 23-24。

253 所謂「Pfeiffer（普法伊費爾）氏現象」，是指在 1895 年時，由 Koch 的學生 R. F. J. Pfeiffer（1858-?）所發現，在實驗室中，經過免疫的天竺鼠的腹腔液能夠溶解霍亂弧菌的現象。見〔義〕卡斯蒂廖尼著，程之範主譯，《醫學史（下冊）》（桂林：廣西師範大學出版社，2006），頁 743。

隨後，臺北地區的流行時，患者的糞便檢體中觀察到特異型態的細菌（如：竹內菌），經分離培養試驗後，確認為亞洲型霍亂弧菌的變異菌種。

1908 年，臺北及澎湖島發現疑似霍亂患者，雖然經由細菌學的檢查也無法證實為確認病例，該年度臺灣總督府統計書也未將這些病例列為霍亂。

翌年，基隆、臺北等地區爆發流行，基隆醫院採集了基隆首位患者的排泄物檢體，以顯微鏡觀察到亞洲型霍亂弧菌，再經由細菌培養、動物毒性、凝集反應等試驗，出現了「Pfeiffer 氏現象」，確認為亞洲型霍亂弧菌，並以此作為「檢驗標準菌型株」，該年度基隆地區的續發患者就比較容易確認[254]。

以上是日治初期臺灣針對亞洲型霍亂弧菌的部分檢查紀錄，由於「定量凝集反應」、「Pfeiffer 氏現象試驗」等，牽涉到較為複雜的操作程式，即使日本國內也只有少數人採用，臺灣醫生懂得採用者更屬鳳毛麟角。

（二）霍亂弧菌的分離與培養

霍亂弧菌檢體採集與培養是研究的基本工作。霍亂弧菌的檢體採集以新鮮排泄物為佳，或者以綿片插入肛門所採集之糞便檢體亦可，檢體放入試管中保存，由於霍亂弧菌非常脆弱，所以檢體試管必須避免陽光直射；然後，以人工培養基將霍亂弧菌培養至定量，再放置顯微鏡下觀察[255]。

1902 年，日本學者分離出新型態的亞洲型霍亂弧菌菌株，為了便於區分，特稱為「竹內菌」，由於在免疫反應試驗上有別於 Koch 最初

254 窪田一夫，〈臺灣ニ於ケル「コレラ」ノ疫學的觀察─前編（疫史編）（附表）〉，《臺灣醫學會雜誌》，34:367，1935，頁 1720。
255 〈「コレラ」菌檢查法指針〉，《臺灣醫學會雜誌》，11:120，1912，頁 961-967。

所發現的「標準菌株」，引起學界的注意，而「竹內菌問題」也成為日後霍亂弧菌異型菌研究的先驅。

依據〈關於入侵日本的霍亂菌株研究〉一文之撰述，針對霍亂弧菌的發現與檢驗的過程中提到：

1885 年，當長崎地區發生流行時，有研究者辨認出霍亂逗點狀（コンマ）菌是真正的致病菌；1894-1895 年期間，霍亂菌生物學型態成為檢查的一部分，直接採用標本染色法，可以快速分辨並診斷出真正的霍亂菌，細菌的培養基則有ゲラチン、ペプトン（Pepton）水、寒天等；1898 年，新發展的「霍亂菌毒性動物試驗」、「免疫血清學檢查」、「凝集反應檢查」等，逐漸成為亞洲型霍亂診斷的依據，當時的凝集反應檢查，是以免疫血清稀釋 20-50 倍後作為實驗樣本。

1902-1903 年間，西方國家的實驗室介紹一種新的檢查法，即採用「定量霍亂菌的凝集反應試驗」，試驗項目包括霍亂菌的生物學型態、活動力，以及ゲラチン平板與穿刺培養試驗、弱アルカリ（鹼）性寒天斜面培養試驗、肉汁培養試驗、ペプトン水培養試驗、インドール（Indel）反應培養試驗、牛乳培養試驗、馬鈴薯培養試驗、血清培養基培養試驗、酸性寒天培養基培養試驗、細菌毒性動物試驗、病理學的檢查、免疫學的檢查（凝集反應、細菌溶解現象）等，至此，亞洲型霍亂細菌學的檢查項目逐漸趨於完備。

1912 年，日本內務省依據西方現代實驗室的標準，發布「虎列剌菌檢查法指針」，成為霍亂細菌學檢查與診斷方法的準則[256]。

（三）亞洲型霍亂弧菌培養基的改良

20 世紀初期，亞洲型霍亂弧菌的人工培養基，主要可以分成「寒天培養基」、「百布頓（Peptone，蛋白胴）培養基」……等數種；在不

---

256 窪田一夫，〈臺灣ニ於ケル「コレラ」ノ疫學的觀察─前編（疫史編）（附表）〉，《臺灣醫學會雜誌》，34:367，1935，頁 1719-1720。

同實驗室的各種培養基中的霍亂弧菌，經過 18 個小時的培養後會呈現出不同的型態。例如：

（1）在單純「寒天培養基」中的霍亂弧菌聚落呈現扁平圓形、青白色的透明團狀物。

（2）在摻入動物血液的寒天培養基中霍亂弧菌聚落可增大至直徑 2 公厘、圓形富含水分的白綠色透明團狀物。

（3）在摻入ヘモグロビン（hemogolobin，血紅素）的寒天培養基中霍亂菌聚落可再增大至直徑 3.5 公厘、圓形突起、潮濕潤澤的灰白色透明團狀物。

所以，若要正確觀察或檢驗霍亂弧菌，以摻入ヘモグロビン（hemogolobin，血紅素）的寒天培養基較為理想。

此外，以 Peptone（蛋白胨）培養的霍亂菌聚落雖然不明顯，但是，霍亂菌表面的被膜發育明顯，也是較為理想的培養基。

《臺灣醫學會雜誌》認為，為了從事霍亂菌培養或檢驗的方便，以橫濱 Rod 公司所製造的 Peptone 培養液較為理想，因而被廣泛採用[257]。

1909 年，德國實驗室介紹一種新的「血液亞兒加里」（Alkali，Alkaline 鹼性）寒天培養基。其製法為採用牛的血液，先除去其中的纖維素，加上「ノルマール」加里滷汁，經滅菌處理後成為「亞兒加里」溶液；然後，以 70% 的普通寒天中性培養基，混合 30% 的「亞兒加里」溶液，製成「血液亞兒加里」寒天培養基。

在這種培養基當中，霍亂弧菌的發育良好，其他的腸道內菌種（尤其是大腸菌）的發育，完全受到抑制，所以，能夠培養出單純、完整，而且有利於觀察研究的霍亂弧菌群落[258]。

1909 年 4 月，山口謹爾也介紹ヂユドンネ（Dieudonné）的霍亂弧

---

257 〈虎列拉ノ診斷ニ都築氏 R 百布頓水〉，《臺灣醫學會雜誌》，2:14，1903，頁 36。
258 パヲル・リヒテル，〈「コレラ」菌診斷的培養基タル血液亞兒加里寒天ニ就テ〉，《臺灣醫學會雜誌》，8:80，1909，頁 366-367。

菌改良培養檢查法。

由於當時實驗室多數使用百布頓培養基，在培育霍亂弧菌 20 個小時後雖然能獲得快速增值的菌落，但數量往往不足而無法觀察，且經常混雜其他菌種，造成檢查不易，嚴重影響判斷的結果。為了能夠將霍亂菌從糞便的各種細菌中有效分離出來，必須另尋他法。

1909 年 4 月，ヂユドンネ（Dieudonné）發表了改良之後的「血液亞爾加里（Alkali，Alkaline）寒天培養基」法。這種培養基的製作方法是取自新鮮牛血，除去纖維後使用蒸氣鍋滅菌 30 分鐘，然後，混合 70% 的中性寒天培養基而成。

在「血液亞爾加里寒天培養基」中，置入待培養的細菌，以孵竈（細菌培養箱，incubator）定溫在攝氏 37℃ 經過 20 個小時的培養後，只有霍亂弧菌大量快速繁殖，菌落在培養基中呈現出大而透明的正圓形，其他的腸道內共生菌（如大腸菌、傷寒菌、綠膿菌等）的繁殖，明顯受到抑制，於是，較能夠獲得明顯而易於觀察的霍亂弧菌檢體[259]。

1911 年，伊良子輝造歷經十餘次的實驗之後，發表霍亂弧菌的培養及觀察報告：

（1）以單純「ペプトン」水進行霍亂弧菌培養的經過時間，往往長達 20 個小時以上，如果遇上夏天氣溫偏高，糞便檢體產生變化，菌落容易死亡，造成培養上的困難。

（2）改良方法之一，是在 100 毫升的寒天培養基中，加入 10% 的結晶碳酸蘇打；或者在寒天培養基當中混合 3% 的強鹼「アルカリ」（Alkali）。在培養的初期，即經過 6-8 個小時左右，便開始出現「コリコロニー」（coli-colony）或「コレラコロニー」（cholera-colony）的微小點狀透明菌落；經過 12-13 小時後菌落逐漸完整而透明，厚度突起而增加，從突起的地方往四周延伸，可以呈現細索狀、細樹枝狀，最後成

---

259 山口謹爾，〈ヂユドンネ氏虎列拉菌急速證明法ニ就テ〉，《臺灣醫學會雜誌》，8:86，1909，頁 717-722。

為美麗的細網狀，這種型態能夠一直維持到第 20 或第 30 個小時。值得注意的是，在這種偏鹼性寒天培養基中，霍亂弧菌以外的細菌，如大腸桿菌的生長明顯受到抑制。

（3）從培養基所觀察到的數十種細菌中，霍亂弧菌是活動力最強的一種。伊良子暉造曾以精密儀器計算霍亂弧菌的運動情形，發現每一秒鐘可移動約 0.0285「ミリメーテル」（minimeter）；フリード測得，霍亂弧菌每一秒鐘可移動約 0.030「ミリメーテル」[260]。兩者的實驗結果相近。

1911 年時，外國醫學雜誌也發表了 3 種改良型的寒天培養基：

（1）エッシュ在使用ヂユドンネ「血液亞爾加里（Alkali，Alkaline）寒天培養基」的基礎上加以改良，在細菌培養的過程中，先去除「安母尼亞」（Ammonia），相較於以往的培養法，可以有效縮短大約 2 至 3 個小時的時間；缺點是細菌的培養數量比較不足，必須另外加入ヘモグロビン（hemoglobin）；或者純粹以ヘモグロビン加入寒天成為培養基。經過多次反覆實驗後，エッシュ的寒天培養基製作法是以ヘモグロビン和蒸餾水混合後，滅菌 1 小時左右，這部分約占全部培養基的 15%，其餘的 85% 則是中性寒天。

（2）オットレンギー推薦的「膽汁寒天培養基」，其製作法是以 3% 的過濾牛膽汁及 0.1% 的硝酸加里溶液，摻合 10 倍量的碳酸蘇打水，經過 20 分鐘的滅菌而成。本法的優點是可以再縮短霍亂菌培養時間大約 4 至 5 個小時[261]。

（3）デ、オットレンギー發明「百布頓水牛膽汁培養基」，其各項培養基基質比例，分別為：10% 的過濾牛膽汁、10% 的結晶碳酸蘇

---

260 伊良子暉造，〈コレラ菌寒天養基上ニ於ケル特異ノ發育狀態ニ就テ〉，《臺灣醫學會雜誌》，10:99，1911，頁 80-81。

261 ワイスコップ，〈「コレラ」菌ノ診斷〉，《臺灣醫學會雜誌》，10:108，1911，頁 835-836。

打水、0.1%的硝酸加里溶液等混合後，再以高壓消毒器、或コッホ（Koch）蒸氣鍋，經過 15-20 分鐘的滅菌而成。

在這種培養基當中，人體腸道內的大腸傷寒菌、副傷寒菌、下痢菌等，大約有 6 小時左右的繁殖完全受到抑制，只有霍亂弧菌能快速繁殖；因此，若採用「百布頓水牛膽汁培養基」，在 6 小時左右，便能準確分離出真正的霍亂弧菌[262]。

此外，還有百布頓膠質、血液亞爾加里膠質等細菌繁殖培養基等[263]，其具體成效有待進一步觀察。

1912 年，山口謹爾還介紹了當時實驗室內所採用的數種培養基，包括：（1）ヲットレンギー的「膽汁培養基」；（2）「ペプトン」水、「ピロン氏」培養基；（3）「アルカリ加寒天培養基」等。

當時，日本內務省公告，「ピロン氏」培養基是霍亂檢查法中最安全的，但是，山口謹爾認為在使用上仍舊存在許多缺點，尚有待改進[264]。

關於霍亂弧菌培養基生長與破壞比較實驗方面。外國專家，如 Bärthlein、Aronson、Maslennikowo、Stutzer、Nobechi，以及日人專家，如桐林茂等人，針對霍亂弧菌（Vibrio Cholerae）在糖類中的分解實驗，發表過許多相關報告。野邊地曾報告，霍亂弧菌能夠在グリセリン（glycerine，甘油）中被溶解。

窪田一夫曾設計了兩組實驗進行比較，採用的標本是桐林茂與藍田俊郎兩人所提供的 16 株霍亂弧菌菌株。

第一組實驗採用 1.0% 濃度的 Peptone 水培養霍亂弧菌，並觀察甘

---

262 デ、オットレンギー，〈糞便中虎列拉菌ノ一新分離法〉，《臺灣醫學會雜誌》，10:106，1911，頁 731-732。

263 エム、ベルゴラ，〈虎列菌ノ急速診斷法〉，《臺灣醫學會雜誌》，10:106，1911，頁 732。

264 山口謹爾，〈「コレラ」ノ細菌學的診斷補遺〉，《臺灣醫學會雜誌》，11:122，1912，頁 1123-1124。

油造成此種培養基的霍亂弧菌溶解情形：

> 第一天，所有的霍亂弧菌皆完好如初；第二天，大約有三分之
> 一的弧菌開始出現溶解的現象；第三天，大多數的弧菌都已經
> 出現溶解；至第九天，全部的弧菌當中，只有第 10 號培養基
> 完全沒有被溶解的情形，其餘的培養基中，霍亂弧菌都已經被
> 溶解；觀察至第三週結束時，第 10 號培養基的弧菌仍舊未被
> 破壞[265]。

第二組實驗採用 0.1% 濃度的 Peptone 水培養霍亂弧菌，並觀察甘
油造成此種培養基的霍亂弧菌溶解情形：

> 第一天，所有的霍亂弧菌同樣完好如初；第二天，只有兩個培
> 養基的弧菌開始出現溶解現象；至第五天，共有 6 個培養基的
> 弧菌被溶解；至第七天，共有 7 個培養基的弧菌被溶解；至第
> 二週結束時，共有 10 個培養基的弧菌被溶解；至第三週結束
> 時，共有 11 個培養基的弧菌被溶解，第 10 號培養基的弧菌依
> 舊未被破壞[266]。

　　比較以上兩組觀察實驗後發現，採用 1.0% 濃度的 Peptone 水培養
霍亂弧菌，弧菌生長速度快，卻容易被破壞，短時間內就被甘油溶解殆
盡；相對地，採用 0.1% 濃度 Peptone 水所培養的霍亂弧菌，弧菌生長
速度慢，生命力強韌而較不容易被破壞。

　　1912 年，由日人照內豐、肥田音市研發出改良的霍亂弧菌分離培
養試驗步驟如下：

---

265 窪田一夫，〈臺灣二於ケル「コレラ」ノ疫學的觀察—前編（疫史編）（附表）〉，
　　《臺灣醫學會雜誌》，34:367，1935，頁 1676。
266 窪田一夫，〈臺灣二於ケル「コレラ」ノ疫學的觀察—前編（疫史編）（附表）〉，
　　《臺灣醫學會雜誌》，34:367，1935，頁 1677。

（1）一般細菌學研究室，多數採用「ペプトン」培養基，為了瞭解霍亂菌在胃中的生存情形，必須先在培養基當中加入鹽酸、ペプシン（Pepsin，胃液素）、カゼイン（Casein，酪蛋白）、トリプシン（Trypsin，胰蛋白酶，胰臟分泌的一種促進消化的酵素）等基質，以模擬相當於胃壁中的環境。

（2）以 4-5% 的胰蛋白酶，加入カゼインペプトン培養基，霍亂弧菌繁殖的速度特別快，所以トリプシン在化學作用上有如インドール（Indole，引朵，或譯作催化劑）。

（3）再以第（2）項的培養基加入 1.5% 濃度的無水碳酸蘇打，在 37℃恆溫下培養 18 小時，霍亂弧菌依然能夠繁殖。

（4）以胰蛋白酶加入カゼインペプトン培養基所製造的霍亂菌培養環境，應該可以在將來免疫材料的製作上提供一些良好的成果[267]。

藉由各種不同的培養基，霍亂致病菌被證實包括許多種不同的型態。川田敬治、坂上弘藏、前田保十郎等人建議，當霍亂流行時要注意鑑別：「アジアコレラ」（亞洲型霍亂）、「コッホ桿菌」（柯霍菌）、一般腸炎菌等不同微生物所造成的各種腸道下痢症狀，排泄物的細菌學檢查必須講求精確[268]。

此外，「溶菌反應試驗法」更有助於亞洲型霍亂陽性率篩檢的提升。

早在 1893 年，Pfeiffer 與 Kelle 便發現，霍亂弧菌具有「溶菌」的特性，這是其他細菌所沒有的，更有助於霍亂陽性患者的確診，這一觀點陸續獲得許多專家的證實[269]。

---

267 照內豐、肥田音市，〈細菌學的「コレラ」診斷補遺〉，《臺灣醫學會雜誌》，11:112，1912，頁 99-100。

268 川田敬治、坂上弘藏、前田保十郎，〈「コレラ、ノストラス」二就テ〉，《臺灣醫學會雜誌》，11:112，1912，頁 1044。

269 桐林茂，〈コレラ早期診斷二關スル研究補遺　第二篇　殊二「ペプトン」水ヲ「メデイウム」トスル溶菌反應試驗法二就テ〉，《臺灣醫學會雜誌》，31:320，

　　但是，「溶菌」的實驗操作繁瑣，一旦發生霍亂大流行，這一步驟往往被省略，較易形成檢疫上的大漏洞，間接助長了霍亂疫情的蔓延。

（四）霍亂弧菌的動物實驗與白血球的抗菌研究

　　在霍亂弧菌的動物實驗方面，歐美學者選擇モルモット（Guinea Pig，天竺鼠）作為受試對象，所從事的霍亂弧菌感染白血球作用實驗，如ベツテルソン等研究者認為，白血球並沒有發揮作用；相反的，有少數研究者認為白血球在受到霍亂弧菌感染時，應該發揮了防禦及中和毒性的作用，如エ、ワイル（E. Wile）即是。

　　1910年，E. Wile 發表了以天竺鼠所作的霍亂弧菌感染及白血球反應作用實驗。

　　首先，將天竺鼠腹腔體內的コンプレメント（complement，免疫血清補體）、沉降素血清等剔除，再將霍亂弧菌注射進入天竺鼠的腹腔內發現，白血球有明顯聚集的現象，這一發現明顯證實了 E. Wile 先前的假設，其實驗過程簡述如下。

　　E. Wile 選擇實驗的天竺鼠，體重介於 200-230 公克之間。首先，在腹腔內注射人類免疫血清所萃取的免疫血清補體及沉降素血清；5分鐘後再注射霍亂弧菌的混合液，然後，分別紀錄觀察結果如下：

（1）一號天竺鼠：體重 200 公克，注射液包含了霍亂弧菌 2 公克、白血球 1 公克、免疫血清 0.0002 公克。實驗結果：存活。

（2）二號天竺鼠：體重 223 公克，注射液包含霍亂弧菌 1.5 公克、免疫血清 0.0002 公克。實驗結果：12 小時後死亡。

（3）三號天竺鼠：體重 229 公克，注射液包含霍亂弧菌 1.5 公克、免疫血清 0.0002 公克。實驗結果：存活。

（4）四號天竺鼠：體重 218 公克，注射液包含霍亂弧菌 0.2 公克。實驗結果：18 小時後死亡。

1931，頁 1181-1207。

（5）五號天竺鼠：體重不詳，注射液包含霍亂弧菌 1.5 公克、冷凍白血球 1.5 公克、免疫血清 0.0002 公克。實驗結果：18 小時後死亡。

（6）六號天竺鼠：體重不詳，注射液包含霍亂弧菌 1.5 公克、白血球 1.5 公克。實驗結果：存活。

（7）七號天竺鼠：體重不詳，注射液包含若干霍亂弧菌、白血球 1 公克、免疫血清 0.0001 公克。實驗結果：38 小時後死亡，但是，解剖以後發現，腹腔內完全沒有霍亂弧菌的存在。

經由以上的實驗結果發現，只有單純注射白血球或免疫血清補體，無法消滅霍亂弧菌而保護受感染的個體。因此，E. Wile 作出結論如下：

（1）具生命力的白血球，必須與免疫血清補體結合後才能產生活性而吞噬霍亂弧菌；沒有和免疫血清補體結合的白血球活動力明顯減弱。

（2）具生命力的白血球必須與免疫血清補體結合後，才能在體內產生殺菌力和吞噬作用。

（3）冷凍白血球是沒有活動力的。

（4）白血球的活動力與霍亂弧菌的毒性成正比，霍亂弧菌的毒性愈高，則白血球的殺菌能力就愈強[270]。

（五）亞洲型霍亂「異型菌」研究的開啟

20 世紀初期，許多研究者已經發現，導致霍亂發病的弧菌，並非僅限於柯霍當年所發現的唯一一種菌型。

首先，因為「竹內菌」的發現，開啟了「異型菌」研究的序幕。

1902 年（明治 35 年），日本人在霍亂弧菌的研究上，以竹內為代

---

270 エ、ワイル，〈虎列拉菌ノ「モルモット」腹腔內感染二際シ白血球ノ意義二就テ〉，《臺灣醫學會雜誌》，10:108，1910，頁 858-860。

表的學派提出霍亂菌型分類的觀點，並率先將霍亂弧菌分為四種菌型，起初，並不受人重視。由於在免疫反應試驗上，有別於 Koch 最初所發現的「標準菌株」，才逐漸引起學界的注意，而「竹內菌問題」也成為日後霍亂弧菌異型菌研究的先驅[271]。

（六）人畜共通的霍亂弧菌與併發症

在人畜共通傳染之霍亂弧菌研究方面，1885 年時，Salmon 及 Smith 發現了「豬霍亂菌」；翌年，德國 Schütz 發表了「豬霍亂」與「豬ペスト（Pasteur，鼠疫）」屬於同一病型的論點。

1890、1896、1904 及 1906 年，Ballard、Silberschmidt、Potevin、Heller 等人，發表食用豬肉造成食物中毒的案例，與「豬霍亂菌」、「豬 Para-typhus（腸傷寒）菌」感染有關。

1896 年，Achard et Bensaude 等人，在細菌學研究時，首先分離出「副腸傷寒菌」（パラチフス，paratyphus）這種新的病源菌。

1902 年，Brion 與 Kayser 等人，進一步將其區分為 Para-typhus A 及 Para-typhus B 兩種菌型。1908 年，Uhlenhuth und Hübener 等人發現，Para-typhus B 型菌血清與豬霍亂菌血清，在凝集原反應實驗上有某些相似之處；並發現了新一種的 Para-typhus C 型菌[272]。

1908 年，Uhlenhuth 等人，以免疫反應血清實驗，將所有的「豬 Para-typhus 菌」歸納後，總稱為「豬パラチフス C 菌」；兩年後，丸山芳登教授也曾發表有關於「豬パラチフス C 菌」的論文[273]。

1909 年，陳欽德發表了一篇關於「幼兒假性霍亂」的報告，主要

271 窪田一夫，〈臺灣ニ於ケル「コレラ」ノ疫學的觀察─前編（疫史編）（附表）〉，《臺灣醫學會雜誌》，34:367，1935，頁 1719-1720。

272 土持勝次、洪蘭，〈B 型パラチフス樣患者ヨリ分離シタル豚コレラ菌ノ一例ニ就テ〉，《臺灣醫學會雜誌》，32:337，1933，頁 505-513。

273 杉田慶介，〈チフス樣患者ヨリ檢出セル豚コレラ菌ニ就テ〉，《臺灣醫學會雜誌》，32:337，1933，頁 467-474。

流行期從每年的晚秋至初冬時節，發病對象以斷奶期前後的幼兒為主，幸而未傳出死亡病例[274]。

日治初期的 20 餘年間，西方實驗室對亞洲型霍亂的研究已日臻完備，經日本學者的介紹和改良後更有助於臺灣防治措施及研究水準的提升。

（七）亞洲型霍亂弧菌與其他腸胃道論文研究比較

近年來的研究證實，胃腸道是人體內最大的儲菌場所[275]，因此，可以將亞洲型霍亂、赤痢、腸傷寒等水媒性病原菌所造成的疾病概括為「腸胃道傳染病」。1902 年，《臺灣醫學會雜誌》創刊後，觀察腸胃道傳染病論文，在「學說及實驗」方面，以田中祐吉在第 1 卷第 4 期所發表的〈論阿米巴赤痢的病理價值及其研究方針〉一文最早[276]；其次，為 1903 年，吉田垣藏在第 2 卷第 11 期所發表的〈腸傷寒所造成的脛骨神經和腓骨神經麻痺各一例〉一文[277]。亞洲型霍亂的相關研究論文最晚見諸雜誌，遲至 1908 年才由谷口巖在第 7 卷第 63 期發表第一例臨床研究報告[278]。

三、亞洲型霍亂的流行病學研究

日治初期，西方的流行病學更加發達，有助於各種傳染病流行的調查研究和預防。臺灣的霍亂流行情況可分別從流行率、時間、區域、人

---

274 陳欽德，〈嘉義地方ノ小兒假性「コレラ」ニ就テ〉，《臺灣醫學會雜誌》，34:366，1935，頁 669-670。

275 耿貫一主編，《流行病學》（北京：人民衛生出版社，1996），頁 152。

276 田中祐吉，〈赤痢「マメーバ」ノ病理的價值チ論シテ其研究方針ニ及ブ〉，《臺灣醫學會雜誌》，1:4，1902。

277 吉田垣藏，〈腸室扶斯ニ續發セル脛骨神經麻痺腓骨神經麻痺各一例〉，《臺灣醫學會雜誌》，2:11，1903。

278 谷口巖，〈臺北ニ發生セシ虎列拉患者卜予ガ診療セシ急性腸胃炎患者入佐友次卜ノ關係ニ就テ〉，《臺灣醫學會雜誌》，7:63，1908。

群及氣候等方面加以討論。

（一）流行率與流行期

　　就發病比率觀之。1902（明治35）年，臺灣霍亂發病數為每萬人中占 2.49 人（2.49/10,000）；1912（明治45）年，霍亂發病數為每萬人中占 0.99 人（0.99/10,000）[279]。1902年，霍亂發病數占法定傳染病總數之 17.39%；1912年，霍亂發病數占法定傳染病總數之 16.64%[280]。

　　1902年5-12月亞洲型霍亂流行。8月，患者數272人、占全年的36.45%，9月，患者數232人、占全年的31.09%。因此，該年流行高峰是8月及9月[281]。

　　1912年，霍亂發病流行月分為6月至12月。疫情高峰迥異於往常，竟然出現在11月，患者數85人、占全年的25.53%；其次為6月，發病數比率為15.62%，7月，減少為5.71%，8、9、10等三個月比率逐漸攀升，11月，達於顛峰；12月，疫情戛然而止，似與氣候因素有關。該年的流行曲線較為平緩，與其他年度不同[282]。

　　若就每萬人的霍亂病死亡率與總死亡率觀之。

　　1902年，霍亂每萬人死亡數為 2.04（2.04/10,000）人、同年每萬人總死亡數為 254.34（254.34/10,000）人，霍亂死亡數占全年總死亡數的 0.08%[283]。

　　1912年，霍亂每萬人死亡數為 0.76（0.76/10,000）人、每萬人口

279　臺灣總督府警務局編，《大正八、九年「コレラ」病流行誌》（臺北：編者，1922），頁24-25。

280　臺灣省政府行政長官公署統計室編印，《臺灣省五十一年來統計提要》（南投：編印者，1946），頁1271-1275。

281　臺北州警務部編，《臺北州警務要覽（昭和九年）》〈衛生〉（臺北：編者，1936），頁208-216。

282　窪田一夫，〈臺灣ニ於ケル「コレラ」ノ疫學的觀察—後編（疫理編）〉，《臺灣醫學會雜誌》，34:368，1935，頁1794。

283　臺灣總督府警務局編，《大正八、九年「コレラ」病流行誌》（臺北：編者，1922），頁62。

總死亡數為 253.32（253.32/10,000）人，霍亂死亡數占全年總死亡數的
0.03%[284]。

霍亂為法定傳染病之一，1902 年，霍亂占法定傳染病的 22.64%，
1912 年為 32.32%[285]，屬於高致死率傳染病。

（二）大流行年之區域差異

臺灣的亞洲型霍亂病原菌往往由外地入侵，首先受到波及的通常是
貿易港口所在地，疫情蔓延程度又與四通八達的交通設施密切相關。

如前所述，1895 年，日軍帶著中國東北地區與日本國內的病原菌
抵達臺灣後，這些霍亂菌是否與臺灣本地的病原菌共同造成大流行，目
前仍不得其詳。又由於行政區域歷經多次變革，每次霍亂流行地區也未
必完全一致，只能以本階段大流行的 1902 及 1912 年進行觀察。

依各廳別流行率統計。1902 年，臺北與基隆兩廳的流行率最高，
分別為 59.0%、31.6%，兩地合計超過全臺的九成以上，可能與當地都
會區型態有關。其他地區，深坑廳流行率為 3.9%、桃仔園廳流行率為
2.0%、臺中廳流行率為 1.5%，其他各廳流行率均不及 1%[286]。

1912 年，霍亂侵襲的廳別與流行率依次為：宜蘭廳 42.6%、臺
北廳 34.8%、花蓮港廳 20.1%、新竹廳 2.4%，仍然是以北部地區較嚴
重[287]。

比較臺灣霍亂大流行年，各行政區患者數與百分比統計可知：
1902 年，全臺灣霍亂患者合計 746 人。各廳別患者總數與比率依

---

284 臺灣總督府警務局編，《大正八、九年「コレラ」病流行誌》（臺北：編者，
　　1922），頁 63。

285 臺灣總督府警務局編，《臺灣の衛生（昭和十四年）》〈傳染病患者及死亡率累年比
　　較〉（臺北：編者，1939），頁 9。

286 基隆市衛生課編，《基隆の衛生（昭和九年）》〈傳染病〉（基隆：基隆市役所，
　　1935），頁 69。

287 花蓮港廳衛生課編，《花蓮港廳保健衛生調查書綜合編（昭和八年）》〈總括的調查
　　及傳染病〉（臺北：臺灣日日新報社，1935），頁 1。

次為：臺北廳的 440 人（59.0%），基隆廳 236 人（31.6%），深坑廳 29
人（3.9%），桃仔園廳 15 人（2.0%），臺中廳 11 人（1.5%），苗栗廳
4 人（0.5%），宜蘭廳 4 人（0.5%），新竹廳 3 人（0.4%），臺東廳 2 人
（0.3%），彰化廳 1 人（0.1%），澎湖廳 1 人（0.1%）[288]。

　　1912 年，全臺霍亂患者合計 333 人。各廳別患者總數與比率依次
為：臺北廳 116 人（34.8%），宜蘭廳 142 人（42.6%），花蓮港廳 67 人
（20.1%），新竹廳 8 人（2.4%）[289]。

　　當霍亂流行時，在各地區造成的傷害值得探討（患者數低於 2 人
的地區不列入比較）。以臺灣為例，1902 年，全臺灣因霍亂死亡總數
為 613 人，總死亡率為 82.17%。死亡數與死亡比率較高的地區，分
別為臺北廳 368 人（83.66%）、基隆廳 192 人（81.35%）。其他地區的
死亡率相對較低，依次為：深坑廳 23 人（79.30%）、桃仔園廳 10 人
（66.67%）、臺中廳 10 人（90.91%）、宜蘭廳 3 人（75.00%）、新竹廳 2
人（66.67%）、臺東廳 2 人（100.00%）、苗栗廳 1 人（25.00%）、彰化
廳 1 人（100.00%）、澎湖廳 1 人（100.00%）[290]。

（三）大流行年與人群之關係

　　關於霍亂流行對人群的影響，可就種族、性別、年齡、家戶與職業
別等項探討之。

　　臺灣絕大多數為臺灣人及原住民，其餘為日本人、外國人（大多數
為中國人）等。

　　就四大流行年度觀之，1902 年，日人患者占 27.08%、臺人占

---

288 臺灣總督府警務局編，《大正八、九年「コレラ」病流行誌》（臺北：編者，
　　1922），頁 35。
289 臺灣總督府警務局編，《大正八、九年「コレラ」病流行誌》（臺北：編者，
　　1922），頁 36。
290 臺灣省政府行政長官公署統計室編印，《臺灣省五十一年來統計提要》（南投：編
　　印者，1946），頁 1271-1275。

72.92%。1912 年，日人患者上升為 36.34%、臺人占 62.76%[291]。日人所占比率明顯偏低，蓋因在臺日人數遠不及於臺人的關係。

原住民部落的流行，據可靠之記載，1912 年，花蓮港廳加禮宛社和附近部落曾發生霍亂[292]。

1902 年，日人發病率為每萬人 42.91 人（42.91/10,000），臺人發病率為每萬人口 1.84 人（1.84/10,000），考其比例懸殊之因，除了當時在臺日人不多外，亦與渡臺者尚無法適應臺灣風土、衛生環境較差等因素有關[293]。

1912 年，日人發病率為每萬人 9.85 人（9.85/10,000），臺人發病率為每萬人 0.65 人（0.65/10,000），比例仍十分懸殊，外國人發病率為每萬人 1.67 人（1.67/10,000）[294]。

就霍亂發病數占傳染病患者總數比率觀之。

1902 年，日人霍亂發病數占傳染病總數的 31.37%（傳染病患者 642 人、霍亂患者 202 人），臺人霍亂發病數占傳染病總數的 14.92%（傳染病患者 3,645 人、霍亂患者 544 人）[295]。

1912 年，日人因霍亂發病數占傳染病總數的 9.32%（傳染病患者 1,298 人、霍亂患者 121 人），臺灣人霍亂發病數占傳染病總數的 30.12%（傳染病患者 694 人、霍亂患者 209 人）[296]。

---

291 森島庄太郎，〈統計上ふり見たる臺灣の衛生狀態〉，《臺灣警察協會雜誌》，47，1921，頁 20-25。

292 花蓮港廳衛生課編，《花蓮港廳保健衛生調查書綜合編（昭和八年）》〈總括的調查及傳染病〉（臺北：臺灣日日新報社，1935），頁 2。

293 基隆市衛生課編，《基隆市の衛生（昭和九年）》〈傳染病〉（基隆：基隆市役所，1935），頁 69。

294 臺北州警務部編，《臺北州警務要覽（昭和九年）》〈衛生〉（臺北：編者，1936），頁 208-216。

295 臺北市衛生課編，《臺北市衛生施設要覽（昭和九年）》〈傳染病流行狀況及び豫防施設〉（臺北：編者，1935），頁 63-64。

296 臺灣總督府官房調查課編，《臺灣人口動態統計記述報文（大正元年）》（臺北：編者，1914），頁 28-33。

　　關於霍亂發病者的性別，1902 年的流行，男性占 71.59%、女性占 28.42%，男性比女性多 43.17%。1912 年的流行，男性占 60.06%、女性占 39.94%，男性比女性多 20.12%[297]。

　　就性別觀之。1902 年的流行，日人男性占 75.25%、女性占 24.75%；1912 年的流行，男性占 78.51%、女性占 21.49%。男性遠多於女性的原因，在於日人的發病數少。1902 年的流行，臺灣男性占 70.22%、女性占 29.78%，男性遠多於女性；1912 年的流行，男性占 48.80%、女性占 51.20%，女性反而略多於男性[298]。

　　就霍亂患者與死亡者的年齡層觀之。茲將年齡層區分為 0-5 歲、5-10 歲、10-20 歲、20-30 歲、30-40 歲、40-50 歲、50-60 歲、60 歲以上等。1902 年的大流行，5 歲以下者占 1.45%，5-10 歲占 3.02%，顯示患者數的增加與年齡成正比；10-20 歲占 8.15%，20-30 歲占 31.41%，為患者數最多的年齡層；30-40 歲占 29.04%，40-50 歲占 14.98%，50-60 歲占 7.49%，60 歲以上占 4.47%；年齡層分布曲線圖有明顯呈驟升與驟降的特徵[299]。

　　1912 年的大流行，5-10 歲年齡層的死亡率最高，達 95.65%，其次為 60 歲以上的 91.18%；死亡率較低者為 20-30 歲的 76.57% 及 0-5 歲的 72.73%。10 歲以下（即 0-5 歲、5-10 歲）與 60 歲以上的年齡層死亡率之所以偏高，是因患者數較少的關係；10-20 歲及 20-30 歲年齡層因患者數較多，死亡率也相對較低[300]。

　　就家戶發病數觀之。霍亂是一種猛烈性傳染病，若一戶中有一人先

---

297 臺北市衛生課編，《臺北市衛生施設要覽（昭和九年）》〈傳染病流行狀況及び豫防施設〉（臺北：編者，1935），頁 65。

298 臺北市衛生課編，《臺北市衛生施設要覽（昭和十年）》〈傳染病患者發生狀況〉（臺北：編者，1936），頁 38-40。

299 臺北市衛生課編，《臺北市衛生施設要覽（昭和十三年）》〈傳染病患者發生狀況〉（臺北：編者，1939），頁 41-43。

300 臺灣總督府官房調查課編，《臺灣人口動態統計記述報文（大正元年）》（臺北：編者，1914），頁 28-33。

發病，與患者同住的家族成員是否因受到感染而發病？抑或感染後而獲
得免疫？

臺灣總督府警務局逐戶調查霍亂患者，並作成報告：

首先，1902 年的大流行時，一戶中有一人發病的戶數占總發病戶
數的 90.20%，有 2 人發病者占 7.96%，有 3 人以上發病者占 2%；此
外，在基隆地區的勞工中，出現 28 名「路倒」的霍亂患者，這些人無
法歸入家戶統計，成為特殊的案例[301]。

就職業別發病數觀之。1902 年的大流行時，霍亂發病者大多為勞
工；據職業別統計，以擔任苦力勞役者最多，有 268 人，其次為擔任雜
業的 260 人、職工 54 人、水手 9 人，合計 591 人、約占 79.22%；其餘
的職業為官吏 25 人、商人 65 人、農民 24 人等[302]。

（四）氣候與大流行年之關係

亞洲型霍亂並非臺灣特有的地方風土病，而是一種由海外傳入的流
行病；當病原菌侵襲臺灣後，往往造成零星的病例或大規模流行，流行
的規模是否與氣候有關，值得探討。

臺灣設立測候所的時間與地點如下：1895 年 8 月，臺北市首先設
立臺北測候所。1896 年 3 月，基隆測候所成立；11 月，恆春、澎湖成
立測候所；12 月，臺中成立測候所。1897 年 1 月，臺南成立測候所。
1901 年 1 月，臺東成立測候所。1910 年 10 月，花蓮港廳成立測候所。
1931 年 4 月，高雄成立測候所[303]。

1912 年 4 月至 6 月中旬的兩個半月期間，天氣陰鬱、細雨綿綿，
有可能導致該年的首例霍亂患者於 6 月 10 日發病；8、9 兩個月又遇上

---

301 臺灣總督府警務局編，《大正八、九年「コレラ」病流行誌》（臺北：編者，1922），頁 61。
302 臺灣總督府警務局編，《大正八、九年「コレラ」病流行誌》（臺北：編者，1922），頁 62。
303 臺灣總督府氣象臺編，《臺灣累年氣象報告》（臺北：編者，1939），序。

多次颱風侵襲，造成疫情迅速蔓延，而成為流行高峰期。

1902 年 5 月至 7 月期間，臺北地區下雨日數多達一個半月；8 月，降雨日數減少，霍亂患者開始暴增；9、10 月的雨量減少，患者也明顯下降；11 月，降雨日數雖然增加，霍亂則已消聲匿跡。

1912 年 4 月至 6 月，降雨日數偏多，6 月，開始出現相當多的霍亂患者；7 月，雨勢減緩，患者也略微下降；8 月，降雨日數增加，霍亂患者隨之激增；12 月，疫情才止息。

由於北回歸線橫貫臺灣中央，使得臺灣北部與南部的氣候迥異。南部與北部的雨季，正好完全相反。受氣候條件之影響，1902、1912年，當北部地方爆發霍亂大流行時，南部地方相對的較不受威脅。

綜觀氣候與霍亂流行的關係顯示：1902 年，霍亂主要流行於臺北、基隆兩廳，流行時間自 5 月起至 12 月，發病數 746 人、死亡 613人。當年臺北地方的氣象紀錄如下：最低海平面平均氣壓為 8 月的753.6 millibar，最高平均溫度為 7 月的 27.9℃、最高氣溫則為 34.9℃，最低平均溫差為 8 月的 10.5℃，最低平均濕度為 9 月的 75%，最多平均降雨日數為 5 月至 8 月、降雨日數 14-20 日，單月累計最高雨量為 8 月的 517.2 公厘，單日最高降雨量為 8 月的 232.4 公厘[304]。該年，基隆測候所尚未設立，無法得知氣象數據。

1912 年，霍亂主要肆虐臺北、基隆、宜蘭、花蓮港等北部、東部各廳，流行時間自 6 月起至 12 月，發病數共 333 人、死亡 256 人。當年臺北地方的氣象紀錄如下：最低平均氣壓為 8 月的 753.4 millibar，最高平均溫度為 7 月的 28.6℃，最低平均濕度為 7 月的 77%，最多降雨日數為 5 月的 24 天及 6 月的 22 天，降雨量超過 400 公厘者分別為 8 月的 487.7 公厘及 6 月的 451.2 公厘，其餘月分均不及 300 公厘[305]。基隆

---

304 臺灣總督府氣象臺編，《臺灣累年氣象報告》（臺北：編者，1939），頁 1、7、22、34。

305 窪田一夫，〈臺灣ニ於ケル「コレラ」ノ疫學的觀察—後編（疫理編）〉，《臺灣醫

地方的氣象紀錄如下：最高平均溫度為 7 月的 28.7℃，最高為 6 月的
392.5 公厘降雨量[306]。花蓮港地方的氣象紀錄如下：最低海平面平均氣
壓為 8 月的 753.4 millibar，最高平均溫度為 7 月的 27.6℃，最低平均濕
度為 7 月的 78%，降雨量最高者為 8 月的 434.8 公厘及 9 月的 466.5 公
厘，最多降雨日數為 6 月的 22 天[307]。該年，宜蘭測候所仍未設立。

　　由上可知，霍亂之發病與個人體質、健康情形、年齡有關。至於是
否形成大流行，則與該年天候因素有關，每當降雨日數偏長或短期間降
雨量偏高時，往往是大流行的肇因。

　　學會雜誌》，34:368，1935，頁 1833-1834。
306 臺灣總督府氣象臺編，《臺灣累年氣象報告》（臺北：編者，1939），頁 284。
307 臺灣總督府氣象臺編，《臺灣累年氣象報告》（臺北：編者，1939），頁 235、240、
　　245、256。

第四章

日治中期霍亂流行之復熾與總督府防治對策之加強（1913-1926）

　　日治中期的霍亂流行正值第六次世界大流行的後期。因此，本章首先探討 1919、1920 年亞洲型霍亂在臺灣的連續大流行。接著，討論臺灣總督府如何補強防疫的漏洞，以及民眾對衛生防疫的態度有何轉變。最後，討論衛生研究等單位如何應用科學方法以協助官方，俾使民眾免於恐懼。同時，也將探討霍亂菌的研究是否有新的發現？

第一節　席捲全臺灣之亞洲型霍亂大流行

　　日治時期法定傳染病包括鼠疫、亞洲型霍亂、赤痢、天花、腸傷寒、副腸傷寒、斑疹傷寒、白喉、猩紅熱、流行性腦脊髓膜炎、流行性腦膜炎等 11 種[1]。比較亞洲型霍亂與其他傳染病的流行統計顯示，1912 年，霍亂患者數 333 人僅次於傷寒 1,019 人，而該年霍亂死亡率 76.88% 也僅次於鼠疫 82.96%。1918 年，日本宣布臺灣鼠疫已經完全絕跡[2]。

　　然而，1919、1920 年，臺灣連續爆發霍亂大流行，死亡枕藉，顯示公共衛生與防疫措施仍有所不足，官方必須提出更有效的預防方法。

1　陳紹馨，《臺灣的人口變遷與社會變遷》（臺北：聯經，1992），頁 168。
2　臺灣省政府行政長官公署統計室編印，《臺灣省五十一年來統計提要》（南投：編印者，1946），頁 1271-1275。

一、日治中期的連續大流行

1919、1920 年，東亞多數地區同時遭受到亞洲型霍亂無情的肆虐，臺灣自不例外，連續兩年爆發日本統治以來最嚴重的疫情。

（一）1919 年臺灣與澎湖的大流行

1919 年，臺灣爆發亞洲型霍亂大流行，其嚴重程度更甚於 1902 年。

1919 年 4 月起，中國汕頭、福州等地相繼爆發霍亂疫情，數月後，臺灣也逐漸受到影響[3]。首先，7 月 7 日，澎湖廳風櫃尾爆發第一例患者；翌日，由福州駛入基隆港的「湖北丸號」輪船上也出現一名霍亂患者，為境外移入的首例；23 日，臺南廳鳳山支廳紅毛港庄也出現數名患者，南北各地區疫情遙相呼應，蔓延甚速[4]。

另有一說，據〈臺灣總督府民政事務成績提要〉記載，1919 年的疫情是由中國汕頭及福州等地開始爆發，臺灣雖然加強防疫措施，但是，7 月 7 日澎湖卻傳出 10 餘名病例；翌日，由福州駛入基隆港的「湖北丸號」，有船員上岸抵臺北後發病，造成基隆及臺北兩地，同時爆發亞洲型霍亂，且迅速蔓延至中南部各地[5]。總之，因境外移入而造成流行之跡證明顯。

該年，臺北廳內各地區，除了金包里支廳外，完全淪陷，疫情甚為猖獗，平均每日發病者由十餘人至數十人不等。當時，公立的隔離場所已經不敷使用，必須由民間支援；北部地區，由馬偕醫院義務提供院區，作為霍亂患者隔離收容所；中南部地區，以中國式戎克船（帆船）

3　〈汕頭に疑似「コレラ」患者發生〉，《臺灣醫學會雜誌》，18:200，1919，頁 865。
4　〈本島　に虎疫發生〉，《臺灣醫學會雜誌》，18:201，1919，頁 768。
5　據國家圖書館臺灣分館藏《臺灣史料稿本》，臺灣總督府編〈民政事務成績提要〉第二五編，警務局衛生課ノ部（文號，306）。另根據臺灣省政府主計處編印，《臺灣省五十一年來統計提要》（南投：臺灣省政府主計處，1994），頁 1271 記載，發病數 3,836 人，死亡數 2,693 人。

充當海上隔離收容所，主要收容廈門前來打狗、東石港的患者[6]。

　　8月9日，總督府自行對國際間宣布臺灣成為亞洲型霍亂疫區，且效力追溯至8月4日出航的船舶及汽車。8月31日，香港政府也公告臺灣本島及澎湖群島為霍亂疫區[7]。

　　為防止疫情持續擴大，臺灣總督府對發病者的住屋進行全面嚴格消毒及交通封鎖：臺北廳禁止各項魚類的販售，各地公私立醫院加強對民眾的預防針注射、舉辦衛生講習會等[8]。

　　該年，臺灣的疫情嚴重，大致可區分為三大階段加以觀察。

　　第一階段，自8月6日至16日為止，為期12天。以臺北地區的疫情最為嚴重，其次為臺南及澎湖地區，各地的發病數及死亡數如下：

　　（1）臺北廳：發病者593人、死亡294人；

　　（2）臺南廳：發病者156人、死亡81人；

　　（3）澎湖廳：發病者53人、死亡19人；

　　（4）新竹廳：發病者2人、死亡2人；

　　（5）宜蘭廳：發病者1人、死亡1人。

　　以上各地區發病數共805人、死亡數497人[9]，死亡率62%。

　　第二階段，自8月17日至10月17日，為期2個月。各地疫情狀況如下：

　　（1）臺北廳：新發病者1,087人、死亡1,106人；

　　（2）臺東廳：新發病者570人、死亡307人；

　　（3）臺南廳：新發病者358人、死亡261人；

───────

6　〈本島內に發生せし虎疫の大流行〉，《臺灣醫學會雜誌》，18:202，1919，頁893。
7　〈臺灣を「コレラ」流行地と指定〉，《臺灣醫學會雜誌》，18:202，1919，頁894。
8　臺灣總督府警務局編，《大正八、九年「コレラ」病流行誌》（臺北：編者，1922），頁15-16、37-38。
9　〈本島內に發生せし虎疫の大流行〉，《臺灣醫學會雜誌》，18:202，1919，頁900-901。

（4）嘉義廳：新發病者 123 人、死亡 57 人；

（5）桃園廳：新發病者 98 人、死亡 71 人；

（6）新竹廳：新發病者 39 人、死亡 26 人；

（7）臺中廳：新發病者 31 人、死亡 19 人；

（8）澎湖廳：新發病者 5 人、死亡 3 人。

本階段新發病者計 2,674 人、死亡 1,749 人[10]，死亡率 65.41%。

由上可知，第二階段死亡率約增 3.41%。仍然以臺北廳最嚴重；臺東廳疫情增加快速，取代臺南廳成為第二嚴重地區；此外，新增的疫區有嘉義、桃園、臺中等廳[11]。首先爆發疫情的澎湖只增 3 名病例，宜蘭廳則未再傳出新病例，是疫情控制較好的兩個地區。

第三階段，自 10 月 18 日至 11 月中旬，為期約 1 個月。據《臺灣醫學會雜誌》載，北部的疫情從最嚴重漸趨於止息，中部地區則屬於零星爆發而逐漸趨緩，臺南少數地方呈現小規模流行。本階段各地的疫情狀況如下：

（1）臺北廳：新發病者 15 人、死亡 20 人；

（2）臺南廳：新發病者 532 人、死亡 318 人；

（3）臺東廳：新發病者 16 人、死亡 14 人；

（4）阿緱廳：新發病者 137 人、死亡 80 人；

（5）嘉義廳：新發病者 59 人、死亡 22 人；

（6）澎湖廳：新發病者 11 人、死亡 5 人；

（7）新竹廳：新發病者 2 人、死亡 2 人；

（8）臺中廳：新發病者 2 人、死亡 7 人。

本階段新發病者計 774 人、死亡 468 人[12]，死亡率 60.47%。

---

10 〈本島内に於ける虎疫流行狀況〉，《臺灣醫學會雜誌》，18:204，1919，頁 1011。

11 〈霍亂症蔓延〉，《臺灣時報》，大正 8 年 10 月，頁 181。

12 〈最近に至る本島内の虎疫患者に就て〉，《臺灣醫學會雜誌》，18:205，1919，頁 1078。值得一提的是，臺北的發病與死亡累計數及臺東的發病累計數竟然比第二階段「減少」，足見《臺灣醫學會雜誌》編輯並未能嚴謹的加以考證才有此訛誤。

　　就地區別觀之，新增病例數最多者為臺南廳，發病數及死亡數均增加一倍，疫情仍然活躍；次多者為阿緱廳；而宜蘭地區的疫情控制仍然最為良好。

　　本年度的疫情延續到 11 月 20 日，警務局長以公報明令解除[13]。在隨後發布的臺灣傳染病患者及死亡數中，霍亂的患者總數為 3,837 人、死亡 2,698 人[14]，總死亡率 70.32%。

　　《臺灣醫學會雜誌》形容疫情如同「威猛逞凶的虎軍」[15]，所幸秋天氣候轉涼，加以衛生防疫工作積極進行，疫情逐漸趨緩。

　　關於該年度病菌來源與流行情況如下：

　　1919 年，臺灣流行的亞洲型霍亂菌可能的傳染源有：一、病菌入侵澎湖島。二、北部系傳染源，其病菌來源有二，分別為：（1）福州的病菌入侵基隆、臺北等地後，蔓延至臺北、宜蘭、桃園、新竹地區；（2）廈門的病菌入侵新竹，蔓延至臺中。三、南部系病菌：蔓延至臺南、嘉義、阿緱、臺東等地[16]。

　　首先，關於澎湖地區的疫情：7 月 7 日，澎湖廳爆發首波病例，至 10 月 8 日，共出現患者 72 人。病菌來源不明，據推測，可能是來自香港或廈門的輪船或帆船[17]。

　　其次，討論「北部系傳染源」。所謂「北部系傳染源」，是由福州啟程的「湖北丸號」輪船上的病菌侵入基隆後，蔓延於臺北地區而造成。7 月 8 日，「湖北丸號」上的乘客自基隆登陸後，翌日，有一名乘客在臺北被驗出罹患亞洲型霍亂；15 日，與首宗病例投宿同一旅館鄰

13　〈虎疫流行地指定解除〉，《臺灣醫學會雜誌》，19:206/207，1920，頁 254。
14　〈八年中本島內九種傳染病患者及死亡數〉，《臺灣醫學會雜誌》，19:206/207，1920，頁 254。
15　〈本島內に於ける虎疫流行狀況〉，《臺灣醫學會雜誌》，18:204，1919，頁 1011。
16　臺灣總督府警務局編，《大正八、九年「コレラ」病流行誌》（臺北：編者，1922），〈傳染系統圖〉插頁（頁 38-39 間插頁圖）。
17　臺灣總督府警務局編，《大正八、九年「コレラ」病流行誌》（臺北：編者，1922），頁 8。

房的旅客也被篩檢出霍亂陽性反應；其後，全臺北廳都受到霍亂的襲擊，至 11 月 4 日，基隆患者 189 人，臺北市患者 597 人，臺北廳的十個支廳患者 870 人，患者合計 1,656 人，其中，死亡 1,377 人，死亡率 83.15%[18]。

8 月 18 日，桃園廳首宗病例出現在三角湧支廳，病菌可能來自基隆和臺北，疫情蔓延至 10 月 31 日才止息。新竹廳受到來自廈門帆船所攜帶病原菌的入侵，8 月 4 日至 9 月 10 日，陸續出現患者 27 人；此外，病菌還沿著臺北廳及新竹廳的海岸蔓延，9 月 4 日至 23 日期間，共出現患者 14 人[19]。

北部系傳染源更藉由沿海往來的帆船入侵臺中廳大甲支廳，8 月 19 日至 10 月 29 日，發病者 28 人。此外，臺中廳還受到南部系傳染源蔓延而有 1 人發病，另外，有 5 人發病的病菌來源不明。北部系傳染源也造成宜蘭地區 1 人發病，該患者是一名船員，自基隆登陸後返家省親才發生症狀，幸未造成宜蘭當地疫情擴散[20]。

最後，討論「南部系傳染源」。所謂的「南部系傳染源」，病菌來源不明，7 月 23 日，首位病例出現在臺南廳鳳山支廳紅毛港庄，其後，蔓延於嘉義、阿緱兩廳，自 7 月至 11 月間患者 1,366 人。據推測，其病菌來源應該與 7 月 4 日的船難有關：

7 月 4 日，一艘由南洋開航，途經香港、廈門，以打狗為目的地的「南洋丸號」輪船，因遭逢暴風雨而翻覆，船隻殘骸及人員漂流至鳳山支廳紅毛港庄，當地居民聽到消息後立刻前往搭救，可能因該船挾帶有霍亂病原菌，紅毛港庄民於救難時受到感染，因此，23 日出現首宗病例。8 月 25 及 26 日，暴風雨侵襲紅毛港庄，當地病患收容所全部的隔離設備都被大水衝入海中，更容易造成病菌往四面八方散播，這也是南

18　臺北市衛生課編，《昭和九年臺北市衛生設施要覽》（臺北：編者，1935），頁 88。
19　〈本島內に於ける虎疫流行狀況〉，《臺灣醫學會雜誌》，18:204，1919，頁 1011。
20　《大正十三年臺中州統計摘要》（臺北：臺灣日日新報社，1926），頁 410。

部大流行的開端。臺南廳轄下 11 個支廳，共出現患者 1,039 人[21]。

10 月 27 日，阿緱廳沿海的東港爆發疫情，發病者 144 人，據推測，與紅毛港庄散播的病菌有關聯。嘉義廳的疫情從 8 月 20 日起延燒至 11 月 28 日，共有患者 183 人，主要集中於東石港、北港等二支廳，明顯屬於南部系統傳染源[22]。

此外，南部系統傳染源還沿著海路侵襲臺東廳馬蘭社，實屬開山以來最嚴重的疫情。據先民口述，1883-1884 年，臺東廳馬蘭社也曾經爆發霍亂流行，死者無數，詳情則缺乏文字記載。馬蘭社位於臺東街西方，居民全部為阿美族原住民，共有 388 戶、2,922 人，以農業為主，兼從事漁獵。1919 年 9 月 9 日，補鰮魚的船滿載回港後，由苦力搬運上岸；當天晚上，有一名馬蘭社苦力回家後突然發生下痢及嘔吐症狀，翌日不治；11 日，又有一人發生下痢而死亡，並證實為亞洲型霍亂；13 日，又有兩人爆發同樣症狀。警察機關獲報後，立刻派出公醫至馬蘭社全面診察，確定是亞洲型霍亂病例，於是，全面實施消毒及隔離。馬蘭社周圍設置 10 個警戒哨，管制人員及貨物進出，並成立「檢疫委員會」負責健康調查[23]。16 日，又新增 3 名病例；19 日，續暴增 36 名新病例；至 21 日，患者累計 63 人。由於疫情嚴重，檢疫委員會從太麻里支廳、里壠支廳、成廣支廳、巴塱衛支廳等地，共增派防疫警力 122 人。為了預防感染擴大，以總督府衛生研究所製造的疫苗，對廳內居民 13,675 人實施接種，統計花費 23,201 円[24]。由於防範得宜，臺東廳其他地方只有臺東街、旭村製糖會社等地發生零星病例，大南社有患

21　臺南州衛生課，《臺南州衛生概況（昭和十三年度）》〈防疫〉（臺北：臺灣日日新報社，1938），頁 71、75。

22　臺灣總督府警務局編，《大正八、九年「コレラ」病流行誌》（臺北：編者，1922），頁 128。

23　門馬健也，〈大正八年九月臺東廳下馬蘭社二流行セル虎列剌ノ概況報告〉，〈虎列剌豫防注射二就テ（抄）〉，《臺灣醫學會雜誌》，19:210，1920，頁 527-533。

24　臺灣總督府編，《臺灣事情（大正八年）》（臺北：編者，1919），頁 609-614。

者 15 人，死亡 7 人，死亡率 47%。官方預計撲滅大南社疫情共需花費 27,287 円[25]。

這一波疫情的傳染來源，可能是因西部爆發霍亂流行，許多船上乘客為逃避檢疫而將水果棄置海中，這些水果被鰡魚吃進肚子後，又被馬蘭社原住民捕獲而生食，於是感染了寄生在魚類身上的霍亂弧菌[26]。

在短期內該社族人陸續發生同樣症狀，由於疫情無法控制，患者數激增，有部分馬蘭社族人暫時離開家園，遷往呂家原野避疫。11 月 17 日，疫情才漸漸止息[27]。

據統計，馬蘭社共出現患者 568 人，發病率達 18.7%，平均每戶有 1.4 人發病，以至於引起極大恐慌。所幸附近番社並未受到波及[28]。

25　門馬健也，〈大正八年九月臺東廳下馬蘭社ニ流行セル虎列剌ノ概況報告〉，〈虎列剌豫防注射ニ就テ（抄）〉，《臺灣醫學會雜誌》，19:210，1920，頁 527-533。

26　花蓮港廳衛生課，《保健衛生調查書（昭和二—四年度）》〈總括的調查及傳染病〉（臺北：臺灣日日新報社，1933），頁 32-45。

27　花蓮港廳衛生課，《保健衛生調查書（昭和二—四年度）》〈總括的調查及傳染病〉（臺北：臺灣日日新報社，1933），頁 32-45。

28　窪田一夫，〈臺灣ニ於ケル「コレラ」ノ疫學的觀察—前編（疫史編）（附表）〉，《臺灣醫學會雜誌》，34:367，1935，頁 1707-1708。

表 4-1-1　1919 年臺灣亞洲型霍亂流行概況

廳別	初發日	終止日	患者數	死亡數	病菌來源	病菌系統	蔓延地區	初發地
臺北	7.15	11.4	1,656	1,377	由福州經基隆傳入臺北	臺北系傳染源	臺北市區、基隆、土林、錫口、新庄、深坑、枋橋、淡水、新店、頂双溪、金包里、水返腳等各支廳	基隆支廳
桃園	8.18	10.31	98	71	臺北廳	臺北系傳染源	廳直轄地（桃園街及其附近）、三角湧、楊梅、大科坎等支廳	鶯歌石庄
新竹	8.4	9.23	41	28	臺北、廈門	臺北系傳染源	廳直轄地（舊港、新庄仔）、苗栗、通霄等支廳	後壠港、舊港
臺中	8.19	10.29	34	26	新竹廳	臺北系傳染源	廳直轄地、大甲、北斗、彰化、葫蘆墩等支廳	臺中市
宜蘭	8.12		1	1	基隆	臺北系傳染源	羅東支廳	羅東街
臺南	7.23	11.26	1,039	665	香港、廈門	臺南系傳染源	廳直轄地（安平街、臺南街）、灣裡、阿公店、鳳山、楠梓坑、打狗、北門嶼、大目降、關帝廟、蔴荳等支廳	紅毛港庄
嘉義	8.20	11.28	183	82	臺南廳	臺南系傳染源	廳直轄地（埤仔頭庄）、竹圍庄、打貓、斗六、土庫、朴仔腳、東石港、鹽水港、店仔口、北港支廳	後壁藔庄
阿猴	10.27	11.20	144	94	臺南廳	臺南系傳染源	東港支廳（東港街）	東港街
臺東	9.11	11.17	568	321		臺南系傳染源	廳直轄地、大南社	馬蘭番社
澎湖	7.7	10.8	72	28	香港、廈門	澎湖系傳染源	廳直轄地（風櫃尾鄉、員貝鄉）、網垵支廳	風櫃尾鄉

資料來源：
1. 窪田一夫，〈臺灣ニ於ケル「コレラ」疫學的觀察一前編（疫史編）（附表））〉，《臺灣醫學會雜誌》，34:367（臺北：臺灣醫學會，1935），頁 1708。
2. 臺灣總督府警務局編，《大正八、九年「コレラ」病流行誌》（臺北：編者，1922），頁 39、41-94。

　　1919 年亞洲型霍亂患者中，其性別分布為男性 2,015 人、占 52.65%，女性 1,821 人、占 47.13%，男性略多於女性。帶原者中，男性有 92 人，占 63.15%；女性有 67 人，占 41.13%。年齡分布上，以 30-40 歲的青壯年患者最多，占 17%，其次為 40-50 歲患者。死亡率以 70 歲以上 91.67% 最高，其餘依次為 60-70 歲 88.26%、50-60 歲 71.52%、10-20 歲 55.40%、20-30 歲 63.12%、未滿 5 歲 42.45%。在職業別方面，務農者占 43.61% 最高，其次為漁業及船乘業 14.15%、苦力與傭人 16.44%[29]。治療過程中，發病後 24 小時以內死亡者有 1,655 人、占 43.26%，1-5 日之間死亡者有 483 人、占 22%，也就是治療時間越長、死亡率越低。痊癒的患者中，經過時間由 1-80 日不等，以 10-20 日的療程者最多，有 951 人、占 25.12%[30]。

　　由表 4-1-2 可知，該年的大流行只有南投廳及花蓮港廳兩地未遭受肆虐。

　　相較之下，同年度日本的疫情則較不嚴重，據內務省衛生局報告，除了與臺灣毗鄰的沖繩縣出現過較多患者之外，其他鹿兒島、福岡、大分、兵庫、大阪、京都、廣島等地，只有小規模流行；該報告內，有疑似病例 1,606 人、確定病例 475 人、帶原者 29 人[31]，未有死亡數目。

　　沖繩縣的病例數較高，依地區別統計如下：八重山郡疑似病例 141 人、確定病例 126 人，宮古郡疑似病例 2,164 人、確定病例 161 人，首里區疑似病例 4 人、確定病例 4 人[32]；總計疑似病例 2,309 人、確定病例 291 人，確定病例只占 12.6%，比率明顯偏低。據筆者推測，應是受

29　臺灣總督府官房調查課編，《臺灣人口動態統計記述報文（大正八年）》（臺北：編者，1921），頁 28-33。

30　臺灣總督府官房調查課編，《臺灣人口動態統計記述報文（大正八年）》（臺北：編者，1921），頁 28-33。

31　〈內地に於ける「コレラ」流行狀況〉，《臺灣醫學會雜誌》，18:204，1919，頁 1011-1012。

32　〈內地に於ける「コレラ」狀況〉，《臺灣醫學會雜誌》，18:205，1919，頁 1078。

臺灣疫情過於嚴重所影響，衛生單位遇見類似症狀就立即通報，以便能提前做好防疫措施。

表 4-1-2　1919 年臺灣亞洲型霍亂流行分區統計表

廳別	臺北		宜蘭		桃園		新竹		臺中	
	患者	死亡	患者	死亡	患者	死亡	患者	死亡	患者	死亡
日本人	111	64			2	1			3	2
臺灣人	1,469	1,248	1	1	96	70	40	27	31	24
外國人	53	47					1	1		

廳別	南投		嘉義		臺南		阿緱		臺東	
	患者	死亡	患者	死亡	患者	死亡	患者	死亡	患者	死亡
日本人			18	7	31	16	6	3	1	
臺灣人			164	74	1,008	653	138	91	567	321
外國人			1	1						

廳別	花蓮港		澎湖		基隆港務所		合計		累計	
	患者	死亡	患者	死亡	患者	死亡	患者	死亡	患者	死亡
日本人					9	5	181	98		
臺灣人			71	27			3,585	2,536	3,837	2,698
外國人					14	13	69	62		

資料來源：〈大正八年中の傳染病患者及死亡數〉，《臺灣醫學會雜誌》，19:211，1920，頁681-682。

表 4-1-3　1919 年臺灣七大傳染病統計表

病別	霍亂	赤痢	天花	腸傷寒	白喉	猩紅熱	流行性腦脊髓膜炎	總計
患者	3,837	362	304	1,409	144	13	15	6,084
(%)	(63.07)	(5.95)	(5.00)	(23.16)	(2.37)	(0.21)	(0.25)	(100.00)
死亡	2,698	43	48	227	24	0	14	3,054
(%)	(88.34)	(1.41)	(1.57)	(7.43)	(0.79)	(0.00)	(0.46)	(100.00)
總死亡 (%)	(70.32)	(11.88)	(15.79)	(1.61)	(1.67)	(0.00)	(93.33)	(50.20)

資料來源：〈八年中本島內九種傳染病患者及死亡數〉，《臺灣醫學會雜誌》，19:206/207，1920，頁 254。

　　由表 4-1-2 與表 4-1-3 可知，1919 年亞洲型霍亂的患者數及死亡數均占該年傳染病總數的極高比例。患者數占總傳染病患者數的63.07%、死亡數占 88.05%，也就是說，該年傳染病死亡者中有接近九

成是因感染亞洲型霍亂而歿。年度傳染病總死亡率上，亞洲型霍亂的年度總死亡率高達 74.18%，僅次於流行性腦脊髓膜炎 93.33%。

表 4-1-4 　1919 年臺灣亞洲型霍亂流行概況

廳別		初發日期	終息日期	發病數
臺北廳	基隆港務所	8.4	10.7	23
	臺北廳直轄	7.25	10.15	597
	基隆支廳	7.15	10.29	166
	水返腳支廳	8.5	9.23	46
	錫口支廳	7.31	10.20	134
	淡水支廳	8.8	10.6	88
	士林支廳	7.22	10.5	279
	新庄支廳	8.1	10.3	128
	板橋支廳	8.5	10.4	94
	新店支廳	8.7	10.17	62
	深坑支廳	8.4	9.22	18
	頂双溪支廳	8.22	10.10	9
	金包里支廳	8.13	10.28	12
	小計			1,656
宜蘭廳	羅東支廳	8.12	8.12	1
桃園廳	廳直轄	8.21	10.31	44
	三角湧支廳	8.18	10.13	51
	楊梅壢支廳	8 26	8.31	2
	大料崁支廳	9.14	9.14	1
	小計			98
新竹廳	廳直轄	9.4	9.23	13
	通霄支廳	8.4	8.4	1
	苗栗支廳	8.4	9.10	27
	小計			41
臺中廳	廳直轄	8.19	8.23	3
	大甲支廳	8.4	10.29	28
	北斗支廳	8.24	-	1
	彰化支廳	8.24	-	1
	葫蘆墩支廳	8.24	-	1
	小計			34

廳別		初發日期	終息日期	發病數
嘉義廳	廳直轄	8.26	11.18	21
	竹頭崎支廳	8.27	9.23	2
	打貓支廳	9.6	10.7	29
	斗六支廳	9.6	9.6	1
	土庫支廳	9.29	10.2	2
	朴仔腳支廳	9.8	11.2	8
	東石港支廳	9.6	11.28	49
	鹽水港支廳	10.17	11.6	4
	店仔口支廳	8.20	11.15	8
	北港支廳	9.30	10.20	59
	小計			183
臺南廳	廳直轄	9.11	11.22	306
	鳳山支廳	7.23	10.28	177
	打狗支廳	9.8	11.15	47
	楠梓坑支廳	9.10	11.25	76
	阿公店支廳	9.19	11.17	259
	北門嶼支廳	9.24	10.18	42
	蕭壠支廳	10.6	11.22	42
	大目降支廳	10.18	11.26	27
	灣裡支廳	10.26	11.26	54
	關帝廟支廳	11.8	11.20	8
	蔴荳支廳	11.9	11.23	1
	小計			1,039
阿緱廳	東港支轄	10.27	11.20	144
澎湖廳	廳直轄	7.7	12.5	72
	網垵支廳	9.24	10.8	1
	小計			73
臺東廳	廳直轄	9.11	11.17	568

資料來源：臺灣總督府警務局編，《大正八、九年「コレラ」病流行誌》（臺北：編者，1922）。

　　由表 4-1-4 可知，1919 年全臺灣亞洲型霍亂大流行時，以澎湖地區發病時間最早而且最久，幸而發病人數受到控制；以臺北廳的患者數最多，共有 1,656 人；次多者為臺南廳，共有 1,039 人。

　　臺北廳境內，以基隆支廳的發病時間最早而且最久，與基隆港對外貿易頻繁密切關聯；患者數最多者在臺北市，與人口稠密有關。桃園廳境內，以三角湧支廳的發病時間最早、患者數也最多，流行時間最長的是桃園廳直轄地。新竹廳境內，通霄、苗栗支廳在同一天內出現首例患者，以苗栗支廳流行時間最久、患者數最多。臺中廳境內，以大甲支廳發病時間最早、流行時間最長、患者數也最多，其他地區只有出現零星個案。嘉義廳境內，首位病例出現在店仔口支廳，東石港支廳流行時間最長、患者數也最多。臺南廳境內，以鳳山支廳發病時間最早、流行時間最久，患者數最多者在臺南廳直轄地。阿緱廳境內，只有東港支廳出現流行。臺東廳境內，疫情集中在廳直轄地。

（二）1920 年中南部地區的大流行

　　1920 年年初，臺灣疫情又起，有學者認為，本島並未有境外移入的跡象，極有可能是前一年大流行的延續。於是，香港政府即刻宣布臺灣、上海、廈門等地為亞洲型霍亂疫區，此一訊息由淡水英國領事館轉告臺灣總督府，同時對船舶加強檢疫[33]。該年，朝鮮也傳出零星霍亂疫情[34]。

　　1920 年 4 月，高雄郡境內出現全臺首位病例，傳染源漸次北進，襲擊鄰近地區；10 月，殘存的南部系傳染源更席捲本島中南部地方[35]。

　　臺中州及轄下的原住民地區，從該年 4 月至翌年初共出現患者2,670 人，死亡 1,675 人[36]。

　　北部的疫情相對上極為輕微，臺北市首宗病例是一名臺灣人，由臺

33 〈臺灣島を虎疫流行地と指定〉，《臺灣醫學會雜誌》，19:211，1920，頁 683。
34 〈朝鮮に於ける傳染病〉，《臺灣醫學會雜誌》，19:211，1920，頁 684。
35 高雄州警務部衛生課，《臺南州衛生要覽（昭和九年度）》〈傳染病〉（高雄：編者，1936 年），頁 66-67。
36 臺灣總督府官房調查課編，《臺灣人口動態統計（大正九年）》（臺北：編者，1922），頁 100-288。

南經臺中州彰化郡的疫區回到臺北後，在 7 月間發病死亡；接著，臺北市分別只有 10 月和 11 月各出現一名患者[37]，該年僅有該 3 名患者。

　　本年度流行的病菌來源不明，境外移入的證據並不明顯。據調查，本年度爆發流行地點為高雄郡楠梓坑，1919 年該地區共出現過患者 76 人，疫情一直延續到 11 月 20 日方止，因此，推測這波病原菌潛伏至 1920 年再度爆發[38]。

　　1920 年的疫情可區分成兩階段。從年初首位病例至 10 月止為第一階段，疫情累計如下：

（1）臺南州：發病者 643 人、死亡 363 人；

（2）臺中州：發病者 505 人、死亡 339 人；

（3）高雄州：發病者 75 人、死亡 45 人；

（4）臺北州：發病者 1 人、死亡 1 人。

本階段全臺灣發病數共 1,224 人、死亡 748 人[39]，死亡率 61%。可見疫情以中南部較嚴重。

　　自 10 月起至 1921 年 1 月止為第二階段，疫情累計如下：

（1）臺南州：新發病者 639 人、死亡 389 人；

（2）臺中州：新發病者 362 人、死亡 265 人；

（3）高雄州：新發病者 275 人、死亡 459 人；

（4）臺北州：新發病者 2 人、死亡 2 人。

本階段的新發病數共 1,278 人、死亡 1,115 人，死亡率 87.25%。疫情仍以中南部較嚴重，北部只有零星病例[40]。累計全臺患者總數 2,670 人、死亡 1,683 人，死亡率 63%（詳見表 4-1-5）。

37　臺北市衛生課，《臺北市衛生設施要覽（昭和九年度）》〈傳染病流行狀況及び豫防施設〉（臺北：編者，1935），頁 63-66。

38　臺灣總督府警務局編，《大正八、九年「コレラ」病流行誌》（臺北：編者，1922），頁 23。

39　〈本島內の虎疫患者數〉，《臺灣醫學會雜誌》，19:212，1920，頁 742。

40　〈本島內の虎疫患者數〉，《臺灣醫學會雜誌》，19:213，1920，頁 794-795。

　　與 1919 年最大的不同為，1920 年亞洲型霍亂主要侵襲中南部的臺南、臺中兩地，助長其流行的主要是天氣因素，由於受到 8、9 兩個月的暴風雨襲擊，加速了病菌的擴散[41]。

　　本年度病原菌流行可區分為三個系統，即：（1）高雄州系傳染源、（2）澎湖島系傳染源、（3）臺南、臺中州系傳染源等。高雄州系傳染源與臺南、臺中州系傳染源並無相關性，應與 1919 年殘餘病菌復發有關；澎湖島系傳染源則是由香港境外移入所造成[42]。

　　首先，討論「高雄州系傳染源」。4 月 10 日，高雄郡五里林庄出現首例發病者；14 日，岡山郡岡山庄百米地區有第二例發病者，病菌持續蔓延至鄰近村落，疫情延燒至 6 月中旬才稍微減退；8 月，又出現少數病例，因此，從 4 月至 8 月，患者共有 71 人。9 月，疫情突然加劇；10 月 4 日及 10 日旗山郡、鳳山郡、屏東郡等地疫情一發不可收拾，至 12 月 25 日，旗山郡出現最後一個病例為止，患者數累計 362 人。

　　其次，討論「澎湖島系傳染源」。據推測，該病菌是由境外移入，與當時由香港駛入馬公的軍艦「日進」、「利根」號有關，10 月 20 日至 12 月 5 日，患者共有 30 人[43]。

　　至於「臺南、臺中州系傳染源」，與高雄的疫情無關，且非境外移入，疑是 1919 年的殘餘病原菌復發[44]。

　　5 月 22 日，臺南市傳出首宗病例；29 日，北門郡也傳出疫情；7 月中旬，蔓延至新營郡；自 5 月起至 11 月 24 日止，霍亂席捲臺南州的一市九郡，發病者總計 1,289 人[45]。

41　臺灣總督府編，《臺灣事情（大正九年）》（臺北：編者，1920），頁 629-641。
42　臺灣總督府警務局編，《大正八、九年「コレラ」病流行誌》（臺北：編者，1922），〈傳染系統圖〉插頁（頁 138-139 間插頁）。
43　〈臺灣島を虎疫流行地と指定〉，《臺灣醫學會雜誌》，19:211，1920，頁 598。
44　臺灣總督府編，《臺灣事情（大正九年）》（臺北：編者，1920），頁 629-641。
45　臺灣總督府警務局編，《大正八、九年「コレラ」病流行誌》（臺北：編者，

　　據推測，由於受到 8 月底至 9 月初暴風雨影響，病菌四處擴散，而以曾文郡、北門郡、新營郡受害最為嚴重。

　　臺中州的傳染源，疑是 7 月 26、27 日左右一名臺人，由臺南州返鄉時所挾帶進入；7 月 29 日，彰化郡大竹庄出現首位病例；8 月 7、8 兩日，豪雨造成臺中州各郡河川氾濫，霍亂散播益熾，8 月 1 日至 12 月 14 日彰化郡一地，就出現患者 661 人；8 月中旬至 9 月中旬，疫情席捲大甲郡、豐原郡、員林郡；10 月下旬，疫情席捲竹山郡、北斗郡；11 月上旬，南投郡、新高郡也淪陷；新高郡的疫情規模雖然不大，但是蔓延時間持續至隔年 1 月 30 日，計有バブル社、ルサン社、ヒーラウ社等原住民部落受到波及，自 12 月 8 日至隔年 1 月 9 日，患者共有 122 人[46]。

　　疫情歇止後，據臺中州政府統計，該年日人發病者共有 7 人、死亡 5 人，臺人發病者共 1,009 人、死亡 646 人，總死亡率 64.07%[47]。

1922），頁 137-138。

46　窪田一夫，〈臺灣ニ於ケル「コレラ」ノ疫學的觀察—前編（疫史編）（附表）〉，《臺灣醫學會雜誌》，34:367，1935，頁 1708-1709。

47　《大正十三年臺中州統計摘要》（臺北：臺灣日日新報社，1926），頁 417。

表 4-1-5　1920 年臺灣亞洲型霍亂流行概況

州別	初發日	終止日	患者數	死亡數	病菌來源	病菌系統	蔓延地區	初發地
臺北	7.29	11.8	3	3	臺中	臺南系傳染源	臺北市	臺北市
臺中	8.1	1.30 (1921)	1,016	651	臺南	臺南系傳染源	臺中市、彰化郡、能高郡、大甲郡、豐原郡、北斗郡、員林郡、斗南郡、竹山郡、南投郡、新高郡	彰化郡大竹庄
臺南	5.22	11.24	1,289	783	去年餘毒	臺南系傳染源	臺南市、新營郡、北門郡、曾文郡、新豐郡、東石郡、新化郡、嘉義郡、斗六郡、北港郡	臺南市
高雄	4.10	12.25	362	238	去年餘毒	高雄系傳染源	高雄郡、岡山郡、鳳山郡、旗山郡、屏東郡	高雄郡五里林庄
澎湖郡	10.20	12.25	30	不明	香港	澎湖島系傳染源	澎湖郡	澎湖郡

資料來源：
1. 窪田一夫，〈臺灣ニ於ケル「コレラ」ノ疫學的觀察―前編（疫史編）（附表）〉，《臺灣醫學會雜誌》，34:367，1935，頁 1709。
2. 臺灣總督府警務局編，《大正八、九年「コレラ」病流行誌》（臺北：編者，1922），頁 137-168。

　　1920 年亞洲型霍亂患者中，性別分布上，男性 1,235 人，占 46.26%；女性 1,435 人，占 53.71%，女性略多於男性。

　　帶原者較 1919 年明顯增多，其中，男性 1,451 人，占 46.12%；女性 1,617 人，占 52.61%。

　　年齡分布上，仍以 30-40 歲的青壯年患者最多，占 17%，其次為

40-50 歲患者。

死亡率則以未滿 5 歲的 91.60% 最高，其餘依次為 70 歲以上 85.45%、60-70 歲 84.87%、10-20 歲 56.13%、40-50 歲 68.44%、50-60 歲 72.76%。

發病後 24 小時以內死亡者有 1,400 人（52.43%），1 至 5 日之間死亡者有 156 人（5.71%），與去年相較，從發病至痊癒所需的時間有長達 90 日者。痊癒的患者仍以 10 至 20 日療程者最多，有 764 人（28.61%）[48]。

表 4-1-6　1920 年臺灣亞洲型霍亂流行分區概況

行政區別		初發日期	終息日期	發病數
臺北州	臺北市	7.29	11.8	3
臺中州	臺中市	8.21	10.25	3
	大屯郡	8.19	9.4	1
	彰化郡	8.1	12.14	661
	豐原郡	8.12	12.11	40
	大甲郡	8.24	11.4	72
	員林郡	9.17	12.22	32
	竹山郡	10.23	12.2	14
	南投郡	11.7	12.20	22
	新高郡	11.5	1.30	15
	能高郡	12.8	1.9	122
	北斗郡	10.27	11.29	35
	小計			1,017
臺南州	臺南市	5.22	9.19	117
	新豐郡	5.30	11.8	131
	新化郡	6.7	11.8	101
	曾文郡	7.20	11.22	241
	北門郡	5.29	10.30	246

48　臺灣總督府官房調查課編，《臺灣人口動態統計（大正九年）》（臺北：編者，1922），頁 100-288。

行政區別		初發日期	終息日期	發病數
臺南州（續）	新營郡	7.19	11.19	268
	嘉義郡	6.24	10.27	37
	斗六郡	10.13	11.24	19
	東石郡	7.17	11.13	126
	北港郡	7.27	7.31	2
	小計			1,288
高雄州	高雄郡	4.10	11.20	74
	岡山郡	4.14	11.3	219
	鳳山郡	10.9	11.6	19
	旗山郡	10.4	12.25	13
	屏東郡	10.9	11.20	7
	澎湖郡	10.20	12.5	30
	小計			362

資料來源：臺灣總督府警務局編，《大正八、九年「コレラ」病流行誌》（臺北：編者，1922）。

　　由表 4-1-6 可知，1920 年 4 月，高雄州高雄郡境內最早爆發亞洲型霍亂病例，且具有以下特徵：（1）春季時發生，異於往年好發於盛夏或初秋時節；（2）境外移入的證據不明顯，屬於本土型病例；（3）是本年度全臺流行最久的地區，幸而患者數並非最多。5 月，臺南州臺南市也爆發亞洲型霍亂病例，至該年底，臺南州患者共 1,288 人，是全臺疫情最嚴重的地區。次嚴重的疫區為臺中州，患者共 1,017 人，其中，以彰化郡的疫情發生時間最早、流行最久，在郡市級行政區的患者數最多，高達 661 人，因此，總督府指示，往返彰化郡與嘉義郡之間的車輛必須實行嚴格的「汽車檢疫」制度，以免疫情持續擴大[49]。

49　臺灣總督府警務局編，《大正八、九年「コレラ」病流行誌》（臺北：編者，1922），頁 139-158。

表 4-1-7　1920 年臺灣七大傳染病統計表

月別	病別	霍亂 日人	霍亂 臺人	赤痢 日人	赤痢 臺人	天花 日人	天花 臺人	腸傷寒 日人	腸傷寒 臺人	白喉 日人	白喉 臺人	猩紅熱 日人	猩紅熱 臺人	流行性腦脊髓膜炎 日人	流行性腦脊髓膜炎 臺人	總計 日人	總計 臺人
1	患者			6	5		164	31	2	13	9	2	1	1		53	181
1	死亡			2	2		50	7	1	1	4	1				11	57
2	患者			3	2	2	587	24	2	8	3		1			37	595
2	死亡						95	6	2	1	1		(2)			7	100
3	患者			9	3	1	197	34	2	4	5			4	11	52	218
3	死亡				2		62			1	2			5	8	6	74
4	患者		23	7			30	59	1	7	3			5	24	58	81
4	死亡		13	1			9	3			2			1	13	5	37
5	患者	6	61	24	4		12	74	5	5	5			3	12	112	98
5	死亡	2	39	1			6	9	1		2			1	6	13	54
6	患者	3	28	27	18		33	110	12	4	3	1		5	9	150	103
6	死亡	2	15	4	2		10	18	5		3			3	8	27	43
7	患者	3	136	15	16		12	124	25	3	3	1		3	2	149	194
7	死亡	2	65	1	1		8	17	7		2			1		21	83
8	患者	11	793	29	2			95	20	3	8		1	1	1	140	825
8	死亡	5	492	2				30	5	1	4			1	1	39	502
9	患者	4	524	12	10			58	16	12	2					87	553
9	死亡	3	331					22	2	3	2			(2)		20	343

月別	病別	霍亂 日人	霍亂 臺人	赤痢 日人	赤痢 臺人	天花 日人	天花 臺人	腸傷寒 日人	腸傷寒 臺人	白喉 日人	白喉 臺人	猩紅熱 日人	猩紅熱 臺人	流行性腦脊髓膜炎 日人	流行性腦脊髓膜炎 臺人	總計 日人	總計 臺人
10	患者	55	718	8	10			36	9	7	3			1	2	107	742
	死亡	9	515	1	2			9	2	1	1					20	520
11	患者	4	180	7	3			55	9	10	14			2	1	78	207
	死亡	4	129	1	1			15	4	1	5			1	1	22	140
12	患者	1	140	10	10	3	1,035	51	4	9	15	1		1	3	73	172
	死亡	1	37	2			240	12	1	9	11			1	3	16	52
累計	患者	87	2,603	157	83	3	1,035	751	107	87	72	5	2	27	65	1,117	3,967
	死亡	31	1,636	14	10	-	240	144	30	9	39	1	2	13	40	212	1,997
比率	患者	7.8	65.6	14.1	2.1	0.3	26.1	67.2	0.8	7.8	1.8	0.4	0.05	2.4	1.6	-	-
	死亡	14.6	81.9	6.6	0.5	-	12.0	67.9	1.5	4.2	1.9	0.5	0.1	6.1	2.0	-	-
總死亡率		35.6	62.9	8.9	12.0	-	23.2	19.2	28.0	10.3	54.1	20.0	100	48.1	61.5	19.0	50.3

說明：括號為死亡數大於患者數，係因前月發病，當月死亡所致。

資料來源：

1.〈本島內に於ける傳染病患者及死亡數〉，《臺灣醫學會雜誌》，19:209，1920，頁418。

2.〈最近に於ける本島內の傳染病に就て〉，《臺灣醫學會雜誌》，19:210，1920，頁547。

3.〈九年中の傳染病患者數〉，《臺灣醫學會雜誌》，20:215，1921，頁84-86。

　　由表4-1-7可知，1920年，亞洲型霍亂發病者仍以臺人為主，多
達2,600餘人，日人的發病數不及百人，顯示與衛生習慣的良窳有關。
至於死亡率，本年的亞洲型霍亂臺灣人總死亡率為63%，雖較去年降低
11%，仍高於全年的傳染病臺灣人總死亡率45.82%。值得注意的是，
本年的傳染病中，天花、白喉（ヂフテリア）的發病數及死亡率均呈現
快速攀升之勢，是否逐漸取代亞洲型霍亂而成為新興傳染病，有待進一
步探討。

二、日治中期的小流行

　　1913-1915（大正2-4）年的三年間，全臺灣並未發生霍亂疫情。

　　1916年，南洋各地陸續傳出亞洲型霍亂疫情。7月，「夏威夷號」
輪船從南洋地區駛入橫濱，造成日本國內遭受霍亂肆虐。

　　9月，一艘三井物產會社所屬「宇治那丸號」輪船，由巴達維亞啟
航，目的地為日本，途中，船上有17人陸續出現霍亂症狀，其中，死
亡2人；9月27日，「宇治那丸號」停泊基隆港尋求治療[50]，基隆的衛
生單位如臨大敵，立刻將患者送往仙洞隔離所觀察治療，並加派一名護
士照料，發病者的病情才逐漸受到控制。最後，造成4名船員及1名隨
船護士死亡[51]。

　　10月10日，臺灣總督府為了防止其他地方受到疫情波及，依據
「臺灣海港檢疫施行規則」第一條，發布告示第108號，在臺南廳打狗
港增設臨時海港檢疫所，以防堵病原菌入侵[52]。11月18日，基隆也傳

50　臺灣總督府警務局編，《大正八、九年「コレラ」病流行誌》（臺北：編者，
　　1922），頁14-15。
51　〈宇治那丸ニ「コレラ」發生〉、〈看護婦ノ殉職〉，《臺灣醫學會雜誌》，15:168，
　　1916，頁373。
52　臺灣總督府警務局編，《大正八、九年「コレラ」病流行誌》（臺北：編者，
　　1922），頁15。

出疑似病例 2 人；11 月 28 日，臺北市西門街發生一起確定病例，田姓男子經證實罹病後，陸續出現新發病者 8 人，其中，死亡 3 人[53]。因此，至年底，患者共有 34 人，死亡 16 人[54]，死亡率達 47%。

據判斷，這一波侵襲臺灣的傳染源，應係來自南洋、菲律賓地區，隨著船舶入侵基隆而造成[55]。1916 年秋、冬季，病菌雖未擴散，卻潛伏至翌年而爆發小規模流行。

1917 年 1 月 2 日，基隆地區爆發第一起病例，至 1 月 8 日，又新增患者 2 人[56]；2 月 2 日及 8 日，各出現確定病例 1 人。

1918 年 10 月 6 日，基隆三沙灣出現患者 2 人，其中 1 人疑似病例，立刻送往港東醫院隔離觀察，不久便死亡；翌日，經細菌培養證實為亞洲型霍亂陽性[57]；至年底未再發生疫情。

1921（大正 10）年 1 月，臺中州一名臺人男子發生上吐下瀉症狀後，被診斷出罹患亞洲型霍亂[58]。其後，1922-1924 年，全臺灣各地未再傳出霍亂疫情。

1925 年 9 月 26 日，一名臺人由福州返回臺北後，下榻於綠町的旅館，突然爆發下痢症狀而猝死；10 月 1 日及 2 日，住在該死者隔壁間的 2 位房客也被診斷出罹患亞洲型霍亂；此外，臺北市川端町有一名 55 歲日人男子遠藤龍太郎也發病，後來發病的 3 名日人患者都不幸喪

53　〈臺北及基隆ニ於ケル虎疫〉，《臺灣醫學會雜誌》，15:170，1916，頁 1037。（附註：1889 年福岡縣門司港被指定為日本特別輸出港之後，一躍成為九州陸路及海運的門戶，工商會館、俱樂部等豪華建築紛紛興起）

54　臺灣省政府主計處編印，《臺灣省五十一年來統計提要》（南投：臺灣省政府主計處，1994），頁 1271。

55　臺灣總督府編，《臺灣事情（大正九年）》（臺北：編者，1920），頁 629-641。

56　〈基隆ニ虎疫發生〉，《臺灣醫學會雜誌》，16:172，1917，頁 145。

57　〈基隆の虎疫患者に就て〉，《臺灣醫學會雜誌》，17:192，1918，頁 984。

58　臺中州衛生課，《臺中州保健衛生調查書（第一回乃至第十二回）》（臺北：臺灣日日新報社，1933），頁 16。

生[59]。因此，病菌來源應為福州地區。

　　經過追蹤，在綠町旅館附近發現帶原者2人；一名臺人由福州經過淡水回到臺北和尚洲庄後也被驗出為帶原者。衛生單位立刻針對附近地區實施交通封鎖、消毒等措施，疫情未擴大。

　　1926年7月8日晚上，臺北市新起町鐵道旅館理髮匠井上守雄發生急性上吐下瀉症狀後旋即死亡，經診斷為急性腸加答兒（腸炎）。衛生當局為慎重起見，將該死者排泄物檢體進行細菌培養後送交化驗，並未查出霍亂病菌。翌日准許家屬收殮埋葬[60]。次月，臺灣發生小規模亞洲型霍亂流行。

　　8月31日，臺北林本源博愛醫院收治了該年第一例亞洲型霍亂發病者，至10月10日，臺北市內、臺北州海山郡、文山郡[61]，以及新竹州桃園街等地，陸續出現確定病例16人及疑似病例2人[62]；此後，從發病者的親近人士及進港船舶中又陸續篩檢出帶原者13人，由於防範得宜，疫情並未蔓延。

　　茲略述發病者的簡歷與病程如下：

59　臺灣總督府編，《臺灣事情（大正九年）》（臺北：編者，1920），頁629-641。

60　〈鐵道旅館理髮非虎列拉〉，《臺灣日日新報》第9406號，大正15年7月11日第四版。

61　〈文山郡景尾發見虎列拉二名〉，《臺灣日日新報》第9488號，大正15年10月1日第四版。〈文山郡管下續發虎列拉〉，《臺灣日日新報》第9490號，大正15年10月3日第四版。

62　〈黑住吐瀉疫患者罹病徑路詳報：衛生的內地人何苦食生魚片〉、〈板橋方面突發虎列拉〉，《臺灣日日新報》第9476號，大正15年9月19日第四版。

表 4-1-8　1926 年臺灣亞洲型霍亂發病者概況表

姓名	年齡	國籍	住所	發病日	終止日	備註
李修琨	18	中國	臺北市太平町	8.31	9.16	痊癒
大瀨戶カネ	32	日本	臺北市泉町	9.4	9.18	痊癒
黑住一資	49	日本	新竹州桃園郡桃園街	9.14	9.19	死亡
葉氏月英	31	臺灣	臺北州海山郡板橋庄	9.14	10.12	痊癒
江文德	42	臺灣	海山郡中和庄	9.18	10.8	痊癒
林詹氏扁	37	臺灣	臺北市大安	9.25	9.27	死亡
林仲海	39	臺灣	臺北市大安	9.26	9.27	死亡
林楊氏伴	73	臺灣	臺北市大安	9.27	9.28	死亡
鄭李氏勸	64	臺灣	臺北州文山郡深坑庄	9.23	9.27	死亡
鄭林氏斷	28	臺灣	臺北州文山郡深坑庄	9.23	9.28	死亡
林張氏	59	臺灣	臺北州文山郡深坑庄	9.28	9.29	死亡
林油蚶紅	38	臺灣	臺北州文山郡深坑庄	9.28	10.3	死亡
陳氏網	9	臺灣	臺北州文山郡深坑庄	9.29	10.3	死亡
顏氏紅絨	17	臺灣	臺北州文山郡深坑庄	9.25	10.18	痊癒
陳潤嘴	26	臺灣	臺北市宮前町	9.27	10.5	死亡
郭禮清	22	中國	臺北州海山郡中和庄南勢角	10.5	10.6	死亡

資料來源：洪蘭，〈本年流行セル「コレラ」菌型ニ就テ（附）コレラ紅色反應ニ關スル一、二ノ實驗〉，《臺灣醫學會雜誌》，25:261，1926，頁 1129-1132。

　　總計死亡者 10 人，死亡率 62.5%。其中，林詹氏扁、林仲海、林楊氏伴 3 人是同一家人；鄭李氏勸、鄭林氏斷 2 人是同一家人。

　　從族群上觀之，仍以臺人最多，有 12 人；日人與中國人各 2 人。從年齡層觀之，患者以 31-40 歲的青壯年最多、有 5 人，其次，分別為 21-30 歲者 3 人，11-20 歲及 41-50 歲者各 2 人，0-10 歲、51-60 歲、61-70 歲、71-80 歲者各 1 人。

　　其次，略述 13 位帶原者的簡歷與解除隔離時間如下：

表 4-1-9　1926 年臺灣亞洲型霍亂帶原者概況表

姓名	年齡	國籍	發現經過	解除隔離日
蔡占頭	21	中國	乘「金瑞號」帆船停泊淡水	9.17
周林氏干	51	臺灣	住臺北市太平町	9.19
林巖氏菊官	20	中國	乘「共同丸號」輪船停泊基隆	10.2
乾千代	41	日本	住臺北市建成町	10.10
何櫻	39	臺灣	乘「共同丸號」輪船停泊基隆	10.2
高氏連	62	臺灣	住臺北州文山郡深坑庄	狀況不明
廖氏笑	21	臺灣	住臺北州文山郡深坑庄	10.15
林桃	22	臺灣	住臺北州文山郡深坑庄	10.13
周興	28	臺灣	住臺北州文山郡深坑庄	10.15
高氏匏	40	臺灣	住臺北州文山郡深坑庄	10.13
小林平次郎	38	日本	乘「鳳山丸號」輪船停泊基隆	10.12
林阿明	6	臺灣	住臺北市大安	10.18
王振瑞	50	臺灣	住臺北州文山郡深坑庄	10.13

資料來源：洪蘭，〈本年流行セル「コレラ」菌型ニ就テ（附）コレラ紅色反應ニ關スル
　　　　一、二ノ實驗〉，《臺灣醫學會雜誌》，25:261，1926，頁 1129-1132。

從族群上觀之，仍以臺灣籍最多，有 9 人；日人與中國人各 2 人。

從年齡層觀察，患者以 31-40 歲的青壯年最多、有 4 人，其次，分別為 31-40 歲者 3 人，41-50 歲者 2 人，0-10 歲、11-20 歲、51-60 歲、61-70 歲者各 1 人。

此外，還有發生上吐下瀉的疑似病例 2 人，病程如下：

（1）葉氏養，12 歲，臺灣人，住臺北州文山郡新店庄大坪林，10 月 4 日發病，翌日死亡；（2）廖貢，52 歲，臺灣人，住臺北州文山郡新店庄安坑，10 月 7 日發病，同日死亡[63]，死亡率 100%。

所謂「疑似病例」，指排泄物中未能檢查出亞洲型霍亂弧菌，卻出現上吐下瀉症狀之發病者。

關於該年流行狀況的另一種論述為：9 月 1 日，一名中國人士由福

63　洪蘭，〈本年流行セル「コレラ」菌型ニ就テ（附）コレラ紅色反應ニ關スル一、
　　二ノ實驗〉，《臺灣醫學會雜誌》，25:261，1926，頁 1129-1132。

州前來臺北，因上吐下瀉症狀，被診斷出罹患亞洲型霍亂之後，至 10 月 6 日止，臺北市內被檢驗出的發病確定患者共 6 人、帶原者 4 人，其中，死亡 4 人[64]。臺北州海山郡的確定病例有 3 人，文山郡的確定病例 6 人、帶原者 6 人，桃園街的確定病例 1 人。

總計北部地區的確定病例 16 人、帶原者 10 人。

本年度的亞洲型霍亂病原菌，藉由船舶侵入本島的紀錄共有 3 次：第一次為 9 月 5 日，福州的病原菌侵入到淡水；第二次為 9 月 8 日，天津的病原菌經過福州侵入到基隆；第三次為 10 月 3 日，廈門的病原菌侵入到基隆。這三波傳染源入侵，幸有賴嚴密的海港檢疫，阻止了疫情的擴散[65]。

日治中期遍及全臺的霍亂流行，自北而南，由西向東，流行病學上呈現帶狀漸進分布趨勢。

第二節　臺灣總督府防疫宣導之加強與民眾衛生思想之改變

日治中期，中央衛生事務改隸屬警務局衛生課統籌辦理，地方州（廳）衛生事務隸屬於警務部（課）衛生課（係），由綿密的警察組織負責民眾的保健、醫務、防疫等，上、下水道建設等衛生硬體設施亦逐漸普及[66]。第一線的郡署警察掌理衛生事務，指揮監督市役所、街庄役場的防疫、大掃除、種痘等事宜，儼然成為「衛生警察」[67]。然而，民眾衛生思想仍處於萌芽幼稚之階段[68]，「凡染病者，無論是非紛紛逃避，

64　臺灣總督府編，《臺灣事情（大正九年）》（臺北：編者，1920），頁 629-641。
65　臺灣總督府警務局編，《大正八、九年「コレラ」病流行誌》（臺北：編者，1922），頁 215。
66　臺灣總督府編，《臺灣事情（大正九年）》（臺北：編者，1920），頁 629-630。
67　臺灣總督府警務局編，《臺灣の警察》（臺北：編者，1935），頁 185。
68　〈霍亂症蔓延〉，《臺灣時報》，大正 8 年 10 月，頁 181。

不敢就醫食藥」[69]。至霍亂連續發生大流行後，總督府的全面衛生政策方能暢行無礙，民眾衛生觀念亦有所增長[70]。因此，本階段的防疫措施被稱為「衛生黎明」時代[71]。

一、大流行期間防疫措施之增強

（一）海港檢疫日趨嚴格

　　1916 年 7 月以降，日本國內各府縣、中國沿岸、南洋等地區霍亂疫情猖獗，總督府認為必須加強臺灣海港的檢疫，同年 10 月 10 日在臺南廳打狗港開設現代化的海港檢疫所[72]，配合既有之海港檢疫所加強把關[73]，因此，迄 1918 年全臺未出現重大流行[74]。

　　1919 年 4、5 月之交，中國福州、汕頭等地復爆發亞洲型霍亂疫情，短時間內即一發不可收拾。7 月 18 日，臺灣總督府發布「告示第 98 號」，宣布福州、汕頭為霍亂疫區；其後，廈門也遭受霍亂病原菌侵襲。8 月 13 日，臺灣總督府發布「告示第 111 號」，宣布廈門為霍亂疫區，因此，若由上述疫區前來基隆、淡水、打狗的船舶必須經港口檢疫所嚴格把關後方准放行[75]。

　　此外，由上述地區乘船前來臺灣的人員，必須持有當地日本領事館所核發的「コレラ預防注射劑證明書」。

　　臺灣海港檢疫所的檢疫方法包括：

69　葉鍊金，〈漢醫藥對傳染病治療實驗談〉，《漢文皇漢醫界》，19，1930，頁 18-20。
70　〈虎軍打入臺灣了〉，《臺灣民報》第 75 號，大正 14 年 10 月 18 日第七版。
71　臺灣總督府警務局衛生課編，《臺灣の衛生（昭和十二年版）》（臺北：編者，1937），頁 3。
72　臺灣總督府編，《臺灣事情（大正八年）》（臺北：編者，1919），頁 609-614。
73　臺灣總督府警務局編，《臺灣の警察》（臺北：編者，1935），頁 205。
74　〈淡水健康診斷〉，《臺灣日日新報》第 6866 號，大正 8 年 7 月 28 日第四版。
75　《臺灣史料稿本》〈告示第九十八號：支那福州及汕頭ヲ「コレラ」病流行地ト指定ス〉，大正八年七月十八日（國立臺灣圖書館藏）。

（1）當船隻進港時，港務醫官、港務醫官補、檢疫委員等，
　　必須對船員進行望診、觸診、糞便檢查。

（2）進口貨物若有病原菌污染疑慮者，須即刻消毒或銷毀。

（3）船舶內排泄物，未經生石灰消毒前，禁止排放至港內。

（4）船員中有發病、死亡或者疑似病例時，其他船員也必須
　　進行隔離治療，經過兩次糞便顯微鏡檢查，呈現陰性者
　　方才准予解除隔離。

（5）其他港口的檢疫，包括舊港、後壠、梧棲、鹿港、東石
　　港、馬公、安平、後壠等地的檢疫任務，由警察醫、公
　　醫、警察官等負責[76]。

　　然而，來往於臺灣西海岸的中國式帆船往往淪為防疫的漏洞，此
外，舊港、後壠港、梧棲港、鹿港、東石港、安平港、馬公港等地的檢
疫設備往往不足。7月7日，澎湖島嵵裡灣風櫃尾鄉證實受到霍亂病原
菌入侵，疫情有擴大蔓延之勢。依據1914（大正3）年10月府令第70
號「船舶檢疫規則第一條」，18日，臺灣總督府發布告示第100號，宣
布澎湖為霍亂疫區，凡來自澎湖或經由澎湖到達臺灣的船舶，都必須
先前往基隆或打狗的檢疫所，經過嚴格的船舶檢疫，確認無虞後才可放
行[77]。

　　日本內務省為了防止臺灣的疫情失控，在8月9日，以「告示第
63號」宣布臺灣為霍亂疫區，航行於日本與臺灣之間（內臺航線）的
定期輪船都必須經過檢疫，造成交通船的出發日期被迫更改或者停駛，
旅客深感不便。

76　臺灣總督府警務局編，《大正八、九年「コレラ」病流行誌》（臺北：編者，
　　1922），頁98-99、101-103。

77　《臺灣史料稿本》〈告示第一百號：澎湖島ヲ發シ又ハ同地ヲ經テ基隆港ニ來航ス
　　ル船舶ニ對シ大正八年七月十九日ヨリ基隆港務所ニ於テ病檢疫施行「コレラ」
　　病ノ檢疫ヲ施行ス〉，大正八年七月十八日（國立臺灣圖書館藏）。

本年入侵臺灣的亞洲型霍亂病菌傳染源可能有二：一為從福州入侵基隆，另一是從廈門經由下後壠港入侵臺灣[78]。

翌年 4 月，臺灣再度爆發亞洲型霍亂病例；不久，東亞多數地區也相繼遭受亞洲型霍亂無情的摧殘。7 月 16 日，臺灣總督府發布「告示第 105 號」，宣布福州、溫州為霍亂疫區[79]；8 月 21 日，「告示第 127 號」宣布大阪、兵庫、山口、福岡、長崎、上海、朝鮮等地為霍亂疫區，並指定基隆、淡水、高雄、安平等檢疫所為船舶檢疫責任機關，凡由上述疫區前來的船舶都必須實行嚴格檢疫措施[80]。

以「信濃丸」、「備後丸」、「亞米利加丸」、「香港丸」等輪船為例，抵達門司、神戶兩港的拘留次數，分別為 4 至 5 次不等。如：「信濃丸」分別於 8 月 12 日、9 月 1 日、10 月 16 日、10 月 28 日等遭受拘留隔離，受影響人員共有 2,190 人；「備後丸」分別於 8 月 17 日、9 月 7 日、9 月 21 日、10 月 5 日等遭受拘留隔離，受影響人員共有 1,853 人；「亞米利加丸」分別於 8 月 29 日、9 月 13 日、9 月 28 日、10 月 12 日、10 月 25 日等遭受拘留隔離，受影響人員共有 2,461 人；「香港丸」分別於 8 月 21 日、9 月 4 日、10 月 7 日、10 月 19 日等遭受拘留隔離，受影響人員共有 1,593 人[81]。

與 1919 年相較，1920 年，臺灣的海港檢疫新增安平一處，加上先前的基隆、淡水、高雄等共有 4 處[82]。

78　窪田一夫，〈臺灣ニ於ケル「コレラ」ノ疫學的觀察─前編（疫史編）（附表）〉，《臺灣醫學會雜誌》，34:367，1935，頁 1717。

79　〈福州と溫州を流行病警戒〉，《臺灣日日新報》第 7220 號，大正 9 年 7 月 16 日第七版。

80　〈虎列拉豫防の為め、海港檢疫の屬行、來ろ十日から實施する〉，《臺灣日日新報》第 8034 號，大正 9 年 10 月 8 日第七版。

81　臺灣總督府警務局編，《大正八、九年「コレラ」病流行誌》（臺北：編者，1922），頁 104-107。

82　臺灣總督府警務局編，《大正八、九年「コレラ」病流行誌》（臺北：編者，1922），頁 173-174、176。

　　10 月，由香港駛入馬公的日本第二遠洋艦隊「日進號」上，有一名水手出現霍亂症狀，疫情失控，且蔓延至澎湖陸地，因此，由澎湖前來臺灣的船舶必須先在基隆、淡水、高雄等港口檢疫所受檢，經確定無虞後才能放行[83]。

　　1923 年 1 月，臺灣總督府發布「海港檢疫法施行規則」；1924 年 12 月，修正「臺灣地方官制」，港務所經調整組織後，改為隸屬於各州港務部，例如基隆港務所及淡水出張所隸屬於臺北州港務部，高雄港設置的「臨時海港檢疫所」改隸屬於高雄州港務部[84]。

　　臺灣總督府在各海港設立檢疫所，既能有效防止各種傳染源的入侵，即使防範不周，也能掌握病原菌入侵時間，進而由海陸兩途即刻展開防疫行動。

（二）「乘船檢疫」新制的實施

　　為了減輕日本與臺灣之間（內臺航線）定期輪船旅客檢疫的不便，1920 年起，日本政府決定開始採取「乘船檢疫」新制[85]。

　　8 月 15 日、自門司港出航的「香港丸號」，以及 8 月 19 日、自神戶出航的「信濃丸號」等輪船上，派駐負責檢疫的醫官，旅客一上船就進行檢疫作業，在輪船抵達目的地之前大部分旅客都已經完成檢疫手續，得以逕行登岸，旅客頗為稱便。

　　以「信濃丸號」為例，派駐船上的檢疫員有 2 位，分別是臺灣總督府囑託醫笹尾優、助手兵庫縣檢疫員沖本清隆。當時，船上搭載乘客 623 人及船員 134 人，共計 757 人；至 23 日下午 3 時抵達基隆港前，檢疫員已在船上完成 200 份的糞便檢體篩檢，同時發給上岸許可，其餘

83　臺灣總督府編，《臺灣事情（大正八年）》（臺北：編者，1919），頁 609-614。

84　臺灣總督府警務局編，《大正八、九年「コレラ」病流行誌》（臺北：編者，1922），頁 12。

85　〈虎列拉豫防の為め、海港檢疫の屬行、來ろ十日から實施する〉，《臺灣日日新報》第 8034 號，大正 9 年 10 月 8 日第七版。

的 550 份檢體，在基隆港務所增派 3 名檢疫助手後，於 2 小時內完成全部的篩檢作業[86]。

1920 年 12 月 1 日起，這一套「乘船檢疫」新制成為常態，在基隆港務所及日本門司港務部兩地常駐有 2 名檢疫醫師，後來更擴大施行於日本國內各港口，1924 年 6 月進而實施「內港檢疫制」[87]。

若船隻在航行中發現疑似病例，必須在桅杆上高揭旗號以利識別，至於揭示何種旗號及相關入港許可證等事項，則由各檢疫所之間互相協商後確認[88]。兩年後，1926 年 9 月 16 日，由福州前來基隆之「共同丸」號，船客林嚴氏被檢驗出為霍亂帶原者，該輪船立刻依照規定豎起黃旗停泊港外待命五天[89]。

（三）陸上的嚴格檢疫措施

1917 年 7 月 30 日，臺北廳發布「傳染病預防令」，設置「傳染病預防檢疫委員會」，實行嚴格的防疫管控，違反者將遭受處罰[90]。1919 年，霍亂流行，11 月 16-24 日，日本內務省防疫官兼內務技師加藤源三等一行人，由總督府醫官羽鳥重郎陪同，視察全臺的防疫事務[91]。1920 年 4 月，亞洲型霍亂再度流行於中南部地區，總督田健治郎於 7 月 8 日發布「諭令」第 2 號，指示官民合作進行預防注射、檢疫、驅蠅、清潔等防疫工作[92]，其詳細事項如下：

86　臺灣總督府警務局編，《大正八、九年「コレラ」病流行誌》（臺北：編者，1922），頁 178-181。
87　臺灣總督府警務局編，《臺灣の警察》（臺北：編者，1935），頁 205。
88　臺灣總督府警務局編，《大正八、九年「コレラ」病流行誌》（臺北：編者，1922），頁 179-180。
89　〈共同丸為保菌豎黃旗停泊港外、船客在甲板眺望有無限悽涼之感〉，《臺灣日日新報》第 9478 號，大正 15 年 9 月 21 日第四版。
90　〈傳染病預防令〉，《臺灣日日新報》第 6869 號，大正 8 年 7 月 31 日第四版。
91　〈加藤技師視察〉，《臺灣日日新報》第 6980 號，大正 8 年 11 月 19 日第四版。
92　臺灣總督府警務局編，《大正八、九年「コレラ」病流行誌》（臺北：編者，1922），頁 169-170。

（1）發生霍亂的村落中實施交通管制、帶原者篩檢、全面預
　　　防接種等。

（2）為防止境外移入病原，明令指定福州、溫州、上海、朝
　　　鮮、大阪、兵庫、山口、福岡、長崎等地為東亞疫區。

（3）實施「汽車檢疫」制，以防止南部的疫情向北蔓延。而
　　　且，臺中州的彰化驛至后里驛之間每班車上都派駐有一
　　　名檢疫委員，隨時對乘車旅客進行篩檢。

（4）日臺間航線輪船的出航地必須搭載一名檢疫委員，在船
　　　上針對旅客進行糞便篩檢，無異狀者立即發給上陸許可
　　　證，以節省抵達後的篩檢等候時間。

（5）基隆港務所中仙洞檢疫所擴建可收容600人的「霍亂停
　　　留所」，經費 50,166 円。

（6）為了防止日本國內與臺灣兩地間交互感染而散播流行，
　　　旅行者必須強制接受糞便篩檢，流行地區派駐檢疫委員
　　　嚴密監控消毒等[93]。

　　因此，除了嚴密的海港檢疫之外，1920 年起，陸上也依據總督府
命令，實施嚴格的「汽車檢疫」制[94]。

　　由於該年的亞洲型霍亂疫情並無明顯證據顯示是由境外移入所造
成，因初發地在臺南廳，疫情漸次蔓延至嘉義、臺中等廳，為了有效防
堵疫情，臺中廳長建議施行「汽車檢疫」制。

　　本項檢疫措施的法源，是依據 1914 年 10 月的「第 73 號汽車檢疫
規則」而制訂，由總督府特設「汽車檢疫所」，實施期間預計為 1920 年
8 月 20 日至 11 月底，預算約 1 萬円，可依據疫情輕重緩急而延長或提

93　臺灣總督府警務局編，《大正八、九年「コレラ」病流行誌》（臺北：編者，
　　1922），頁 171-172。
94　〈虎疫豫防〉，《臺灣日日新報》第 7045 號，大正 9 年 5 月 1 日第六版。

前結束，實行範圍包括臺南、嘉義、臺中等廳，彰化至后里驛之間的火車必須加強檢疫。其具體實行方法如下：

（1）臺南、嘉義、彰化支廳各驛所發出的火車，由檢疫人員注意乘客的健康狀態，必要時加以診斷或採取糞便檢體化驗。

（2）檢疫小組成員包括5名醫師、5名助手及5名警察，各檢疫組員佩帶「檢疫委員證」，左臂佩掛綠底紅字的「檢」字臂章。

（3）鐵路職員及家族必須先行注射霍亂疫苗。

（4）嚴密監控火車站內所販售的各種飲食物。

（5）車站、列車內、廁所等處，每日必須進行數次嚴格消毒。

（6）隨時注意候車室內有無類似霍亂症狀患者，一經發現，即刻通報警察官署，吐瀉物或污染物必須加強消毒與清理。

（7）霍亂發生地附近的各車站必須設置手足消毒器材，並嚴格要求乘客使用。

（8）注意車上所搭載的魚類、食物是否遭受蒼蠅污染，避免霍亂病媒附著其上。

（9）客車的把手、扶手、握把等手部經常接觸的地方，必須以石灰水徹底消毒[95]。

自從火車檢疫施行以來，共發現疑似病例數人，其中，經檢驗確認為亞洲型霍亂陽性患者有2人。

此外，為了避免臺灣的霍亂疫情擴及於日本國內，也配合實行「旅

95　臺灣總督府警務局編，《大正八、九年「コレラ」病流行誌》（臺北：編者，1922），頁182-190。

客檢疫」。

　　1920 年，臺南廳為霍亂首發地區，為了避免當地受感染居民前往日本旅行時散播傳染源，總督府採取嚴格的「旅客檢疫」措施。其具體方法如下：

（1）臺南廳居民欲前往日本國內旅行之前，必須持有「預防注射」及「糞便檢疫」等兩種合格證明書，在船公司及售票處也會張貼明顯告示。

（2）「預防注射」證明書必須由官廳或醫師開立。

（3）「糞便檢疫」證明書必須經由臺南廳、打狗支廳、臺北廳、基隆港務所等四處檢驗合格後開立證明[96]。

　　為防止廈門地區霍亂移入臺灣，1926 年 9 月 9 日起，臺南州衛生課循例針對南下列車施行「汽車檢疫」[97]。

（四）常設防疫所的興建與中藥治療

　　為了因應 1919 年突然爆發的亞洲型霍亂疫情，臺北市民共同倡議稟請臺北廳假馬偕醫院開設臨時救治所，臺人患者欲尋求中藥治療者，由葉鍊金、周儀塏、黃耀崑、王成渠等數名中醫輪流負責診治，成績斐然，疫情獲得控制[98]。陳丙寅則針對霍亂的屬性分別擬定屬寒、屬熱、輕症、重症、危症等不同藥方，小孩還可考慮施以熱熨法[99]。後由中央與地方政府出資成立常設防疫所，國庫提撥 99,400 円、地方公共衛生費支出 34,205 円，在疫情猖獗時發揮相當的作用[100]。

96　臺灣總督府警務局編，《大正八、九年「コレラ」病流行誌》（臺北：編者，1922），頁 190-192。

97　〈九日起施行汽車檢疫〉，《臺灣日日新報》第 9469 號，大正 15 年 9 月 12 日，漢文第四版。

98　葉鍊金，〈漢醫藥對傳染病治療實驗談〉，《漢文皇漢醫界》，19，1930，頁 19。

99　陳丙寅，〈急救時疫藥方〉，《臺灣皇漢醫界》，23，1930，頁 8-9。

100　臺灣總督府編，《臺灣事情（大正九年）》（臺北：編者，1920），頁 645-646。

表 4-2-1　1919 年臺灣常設防疫所概況表

廳別	中央經費	地方經費	自費經辦
臺北	北投、頂雙溪、淡水	小基隆、金包里、烌仔寮、石碇、草山	崁腳
宜蘭	蘇澳、叭哩沙、頭圍、大里簡		
桃園	咸菜硼	成福、大料崁、三角湧、直轄	
新竹	大湖、南庄、北埔、三叉河		
臺中	員林	二八水、田中央、小埔心	
南投	集集、林圯埔、草鞋墩		
嘉義	竹頭崎、鹽水港、店仔口、中埔、打貓、大莆林、土庫	嘉義、內角、關仔嶺、竹仔門	
臺南	鳳山、大目降、噍叭哖、關帝廟、楠梓坑、脾腹內、六甲		
阿緱	阿緱、甲仙埔、潮州、枋寮、阿里港、六龜里、內埔、萬丹、土窯灣	蕃仔埔	
臺東	臺東、里壠、巴塱衛、成廣澳、新開園、太麻里、加走灣		鹿野、旭
花蓮港	花蓮港、壽、玉里、鳳林、林田、吉野、瑞穗、豐田、公埔、拔仔		
澎湖	直轄		

資料來源：臺灣總督府編，《臺灣事情（大正九年）》（臺北：編者，1920），頁 645-646。

　　由表 4-2-1 可知，由中央出資設立者有 57 處、地方公共衛生費出資設立者有 17 處、自費經辦者有 3 處。要之，人口稠密地區均有負責防疫之常設機構。

二、民眾衛生思想之改變

　　藉由綿密的海港檢疫，配合陸上檢疫委員會，實施消毒工作與隔離政策，有效阻遏傳染源進入及擴散。總督府與地方政府更採取因地制

宜的宣傳方式[101]，與民眾有切身關係的預防注射、檢疫措施、交通管制等，有助於衛生思想的啟發而減少疑慮[102]。

首先，在公共場所張貼漢文與日文並書的預防霍亂海報[103]，家家戶戶發給霍亂宣導手冊，灌輸小學生清潔衛生的觀念[104]。其次，由地方知名人士或各廳警務課員、公醫、開業醫等召集，在學校、廟埕、劇場、武德殿等地，密集舉辦「衛生講話會」或「活動寫真會」，全臺各廳共舉辦過 39 場衛生講話會，參加人數達到 16,090 人；活動寫真會共舉辦過 17 場，參加人數達到 29,750 人[105]。

1926 年，文山郡深坑庄居民蔡雙、高大丕、陳木等人，因散布謠言，誣指防疫公醫之採檢糞便木棒上塗有毒藥，致令一般民眾心生畏懼而抗拒檢疫，經衛生當局澄清純屬謠言後，民眾才豁然釋懷。並依照違警例第 1 條 20 號處罰造謠者，蔡雙拘留 7 日、高大丕及陳木拘留 10 日[106]。

此外，總督府更積極推動以下之預防措施：

（一）疫苗的改良與擴大預防注射

繼明治時期疫苗研究成果，日本、臺灣兩地的研究者仍持續研發更有效而且較少副作用的疫苗。

1915-1916 年期間，矢部專之助致力於霍亂ワクチン（Vaccine，疫

---

101 〈臺北州知事諭告、為防遏虎疫〉，《臺灣日日新報》第 9492 號，大正 15 年 10 月 5 日第四版。

102 〈關於虎疫豫防、勿為流言所惑〉，《臺灣日日新報》第 5906 號，大正 5 年 12 月 10 日第六版。

103 〈配布豫防須知〉，《臺灣日日新報》第 5905 號，大正 5 年 12 月 9 日第六版。

104 〈虎疫及學校〉，《臺灣日日新報》第 5903 號，大正 5 年 12 月 7 日第六版。

105 〈虎疫豫防活寫〉，《臺灣日日新報》第 8034 號，大正 9 年 10 月 8 日第七版。臺灣總督府警務局編，《大正八、九年「コレラ」病流行誌》（臺北：編者，1922），頁 114-116。

106 〈防害檢病三名被罰〉，《臺灣日日新報》第 9502 號，大正 15 年 10 月 15 日，漢文第四版。

苗）的人體試驗[107]。1916 年底，臺北市西門外街淺井醫院、府前街山本醫院，開始針對有意進行預防接種者注射疫苗[108]。

首先，在人體接種之前，先以石炭酸加熱疫苗處理，在預防接種實驗上能得到明顯的成果；而人體血清中抗體出現的早晚則與接種疫苗的次數成正比。

矢部以東京高等師範學院師生作為疫苗接種實驗對象，接受過注射的 100 個實驗對象中發燒達 37.5℃的有 20 人、達 38.5℃的有 5 人[109]；這些人在退燒後均陸續出現抗體或アンチゲン（antigen，抗原）。

經過統計發現，如果注射疫苗後的全身反應越劇烈，則免疫效果越明顯；注射的間隔時間越短，產生抗體的時間也越早[110]。

1916 年，東京北里研究所研發出改良型的霍亂疫苗，具有副作用少、產生抗體時間早、持續時間長等優點。這種疫苗首先在東京及神奈川縣等地實施接種；年底，臺北市各小學校學生分五梯次進行注射[111]。

同年，古玉太郎以北里研究所研發出的改良型霍亂疫苗，針對臺灣的臺北、臺南、阿緱東港支廳等三地，進行預防接種，並作出統計比較如下：

> 未接種疫苗的 1,246,406 人中，有 2,292 人發生霍亂症狀，發病率為萬分之十八點四；有接種疫苗的 925,257 人中，有 776 人發生霍亂症狀，發病率為萬分之八點三[112]。

---

107 〈ワクチンの注射、發熱は殆ん皆無〉，《臺灣日日新報》第 5907 號，大正 5 年 12 月 11 日第五版。

108 〈虎疫注射預防〉，《臺灣日日新報》第 5904 號，大正 5 年 12 月 8 日第六版。

109 矢部專之助，〈感作「コレラ、ワクチン」ノ實驗〉，《臺灣醫學會雜誌》，15:169，1916，頁 940-941。轉載於《東京醫事新誌》（東京），1996、1997 號，1916。

110 高野六郎、矢部專之助，〈感作「コレラワクチン」ノ實驗的研究及實地應用（第一報告）〉，《臺灣醫學會雜誌》，15:170，1916，頁 1018-1019。

111 〈生徒の豫防注射〉，《臺灣日日新報》第 5917 號，大正 5 年 12 月 17 日第七版。

112 古玉太郎，〈虎列剌豫防接種二就テ〉，《臺灣醫學會雜誌》，19:211，1920，頁

　　接種過疫苗者較未接種者減少萬分之十一點一的發病率。

　　據研究，亞洲型霍亂疫苗的預防注射必須經過兩次接種後，才能在體內產生抗體而發揮免疫作用[113]。但是，由於臺灣民眾普遍缺乏衛生觀念，以及注射部位皮膚局部產生紅腫熱痛等副作用，能接受疫苗注射觀念的人不多，能完成兩次注射的人數更是鳳毛麟角。官方只好採取免費注射，鼓勵民眾接種[114]。比較注射一次與兩次疫苗人體中的血清抗體，顯示注射兩次的效果明顯較好。

　　1919 年，臺灣發生亞洲型霍亂大流行。起初，臺灣總督府研究所每日僅能製造出 1,000 人份的疫苗注射液，因此，急需請東京傳染病研究所與北里研究所支援 20,000 人份的疫苗注射液；同時，總督府補助各地方疫苗注射費用 15,000 円，總督府研究所也提高製造疫苗效率為每日 30,000 人份，並且全面實施免費注射等，預計可供應 160 萬人份的霍亂疫苗[115]。

　　1920 年，總督府共預備了 143 萬人份霍亂疫苗，鑑於 1919 年大流行時的慘況，民眾發現接種疫苗後的預防效果顯著，紛紛自發地接受預防注射[116]。接受過預防注射者，臺北廳 12 萬人[117]、臺東地區 12,325 人、基隆地區 22,040 人，注射後的副作用很輕微，只有在注射部位出現輕微紅腫發熱疼痛症狀[118]。

　　在防疫經費方面，1919 年，臺灣總督府及各地方政府投入霍亂防

562-600。

113 〈就虎疫豫防而言〉，《臺灣日日新報》第 5969 號，大正 6 年 2 月 11 日第六版。

114 〈豫防注射無料〉，《臺灣日日新報》第 5905 號，大正 5 年 12 月 9 日第六版。

115 臺灣總督府警務局編，《大正八、九年「コレラ」病流行誌》（臺北：編者，1922），頁 129-130。

116 臺灣總督府警務局編，《大正八、九年「コレラ」病流行誌》（臺北：編者，1922），頁 135、206。

117 〈豫防注射十二萬人〉，《臺灣日日新報》第 7220 號，大正 9 年 7 月 16 日第七版。

118 古玉太郎、門馬健也、末次常太郎，〈虎列剌豫防注射ニ就テ（抄）〉，《臺灣醫學會雜誌》，19:206，1920，頁 78-79。

治經費共 22,263,764 円（見表 4-2-2）。

表 4-2-2　1919 年臺灣地方政府霍亂防疫經費來源表（單位：円）

地方單位	總督府補助	地方費	公共費
基隆港務所	75,216	88,260	
臺北廳			11,526,229
桃園廳	31,350	818,117	28,325
新竹廳	8,800	118,495	65,822
臺中廳		345,594	612,477
嘉義廳		1,240,164	348,615
臺南廳		3,968,173	43,160
阿緱廳		137,145	
澎湖廳		1,027,066	
臺東廳		1,780,756	
合計	115,366	9,523,770	12,624,628

資料來源：臺灣總督府警務局編，《大正八、九年「コレラ」病流行誌》（臺北：編者，1922），頁 34。

　　分別而論，由總督府補助地方的霍亂防疫經費共有 115,366 円，各地政府單位的地方費共提撥 9,523,770 円，公共費共提撥 12,624,628 円。各地方政府單位防治經費支出最高者為臺北廳，達到 11,526,229 円，其餘依次為臺南廳 4,011,333 円、臺東廳 1,780,756 円、嘉義廳 1,588,779 円、澎湖廳 1,027,066 円、臺中廳 958,071 円、桃園廳 877,792 円、新竹廳 193,117 円、基隆港務所 163,476 円，最少的為阿緱廳 137,145 円[119]。

　　1920 年，全臺灣的霍亂防治經費共 318,758.45 円，比 1919 年減少 21,945,005.55 円，僅占 1.5%。由於本年度疫情以中南部地區較為嚴重，因此，臺北州只支出 36.21 円。臺中州 152,028.4 円，臺南州

---

119 臺灣總督府警務局編，《大正八、九年「コレラ」病流行誌》（臺北：編者，1922），頁 34。

150,612 円、高雄州 16,081.84 円[120]。

由此可知，防治經費多寡與該地霍亂疫情程度，以及地方政府財政狀況明顯相關。

1926 年，臺北市文山郡出現疫情，郡內中和庄溪洲派出所、南勢角派出所於 10 月 1、2 兩日針對轄區居民 3,000 人進行預防疫苗注射[121]。

（二）帶原者的全面篩檢及預防

亞洲型霍亂帶原者預防的重要性攸關是否會造成大流行。

當矢野靜哉擔任關東都督府海務局海港檢疫官時，1912、1916 年，中國曾發生亞洲型霍亂大流行，矢野針對所有入港船舶及船員實施糞便檢查，尤其注重帶原者上岸前的篩檢工作，使得關東州（中國東北）在該兩年期間完全未出現亞洲型霍亂發病者[122]。

鑑於臺灣民眾的衛生預防觀念不足，為了避免亞洲型霍亂發病者隱匿不報，並有效提早發現帶原者，因此，警察機關與保甲制度，實施嚴密的戶口調查勢在必行。例如 1919 年從臺北廳 121,435 戶居民中篩檢出 196 名亞洲型霍亂帶原者[123]。

1920 年 6 月至 11 月，臺北州細菌學檢查室受託檢查的 1,027 份檢體中，有 5 份呈現亞洲型霍亂陽性[124]。由於該年的流行集中於中南部地區，總督府迅速在各地成立新的細菌檢查所，分別為臺中州的彰化、沙

120 臺灣總督府警務局編，《大正八、九年「コレラ」病流行誌》（臺北：編者，1922），頁 35。
121 〈虎列拉豫防〉，《臺灣日日新報》第 9491 號，大正 15 年 10 月 4 日，漢文第四版。
122 矢野靜哉，〈虎列刺豫防トシテノ檢便成績〉，《臺灣醫學會雜誌》，16:171，1917，頁 61。轉載於《南滿醫學會誌》（瀋陽）第四卷，1916。
123 臺灣總督府警務局編，《大正八、九年「コレラ」病流行誌》（臺北：編者，1922），頁 116-118。
124 臺灣總督府警務局編，《大正八、九年「コレラ」病流行誌》（臺北：編者，1922），頁 196-197。

鹿、鹿港、員林、竹山、社寮、集集等 8 處，臺南州的臺南市、曾文郡
蔴豆、嘉義街、新營郡新營等 4 處，高雄州的高雄郡役所內及澎湖郡臨
時檢鏡所等 2 處[125]。

（三）普及清潔衛生與飲食物防疫措施

1919 年，警察機關實施嚴格的防疫措施：

（1）調查飲用水的供給情形、衛生狀況、使用戶數等。

（2）監控河水、海水的使用。

（3）視察旅宿業、餐飲業的經營，監督衛生設備的完善與
　　　否。

（4）禁止食用未烹飪食物、取締過期食品等。

（5）獎勵驅除與捕捉蒼蠅。

（6）獎勵設置廁所、取締隨意棄置糞尿行為。

（7）灌輸民眾衛生思想，巡迴舉辦衛生講話會、衛生幻燈
　　　會、活動寫真會等[126]。

1920 年，中南部疫情肆虐，警察機關實施更嚴格的防疫措施，除
了禁止飲食業者供應未煮熟的生魚、生肉、蔬菜等料理，也規定碗盤等
食器必須先以沸水或鹽酸水消毒後才能再裝食物[127]。8 月，鹿港街預備
舉行之農產物品評會也被迫取消[128]。

由研究發現，蚊、蠅等昆蟲往往也是傳染病的主要傳播媒介。亞洲
型霍亂流行之際，通常都是在蒼蠅最活躍的季節，為了避免蒼蠅成為傳

---

125 〈虎列拉豫防の為め、海港檢疫の屬行、來ろ十日から實施する〉，《臺灣日日新
　　報》第 8034 號，大正 9 年 10 月 8 日第七版。

126 臺灣總督府警務局編，《大正八、九年「コレラ」病流行誌》（臺北：編者，
　　1922），頁 100。

127 臺灣總督府警務局編，《大正八、九年「コレラ」病流行誌》（臺北：編者，
　　1922），頁 202-203。

128 〈鹿港品評會中止〉，《臺灣日日新報》第 7244 號，大正 9 年 8 月 9 日第三版。

染媒介，消滅與驅逐蒼蠅有助於杜絕病媒的散播[129]。

　　舉例而言，臺北市內由大稻埕各會長、臨時防疫會長、艋舺公會長及各區保正聯合督導各責任區域內溝渠、廁圍、廚房內的衛生與驅逐蒼蠅等，大約經過 10 天，臺北市區蒼蠅幾乎絕跡[130]。1925 年，鑑於日本關東、關西等地霍亂疫情猖獗，臺北飲食店組合為了配合衛生當局預防虎列拉、腸窒扶斯等傳染病，暫時停止供應生魚片等各種非熟食[131]。臺中廳採用捕蠅器和消滅蠅蛆方式，使得臺中地區市場的蒼蠅絕跡[132]。桃園及新竹廳規定販賣鳥獸肉、魚類、蔬菜、雜貨、飲料食品的店家，必須至少備妥一個捕蠅器與兩張捕蠅紙。臺南廳採取義務與獎勵捕蠅政策[133]。

　　為了有效遏止疫情，1920 年警務局規定必須禁止事項如下：

（1）劇場內禁止販賣飲食物。

（2）禁止販賣的區域配置一名巡查。

（3）不定期臨檢水果販賣業者，若發現有受污染之虞或腐敗
　　　的水果，立即強制其丟棄。

（4）限制冰水的販賣。

（5）漁市場內講究消毒方法及驅逐蒼蠅[134]。

---

129 〈虎疫豫防の注意（下）、羽鳥醫官の講話〉，《臺灣日日新報》第 5908 號，大正 5
　　年 12 月 12 日第七版。〈虎列拉之傳染、在蠅不專在魚、內地水產局公開〉，《臺灣
　　日日新報》第 9130 號，大正 14 年 10 月 8 日第四版。

130 〈北區防遏虎疫〉，《臺灣日日新報》第 9127 號，大正 14 年 10 月 5 日第七版。

131 〈又發現疑似虎疫〉，《臺灣日日新報》第 9128 號，大正 14 年 10 月 6 日，漢文第
　　四版。

132 臺灣總督府警務局編，《大正八、九年「コレラ」病流行誌》（臺北：編者，
　　1922），頁 127-128。

133 〈蠅退治の命令〉，《臺灣日日新報》第 5982 號，大正 6 年 2 月 23 日第一版。

134 臺灣總督府警務局編，《大正八、九年「コレラ」病流行誌》（臺北：編者，
　　1922），頁 201-202。

經 1919、1920 年兩次大流行後，臺灣民眾的衛生思想已明顯提升。

警務局衛生課利用 1920 年 6 月 17 日「始政 25 週年」之時機，製作一首小學生琅琅上口的兒歌，大意如下：

臺南、中國、內地都害怕虎疫，病從口入，不可以吃生食和喝生水，不然會肚子痛；蒼蠅會害人生病，看到就要消滅；去年因為不注意，有 2,696 人死掉，開往日本的船停了 3 個月不能動，堆積如山的商品造成莫大的損失[135]。

為了根絕霍亂，從小學生的日常生活行為徹底執行，再推廣至各個家庭，成效卓著[136]。

1921 年 4 月，臺北市依據府訓令第 234 號「大清潔法施行規程」，頒布州令第 16 號「大清潔法施行規則」、州訓令第 24 號「大清潔法施行規則取扱手續」等，分春、秋二季，在全市進行大掃除。

施行大掃除的確切時間，由臺北州知事公告周知，實施當天由市政府及警察機關共同派員監督，清潔完畢且經檢查通過的單位或家戶發給證明，張貼於明顯處所[137]。

1925 年，臺北州印製 7 萬份虎列拉預防傳單，在臺北市及州轄區內發放，內容如下：

（1）須受豫防注射；（2）生水不可飲；（3）勿食生魚片；（4）果物勿食為佳，若要食，外皮用酒精或薄鹽酸水拭過；（5）腐敗果物，無論不可食，就剝壳置下者亦勿食；（6）生菜或近生之菜皆不可食；（7）蠅及油蟲（蟑螂）宿下之物，皆不可

---

135 臺灣總督府警務局編，《大正八、九年「コレラ」病流行誌》（臺北：編者，1922），頁 193-195。

136 〈防疫上之設備〉，《臺灣日日新報》第 6215 號，大正 6 年 10 月 15 日第四版。

137 臺北市衛生課編，《昭和九年臺北市衛生設施要覽》（臺北：編者，1935），頁 126。

食；（8）宜戒暴飲暴食；（9）食器宜用滾湯洗潔；（10）食後
器皿宜即洗滌，廚房通水處宜掃除清淨；（11）勿以飲食物相
饋贈；（12）努力驅除蠅及油蟲；（13）便所水溝塵箱宜清潔消
毒；（14）吐瀉時直請醫師診斷；（15）疑為吐瀉或虎列拉之病
人死時，宜直接通報警察官[138]。

　　翌年，因中國沿海地區霍亂猖獗，彰化各街庄警察駐在所加強管控
轄區內居民的衛生[139]。同時，大埔、莿桐腳、西門口、西勢子等地配合
巡迴放映電影以宣傳[140]。

三、亞洲型霍亂流行時的預防負責機構及成效

　　依據「臺灣傳染病豫防令」第三條規定，總督府警務局衛生課有一
個常設防疫機關，成員包括警務官、技師、防疫醫官、警部、技手等，
一旦發生傳染病病例，便可派遣技術員馳赴地方當局，協助各項防疫事
宜[141]。

　　1919年7月7日，澎湖廳嵵裡澳風櫃尾鄉發生首例亞洲型霍亂患
者，並有逐步蔓延之勢，總督府立即派遣防疫醫官重松及助手一名，再
由嘉義廳調派警部補1名與巡查5名支援防疫任務；15日，基隆街哨
船頭也出現病例，防疫醫官倉岡即刻受命前往協助防疫。18日，總督
府發布「告示第99號」，宣布成立「基隆港務所檢疫委員會」，針對停
泊於基隆港內的船員施行預防注射，以及檢驗發病者的病原菌[142]。

---

138 〈配布防疫傳單〉，《臺灣日日新報》第9128號，大正14年10月6日，漢文第四
　　版。
139 〈豫防疫症〉，《臺灣日日新報》第9441號，大正15年8月15日，漢文第四版。
140 〈活寫宣傳〉，《臺灣日日新報》第9471號，大正15年9月14日，漢文第四版。
141 臺灣總督府警務局編，《臺灣の警察》（臺北：編者，1935），頁210。
142 《臺灣史料稿本》〈告示第九十九號：大正八年七月十九日ヨリ基隆港務所ニ檢疫
　　委員ヲ設置ス〉，大正八年七月十八日（國立臺灣圖書館藏）。

同時，總督府也指示地方當局進行消毒、隔離、交通管制、預防注射，且禁止舉辦祭典、集會、游泳、漁撈等霍亂預防事宜。此外，為了防範臺灣的病原菌蔓延至日本，規定前往日本旅行的臺灣居民與日臺間航行的船員必須接受預防注射。

8月6日，警務局增派70名防疫巡查員支援桃園、臺中、新竹三廳；至8月下旬，臺北廳從事防疫人員已多達630人。

1919年大流行時，臺北廳一地醫師主動過濾出263名亞洲型霍亂患者[143]。

1925年，臺北市全面實施「檢病的戶口調查」。北警察署轄區內未發現任何可疑病例；南警察署轄區內，在若竹町三丁目發現疑似虎列拉患者一人，足見防疫工作不可輕忽[144]。基隆警察署也動員保甲實施防疫普查[145]。

（一）亞洲型霍亂病患隔離場所之增設

1919年以前，全臺灣的傳染病院與隔離病舍少於三處，且僅設於人口稠密的都會區，例如臺北的稻江醫院即是。

為了因應1919年爆發的霍亂疫情，全臺灣各廳增設7處避病院、83處隔離病舍、33處隔離所、2處收容所等，共125處；其中，最多的為臺北廳46處，其次為臺南廳40處、嘉義廳23處。

農村地區，雖然只能夠採取自宅隔離方式，仍然有效地避免疫情擴散，如彰化、北斗、葫蘆墩、羅東等地各只有1名病例發生[146]。

1920年，主要流行地區為中南部。臺中州新設隔離病舍25處、借

143 臺灣總督府警務局編，《大正八、九年「コレラ」病流行誌》（臺北：編者，1922），頁95-97、129。

144 〈北區衛生狀態良好〉，《臺灣日日新報》第9128號，大正14年10月6日，漢文第四版。

145 〈基隆虎疫豫防〉，《臺灣日日新報》第9128號，大正14年10月6日第四版。

146 臺灣總督府警務局編，《大正八、九年「コレラ」病流行誌》（臺北：編者，1922），頁118-121。

用民家及廟宇 10 處、暨原有避病院 1 處，共有 36 處；臺南州新設隔離病舍 30 處、借用民家及廟宇 4 處、暨原有避病院 2 處，共有 36 處；高雄州新設隔離病舍 10 處、借用民家及廟宇 2 處、暨原有避病院 1 處，共有 13 處。總計 87 處，較 1919 年全臺灣的隔離處所還多 4 處。

為了有效阻絕疫情蔓延，警察單位更嚴格進行交通管制，例如 1919 年臺北廳共設置 2,272 處交通管制點[147]。

（二）水源區域污染防治與自來水道之普及

鑑於水源污染是亞洲型霍亂的主要傳播媒介，臺灣總督府針對各水源地加強污染防治[148]。

北部地區，臺北廳的水源上游為新店溪與景尾溪，因此，1916 年 10 月，曾經發布「臺北廳令第 7 號」及「臺北廳告示第 160 號」，明令禁止在該二溪航行、從事漁撈等，並組成「水源地警戒隊」，監控水源地以避免污染；淡水、基隆兩河流也明令禁止從事漁撈及游泳。隨後，中南部各廳也援例執行[149]。

日治中期，全臺各都會區、大小街庄等自來水道、簡易水道普及，以臺北為例，自來水設施之經費共支出 600-700 萬円[150]。

1920 年 10 月 14 日，高雄港內碇泊的輪船「福向丸號」上，有乘客陸續發生亞洲型霍亂症狀，附近地區實施交通管制，也嚴格禁止在港內及港外區域進行漁撈及游泳；10 月 20 日，日本軍艦「日進號」上也發生霍亂疫情，澎湖廳發出禁令，規定馬公港內及西街十町範圍內的海岸禁止漁撈及游泳，有效阻絕大規模疫情的發生[151]。

---

147 臺灣總督府警務局編，《大正八、九年「コレラ」病流行誌》（臺北：編者，1922），頁 197-198、124-125。

148 K.T. 生，〈傳染病豫防常識〉，《臺灣皇漢醫界》，32，1931，頁 31。

149 臺灣總督府警務局編，《大正八、九年「コレラ」病流行誌》（臺北：編者，1922），頁 125-126。

150 臺灣總督府警務局編，《臺灣の警察》（臺北：編者，1935），頁 210。

151 《澎湖廳保健衛生調查書》〈總括的調查及傳染病：大正 11 年至昭和 7 年〉（臺

臺北的自來水源是為首善之區。1925 年，據總督府中央研究所分析試驗報告，抽檢臺北的水道用水源，平均每一立方公分內只測得 12 種無害菌，若再經過煮沸後飲用，必定安全無虞[152]。翌年，因臺灣北部出現霍亂疫情，臺北市市役所規定自 9 月 30 日起嚴禁一般民眾前往水源地，以防患帶原者[153]。霍亂流行期間，官方更禁止民眾戲水[154]。

（三）亞洲型霍亂病斃屍體之處理

自古以來，臺灣民眾普遍採取土葬而忌諱火葬，原住民則有將先人遺體葬於自宅的風俗，無形中，造成亞洲型霍亂疫情散播的溫床[155]。例如臺南廳打狗支廳苓雅寮庄，在 1919 年 8 月至 10 月的亞洲型霍亂流行期間，曾經發生未通報而秘密埋葬 57 具遺體的情形[156]。

此後，總督府明令規定，凡罹患傳染病者遺體或曾使用之工具，強迫進行火化，冀能徹底根除病源[157]。臺北市內，對於死亡者，不問何病，即使出具有醫師死亡診斷書，也必須會同當地警察官署檢查後方准其蓋棺入殮[158]。

（四）亞洲型霍亂防疫之成效

臺灣的人口流動屬於封閉式型態，人口的變遷主要取決於出生與

北：編者，1933），頁 2-6。

152 〈臺北水道清淨〉，《臺灣日日新報》第 9100 號，大正 14 年 9 月 8 日，漢文第四版。

153 〈臺北水源地觀覽嚴禁〉，《臺灣日日新報》，第 9489 號，大正 15 年 10 月 02 日第四版。

154 〈基隆海水浴禁止〉，《臺灣日日新報》第 6861 號，大正 8 年 7 月 23 日第二版。

155 〈助葬者亦罹疫〉，《臺灣日日新報》第 7045 號，大正 9 年 5 月 1 日第六版。

156 臺灣總督府警務局編，《大正八、九年「コレラ」病流行誌》（臺北：編者，1922），頁 121-122。

157 臺灣總督府警務局編，《臺灣の警察》（臺北：編者，1935），頁 214。〈赤崁特訊、虎疫豫防〉，《臺灣日日新報》第 7069 號，大正 9 年 5 月 26 日第六版。

158 〈埋葬者須知〉，《臺灣日日新報》第 9128 號，大正 14 年 10 月 6 日，漢文第四版。

死亡，也就是「由死亡率支配的人口增加率」（mortality-dominated rates of population increase）。日治初期，死亡率平均維持在千分之 35 左右，1909 年以前的自然增加率約千分之 7；遲至日治時代中期才有明顯變遷，約在 1920 年後人口死亡率開始大幅下跌，自然增加率約千分 12，這是因為傳染病受到有效控制之故，此後，臺灣人口呈現穩定成長[159]。

死亡率較高的傳染病，其中，鼠疫雖然在 1918 年宣告絕跡，臺灣的總死亡率卻未見下降，當與 1919 與 1920 兩年的霍亂大流行有關，此後，總死亡率未再遽升，人口呈現穩定增長；易言之，若從死亡統計上觀察，日本殖民政策在 1920 年以後屬於飛躍發展期[160]。

歷經日治中期的大小規模霍亂流行之後，官方的防疫措施益行嚴密，民眾的衛生觀念也漸次提升，傳染病預防之效果顯著。民眾積極配合防疫政策，有利於臺灣的都市化與現代化。

第三節　亞洲型霍亂研究本土化之進展

日治以來，臺灣本島及澎湖群島歷經多次規模大小不等的亞洲型霍亂流行，因而累積不少相關研究素材，是以有助於霍亂研究之本土化。關於日治中期（1913-1926）亞洲型霍亂之研究概況如下。

從表 4-3-1 可知，1913-1926 年間「亞洲型霍亂」相關論文共有 32 篇，較日治初期篇數少 2 篇。其中，仍以「熱帶醫事中外彙報」（熱帶醫學抄報）類數量最多，有 17 篇，約占 53.13%；「臨床實驗」（原著）類則較少，僅有 6 篇，較前期多 2 篇，約占 18.75%。

「熱帶醫事中外彙報」（熱帶醫學抄報）類中，轉載自日本醫學雜誌的篇數大增，雜誌種類除原有之《細菌學雜誌》、《東京醫事新誌》

---

159 陳寬政、王德睦、陳文玲，〈台灣地區人口變遷的原因與結果〉，《人口學刊》，9，1986，頁 1-23。
160 陳紹馨，《臺灣的人口變遷與社會變遷》（臺北：聯經，1992），頁 78、104、128。

外，新增《南滿醫學會誌》、《日本微生物學會雜誌》、《實驗醫學雜誌》等。譯介國外醫學雜誌者僅有 5 篇。

譯介國外醫學雜誌之內容，集中於診斷、治療等。國外治療之主流仍為注射生理食鹽水並觀察病人血壓之變化。診斷方面，持續改良培養基、提升細菌培養之存活期，以利篩檢陽性患者有效率之提升。本地學者之研究詳如下述。

本階段論文作者可察考的只有森滋太郎、門馬健也 2 人。其中，森滋太郎曾就讀東京傳染病研究所，接受較完整的醫學訓練，並歷任防疫醫官、總督府宜蘭醫院院長等職，聲望卓著。

森滋太郎，1867 年 10 月 1 日出生，福岡縣遠賀郡長津村人。1899 年，第三高等學校醫學部畢業，東京傳染病研究所結業。1899 年，陸軍衛戍病院；1907 年，臺灣總督府防疫醫官、臺灣公醫；1911 年，兼任臺灣總督府研究所技師；1912 年，任宜蘭醫院院長；後自行開設「森醫院」。時論譽為「精力旺盛」、「待人謙和」、「黽勉精進」，是一位具有「正義仁俠」風骨的醫學家。

表 4-3-1 1913-1926 年《臺灣醫學會雜誌》刊載「亞洲型霍亂」相關論文

作者	年分	卷：期	主題	
ラゲン	1913	12:125	「コレラ患者」ノ動脈血壓及多量ノ食鹽水注入ニ應スル其變化ニ就テ	熱帶醫事中外彙報
森滋太郎	1913	12:126	大正元年宜蘭廳下ニ流行シタル「コレラ」ニ就テ（前號ノ續キ）	臺灣醫學會臨時會記事
福島久之	1913	12:132	「コレラ」菌ノ家兔膽囊內保存及ビ家兔膽囊內ニ保存セラレタル「コレラ」菌性狀ノ變化（第一報告）	抄錄
西龜三圭	1913	12:132	「コレラ」菌ニ對スル魚類ノ消毒法ニ就キテ	抄錄
ハンス・アロンリン（Phosphor Hans）	1916	15:166	細菌學的虎列拉診斷ノ一新法	熱帶醫事中外彙報
エドワルド・ベッチナワイル	1916	15:166	アロンソン及ランゲ「新タン索出シタル虎別拉培地ニヨル細菌學的虎列拉診斷	熱帶醫事中外彙報
矢部專之助	1916	15:169	感作「コレラ・ワクチン」ノ實驗	熱帶醫事中外彙報
大野禧一	1916	15:169	虎列拉診斷上ノ注意及患者送院前ノ處置ニ就テ	熱帶醫事中外彙報
高野六郎・矢部專之助	1916	15:170	感作「コレラワクチン」ノ實驗的研究及實地應用（第一報告）	熱帶醫事中外彙報
村山達三	1917	16:171	大正五年東京市ニ於ケル虎列剌ニ就テ（略報）	熱帶醫事中外彙報
栗本康勝	1917	16:171	東京府下ニ於ケル虎列剌病流行ニ就テ	熱帶醫事中外彙報
矢野靜哉	1917	16:171	虎列剌豫防トシテノ檢便成績	熱帶醫事中外彙報
谷後德次郎	1917	16:171	今期流行ノ虎列剌ニ就テ	學會記事
壁島為造	1917	16:172	テガ「コレラ」特異培地ノ材料ニ就テ	雜報
	1917	16:173	海水ニ混ぜル「コレラ」菌ト鹹水魚トノ關係	熱帶醫事中外彙報
南崎雄七	1917	16:175	虎列拉菌極小體ニ就テ	熱帶醫事中外彙報

作者	年分	卷：期	主題	
古玉太郎、門馬健也、末次常太郎	1920	19:206/207	虎列剌豫防注射ニ就テ（抄）	講演
古玉太郎	1920	19:211	虎列剌豫防接種ニ就テ	原著
	1921	20:219	コレラ菌毒素ノ摘出家兔腸管運動ニ及ボス作用ニ就テ（豫報）	大會記事
中楯幸吉	1920	19:209	虎列剌菌ノ生物學的研究並ニ虎列剌細菌學的診斷ニ就テ	熱帶醫事中外彙報
門馬健也	1920	19:210	大正八年九月臺東廳下馬蘭社ニ流行セル虎列剌ノ概況報告	雜纂
渡邊邊、可合賁人	1925	24:240	チフス菌、パラチフス菌、赤痢菌並ニ「コレラ」菌ノ糞便中ニ於ケル運命	熱帶醫學抄報
中條銳一	1925	24:244	コレラ保菌益候及「バトゲネーゼ」ニ關スル實驗的研究	熱帶醫學抄報
洪蘭	1922	21:223	新タニ考案セル虎列拉菌鑑別培地ニ就テ	原著
	1926	25:261	本年流行セル「コレラ」菌型ニ就テ（附）コレラ紅色反應ニ關スル一、二ノ實驗	臨床實驗
丸山芳登、洪蘭	1925	24:248	本年臺北ニ發生シタル「コレラ」菌株ニ就テ	講演
	1925	24:249	大正十四年臺北ニ發生セル「コレラ」菌株ノ就テ	臨床實驗
	1926	25:259	今次臺北附近ニ發生シタル「コレラ」菌型ニ就テ	學會
Nobechi Keizo	1926	25:258	含水炭素其ノ他ニ對スル「コレラ」菌ノ分解作用	熱帶醫學抄報
M. Beck	1926	25:260	小腸「ランブリア」ニヨル「コレラ」樣疾患	熱帶醫學抄報

資料來源：《臺灣醫學會雜誌》。

　　門馬健也，1870 年 11 月 10 日出生，宮城縣仙臺市堤通人。1893 年，第二高等中學校醫學部畢業。1893-1906 年，任陸軍軍醫；1907-1912 年，任臺東醫院長；1914 年，任臺灣總督府醫院醫官；1915 年，升任臺灣總督府醫院醫長。獲溫和誠實、正直仁慈的優良院長之美稱[161]。

　　醫師或研究者藉由實地田野調查與詳細的實驗室研究，方能對致死率極高的亞洲型霍亂提出有效的解決與防疫之道。由於霍亂的症狀變化迅速，所以盡量蒐集霍亂發病者身上的病原菌是相當重要的。

　　1915 年，Greig 在印度地區的霍亂流行期間，大量蒐羅各種菌株，有利於觀察各種霍亂弧菌及疑似菌的生物學型態與性狀，這一種實驗方法影響日後臺灣的研究[162]。

一、本地患者的臨床病理檢查

（一）臨床病理研究的深化與「異型菌」的發現

　　臺灣總督府宜蘭醫院院長森滋太郎最早藉由實地考察，仔細從事霍

161　（1）國家圖書館《臺灣人物誌（上中下 1895-1945）》，相關資料包括：《臺灣統治與其功勞者》、《南國之人士》、《南部臺灣紳士錄》、《臺灣人物誌》、《臺灣紳士名鑑》、《大眾人士錄》、《新臺灣を支配する人物と產業史》、《大眾人士錄－外地海外篇》、《台湾関係人名簿》、《臺灣人士鑑》、《臺灣人士之批評記》、《新竹州の情勢と人物》、《臺灣の中心人物》、《現代台灣史》、《新臺灣（御大典奉祝號）》、《最近の南部臺灣》、《臺灣官紳年鑑》、《戰時體制下に於ける事業及人物》、《自治制度改正十週年紀念人物志》、《新日本人物大系》、《新竹州の情勢と人物》、《臺灣人物評》、《始政三十年紀念出版－東臺灣便覽》、《臺灣大觀》、《臺灣警察遺芳錄》、《新竹大觀》、《中部臺灣を語る》、《臺灣人物展望》、《南臺灣の寶庫と人物》、《在臺の信州人》、《臺灣事業界と中心人物》等。（2）《大阪高等医學專門學校雜誌》，1 卷 1 号－10 卷 6 号，大阪高等医學專門學校医學會，1932-1943。

162　桐林茂，〈コレラ菌ノ生物學的性狀補遺（特別揭載）其一　コレラ菌ト類似「ウイブリオ」トノ鑑別ニ就テ；附表〉，《臺灣醫學會雜誌》，32:338，1933，頁 109-127。

亂臨床病理的相關研究。

1912 年 8 月下旬，經地方公醫通報，宜蘭街北方的宜蘭溪流域發生類似亞洲型霍亂的流行性下痢，漸次蔓延至北門街、羅東街等地，共出現發病者 202 人（其中，臺人 191 人、日人 11 人）。

森滋太郎據報後，親至當地了解患者的臨床症狀，並檢查糞便，其結果如下：

（1）臨床症狀：與一般亞洲型霍亂症狀相似，包括嘔吐、水樣下痢（或米泔汁樣下痢），下痢後甚感疲勞、腹部凹陷、腸鳴、口唇爪甲輕度皺裂、眼球陷沒、四肢厥冷、腓腸肌痙攣、皮膚皺縮瘦削等。與亞洲型霍亂最大的不同處，在於本次流行的死亡率不高，通常在上述症狀出現後，約 7 至 8 天可以痊癒，只有極少數個案因嚴重脫水而不幸喪生。

（2）糞便檢查：以棉球採取微黃色的液狀糞便作為檢體，經食鹽水洗滌 3 至 4 次後，再使用純水或寒天培養基進行細菌培養，後以家兔血清進行凝集反應試驗，最後用 400 倍或 800 倍的顯微鏡觀察，並未發現到霍亂弧菌存在的證據。

（3）傳播來源：據森滋太郎進行田野調查後發現，平時往返於基隆港及頭圍之間的定期船上，曾經有 5 位受感染者，其中，有一名發病者在航行途中已經死亡，有一人在抵達頭圍後死亡，3 人在抵達基隆後開始發病。

此外，宜蘭溪中有往返連絡宜蘭街、羅東街、北門街、一百甲庄的舟楫，也可能助長亞洲型霍亂等病菌的傳播，一百甲庄地區的大規模流行即是明證。

本次宜蘭地區的流行接近尾聲之際，森滋太郎採集到亞洲型霍亂弧菌的「異型菌」菌株，與柯霍所定義的標準型菌株有所不同，特別命名

為「宜蘭株」，並留待後續進一步研究[163]。

1916年，臺灣只有出現少數境外移入病例，而東京卻發生大規模亞洲型霍亂流行，關於患者的臨床症狀觀察報告如下。

8月26日，東京市深川區爆發第一個亞洲型霍亂病例，並迅速蔓延至整個東京市區，至11月底止，共有確定病例428人，被證實為帶原者181人，遭到隔離者2,683人。該年度發病者與帶原者共有609人，入院前死亡118人、住院後死亡150人，死亡率62%。

當時的大流行，村山達三依據東京「駒込病院」收治的亞洲型霍亂患者治療紀錄，作成觀察報告如下：

（1）精神狀態：末期患者的主訴，包括精神昏昧、胸悶、倦怠、不易入眠等體徵。

（2）循環系統：檢查發病者的橈骨動脈，脈搏跳動速度微弱而快速，心音也明顯微弱，伴隨厥冷的患者，呈現顏面潮紅，且有水腫現象。

（3）排泄物型態：發病初期，糞便呈現米泔汁樣，有時夾雜著淡桃紅色如肉汁的穢物，甚則夾雜著膿血，如果患者的排泄物中混雜膿血，預後極為不良。據村山統計，在20名大便膿血的患者中，有15人死亡，死亡率高達75%。

（4）泌尿功能障礙：亞洲型霍亂患者發病初期，往往一開始就出現無尿或少尿現象。尿液外觀通常呈現褐色，酸性、比重大，尿液內容物夾雜著許多蛋白質、圓柱體、紅血球等。在泌尿功能障礙的患者中，併發血尿而死亡者2人，併發尿毒症而死亡者30人，其中，以男性居多。

（5）發疹（痧）：經統計發現，約有30例重症患者合併有皮膚發疹現象，即「發痧」症狀。病程大約從下痢症狀發生後的第10天，皮

163 森滋太郎，〈大正元年宜蘭廳下二流行シタル「コレラ」二就テ（前號ノ續キ）〉，《臺灣醫學會雜誌》，12:126，1913，頁268-270。

膚開始出現蕁麻疹樣發疹及搔癢，持續 4 至 5 天後，發疹現象可涵蓋全身和顏面等部位，這類患者通常伴隨輕度發熱現象。

（6）從發病至痊癒的排菌日數：在症狀發生的第一週，霍亂患者的糞便中往往夾帶著大量細菌，經過 2 至 3 週後，腸道內細菌才會漸漸排除乾淨。紀錄中，排泄細菌時間較久的分別為 34 天、40 天、45 天不等，各有一例[164]。

同年，另一位研究者栗本康勝也曾經觀察東京地區亞洲型霍亂流行。翌年，在東京舉辦的「第 23 回顯微鏡學會總會」上，發表相關報告，要點如下：

（1）8 月 17 日，東京市區大森町出現第一例亞洲型霍亂患者，據推測，傳染源應該來自於橫濱及千葉一帶疫區，然後從大森町的海岸登陸而傳染；所以，第二例患者即發生停泊在大森町沿岸的船上；而第四及第五位患者分別發生於淺草及深川地區。第六例患者則發生於豐多摩郡，應該是由大阪一帶的疫區所傳播。至 11 月 4 日，患者總數 653 人（包括帶原者 214 人、其中有 18 人發病），死亡率為 52.02%。

（2）據發生的區域統計，陸地上發病者有 504 人、在海上發病者有 77 人。

（3）從職業別觀之，以船員的病例數最多，共有 113 人，其他職業發病數多寡，依次為職工 34 人、農夫 26 人、人力伕 24 人、魚販 20 人、漁夫 18 人、僱傭 17 人、小料理店 14 人、無業者 30 人等。

（4）就年齡觀之，以 31-40 歲之間的青壯年族群為罹病族群之最高峰，而 21-30 歲、41-50 歲之間的兩個年齡層次多。其他年齡層發病數之多寡，依次為 1-5 歲之間的男童 12 人、女童 12 人；6-10 歲之間的男童 12 人、女童 8 人；70 歲以上的長者則有 10 人。

（5）在發病患者的通報管道方面，大多數仍然是由醫師發現後上

---

164 村山達三，〈大正五年東京市ニ於ケル虎列剌ニ就テ（略報）〉，《臺灣醫學會雜誌》，16:171，1917，頁 59-60。

呈衛生單位。此外，經由隔離觀察發現的病例有 96 人，健康檢查時發現的病例有 26 人，家族自行通報的病例有 22 人，屍體病理解剖後確診為陽性病例有 29 人。其他的通報方式還有密告、警察或海岸巡防隊巡邏時發現、戶口普查、報案等[165]。

（二）霍亂患者的臨床檢查與治療

大野禧一經長時間的研究後，發表霍亂弧菌的檢驗心得。認為若僅依據「ペプトン」水解分離培養、寒天培養基培養、「インドール」的形成、凝集反應等四項檢驗指標，在應付大流行爆發時仍有其缺陷存在。

大野更發現，霍亂弧菌在山羊或家兔的血清中容易呈現高度凝集反應，生物學培養上會有溶菌等現象，諸如此類，可以提高亞洲型霍亂的確診性。

在治療上，大野建議一般開業醫師（相當於現今診所）如果遇見亞洲型霍亂的疑似病例，可先施以腹部熱敷法減輕不適感，虛弱症狀明顯者，可給予生理食鹽水皮下注射[166]，當可獲得改善。

二、亞洲型霍亂弧菌菌型的多樣性研究

臺灣及日本兩地的研究者發現，造成亞洲型霍亂流行的致病菌，在型態學上，異於柯霍在 1883 年發現的「標準菌」（或「原型菌」）。因此，霍亂「異型菌」的研究逐漸受到重視。

（一）宜蘭地區的霍亂流行與「宜蘭株」異型菌

1912 年，日本內務省發布「虎列剌菌診斷指針」，作為亞洲型霍亂

---

165 栗本康勝，〈東京府下二於ケル虎列剌病流行二就テ〉，《臺灣醫學會雜誌》，16:171，1917，頁 60-61。

166 大野禧一，〈虎列拉診斷上ノ注意及患者醫院前ノ處置二就テ〉，《臺灣醫學會雜誌》，15:169，1916，頁 941-942。

的診斷依據，可以想見，當時日本及臺灣的檢驗醫師很難跳脫出霍亂只有唯一致病菌（コッホ，Koch 菌）思維的窠臼，一旦發現不同菌株，勢必引起注意。

該年，臺灣北部及東部地區爆發大規模的亞洲型霍亂流行，首位病例在宜蘭廳出現，接著，蔓延至臺北廳、基隆、花蓮港廳等地，共出現患者 333 人。

從臺灣總督府統計書中可知，該年，宜蘭廳亞洲型霍亂流行狀況為發病者 142 人、死亡 130 人（其中，日本籍患者 6 人、死亡 3 人，臺灣籍患者 135 人、死亡 126 人，外國籍患者 1 人、死亡 1 人），總死亡率高達 91.5%[167]。

值得注意的是，宜蘭地區所採得的菌株，與 1883 年以來國際間所認同的霍亂標準菌株（コッホ，Koch 菌）不同。

宜蘭地區所採得的菌株，由當時的宜蘭醫院院長森滋太郎負責，在實驗室中成功分離出來後，賦予「宜蘭株」之名，再由海港檢疫所醫官壁島為造接續，從事更進一步的研究，並將當時的「宜蘭株」分類後定名為「異型株」。

茲略述宜蘭地區亞洲型霍亂弧菌異型菌「宜蘭株」的研究經過於下：

1912 年，宜蘭地區亞洲型霍亂流行，爆發於頭圍支廳。首位患者發病初期就呈現嚴重的上吐下瀉症狀，自該例患者出現後，疫情迅速蔓延至基隆、臺北等地。

當時，宜蘭醫院院長森滋太郎蒐集這些地區患者的排泄物後，一律使用標準的細菌學檢查程序，經過分離試驗後發現，這些弧菌屬霍亂菌，與逗點狀菌極為相似，為了確認該種病菌的型態，森院長以自製的「霍亂菌家兔免疫血清」（該血清是森滋太郎來臺前，在東京傳染病研究

---

167 臺灣總督府官房調查課編，《臺灣人口動態統計（大正九年）》（臺北：編者，1922），頁 100-288。

所以「東京標準菌株原型菌」製作而成）進一步作細菌學檢查，測試時，使用血清稀釋400倍後，再進行凝集反應試驗，確認頭圍支廳首位患者所感染的是亞洲型霍亂弧菌。其後，宜蘭廳續發的霍亂患者，必須經過森院長細菌學檢查程序確認，同時，臺灣總督府也諭令各地方政府衛生單位進行嚴格的防疫措施。

1913年，在臺灣醫學會臨時會上，森滋太郎以演講的方式發表「關於大正元年宜蘭廳下的霍亂流行」研究報告，指出發生於宜蘭街北方北門街的亞洲型霍亂患者，在臨床病理表現上，大多呈現嘔吐、水樣下痢、腹部凹陷、腹鳴、口唇爪甲輕度泛白、眼球陷沒、四肢厥冷、腓腸肌痙攣、皮膚皺縮瘦削等較為明顯的症狀。

接著，森滋太郎進一步描述亞洲型霍亂患者排泄物的檢查狀況。患者的排泄物大多呈淡黃色的水樣便（米泔汁樣），以棉片採取糞便檢體，置於顯微鏡下觀察，可以發現有許多不同種類的細菌混雜在一起，顯微鏡的視野內往往只見到1-2個弧菌屬細菌，顯示觀察不易。因此，必須先採取Pepton增菌法、純粹培養法、寒天培養基法等細菌培養法，比較容易觀察到霍亂弧菌群落；繼之，以東京菌株家兔免疫血清進行凝集反應試驗，在稀釋400倍的情形下，有明顯的凝集反應，稀釋800倍時凝集反應則不明顯。

在菌株的性狀方面，Indol反應呈現陰性，Gelatin溶解狀態不完全；動物試驗方面，細菌的毒力較弱；細菌型態培養上，「Pfeiffer氏現象」的呈現，與東京標準菌株相同。

經過一連串的實驗，森滋太郎又將手中的「宜蘭株」分送給丸山芳登及壁島為造兩位研究者，進行更縝密的研究及確認；經由反覆實驗後，兩位專家認同「宜蘭株」符合亞洲型霍亂「異型株」的條件，並將成果發表於學術大會上。

當時，臺北醫學專門學校教授丸山芳登博士發現，該年流行於臺北的菌株與宜蘭的菌株不同菌型，兩者也異於東京的標準菌株型。易言之，臺灣與日本兩地的霍亂分別屬於三種不同菌株型。因此，自從「竹

內菌」的研究被公認以來，臺北、宜蘭兩地的流行，與學術界公認的「一流行一菌型」理論相違背，也是自 Koch 發現霍亂致病單一菌型 30 年後，其學說首度遭到挑戰[168]。

1913 年，由於日本國內與臺灣所流行的菌型不同，於是，高木村山引用 Castellani 的觀點，認為霍亂弧菌確實具有不同菌型的證據。

同年，壁島為造將霍亂弧菌區分為「原型菌」與「異型菌」，進行凝集反應試驗後發現，原型菌株在血清中呈現高度凝聚現象，而異型菌株在血清中呈現微弱的凝聚現象[169]。

1916 年，基隆、臺北兩地發生小規模流行。

1917 與 1918 年，各出現 1 名疑似病例，經過細菌培養試驗結果後，確認為罹患亞洲型霍亂。

1919 與 1920 年，遠東地區遭受霍亂疫情肆虐，臺灣也發生不同區域的大規模流行。日本國內學者，針對當時的菌株加以研究並發表報告，如小田俊郎保留澎湖地區流行時的 10 株病菌標本，這些菌株的生物學性狀各有不同，在免疫學上符合壁島為造「異型菌」的條件。渡邊與河合兩位研究者也認同此觀點，因此，可認為 1919 與 1920 年流行的菌株，應該屬於「異型菌」。

1921 年，全島只有發生 1 例亞洲型霍亂患者，但是，沒有留下更詳細的紀錄。

1924 年，丸山芳登、洪蘭也發現日本橫濱及神戶地區爆發流行時，所篩檢出來的霍亂菌種，與上海、青島所篩檢出來的菌種相同，都是屬於霍亂「異型菌」株；10 月，由福州抵達臺灣的發病者中，也曾採集到兩株異型菌株。因此，據推測，是年中國流行的亞洲型霍亂大部

---

168 窪田一夫，〈臺灣ニ於ケル「コレラ」ノ疫學的觀察—前編（疫史編）（附表）〉，《臺灣醫學會雜誌》，34:367，1935，頁 1721-1722。

169 桐林茂，〈コレラ早期診斷ニ關スル研究補遺　第二篇　殊ニ「ペプトン」水ヲ「メデイウム」トスル溶菌反應試驗法ニ就テ〉，《臺灣醫學會雜誌》，31:320，1931，頁 1181-1207。

分是異型菌所導致[170]。

在霍亂菌株的分離上。1925年，丸山芳登、洪蘭兩位學者從臺北的霍亂發病者及帶原者身上共分離出6種霍亂菌株，從生物學及免疫學的研究實驗發現，其中，有5種菌株屬於同一型菌屬，另一種是異型菌屬。這兩種菌屬經證實都是源自於福建[171]。

在霍亂菌株與血清學研究的實例方面。1925年9月26日，在臺北市綠町一の十一號的旅館內，一位從福州乘船至基隆的臺人旅客突然發生嚴重下痢症狀，迅即心臟衰竭死亡，死因不明。9月30日，曾投宿在同一旅館發病者隔壁房間的三宅秀市也發生同樣症狀，旋亦死亡；10月1日，與三宅同居一室的中田留吉也發病，隔兩日後死亡。10月4日，住在川端町的遠藤龍太郎發病，翌日死亡。

短短一週左右出現4位死亡案例，引起警察與衛生單位的重視，由臺北州細菌檢查所負責，追蹤調查及屍體解剖後證實，前述的3位日人死者均因罹患亞洲型霍亂而發病死亡。

為了釐清霍亂弧菌來源，衛生單位全面清查曾居住過綠町一の十一號旅館內的房客及週邊地區。不久，10月6日，住在新莊郡和尚州庄的李神道，由福州乘「溫州丸號」輪船來到淡水，經檢查後證實為帶原者；10月8日，曾寄宿過綠町一の十一號旅館內的林福全及李氏招兩人，經檢查後，也證實成為帶原者[172]。

標準型霍亂弧菌株的研究與檢驗。1925年，丸山芳登、洪蘭兩位研究者，以該年東亞各地區首位發病患者身上所採集的霍亂弧菌株作為研究，分別稱為「東京菌株」、「橫濱菌株」、「長崎菌株」、「上海菌

170　丸山芳登、洪蘭，〈今次臺北附近ニ發生シクル「コレラ」菌型ニ就テ〉，《臺灣醫學會雜誌》，25:259，1925，頁986-987。

171　丸山芳登、洪蘭，〈本年臺北ニ發生シタル「コレラ」菌株ニ就テ〉，《臺灣醫學會雜誌》，24:248，1925，頁1052。

172　臺灣總督府警務局編，《大正八、九年「コレラ」病流行誌》（臺北：編者，1922），頁12。

株」，以及在臺北發病的「三宅菌株」、「中田菌株」、「遠藤菌株」、「林氏菌株」、「李氏菌株」等 9 種菌株。此外，還有海軍軍醫學校教官壁島為造提供 1914 年的「コルフー菌株」，宜蘭醫院院長森滋太郎提供 1912 年的「宜蘭菌株」，1917 年停泊在基隆的宇品丸號輪船船員百武身上分離出的「百武菌株」，1919 年由福州來臺旅客的「木津菌株」等。壁島博士主張將免疫反應與凝集反應納入實驗，以便區分各種霍亂菌型。

因此，當時可供作檢驗樣本者共有 13 種菌株型。

這些菌株所進行的實驗包括有：（1）對於動物紅血球溶血性毒素的強弱；（2）霍亂弧菌本身液化性的強弱；（3）在牛乳中的凝集性；（4）コレラ紅色反應等。

經過反覆的細菌培養及實驗後，丸山芳登、洪蘭兩位學者作出如下結論：（1）1925 年，臺北發病者所採集的菌株，對於實驗用モルモット（Guinea Pig，天竺鼠）具有極為顯著的毒性；（2）1925 年，臺北地區發病者及帶原者的菌株證實由福州所傳入[173]。

1925 年時，臺灣發生小規模霍亂流行。該年，為了確定霍亂弧菌的菌型，丸山芳登與洪蘭在實驗中，採用 1916 年的宇品丸號發病船員「百武株」，以及 1919 年的臺北首位發病者「木津株」等 2 種菌株，作為實驗用標準菌株樣本。

依據報告，1925 年時，臺北市受到霍亂感染的共有 6 人，其中，發病死亡 3 人，其他 3 人為帶原者，經治療後痊癒。

就地區別觀之，臺北市綠町共有發病者 2 人、帶原者 2 人，據調查，病菌來源是由福州來的「異型菌」；川端町有發病者 1 人，病菌來源不明，經檢驗後證實為屬於「異型菌」；外和尚庄有帶原者 1 人，病菌來源是從福州經由淡水散播至當地，經檢驗後證實為屬於「原型

173　丸山芳登、洪蘭，〈大正十四年臺北ニ發生セル「コレラ」菌株イ就テ〉，《臺灣醫學會雜誌》，24:249，1925，頁 1136-1142。

菌」。

由此可知，從福州散播至臺灣的菌株有「異型菌」與「原型菌」兩種。

最後，在實驗室進行各項反應試驗。在細菌的生物學性狀方面，比較 1925 年所分離出的菌株與歷年保存的菌株，關於溶血量多寡、Gelatin 液化性強弱、コレラ紅色反應強弱、牛乳凝固性強弱、動物實驗毒性強弱等項，新分離的菌株之反應結果都比較弱；免疫反應方面，凝集反應與補體結合反應的結果均符合壁島氏的菌型分類[174]。

1926 年，臺北市區及近郊發生小規模流行，由洪蘭作成研究報告。

本次流行共有發病者 16 人、帶原者 10 人。在實驗室中，洪蘭將這 26 人的菌株分離後，發現全部屬於同一種菌型，與壁島氏所分類的「異型菌」特徵相符；這些異形菌株與原形菌株的最大差別，在於凝集價高低的差異。

因此，洪蘭推測，該年中國地區所流行的菌株應該屬於「霍亂異型菌」，由上海、青島等地入侵臺灣，以及日本的神戶、橫濱一帶[175]。

（二）歐洲的細菌學培養成果與借鏡

1909 年，俄國科學家採用了「霍亂菌血球毒素檢驗法」，辨別是否為亞洲型霍亂陽性菌。他採集 1908 年俄羅斯霍亂流行時的 70 餘株菌種，然後，使用山羊或閹羊的血球作為實驗基質，測試霍亂菌毒素對於血球的破壞性，用以鑑別是否為真性的亞洲型霍亂弧菌。

在日本，福原義柄重複驗證該項實驗，他分別採集 1908 年大阪、1909 年停泊在木津川的輪船上流行霍亂時的菌種，並分別命名為「大

---

174 窪田一夫，〈臺灣ニ於ケル「コレラ」ノ疫學的觀察―前編（疫史編）（附表）〉，《臺灣醫學會雜誌》，34:367，1935，頁 1721-1723。
175 渡邊義政，〈昭和 6 年 8 月神戶港ニ侵入シタル「コレラ」菌株〉，《臺灣醫學會雜誌》，30:319，1931，頁 1161。

阪株」、「木津株」等，同樣以山羊血球作為毒素測試。

　　經比較後發現，俄國與日本兩地實驗的結論為：「如果該種實驗菌能對紅血球產生破壞性毒素，便是真性的亞洲型霍亂菌」[176]。

　　1915 年 6 月 30 日的〈獨乙醫事週報〉上，Phosphor Hans 也發表關於霍亂弧菌的培養試驗新改良法。

　　由於人類的排泄物中存在許多種類的細菌，日本學者遠藤氏利用前述方法改良後，以「フクシン（Fuchsin，洋紅）寒天培養基」培養大腸菌、窒扶斯（腸傷寒）菌、パラチフス（副腸傷寒）菌、赤痢菌等，其調製方法為：「使用 10% 無水蘇打並加入強亞兒加里、20% 蔗糖液、20% デキストリン（Dextrin，葡聚糖）液，10% 亞硫酸蘇打等，共同加熱 30 分鐘消毒以後，對於輕症的霍亂菌陽性患者，能獲得較佳的培養結果」[177]。

　　在這種培養基中，起初，霍亂菌落呈現黃褐色的ブラッテ（blot，漬），經過 10 個小時後，菌落變成無色；再經過 15-20 個小時後，呈現邊緣透明而中間亮紅色的菌落[178]，更有助於細菌病理學的檢查。

　　為了更有效培養排泄物當中的霍亂弧菌，1916 年，德國兩位科學家共同發表，在寒天培養基中加入強亞兒加里（鹼），或以無水蘇打溶液 5-5.5 公克，加入培養基中，可以有效抑制糞便中其他菌種（尤其是大腸菌）的發育，所以能促進霍亂菌的凝集，而更方便觀察[179]。

（三）日本及臺灣的亞洲型霍亂弧菌培養純化之改良

　　許多研究者發現，當實驗室內進行糞便的霍亂弧菌培養時，許多大

176 福原義柄，〈虎列剌菌ノ血球毒形成〉，《臺灣醫學會雜誌》，8:86，1909，頁 723。
177 エトワルド・ベッチワフイル，〈アロンソン及ランゲノ新タン案出シタル虎別拉培地ニヨル細菌學的虎列拉診斷〉，《臺灣醫學會雜誌》，15:166，1916，頁 730。
178 ハンス・アロンリン，〈細菌學的虎列拉診斷ノ一新法〉，《臺灣醫學會雜誌》，15:166，1916，頁 729-730。
179 エトワルド・ベッチワフイル，〈アロンソン及ランゲノ新タン案出シタル虎別拉培地ニヨル細菌學的虎列拉診斷〉，《臺灣醫學會雜誌》，15:166，1916，頁 730。

腸菌屬的腸道共生菌往往也會同時繁殖，造成觀察之不易。如：ヂユドンネ（Dieudonné）、ピロン（Pyrone，吡喃酮）法培養基，以及德永、押田、稻松、照內、肥田、豐島等人所發表的培養基，均有上述的缺點。

1917 年，海軍軍醫少監壁島為造，為了達成海港簡易所快速檢驗目標，發展出了「ヘモクロビン（血紅素）越幾斯曹達寒天培養基」。壁島所發表的培養基製作方法如下：「以『鹽野株式會社』所出產的ペプトン水作為基質，加入寒天溶解 3% 的中性肉汁、18% 的結晶碳酸蘇打水 100 公克，以上先煮沸 10 分鐘後，冷卻至 50℃左右，再加入筱田株式會社出產的ヘモクロビン（血紅素）越幾斯 50 公克，以 0.9% 的生理食鹽水溶解後，置於孵卵器內 30 分鐘，乾燥後備用。」[180]

經過臨床驗證後發現，壁島所研發的「ヘモクロビン越幾斯曹達寒天培養基」，足以應付一天 700 件以上的檢體。此外，在曾經檢驗過的 10,878 件檢體中，曾正確分離出霍亂特殊菌種 58 件、特殊菌種帶原者 15 人[181]。對於霍亂流行時的預防甚有裨益。

1922 年，洪蘭糅和了歐洲、美國、日本等地的研究成果後，研發出新的霍亂菌分離培養基，其製作方法如下：「以『照內株式會社』所生產的ペプトン水 3.0 毫升、食鹽 0.5 公克、寒天 3.0 公克、蒸餾水 100.0 毫升」等調製，加熱滅菌後，可以保存 3-4 週，比其他的培養基保存時間更久。

以此培養基進行糞便霍亂弧菌繁殖，霍亂弧菌菌落會形成淡紅色的圓形凸起物、周圍有一圈透明帶，是與普通大腸菌、腸傷寒菌、A 與 B 型副腸傷寒菌等最大的區別及特徵；其他的腸道共生菌，如化膿性球菌

---

180 洪蘭，〈新タ二考案セル虎列拉菌鑑別培地二就テ〉，《臺灣醫學會雜誌》，21:223，1922，頁 307-310。
181 壁島為造，〈予ガ「コレラ」特異培地ノ材料二就テ〉，《臺灣醫學會雜誌》，16:172，1917，頁 144-145。

屬、赤痢菌屬、枯草桿菌屬等，菌種的繁殖則明顯受到抑制，對於霍亂弧菌菌落的個別觀察均有莫大助益[182]。

　　1925 年，中條銳一進行動物實驗，以天竺鼠為對象所作的霍亂弧菌感染實驗研究發現，若將霍亂弧菌注入消化道之後，霍亂弧菌在天竺鼠的腹腔內會迅速繁殖擴散，而造成菌血症，不久後，這些細菌全部死亡，分別透過尿液及膽汁而被排泄掉。

　　因此，在霍亂帶原者的消化道黏膜病竈實驗上，會造成臨床、病理解剖及免疫學上的疑點而遭受批評[183]。

（四）非典型霍亂弧菌的發現

　　1917 年，南崎雄七採用ナイセル（奈瑟，Neisser）氏染色法，針對 31 種霍亂弧菌及類霍亂弧菌進行實驗後，發現有 6 種極小型菌種並不屬於「エルトール」（El Tor biotype，埃爾托）型菌種，卻是 1916年，在臺灣流行的特殊型菌種。這些菌種與實扶垤里（白喉）菌的極小型菌種相當類似，如果使用ブイヨン（Bouillon，牛肉類的清湯）培養足夠的時間，菌落便發育至足夠數量便於提供觀察實驗[184]。

（五）霍亂弧菌與其他腸道病原菌存活時間的比較

　　研究病原菌存活時間，有助於衛生單位實施傳染病病源的消毒及預防。

　　1924 年，渡邊邊、可谷實人曾進行消化道傳染病原菌的存活時間研究，這些病原菌分別置放於純尿液及單純試管兩種環境中加以實驗觀察。

182　洪蘭，〈新タニ考案セル虎列拉菌鑑別培地ニ就テ〉，《臺灣醫學會雜誌》，21:223，1922，頁 307-310。
183　中條銳一，〈コレラ保菌益候及「バトゲネーゼ」ニ關スル實驗的研究〉，《臺灣醫學會雜誌》，24:244，1925，頁 680。
184　南崎雄七，〈虎列拉菌極小體ニ就テ〉，《臺灣醫學會雜誌》，16:175，1917，頁337。

在單純試管當中，各種病原菌的存活時間，依次如下：霍亂弧菌最短、只有 15 天，A 型副腸傷寒（paratyphus A）菌為 109 天，赤痢原型菌為 116 天、B 型副腸傷寒（paratyphus B）菌為 117 天，腸傷寒（typhoid）菌為 125 天，赤痢異型菌（第四型）為 142 天，赤痢異型菌（第二型）為 162 天。

在純尿液中，各種病原菌的存活時間依次如下：霍亂弧菌仍然最短、只有 4 天，A 型副腸傷寒菌為 32 天，腸傷寒菌為 65 天，B 型副腸傷寒菌為 66 天，赤痢原型菌為 91 天，赤痢異型菌（第二型）為 99 天，赤痢異型菌（第四型）為 105 天[185]。

由此可知，霍亂弧菌的生命力相當脆弱，經過殺菌與消毒後，即能有效加以防治。

三、亞洲型霍亂的併發症與疑似症

亞洲型霍亂除了導致人體發生劇烈的上吐下瀉症狀外，也曾經發現膽囊炎的病例；此外，動物身上的霍亂弧菌是否會傳染給人而發病，也是亟待研究之課題。

（一）霍亂弧菌與膽囊炎

1910 年，俄羅斯流行亞洲型霍亂之際，當地醫師解剖了 430 具的死亡遺體以後發現，所有遺體的膽汁中，全部挾帶有霍亂弧菌；其中，42 例有明顯併發膽囊炎的現象[186]。

1912 年，横川定檢查一名罹患霍亂而死亡病例的遺體，也發現膽囊中存在大量的霍亂弧菌，因此，霍亂弧菌與膽囊之間的關係有必要繼

---

185 渡邊邊、可谷實人，〈チフス菌、バラチフス菌、赤痢菌竝ニ「コレラ」菌ノ糞便中ニ於ケル運命〉、〈虎列剌豫防注射ニ就テ（抄）〉，《臺灣醫學會雜誌》，24:240，1925，頁 303。

186 C. Defressin，〈虎列拉菌ノ膽囊中現出ニ就テ〉，《臺灣醫學會雜誌》，11:120，1912，頁 959。

續深入研究[187]。

1913 年，福島久之以家兔從事動物實驗，所得結論如下：

（1）將霍亂弧菌直接注射進家兔的膽囊後，細菌能長期存活。

（2）將霍亂弧菌注射進家兔的靜脈後，在膽囊內可以發現少數霍亂弧菌。

（3）寄生在家兔膽囊內的霍亂弧菌會持續發生變種現象。

（4）在凝集反應試驗上，變種後的霍亂弧菌與原始菌種的性狀完全不同。

（5）變種後的霍亂弧菌在人工培養基中會保持原來的性狀，不再發生變異[188]。

由此可知，動物或人類的膽囊正是亞洲型霍亂弧菌絕佳的寄生與繁殖場所。

（二）人畜共通傳染的霍亂菌

1917-1920 年，東歐、近東等地曾經發生多次亞洲型霍亂流行，Neukirch、Weil u. saxl、Hirschfeld 等人調查後發現，在巴爾幹半島、小亞細亞及俄羅斯等地，從許多位疑似「副腸傷寒症」（Para-typhus）患者身上，陸續發現疑似「豬霍亂菌」的病原菌。

1921 年，Andrews 與 Neave 在倫敦 Parestina 地方，從一名戰爭返鄉的士兵身上採集到「豬パラチフス C 菌」。

因此，「豬霍亂菌」與「豬パラチフス菌」是人畜共通病原菌的論點，逐漸被接受而廣泛研究[189]。

---

187 堀內次雄，〈本年臺北市街二於テ流行セル虎列拉病二付テ追加〉，〈本年臺北市街二於テ流行セル虎列拉病二付テ〉，《臺灣醫學會雜誌》，11:121，1912，頁 1046。

188 福島久之，〈「コレラ」菌ノ家兔膽囊內保存及ビ家兔膽囊內二保存セラレタル「コレラ」菌性狀ノ變化（第一報告）〉，《臺灣醫學會雜誌》，12:132，1913，頁 743-744。

189 杉田慶介，〈チフス樣患者ヨリ檢出セル豚コレラ菌二就テ〉，《臺灣醫學會雜誌》，32:337，1933，頁 467-474。

1922 年，日本醫師發現東京市的亞洲型霍亂患者身上，首先分離出 Para-typhus K 型菌的存在。

1925 年，Uhlenhuth 等人，在「德國微生物學會第十一次大會」上報告，發現「Para-typhus B 型菌」與豬霍亂菌，經過培養後，在免疫學反應上的型態極為類似，兩者的判別有其困難度。

同年，日本軍醫報告，在中國東北的「滿鐵守備隊」軍人中，爆發了「Para-typhus B 型」（副腸傷寒 B 型）的流行，經過細菌分離培養後，也發現與豬霍亂菌的型態極為類似[190]。

（三）小腸內寄生蟲所導致的類霍亂下痢

1926 年，歐洲醫學期刊上刊載 M. Beck 的報告，描述德屬東非洲殖民地一名 18 歲鐵路官員，在某日清晨突然發生嘔吐，並下痢 4 至 5 次；此後，每經過 10 至 15 分鐘，便會感覺到肛門裏急後重及腸道痙攣，然後立刻發生下痢，糞便中則雜有黏液性血液及膿球。至中午，陸續出現小腿腓腸肌痙攣、四肢冰冷、皮膚乾燥皺襞蒼白、脈搏徐緩、心跳稍快而無雜音、腹部凹陷而疼痛拒按等症狀，體溫則為 35.3℃。

藉由顯微鏡檢查發現，該名患者的糞便檢體中多半是黏液、膿球及腸上皮細胞；治療時，經由溫罨法並給予牛乳、茶汁後，下痢次數明顯減少，體溫回升至 36.3℃後，不久即痊癒。

據該名患者主述，在發病前數天曾食用過麵包及マンゴースープ（mango soup，芒果汁），極有可能這兩樣食物曾受到老鼠的污染，細菌藉由食物而造成小腸感染，出現上吐下瀉症狀[191]。

190　土持勝次、洪蘭，〈B 型パラチフス樣患者ヨリ分離シタル豚コレラ菌ノ一例ニ就テ〉，《臺灣醫學會雜誌》，32:337，1933，頁 505-513。
191　M. Beck，〈小腸「ランブリア」ニヨル「コレラ」樣疾患〉，《臺灣醫學會雜誌》，25:260，1926，頁 1076-1077。

四、亞洲型霍亂的流行病學研究

本階段的大流行年發生於 1919 與 1920 年，茲據流行率、時間、區域、人群及氣候等方面加以討論。

（一）流行率與流行期

從霍亂流行的統計可知，1919（大正 8）年，霍亂發病數為每萬人口中占 10.57 人（10.57/10,000）；1920（大正 9）年，霍亂發病數為每萬人口中占 7.27 人（7.27/10,000）。由此可見，1919 與 1920 年發病情形如何駭人聽聞[192]。

就霍亂發病數與法定傳染病總數之比例觀察之。1919 年，全島傳染病總患者數為 6,035 人，霍亂即占 64.51%；1920 年，全島傳染病總患者數為 4,838 人，霍亂即占 57.16%。易言之，1919 與 1920 兩年，在所有法定傳染病患者中僅霍亂一項就超過全數的一半，甚至達到六成以上[193]。

就流行月分觀之。1919 年，霍亂流行月分為 7 月至 11 月，該年的流行曲線極為陡峻。初發時為 7 月，占全年發病數的 3.89%，八月，疫情急速上升至 33.60% 的巔峰，爾後漸次減少，11 月，發病率為 8.61%。此外，該年的霍亂病原菌還被區分為三大系統（臺北系統、臺南系統、澎湖系統），以利於觀察。

（1）臺北系統傳染源：疫情在 7 月分爆發，占全年發病數的 2.15%；8 月，躍升至最高的 64.13%，9 月為 31.13%，10 月，驟減為 3.25%[194]。

---

192 窪田一夫，〈臺灣ニ於ケル「コレラ」ノ疫學的觀察—後編（疫理編）〉，《臺灣醫學會雜誌》，34:368，1935，頁 1792。

193 臺灣省政府行政長官公署統計室編印，《臺灣省五十一年來統計提要》（南投：編印者，1946），頁 1271-1275。

194 臺北市衛生課，《臺北市衛生設施要覽（昭和九年度）》〈傳染病流行狀況及び豫防施設〉（臺北：編者，1935），頁 63-66。

（2）臺南系統傳染源：發病月分為 7 月至 11 月，流行期長達 5 個月之久。7 月發病率為 2.96%，8 月發病率為 6.24%，9 月發病率上升為 29.59%，10 月發病率達到最高峰的 45.34%，11 月驟減為 16.43%[195]。

比較臺北系統與臺南系統的發病月分曲線顯示，同樣在 7 月分爆發疫情，但臺北系統傳染源在 8 月就達到顛峰，10 月疫情止息；臺南系統傳染源則延續至 10 月才達到顛峰，11 月疫情便止息。

（3）澎湖系統傳染源：7 月，疫情爆發且達到顛峰，中間一度衰退，11 月疫情復燃，又造成多人發病[196]。

1920 年，霍亂的發病月分為 4 月至翌年的 1 月，蔓延時間長達 10 個月。若就月別觀之，4 月至 7 月時，患者曲線呈微幅上揚情形；8 月時，急速竄升，達到最高峰的 30.15%，9 月下降至 19.80%，10 月再度上升達於次高的 28.24%，11 及 12 月大幅下降而至於止息。除了臺中州的蕃地（原住民地區）至隔年 1 月還有疫情以外，本年的流行到 12 月便停止[197]。

本年流行曲線的特性，是 8 月及 10 月出現兩個高峰（雙峰現象），其他月分趨於平緩，與前幾年的流行曲線較為不同[198]。

此外，該年的霍亂病傳染源也可以區分為三大系統（臺南系統、高雄系統、澎湖系統）。

（1）澎湖系統：患者數少，且全部發生在 1 個月之內[199]。

---

195 臺南州衛生課，《臺南州衛生概況（昭和十三年度）》〈防疫〉（臺北：臺灣日日新報社，1938），頁 70-72。

196 澎湖廳衛生課，《澎湖廳第一回保健衛生調查書（昭和四年度）》〈總括的調查及傳染病〉（臺北：臺灣日日新報社，1929），頁 2-5。

197 臺中州衛生課，《臺中州保健衛生調查書（第一回乃至第十二回）》（臺北：臺灣日日新報社，1933），頁 16。

198 臺灣總督府官房調查課編，《臺灣人口動態統計記述報文（大正八年）》（臺北：編者，1921），頁 28-33。

199 臺灣總督府警務局編，《大正八、九年「コレラ」病流行誌》（臺北：編者，1922），頁 81。

　　（2）臺南系統：5月時爆發疫情，6、7月呈現微幅上揚，8月，急速竄升至全年總患者數的 34.40%，9月與 10月減少為 21.20% 與22.88%，11月為 7.10%，12月時疫情消退[200]。

　　（3）高雄系統：4月爆發疫情，5月發病率為 10.84%，6月時減少為 3.61%，7月反而未見疫情。8月，疫情復燃，發病率為 1.2%，9月為 10.54%，10月疫情暴增至 57.49% 的巔峰，11月減少至 5.72%，12月疫情完全止息[201]。

　　可見，該年度臺南與高雄兩種系統流行的情況是完全不同的。

　　若以每萬人口數的霍亂病死亡率與全年總死亡率觀察比較。1919年，霍亂每萬人口死亡數為 7.40（7.4/10,000）人、同年每萬人口總死亡數為 272.67（272.67/10,000）人，霍亂死亡率占全年總死亡數的2.72%。

　　1920年，霍亂每萬人口死亡數為 4.49（4.49/10,000）人、同年每萬人口總死亡數為 325.26（325.26/10,000）人，霍亂死亡率占總死亡數的 1.40%[202]。

　　易言之，1919、1920年，全臺灣每萬個死亡人口中，分別有 272人與 140人因霍亂而亡故，可見該兩年度霍亂流行之劇烈[203]。

　　霍亂屬於法定傳染病之一。關於霍亂在全部法定傳染病中的比率：1919年為 87.61%，1920年為 75.83%。由此可知，1919與 1920兩年霍亂流行之猖獗[204]。

---

200 臺南州衛生課，《臺南州衛生概況（昭和十三年度）》〈防疫〉（臺北：臺灣日日新報社，1938），頁 71、75。

201 高雄州警務部衛生課，《臺南州衛生要覽（昭和九年度）》〈傳染病〉（高雄：編者，1936），頁 66-67。

202 臺灣總督府警務局編，《大正八、九年「コレラ」病流行誌》（臺北：編者，1922），頁 82。

203 臺灣總督府官房調查課編，《臺灣人口動態統計（大正十五年）》（臺北：編者，1927），頁 104-295。

204 臺灣總督府警務局編，《臺灣の衛生（昭和十四年）》〈傳染病患者百に付死亡累年

（二）大流行年之區域差異

依各廳別流行率觀之。1919（大正 8）年，全臺灣都受到肆虐，其中以臺北廳占 43.2% 最為嚴重，其次依序為臺南廳的 27.1%、臺東廳的 14.8%，桃園、嘉義、阿緱、澎湖等廳的流行率均不及 5%[205]。

1920 年，霍亂主要侵犯中南部地方，臺南州的流行率為 48.3%，臺中州的流行率為 38.0%，高雄州的流行率為 13.6%[206]。

就臺灣霍亂大流行年，各行政區患者數與百分比統計比較：

1919 年，全臺灣霍亂患者共有 3,836 人。各廳別患者總數與患者分率依次為：臺北廳的總患者數為 1,656 人（43.2%），臺南廳的總患者數為 1,039 人（27.1%），臺東廳的總患者數為 568 人（14.8%），嘉義廳的總患者數為 183 人（4.8%），阿緱廳的總患者數為 144 人（3.8%），桃園廳的總患者數為 98 人（2.6%），澎湖廳的總患者數為 72 人（1.9%），新竹廳的總患者數為 41 人（1.1%），臺中廳的總患者數為 34 人（1.0%），宜蘭廳的總患者數為 1 人（0.028%）。因此，該年的疫情仍然是集中於北部地區[207]。

1920 年，全臺灣霍亂患者共有 2,670 人。各廳別患者總數與患者分率依次為：臺南州的總患者數為 1,289 人（48.3%），臺中州的總患者數為 1,016 人（38.0%），高雄州的總患者數為 362 人（13.6%），臺北州的總患者數為 3 人（0.1%）[208]。顯示本年度的流行以中南部為主。

關於死亡數統計，1919 年，全臺灣霍亂死亡總數為 2,693 人，總

比較〉（臺北：編者，1939），頁 6。

205 臺灣總督府警務局編，《臺灣の衛生》〈臺灣衛生四十年の概觀〉（臺北：編者，1937），頁 3-4。

206 臺灣總督府警務局編，《臺灣の衛生（昭和十四年）》〈傳染病患者及死者累年比較〉（臺北：編者，1939），頁 6。

207 臺灣總督府警務局編，《臺灣の衛生（昭和十四年）》〈州廳別傳染病患者及死者〉（臺北：編者，1939），頁 10。

208 臺灣總督府警務局編，《臺灣の衛生（昭和十四年）》〈州廳別傳染病患者及死者〉（臺北：編者，1939），頁 12。

死亡率為 70.20%。各地死亡數與死亡率依次為：臺北廳死亡數為 1,377 人（83.15%），臺南廳死亡數為 665 人（64.00%），臺東廳死亡數為 321 人（56.52%），阿緱廳死亡數為 94 人（65.28%），嘉義廳死亡數為 82 人（44.81%），桃園廳死亡數為 71 人（72.45%），新竹廳死亡數為 28 人（68.29%），澎湖廳死亡數為 28 人（38.89%），臺中廳死亡數為 26 人（76.47%），宜蘭廳死亡數為 1 人（100.00%）[209]。

1920 年，霍亂主要流行於中南部，各州的死亡率相近，全臺灣霍亂死亡總數為 1,675 人，總死亡率為 62.73%。各地死亡數與死亡率依次為：臺南州死亡數為 783 人（60.75%），臺中州死亡數為 651 人（64.07%），高雄州死亡數為 238 人（65.75）%，臺北州死亡數為 3 人（100.00%）[210]。

此外，1919 年霍亂病原菌還可以進一步區分為三大系統，不因受限於行政區劃的藩籬而失去客觀性：（1）臺北系統傳染源：發病者共有 1,830 人、死亡 1,503 人，死亡率高達 82.13%；（2）臺南系統傳染源：發病者共有 1,934 人、死亡 1,162 人，死亡率為 60.08%，比臺北系統傳染源低；（3）澎湖系統傳染源：發病者共有 72 人、死亡 28 人，死亡率為 38.89%，是三種傳染源系統中死亡率最低的。

1920 年的霍亂疫情主要肆虐於中南部地區，同樣區分為三大系統：（1）臺南系統傳染源：發病者共有 2,308 人、死亡 1,437 人，死亡率為 62.26%；（2）高雄系統傳染源：發病者共有 332 人、死亡 234 人，死亡率為 70.48%；（3）澎湖系統傳染源：發病者共有 30 人、死亡 4 人，死亡率為 13.33%，是三種傳染源系統中死亡率最低者[211]。

---

209 臺灣總督府警務局編，《臺灣の衛生（昭和十四年）》〈傳染病患者及死者累年比較〉（臺北：編者，1939），頁 7。

210 臺灣總督府警務局編，《臺灣の衛生（昭和十四年）》〈州廳別傳染病患者及死者〉（臺北：編者，1939），頁 12。

211 臺灣總督府警務局編，《大正八、九年「コレラ」病流行誌》（臺北：編者，1922），頁 85。

　　由以上比較可知，由行政區域觀察死亡率，以及由三大傳染源系統觀察死亡率，其中具有相當大的差異。以臺北系統的死亡率最高，其次為高雄、臺南系統傳染源。

（三）大流行年與人群之關係

　　就臺灣的種族觀之，絕大多數是臺灣人，其餘為日本人、外國人（全數為中國人）、蕃人（原住民）等。

　　1919年，日人患者占4.72%、臺人患者占93.48%；1920年，日人患者占2.36%、臺人患者占97.49%。日人患者所占比率明顯偏低，蓋因日本人在臺數目遠不及臺灣本地人[212]。

　　關於原住民部落之間的流行，據可靠之記載，曾經發生的地區為1919年臺東廳的馬蘭社爆發大流行；1920-1921年臺中州的バブル社、ルサン社、ヒーラウ社等[213]。

　　進一步統計各族群每萬人口的發病率。

　　1919年，日本人發病率為每萬人口11.8人（11.80/10,000），臺灣人發病率為每萬人口10.38人（10.38/10,000），比例相當接近；外國人發病率則為每萬人口30.15人（30.15/10,000）[214]。

　　1920年，日本人發病率為每萬人口3.78人（3.78/10,000），臺灣人發病率為每萬人口7.48人（7.48/10,000），臺灣人的發病比例超過日本人；外國人發病率為每萬人口1.61人（1.61/10,000）[215]。

　　就霍亂發病數占總傳染病患者數比率觀之。1919年，日本人霍亂發病數占10.39%（傳染病總患者數1,656人，霍亂患者數181人），臺灣人霍亂發病數占85.00%（傳染病總患者數4,219人，霍亂患者數

———

212　陳紹馨，《臺灣的人口變遷與社會變遷》（臺北：聯經，1992），頁125。

213　《大正十三年臺中州統計摘要》（臺北：臺灣日日新報社，1926），頁412。

214　《大正十三年臺中州統計摘要》（臺北：臺灣日日新報社，1926），頁412。

215　臺灣總督府官房調查課編，《臺灣人口動態統計（大正九年）》（臺北：編者，1922），頁100-288。

3,586 人）[216]。

1920 年，日本人霍亂發病數占 6.62%（傳染病總患者數 952 人，霍亂總患者數 63 人），臺灣人霍亂發病數占 70.09%（傳染病總患者數 3,714 人，霍亂總患者數 2,603 人）[217]。

由此可見，1919、1920 兩年，臺灣全年傳染病患者中，以臺灣人罹患霍亂為主要疾病，比例高達七、八成。

關於霍亂發病者的性別。首先，觀察在臺日本人的情形。1919 年的流行，男性占 52.53%、女性占 47.47%，男性比女性略多 5.06%。1920 年的流行，男性占 46.22%、女性占 53.78%，男性反而比女性少 7.56%。1919 年的流行，男性占 65.75%、女性占 34.25%；1920 年的流行，男性占 82.54%、女性占 17.46%。男性遠多於女性的原因在於日本人發病數少[218]。

其次，臺灣人部分。1919 年的流行，男性占 51.12%、女性占 48.88%，男性又略多於女性；1920 年的流行，男性占 45.26%、女性占 54.74%，女性反多於男性[219]。

接著，關於霍亂患者的年齡層分布。1919 與 1920 年的年齡曲線起伏不大，比 1902 年平緩許多。

1919 年的死亡率曲線呈現特殊的「V」字形：0-5 歲的死亡率為 69.92%、5-10 歲的死亡率為 65.03%、10-20 歲的死亡率達到最低的 46.02%、20-30 歲的死亡率為 63.41%、30-40 歲的死亡率為 71.58%、40-50 歲的死亡率為 77.63%、60 歲以上的死亡率達到最高的 92.24%。

---

216 臺灣總督府警務局編，《大正八、九年「コレラ」病流行誌》（臺北：編者，1922），頁 86。
217 臺灣總督府警務局編，《大正八、九年「コレラ」病流行誌》（臺北：編者，1922），頁 87。
218 臺灣總督府警務局編，《臺灣の衛生（昭和十四年）》〈傳染病患者百に付死亡累年比較〉（臺北：編者，1939），頁 6。
219 臺灣總督府編，《臺灣事情（大正九年）》（臺北：編者，1920），頁 629-641。

1920 年的死亡率曲線也是呈現特殊的「V」字形，惟「V」字形的最低點出現在 10-20 歲，比 1919 年降低一個年齡層[220]。

綜合統計三個大流行年，各年齡層平均死亡分率也是呈現「V」字形，最低點出現在 10-20 歲的 49.89%；從第一個 0-5 歲年齡層的 70.17%，漸降為 5-10 歲年齡層的 63.55%，至最低點後，死亡率再度攀升，20-30 歲的死亡分率為 60.90%、30-40 歲的死亡分率為 72.09%、40-50 歲的死亡分率為 74.60%、50-60 歲的死亡分率為 81.32%、60 歲以上的死亡分率達到 89.93%[221]。

關於家戶發病數統計分析。1919 年的大流行，一戶中有 1 人發病的戶數占所有總發病戶數的 79.92%，一戶中有 2 人發病的占 12.80%，一戶中有 3 人發病的占 3.85%，一戶中有 4 人以上發病的占 3%[222]。

1920 年的大流行，統計數字也與上一年度相近，一戶中有 1 人發病的戶數占所有總發病戶數的 83.12%，一戶中有 2 人發病的占 10.63%，一戶中有 3 人發病的占 3.74%，一戶中有 4 人以上發病的占 3%；特別的是，原住民部落中出現一戶超過 10 人以上的家族感染，與其他年度不同[223]。

關於職業別發病數，1919、1920 年的大流行時，以從事農業的族群發病數較高。

1919 年的流行時，經過職業別普查後，發病數最高的為農林及牧畜業，有 1,682 人、占 43.85%；其餘依次為從事雜業者 1,011 人、占 26.36%，漁業及製鹽業者 591 人、占 15.41%，商業及交通業者 313

---

220 臺灣總督府官房調查課編，《臺灣人口動態統計（大正十五年）》（臺北：編者，1927），頁 104-295。

221 臺灣總督府警務局編，《臺灣の衛生（昭和十四年）》〈傳染病患者百に付死亡累年比較〉（臺北：編者，1939），頁 6。

222 臺灣總督府警務局編，《大正八、九年「コレラ」病流行誌》（臺北：編者，1922），頁 48-49。

223 臺灣總督府警務局編，《臺灣の衛生（昭和十四年）》〈傳染病患者及死亡率累年比較〉（臺北：編者，1939），頁 9。

人、占 8.16%，工業及製造業者 91 人、占 2.37%；其他還有公務及自由業者 60 人、無業者 88 人等[224]。

　　1920 年的流行，發病數最高的仍為農林及牧畜業，有 1,560 人、占 58.43%，其餘依次為：從事雜業者 751 人、占 28.13%，漁業及製鹽業者 183 人、占 6.85%，商業及交通業者 93 人、占 3.48%，工業及製造業者 38 人、占 1.42%；其他還有：公務及自由業者 38 人、無業者 2 人等[225]。

（四）氣候與大流行年之關係

　　1919 年 8 月，臺南廳紅毛港庄爆發疫情後不久，同月 25、26 日，紅毛港庄受到暴風雨侵襲，病原菌由庄內順著洪流污染了沿海一帶，造成臺南、高雄兩地同時出現霍亂流行。1920 年的大流行之際，8 月 7、8 兩日，臺中州彰化郡因為豪雨氾濫，助長傳染源散播；另外，自 8 月底至 9 月上旬，臺南州受到暴風雨侵襲，造成病原菌迅速擴散[226]。以上都是霍亂疫情與氣候直接關聯的明證。

　　就氣象紀錄觀之。1919 年，臺灣全島都被霍亂疫情肆虐，各地紛紛傳出慘重傷亡，流行時間自 7 月起綿延至 11 月，患者數共有 3,836 人、死亡 2,693 人。以臺北為例，自 7 月至 10 月流行期間的氣象紀錄為最低平均氣壓出現在 8 月的 751.9 millibar，最高平均溫度出現在 7、8 月的 28.4℃ -28.7℃，最低平均濕度也出現在 7 月的 74%，單月最多降雨日數出現在四月的 20 天，單月累計最高雨量出現在 8 月的 369.9 公厘[227]。中部以南地方（臺南、嘉義、阿緱等廳），以臺南為例，自 7

224　臺北州警務部編，《臺北州警務要覽（昭和九年）》〈衛生〉（臺北：編者，1936），頁 207-215。

225　臺灣總督府官房調查課編，《臺灣人口動態統計（大正九年）》（臺北：編者，1922），頁 100-288。

226　臺灣總督府警務局編，《大正八、九年「コレラ」病流行誌》（臺北：編者，1922），頁 68-89。

227　臺灣總督府氣象臺編，《臺灣累年氣象報告》（臺北：編者，1939），頁 1、7、22、

月至 11 月流行期間的氣象紀錄為：最低平均氣壓出現在 8 月的 751.7 millibar，最高平均溫度出現在 6 月的 27.2℃，最高平均濕度出現在 8 月的 86%，單月累計最高雨量出現在 8 月的 654.4 公厘，最多降雨日數出現在 8 月的 18 天[228]。

1920 年，霍亂主要流行於中南部的臺中、臺南、高雄各州，北部地方只有出現零星個案。其中，高雄系統傳染源在 4 月時爆發、臺南系統傳染源在 5 月時爆發，流行時間延續至年底，有一部分傳染源還跨年流行於臺中州的原住民部落，分別觀察當年臺中、臺南、恆春等地方的氣象紀錄為：該年臺中地區最低平均氣壓出現在 7 月的 751.2 millibar，最高平均溫度出現在 7 月的 27.1℃，最高平均濕度分別出現在 3 月、5 月的 86%，最多降雨日數出現在 8 月的 24 天，單月累計最高雨量出現在 9 月的 787.1 公厘[229]。

臺南地區最低平均氣壓出現在 7 月的 751.9 millibar，最高平均溫度出現在 7 月的 27.8℃，最高平均濕度出現在 6 月及 8 月的 87%，單月累計最高雨量出現在 9 月的 830.1 公厘，最多降雨日數出現在 8 月的 24 天[230]。

天候較惡劣的月分大致與霍亂流行患者數出現高峰的時間相符。

日治中期，臺灣本地研究者已經注意到霍亂菌型與柯霍所發現的典型菌種有所不同，並且將大流行時的病原菌加以分類，有助於釐清病源、提升防疫成效。

34。
228　臺灣總督府氣象臺編，《臺灣累年氣象報告》（臺北：編者，1939），頁 82、87、101、114。
229　臺灣總督府氣象臺編，《臺灣累年氣象報告》（臺北：編者，1939），頁 41、47、62、74。
230　臺灣總督府氣象臺編，《臺灣累年氣象報告》（臺北：編者，1939），頁 82、87、101、114。

第五章
日治後期之區域型霍亂與防治之深化
（1927-1945）

本章擬探討日治後期，總督府的防疫措施是否發揮成效？臺灣未再傳出亞洲型霍亂的重大流行與傷亡，僅在局部地方出現小規模流行，是否與民眾之衛生觀念改變有關？當時中國東南沿海一帶及南洋地區，霍亂之大流行有增無已，臺灣總督府儼然成為日本「南進」之基地，配合軍事政策之餘，如何因應華南及南洋各地亞洲型霍亂等惡性傳染病之流行？易言之，即「臺灣防疫經驗」之擴大，是否能夠有效阻絕臺灣遭受境外傳入之霍亂病源？此外，為了解本階段關於「亞洲型霍亂」之科學性研究論文，在質與量上是否超越前兩個階段？因此，將探討本階段總督府之防疫作為。

第一節　霍亂之區域型發生

醫史學研究者認為，本階段的亞洲型霍亂世界性大流行已經止息，此後，歐洲地區逐漸脫離這種疫病的肆虐，然而，殘留在世界各地的病原菌仍然斷斷續續地造成地方性的流行。

一、疑似症與境外移入之病例

1927（昭和2）年，中國華南沿岸流行亞洲型霍亂。8月29日下午，臺北市若竹町一丁目三番地居民河合義三郎發生劇烈上吐下瀉症狀，家人大駭，立刻請兩位醫師診視，初步判斷為急性加答兒（胃

炎），通報州衛生課，由警察醫採集該患者排泄物進行細菌培養，並未
發現任何霍亂弧菌，讓大眾稍安，並囑咐該患者應該注意飲食安全及衛
生[1]。9月1日，由廈門駛來淡水港之帆船「金同發號」上，船員方吉
被臺北細菌檢查所檢驗出為亞洲型霍亂陽性帶原者，港務部獲報後，立
即將方員收容於淡水避病院隔離，「金同發號」徹底消毒，船員全部注
射疫苗並管制上岸[2]。為了避免疫情擴散，臺北州衛生局宣布：淡水地
區官民應協力防疫、海水浴場關閉、嚴禁在淡水河內游泳等[3]。9月27
日，基隆港務部登船檢查進港之「盛京丸」號輪船，篩檢出中國籍乘客
龔桂（江西省撫州府樂安縣人，30歲）為亞洲型霍亂陽性帶原者，即
刻被收容於仙洞隔離室。由於該船計有乘客199人、船員87人，為了
避免船上爆發疫情，衛生單位立刻登船進行全面消毒，並命令全船停泊
港外觀察5天[4]。臺南州的安平、北港等兩處貿易港也同時加強檢疫，
並登記船客上陸以後的去處，以便於追蹤[5]。

　　由於防範得宜，自該年以迄1930年，全臺未出現霍亂陽性發病
者。

　　1931年11月，出現第一位疑似亞洲型霍亂病例報告：在菲律賓近
海捕魚的一位漁民，因發生吐瀉症狀後死亡，依據解剖檢驗，確定為感
染亞洲型霍亂[6]。

1　〈虎列拉非真性、係為陰性，一般宜節飲食、空澤衛生課長談〉，《漢文臺灣日日新
　　報朝刊》第9822號，昭和2年8月31日第四版。
2　〈淡水港對岸帆船發現虎列拉保菌者、直收容避病院〉，《漢文臺灣日日新報朝刊》
　　第9826號，昭和2年9月4日第四版。
3　〈淡水發生虎疫、釣魚水泳務宜禁止、州衛生當局談〉，《漢文臺灣日日新報朝刊》
　　第9826號，昭和2年9月4日第四版。
4　〈盛京丸船客發生真性虎疫、本船消毒後命停港外五日間〉，《漢文臺灣日日新報朝
　　刊》第10579號，昭和4年9月30日第八版。
5　〈安平北港虎疫警戒、船客施行檢便〉，《漢文臺灣日日新報夕刊》第10582號，昭
　　和4年10月3日第四版。
6　臺灣總督府警務局衛生課編，《臺灣の衛生（昭和十二年版）》（臺北：編者，
　　1937），頁92。

　　1932 年 7 月，華南沿海各港口陸續傳出霍亂疫情，臺灣各港口檢疫單位立刻嚴陣以待，因此，只有臺中州梧棲港受到病原菌入侵，共有發病者 17 人、死亡 7 人；此外，經追蹤檢驗發現有帶原者 9 人。疫情延續 10 天後，即宣告解除，其他地區則完全未受到影響[7]。詳情如下：

　　7 月 8 日，一艘由中國泉州駛抵梧棲港的「合興號」帆船，在停泊約 2 天後，10 日，船長突然發生劇烈的上吐下瀉症狀後，旋即死亡。

　　由於死因被懷疑為傳染病，在該船長的糞便檢體中，發現弧菌屬的病菌，利用該病菌標本，進一步從事凝集反應試驗的作用不明顯，以診斷用血清測試也不明顯，無法進一步確認；12 日，同船一名組員也發生類似症狀，糞便檢體也發現弧菌屬的病菌，採用新一代的診斷用血清測試，確認為亞洲型霍亂弧菌。

　　其後，同船組員參加船長的送葬儀式，又造成 15 個人被感染，有 9 人成為帶原者，由於防疫措施得宜，疫情沒有進一步擴散至梧棲街。只有 1 名梧棲街居民因聽聞將被封鎖消毒而心生畏懼，連夜逃離至新竹市，竟然在當地發病身亡，新竹市衛生單位立刻採取消毒防疫措施，有效遏制病原菌擴散[8]。

　　1933 年，臺灣未傳出亞洲型霍亂病例。

　　1934 年，臺北州通報出現一名病例[9]。

　　1943 年 7 月底，高雄州鳳山郡小港庄大林埔部落再度出現亞洲型霍亂陽性患者，幸賴衛生單位嚴密的防疫措施，疫情立刻獲得控制[10]。

　　此後，至終戰為止，臺灣未再發生大規模之流行。

7　〈梧棲のコレラ〉，《臺灣時報》，昭和 7 年 8 月，頁 166。
8　藍田俊郎、桐林茂，〈本夏臺中ニ侵入シタル「コレラ」ノ菌型ニ就テ〉，《臺灣醫學會雜誌》，31:330，1932，頁 1711-1712。
9　臺南州衛生課編輯，《昭和十年刊行臺南州衛生狀況》（臺南：臺南新報社，1935），頁 65。
10　村田榮，〈高雄州下のコレラ猖獗と防疫〉，《臺灣警察時報》第 334 號，1943，頁 58-61。

二、臺灣總督府對於亞洲型霍亂疫情的掌控

臺灣總督府藉由遍布全臺的地方醫院、公醫及綿密的警察機關等，對於各種傳染病的確能夠有效而精確的掌握。然而，在亞洲型霍亂的發病人數上地方醫院及公醫所掌握的情況卻有相當的歧異，經過分析，與日本人及臺灣人的就醫習慣不同有關。以 1933（昭和 8）年的統計為例，全臺各地共有 12 所公立醫院，該年總就診患者數有 2,623,617 人次，其中，半數以上是日人患者[11]。由於霍亂的發病族群以臺人患者居多，因此，在臺人患者前往大型公立醫院就診意願不高的情形下，地方公醫成為掌握霍亂患者的主力。

（一）地方醫院對於亞洲型霍亂發病數的掌握

1931-1942 年，從臺灣總督府所轄地方醫院亞洲型霍亂住院統計中可知，只有 1932 年出現發病者 1 人，預後不明。相較於同時間的統計，因腸傷寒（typhoid，チフス）發病而住院者有 11,838 人、死亡 1,978 人；因赤痢發病而住院者有 1,271 人、死亡 143 人[12]。

在亞洲型霍亂的門診部分，1931 年時有 1 人、1933 年時有 2 人、1934 年時有 2 人、1940 年時有 1 人、1941 年時有 1 人、1942 年時有 3 人，合計共有 10 人。相較於 1931-1942 年間因腸傷寒發病而接受門診治療者有 4,849 人，因赤痢發病而接受門診治療者有 1,624 人[13]，霍亂患者僅占極少數。

從表 5-1-1 中可知，總督府臺北醫院所能提供的亞洲型霍亂病患研

11　臺灣總督府警務局編，《臺灣の警察》（臺北：編者，1935），頁 188。
12　臺灣省行政長官公署統計室編印，臺灣省政府主計處重印，表 487〈歷年省立醫院住院人數按疾病種類之分配（續）〉，《臺灣省五十一年來統計提要》（南投：臺灣省政府主計處，1994），頁 1254-1255。
13　臺灣省行政長官公署統計室編印，臺灣省政府主計處重印，表 488〈歷年省立醫院門診人數按疾病種類之分配（續）〉，《臺灣省五十一年來統計提要》（南投：臺灣省政府主計處，1994），頁 1260-1261。

究題材，在數量上不能與赤痢及腸傷寒患者相提並論。

　　1903-1936 年間，臺灣總督府臺北醫院腸胃道傳染病統計表中可知，霍亂總患者數只有 8 人，相較於赤痢、腸傷寒總患者數各有 671 人及 5,469 人，顯示可以提供的研究對象極為貧乏，因此，終日治時期，關於霍亂的研究在三種腸胃道傳染病論文的數量上敬陪末座。

表 5-1-1　1903-1936 年臺灣總督府臺北醫院腸胃道傳染病統計表

年度	病名	霍亂		赤痢		腸傷寒		總計		總比率
	籍別	日人	臺人	日人	臺人	日人	臺人	日人	臺人	
1903 （明治 36）	患者	7		74		68		149		-
	治癒	1		54		46		101		67.79%
	死亡	5		10		17		32		21.48%
	隔離	1		10		5		16		10.74%
1907 （明治 40）	患者			10	2	156	12	166	14	-
	治癒			4	2	125	7	129	9	76.67%
	死亡			6	0	18	3	24	3	15.00%
	隔離			0	0	13	2	13	2	8.33%
1908 （明治 41）	患者	1		16	2	112	4	128	6	-
	治癒			5	1	78	2	83	3	64.18%
	死亡			6	1	29	2	35	3	28.39%
	隔離			5	0	5	0	10	0	7.46%
1909 （明治 42）	患者			10	1	95	1	105	2	-
	治癒			2	1	61	1	63	2	60.75%
	死亡			4	0	31	0	35	0	32.71%
	隔離			4	0	3	0	7	0	6.54%
1912 （明治 45）	患者			13	3	254	14	267	17	-
	治癒			8	2	198	9	206	11	76.40%
	死亡			4	0	38	4	42	4	16.20%
	隔離			1	1	18	1	19	2	7.40%
1913 （大正 2）	患者			17	1	245	11	262	12	-
	治癒			8	1	208	8	216	9	82.17%
	死亡			7	0	36	3	43	3	16.79%
	隔離			2	0	1	0	3	0	1.09%
1915 （大正 4）	患者			11	0	211	8	222	8	-
	治癒			8	0	178	6	186	6	83.48%
	死亡			2	0	32	0	34	0	14.78%
	隔離			1	0	1	2	2	2	1.74%

年度	病名 籍別	霍亂 日人	臺人	赤痢 日人	臺人	腸傷寒 日人	臺人	總計 日人	臺人	總比率
1916 （大正5）	患者			3	0	283	14	286	14	-
	治癒			3	0	247	11	250	11	87.00%
	死亡			0	0	36	3	36	3	13.00%
	隔離			0	0	0	0	0	0	
1917 （大正6）	患者			12	0	201	12	213	12	-
	治癒			8	0	157	10	165	10	77.78%
	死亡			4	0	42	2	46	2	21.33%
	隔離			0	0	2	0	2	0	0.01%
1918 （大正7）	患者			12	0	109	17	121	17	-
	治癒			6	0	87	9	93	9	73.91%
	死亡			6	0	22	8	28	8	26.09%
	隔離			0	0	0	0	0	0	
1919 （大正8）	患者			51	10	256	26	307	36	-
	治癒			50	10	221	18	271	28	87.17%
	死亡			1	0	35	8	36	8	12.83%
	隔離			0	0	0	0	0	0	
1920 （大正9）	患者			25	5	125	4	150	9	-
	治癒			21	5	99	2	120	7	79.87%
	死亡			3	0	16	2	19	2	13.21%
	隔離			1	0	10	0	11	0	6.92%
1921 （大正10）	患者			21	2	147	7	168	9	-
	治癒			19	1	98	5	117	6	69.49%
	死亡			0	1	30	2	30	3	18.64%
	隔離			2	0	19	0	21	0	11.86%
1922 （大正11）	患者			13	2	173	13	186	15	-
	治癒			12	1	146	8	158	9	88.70%
	死亡			1	1	24	5	25	6	10.30%
	隔離			0	0	3	0	3	0	1.00%
1923 （大正12）	患者			7	1	119	23	126	24	-
	治癒			6	0	102	11	108	11	79.33%
	死亡			1	0	17	12	18	12	20.00%
	隔離			0	1	0	0	0	1	1.00%
1924 （大正13）	患者			11	1	159	23	170	24	-
	治癒			11	1	130	19	141	20	82.99%
	死亡			0	0	29	4	29	4	17.01%
	隔離			0	0	0	0	0	0	
1925 （大正14）	患者			5	1	90	16	95	17	-
	治癒			3	1	83	11	86	12	87.50%
	死亡			2	0	7	5	9	5	12.50%
	隔離			0	0	0	0	0	0	

年度	病名 籍別	霍亂		赤痢		腸傷寒		總計		總比率
		日人	臺人	日人	臺人	日人	臺人	日人	臺人	
1926 （大正15）	患者			11	0	66	26	77	26	-
	治癒			8	0	56	21	64	21	82.52%
	死亡			3	0	10	5	13	5	17.48%
	隔離			0	0	0	0	0	0	
1927 （昭和2）	患者			7	0	174	74	181	74	-
	治癒			7	0	150	58	157	58	84.31%
	死亡			0	0	24	16	24	16	15.69%
	隔離			0	0	0	0	0	0	
1928 （昭和3）	患者			8	1	230	83	238	84	-
	治癒			7	1	211	66	218	67	88.50%
	死亡			1	0	19	17	20	17	11.50%
	隔離			0	0	0	0	0	0	
1929 （昭和4）	患者			9	1	139	103	148	104	-
	治癒			9	1	121	84	130	85	85.32%
	死亡			0	0	18	19	18	19	14.68%
	隔離			0	0	0	0	0	0	
1930 （昭和5）	患者			20	3	212	61	232	64	-
	治癒			17	2	189	54	206	56	88.51%
	死亡			3	1	23	7	26	8	11.49%
	隔離			0	0	0	0	0	0	
1931 （昭和6）	患者			76	15	132	56	208	71	-
	治癒			62	14	113	45	175	59	83.87%
	死亡			14	1	19	11	33	12	16.13%
	隔離			0	0	0	0	0	0	
1932 （昭和7）	患者			55	4	117	115	172	119	-
	治癒			42	4	96	81	138	85	76.63%
	死亡			13	0	21	34	34	34	23.37%
	隔離			0	0	0	0	0	0	
1933 （昭和8）	患者			34	1	77	112	111	113	-
	治癒			28	0	60	95	88	95	81.70%
	死亡			6	1	17	17	23	18	18.30%
	隔離			0	0	0	0	0	0	
1934 （昭和9）	患者			31	9	100	112	131	121	-
	治癒			26	9	85	85	111	94	81.35%
	死亡			5	0	15	27	20	27	18.65%
	隔離			0	0	0	0	0	0	
1935 （昭和10）	患者			68	12	114	127	182	139	-
	治癒			57	9	98	108	155	117	84.74%
	死亡			11	3	16	19	27	22	15.26%
	隔離			0	0	0	0	0	0	

年度	病名籍別	霍亂		赤痢		腸傷寒		總計		總比率
		日人	臺人	日人	臺人	日人	臺人	日人	臺人	
1936（昭和11）	患者			8	3	139	160	147	163	-
	治癒			4	0	91	105	95	105	64.51%
	死亡			4	0	30	43	34	43	24.84%
	隔離			0	3	18	12	18	15	10.65%
1907｜1936總計	患者	1	7	591	80	4,225	1,244			
	治癒			467	69	3,488	340			
	死亡			107	9	630	278			
	隔離			20	1	90	17			
比率	治癒			80%		70%				
	死亡			17%		17%				
	隔離			3%		2%				

說明：

1. 1903（明治36）年度：霍亂患者有7人，治癒1人（14.3%），死亡5人（71.4%），隔離1人（14.3%）。赤痢患者有74人，治癒54人（73.0%），死亡10人（13.5%），隔離10人（13.5%）。腸傷寒患者有68人，治癒46人（67.6%），死亡17人（25.0%），隔離5人（7.4%）。

2. 1914（大正3）年度：赤痢患者有11人，治癒9人（81.8%），死亡2人（18.2%）。腸傷寒患者有311人，治癒244人（78.5%），死亡54人（17.3%），隔離13人（4.2%）。

3. 上二年度因未區分臺灣籍與日本籍之數字，故另行統計。

4. 所謂隔離是轉入隔離院（避病院）。

資料來源：

1. 臺灣總督府臺北醫院，《臺灣總督府臺北醫院第六回年報》（臺北：臺灣日日新報社，1904），頁48。

2. 臺灣總督府臺北醫院，《臺灣總督府臺北醫院第十一回年報》（臺北：臺灣日日新報社，1908），頁28-29。

3. 臺灣總督府臺北醫院，《臺灣總督府臺北醫院第十二回年報》（臺北：臺南新報社臺北支局，1909），頁244-245。

4. 臺灣總督府臺北醫院，《臺灣總督府臺北醫院第十三回年報》（臺北：臺南新報社臺北支局，1910），頁194。

5. 臺灣總督府臺北醫院，《臺灣總督府臺北醫院第十六回年報》（臺北：小塚印刷工場，1913），頁238-239。

6. 臺灣總督府臺北醫院，《臺灣總督府臺北醫院第十七回年報》（臺北：小塚印刷工場，1914），頁105-106。

7. 臺灣總督府臺北醫院，《臺灣總督府臺北醫院第十八回年報》（臺北：日本物產商會印刷部，1915），頁110-111。

8. 臺灣總督府臺北醫院，《臺灣總督府臺北醫院第十九回年報》（臺北：臺南新報社臺北支局，1916），頁109-110。

9. 臺灣總督府臺北醫院，《臺灣總督府臺北醫院第二十回年報》（臺北：堀口印刷部真田工場，1917），頁89。

10. 臺灣總督府臺北醫院，《臺灣總督府臺北醫院第二十一回年報》（臺北：臺南新報社臺北支局，1918），頁 90。
11. 臺灣總督府臺北醫院，《臺灣總督府臺北醫院第二十二回年報》（臺北：臺南新報社臺北支局，1919），頁 92-93。
12. 臺灣總督府臺北醫院，《臺灣總督府臺北醫院第二十三回年報》（臺北：江里口印刷工場，1921），頁 94-95。
13. 臺灣總督府臺北醫院，《臺灣總督府臺北醫院第二十四回年報》（臺北：溝淵商行印刷部，1921），頁 101-102。
14. 臺灣總督府臺北醫院，《臺灣總督府臺北醫院第二十五回年報》（臺北：臺南新報社臺北支局，1922），頁 100-101。
15. 臺灣總督府臺北醫院，《臺灣總督府臺北醫院第二十六回年報》（臺北：臺南新報社臺北支局，1923），頁 103。
16. 臺灣總督府臺北醫院，《臺灣總督府臺北醫院第二十七回年報》（臺北：山科商店印刷部，1924），頁 110-111。
17. 臺灣總督府臺北醫院，《臺灣總督府臺北醫院第二十八回年報》（臺北：山科商店印刷部，1925），頁 65。
18. 臺灣總督府臺北醫院，《臺灣總督府臺北醫院第二十九回年報》（臺北：小塚本店印刷工場，1926），頁 66。
19. 臺灣總督府臺北醫院，《臺灣總督府臺北醫院第三十回年報》（臺北：臺南新報社臺北印刷所，1927），頁 67。
20. 臺灣總督府臺北醫院，《臺灣總督府臺北醫院第三十一回年報》（臺北：盛進商行印刷所，1928），頁 67。
21. 臺灣總督府臺北醫院，《臺灣總督府臺北醫院第三十二回年報》（臺北：江里口商會印刷工場，1929），頁 69。
22. 臺灣總督府臺北醫院，《臺灣總督府臺北醫院第三十三回年報》（臺北：川田商店印刷部，1930），頁 68。
23. 臺灣總督府臺北醫院，《臺灣總督府臺北醫院第三十四回年報》（臺北：合名會社松浦屋印刷部，1931），頁 69。
24. 臺灣總督府臺北醫院，《臺灣總督府臺北醫院第三十五回年報》（臺北：江里口商會印刷工場，1932），頁 142。
25. 臺灣總督府臺北醫院，《臺灣總督府臺北醫院第三十六回年報》（臺北：臺北印刷株式會社，1933），頁 142。
26. 臺灣總督府臺北醫院，《臺灣總督府臺北醫院第三十七回年報》（臺北：小塚印刷工場，1934），頁 143。
27. 臺灣總督府臺北醫院，《臺灣總督府臺北醫院第三十八回年報》（臺北：松久商行印刷部，1935），頁 158。
28. 臺灣總督府臺北醫院，《臺灣總督府臺北醫院第三十九回年報》（臺北：小塚本店印刷工場，1936），頁 158-159。
29. 臺灣總督府臺北醫院，《臺灣總督府臺北醫院第四十回年報》（臺北：光明社印刷商會，1937），頁 152-153。

（二）地方公醫對於亞洲型霍亂疫情的掌控

總督府派駐各地的公醫能接觸到的患者相對較多，茲分年度敘述亞洲型霍亂發病數及癒後統計：

1931 年，發病者 90 人，死亡 2 人，死亡率 2.22%；

1932 年，發病者 80 人，死亡 6 人，死亡率 7.50%；

1933 年，發病者 30 人，死亡數不明；

1934 年，發病者 72 人，死亡 3 人，死亡率 4.18%；

1935 年，發病者 52 人，死亡數不明；

1936 年，發病者 57 人，死亡 1 人，死亡率 1.75%；

1937 年，發病者 27 人，死亡數不明；

1938 年，發病者 192 人，死亡 4 人，死亡率 2.08%；

1939 年，發病者 137 人，死亡 5 人，死亡率 3.65%；

1940 年，發病者 138 人，死亡 10 人，死亡率 7.25%[14]。

總計發病者 893 人，死亡 31 人，平均死亡率約為 3.47%。

1931-1940 年間，公醫診治過的腸傷寒患者共有 1,020 人、死亡 228 人；赤痢患者共有 1,062 人、死亡 16 人。

由此可知，各地公醫所能提供的亞洲型霍亂病患研究題材，在數量上與赤痢及腸傷寒患者相近。

另據〈歷年法定傳染病患者及死亡數〉之統計，1931-1942 年的霍亂患者數僅出現在 1931 年，發病 1 人、死亡 1 人，死亡率 100%；1932 年，發病 16 人、死亡 6 人，死亡率 37.5%。1933-1940 年則不見相關統計數字，足見該統計有待商榷[15]。

14　臺灣省行政長官公署統計室編印，臺灣省政府主計處重印，表 489〈歷年公醫診療人數按疾病種類之分配（續）〉，《臺灣省五十一年來統計提要》（南投：臺灣省政府主計處，1994），頁 1260-1261。

15　臺灣省行政長官公署統計室編印，臺灣省政府主計處重印，表 490〈歷年法定傳染病患者及死亡數〉，《臺灣省五十一年來統計提要》（南投：臺灣省政府主計處，1994），頁 1271。

此外，關於亞洲型霍亂患者的發病數與死亡數，1940 年後分別為：

1941 年，發病者 3 人、死亡 1 人，死亡率 33.33%；

1942 年，發病者 7 人、無人死亡[16]。

1945、1946 年，發病 3,809 人、死亡 2,210 人，死亡率 58.05%，僅次於最嚴重的 1919 年[17]。

由上足見臺灣居民歷經多次的亞洲型霍亂流行後，其免疫力已經大幅提高，死亡率也相對地明顯下降。

三、戰後初期亞洲型霍亂的再度流行

1945 年 8 月，日本戰敗而無條件投降，宣布放棄對臺灣及澎湖群島的主權。日治結束伊始，日本大量技術人員被迫遣返，臺灣衛生防疫體系崩潰，中華民國政府潰敗之軍民大量湧入臺灣，各種傳染病源也藉機「光復」。1946 年，各地再度爆發規模不等的亞洲型霍亂流行，由《臺灣民報》之報導與醫師日記當中可略窺其梗概，霍亂病例再度死灰復燃，陸續在基隆、臺北、臺中、臺南、高雄等港埠及大城市出現。

1945 年底，基隆當局即呼籲民眾早日接種傳染病疫苗，以備不時之需，由於「本省基埠，為貿易淵藪，交際繁盛，大小商人，往來如織，似此人煙稠密地帶，空氣自然不潔，且外國及國內人士來往亦無預防注射……」。[18] 不久，基隆地區開始出現天花與霍亂疫情：

16　臺灣省行政長官公署統計室編印，臺灣省政府主計處重印，表 490〈歷年法定傳染病患者及死亡數〉，《臺灣省五十一年來統計提要》（南投：臺灣省政府主計處，1994），頁 1271。

17　臺灣省行政長官公署統計室編印，臺灣省政府主計處重印，表 193〈臺灣省法定傳染病患者及其死亡人數〉，《臺灣省五十一年來統計提要》（南投：臺灣省政府主計處，1994），頁 619。筆者無法從《臺灣省五十一年來統計提要》中得知 1943 與 1944 年之傳染病相關統計。

18　〈基埠住民為保健康，望施防疫打針〉，《民報》（臺灣）第 75 號，1945 年 12 月 23

　　基隆昨日續有霍亂患者一人，均在由溫州抵台之民船上查覺。
此間衛生局據報後，開始防治，并商得警務處同意，在發生疫
病期間，該地警察得衛生局聯絡胡處長并允於必要時，當調警
務大隊前往基隆。[19]

　　據推測，有可能是來自中國的境外移入病源菌。

　　1946 年 4 月 26 日，臺南市灣裡里證實出現首位霍亂陽性病例，輿
論歸咎於「外省人出入複雜所致」；29 日起，臺南市政府防疫委員會立
刻針對居民實施預防疫苗注射，接種總人數計 145,000 人[20]。5 月，霍
亂開始在基隆、臺南、高雄等地持續發威。5 月 1 日起，吳新榮醫師與
黃清舞、黃炭、吳近、周縛等參議員，針對臺南北門地區居民實施霍亂
預防注射[21]；然而，5 月時，臺南地區計有患者 75 人、死亡 42 人[22]；全
臺灣則因霍亂造成 70 人死亡，政府迅疾展開嚴密的衛生消毒與疫苗注
射[23]；臺南市中醫師公會在會長許耀川率領下，將該地中醫師分成三組

日。

19　〈溫州來的好土儀，天花未息，霍亂繼起，本省時疫盛行〉，《民報》（臺灣）第 199
　　號，1946 年 4 月 27 日。

20　〈市府記者招待會，韓市長報告施政，惡疫橫行阻礙各部工作〉，《興台日報》第
　　60 號，1946 年 6 月 19 日。

21　吳新榮著，張良澤總編撰，《吳新榮日記全集（第八冊）》（臺南：國立臺灣文學
　　館，2008），頁 261。

22　〈縣下霍亂統計〉，《興台日報》第 85 號，1946 年 8 月 24 日。

23　〈基隆霍亂漸見消弭〉、〈恐怖之霍亂潛入臺南，高雄縣積極防疫〉，《民報》（臺灣）
　　第 205 號，1946 年 5 月 3 日。〈軍官民合作，舉行大清潔〉、〈岡山區霍亂，發生
　　二八名，已死八名〉，《民報》（臺灣）第 215 號，1946 年 5 月 13 日。〈宜蘭市舉行
　　衛生清潔運動〉，《民報》（臺灣）第 216 號，1946 年 5 月 14 日。〈積極展開夏季衛
　　生運動，舉辦各種衛生事業〉、〈岡山霍亂蔓延，真性一八名，死亡一九名〉，《民
　　報》（臺灣）第 218 號，1946 年 5 月 16 日。〈省衛生局長，巡視臺南等地〉，《民
　　報》（臺灣）第 219 號，1946 年 5 月 17 日。〈臺南霍亂猖獗〉，《民報》（臺灣）第
　　221 號，1946 年 5 月 19 日。〈為一般市民便利，新設巡迴注射班〉，《民報》（臺
　　灣）第 232 號，1946 年 5 月 30 日。

免費施診給藥[24]。6 月 15 日，臺南地區的霍亂止而復起，吳新榮時任公醫，覺「不快至極」，立即針對家族中成員進行第 4 次預防注射，並且前往將軍、下營等地協助施打霍亂與鼠疫疫苗；較猖獗的北門鄉地區，則動員醫師公會針對隔離病房、學校等單位進行強制預防注射，受接種者總數達 3,000 人；繼之，疫情蔓延於將軍鄉、塭仔內、臺南市等地，有「一日斃者數十」之傳聞[25]。據報載，臺南的霍亂流行在 6 月時達於巔峰，臺南縣境（新豐、嘉義、新化、東石、新營、北港、北門）計有新患者 374 人，其中死亡 207 人[26]，臺中地區也傳出疫情。因此，基隆、臺北、花蓮等地密集進行防疫工作，聯合國也派員前來臺灣協助防疫，以免上海、南京、桂林等地的疫情影響臺灣[27]。7 月，深坑地區通報，一家 4 口因罹患霍亂而殞命[28]；臺南縣境內計有新患者 298 人，其

---

24 〈中醫公會，施救虎疫〉，《興台日報》第 47 號，1946 年 5 月 6 日。〈中醫公會施藥，撲滅虎疫〉，《興台日報》第 48 號，1946 年 5 月 9 日。

25 吳新榮著，張良澤總編撰，《吳新榮日記全集》第八冊（臺南：國立臺灣文學館，2008），頁 277、281-282、288、291、296。

26 〈縣下霍亂統計〉，《興台日報》第 85 號，1946 年 8 月 24 日。〈北門區虎疫漸息〉，《興台日報》第 62 號，1946 年 6 月 26 日。〈霍亂未息、防疫衛生〉，《興台日報》第 68 號，1946 年 7 月 16 日。〈臺南市次疫勢漸息〉，《興台日報》第 76 號，1946 年 8 月 15 日。〈高雄疫勢漸次終息〉，《興台日報》第 81 號，1946 年 8 月 20 日。

27 〈臺南灣裡，霍亂平息〉、〈花蓮縣施行，豫防注射〉，《民報（晚刊）》第 234 號，1946 年 6 月 1 日。〈市府為防流疫，設消毒藥桶〉，《民報（晚刊）》第 235 號，1946 年 6 月 2 日。〈臺南發生霍亂〉，《民報（晨刊）》第 236 號，1946 年 6 月 3 日。〈聯總派專家，來華協助防疫〉、〈桂（林）市發現真性霍亂〉，《民報（晚刊）》第 237 號，1946 年 6 月 3 日。〈南京發現真性霍亂〉，《民報（晚刊）》第 241 號，1946 年 6 月 5 日。〈臺南積極撲滅霍亂〉，《民報（晨刊）》第 253 號，1946 年 6 月 12 日。〈臺中縣發生霍亂〉、〈臺南霍亂猖獗，死亡者達百十二人〉，《民報（晚刊）》第 269 號，1946 年 6 月 20 日。〈基隆港檢疫工作，望當局注意改善〉，《民報（晨刊）》第 270 號，1946 年 6 月 21 日。〈上海市霍亂猖獗，本省民眾宜留心〉，《民報（晨刊）》第 285 號，1946 年 6 月 29 日。

28 〈大家請小心！霍亂復侵入臺北：深坑住民眷四人相繼斃命〉，《民報（晨刊）》第 318 號，1946 年 7 月 17 日。

中死亡 104 人[29]，縣政府投入的防疫經費共計 20 萬圓[30]。8 月起，全臺疫情達到顛峰，從月初臺北的入船町傳出霍亂病例以來，下奎町、八甲町、新莊等地也接連爆發疫情，全臺灣依然受到肆虐，包括高雄、基隆、臺南、宜蘭、臺東、臺中、澎湖等地，其中，以臺南布袋地區的災情最為嚴重，死亡數高達 86 人，本月全臺灣罹難者即有 154 人。衛生單位分別在嘉義、臺南、高雄、鳳山等火車站設置檢查站嚴格篩檢旅客，凡尚未持有「豫防注射完濟證明書」者，需經過注射後方准出站[31]。林獻堂先生也遵循規定接受預防注射[32]。

　　為了遏止疫情蔓延，設在新竹的疫苗製造所，每日加緊生產約 7 萬劑霍亂疫苗，提供預防注射。其後，中國濟南、青島等地也陸續傳出疫情[33]。9 月，霍亂疫情稍微止息，該階段疫情以高雄的貧民區較為嚴

29　〈縣下霍亂統計〉，《興台日報》第 85 號，1946 年 8 月 24 日。

30　〈縣撥款廿萬徹底防疫〉，《興台日報》第 72 號，1946 年 8 月 3 日。

31　〈霍亂猖獗，防疫森嚴〉，《興台日報》第 72 號，1946 年 8 月 3 日。

32　林獻堂著，許雪姬編註，《灌園先生日記（十八）》（臺北：中央研究院臺灣史研究所、近代史研究所，2007），頁 264。

33　〈虎疫來一家滅亡：入船町肉商夫婦俱死〉、〈加強自來水消毒，市府夏令供水辦法〉，《民報（晚刊）》第 347 號，1946 年 8 月 1 日（入船町，いりふねちょう，為日治時期台北市之行政區，共分一一四丁目，瀕臨淡水河邊，因為有艋舺碼頭，可停靠小船著稱。相當於今日長沙街、貴陽街、西昌街、華西街、西園路的一部分，但已不具航運功能。該町也為台北老社區，多居泉州三邑閩南人）。〈虎疫猖獗在高雄：每日有新患者發生，罹病已達八十二名〉、〈防疫工作極馬虎：惡性虎疫勢必跳梁，重大責任究由誰負〉，《民報（晚刊）》第 349 號，1946 年 8 月 2日。〈高雄市防遏虎疫，警局協力工作：盼各界依法注射〉、〈臺南疫勢漸戢〉，《民報（晨刊）》第 353 號，1946 年 8 月 5 日。〈基隆開始防疫，查驗進出口船舶：檢疫所等四單位參加〉、〈基隆又發生虎疫〉、〈虎疫又發生：三日在下奎府町發現，今朝收容稻江醫院〉，《民報（晚刊）》第 354 號，1946 年 8 月 5 日（下奎府町，しもけいふちょう，為日治時期台北市之行政區，共分一一四丁目，因為位於平埔族奎母卒社南方而得名。該町因為位於大稻埕商區，自日治時代其商賈雲集。約就是今日萬全街、歸綏街、太原路、承德路附近）。〈濟南市發現霍亂〉，《民報（晨刊）》第 355 號，1946 年 8 月 6 日：「濟……頃發現霍亂，患者尚不多」。〈年內若不能防遏，流疫能糟糕臺灣：省立新竹衛生試驗所每日製苗七萬人份〉，《民報（晨刊）》第 356 號，1946 年 8 月 6 日。〈臺南疫氛平息，經局長歡宴防疫

重，臺北的堀江町、大龍峒、瑞芳，以及基隆、臺中、臺南[34] 等地，也
傳出零星疫情[35]。10 月，澎湖、基隆、新竹、高雄、臺中等地的疫情持

人員〉，《民報（晨刊）》第 357 號，1946 年 8 月 7 日。〈布袋虎疫悉平息，患者
計一二九，死者八六人〉、〈礁溪鄉虎疫減少積極繼續撲疫工作〉，《民報（晚刊）》
第 358 號，1946 年 8 月 7 日。〈青（島）發現霍亂〉、〈羅記人民捐款，寄附防疫
費〉，《民報（晨刊）》第 359 號，1946 年 8 月 8 日。〈花蓮積極防疫工作〉，《民報
（晨刊）》第 361 號，1946 年 8 月 9 日。〈霍亂忽襲新莊！縣衛生院派員馳赴〉、
〈礁溪鄉虎疫漸息，防疫人員已返北〉、〈臺東疫氛蔓延甚速〉，《民報（晨刊）》第
365 號，1946 年 8 月 11 日。張桂芳，〈來論霍亂之恐怖〉；〈臺南疫氛稍殺，韓市
長宴援助防疫人員〉，《民報（晨刊）》第 366 號，1946 年 8 月 12 日。〈霍亂侵入
臺中〉，《民報（晚刊）》第 367 號，1946 年 8 月 12 日。〈澎湖霍亂蔓延，縣府經
費人員有限，已電省衛生局協助〉、〈高雄霍亂仍熾，訂定防疫辦法〉，《民報（晨
刊）》第 368 號，1946 年 8 月 13 日。〈（臺）南霍亂息新患已漸減〉，《民報（晚
刊）》第 371 號，1946 年 8 月 14 日。〈霍亂又告猖獗！臺北縣普遍蔓延，縣衛生
院分頭馳赴阻遏〉，《民報（晨刊）》第 376 號，1946 年 8 月 17 日。〈嚴厲阻遏霍
亂蔓延〉，《民報（晨刊）》第 383 號，1946 年 8 月 21 日。〈臺南虎疫劫未息：患
者計達五百四十人〉，《民報（晚刊）》第 384 號，1946 年 8 月 21 日。〈市衛生院
發表傳染病統計〉，《民報（晨刊）》第 387 號，1946 年 8 月 23 日。〈驚人數字！
臺南霍亂患者統計〉、〈霍亂仍猖獗，宜蘭市已死十一人，新莊汐止俱續發生〉、
〈宜蘭市長據報後，召開防疫委員會〉，《民報（晨刊）》第 391 號，1946 年 8 月
25 日。〈市郊繼續發生霍亂，三重埔三名、南港鎮兩名，當局盼民眾早期撲滅〉、
〈淡水區未發生外，臺北縣均有患者〉，《民報（晨刊）》第 392 號，1946 年 8 月
26 日。〈霍亂又發生，龍山寺前肉粽商突發病旋告身亡〉，《民報（晨刊）》第 397
號，1946 年 8 月 29 日。〈高雄縣虎疫不久可望絕跡，患者計達二二九名〉，《民報
（晨刊）》第 400 號，1946 年 8 月 30 日。

34 〈臺南復發霍亂六名〉，《興台日報》第 113 號，1946 年 9 月 22 日。〈新化區港口
發生霍亂〉，《興台日報》第 97 號，1946 年 9 月 6 日。

35 〈虎疫死灰復燃：高雄市區流疫尚猖獗，患者多數屬貧困市民〉，《民報（晨刊）》
第 408 號，1946 年 9 月 5 日。〈臺北縣霍亂仍熾烈：瑞芳猴硐發生真性患者，縣
衛生院派員馳赴阻遏〉，《民報（晨刊）》第 412 號，1946 年 9 月 7 日。〈基隆發現
霍亂〉，《民報（晚刊）》第 416 號，1946 年 9 月 9 日。〈臺北市民注意！鼠疫霍
亂齊發現：病人各一收容稱稻在醫院〉，《民報（晚刊）》第 417 號，1946 年 9 月
10 日。〈高雄市救濟虎疫患者家族〉，《民報（晚刊）》第 426 號，1946 年 9 月 14
日。〈高雄霍亂近無發生〉，《民報（晚刊）》第 442 號，1946 年 9 月 23 日。〈霍亂
復襲市：堀江町一死亡兩保菌，大龍峒鮮魚商亦身故〉，《民報（晨刊）》第 443
號，1946 年 9 月 24 日（堀江町，ほりえちょう，為日治時期台北市之行政區，
因為轄內有人工開掘的河道而得名，該河道名為「赤江」。堀江町位於萬華車站

續延燒[36]，政府當局雖然施行衛生防疫工作，卻無法遏止霍亂的蔓延；其中，基隆在該月因罹患霍亂而死亡者有 14 人[37]、臺中有 4 人；高雄地區，累計至 10 月，共有發病者 316 人、死亡 188 人；美國軍方採取人道援助，運送疫苗至山東臨沂的共軍占領區[38]；同時，美國防疫隊在印度加爾各答地區進行一連串實驗，宣稱發現徹底治療霍亂的方法[39]。迨 11、12 月，臺中、臺北、臺東、宜蘭等地疫情依然嚴重，花蓮縣

之南，南以大排水溝「赤江」〔現西藏路）和東園町、西園町為界，該町約略位置在今萬華區汕頭街，莒光路，西園路二段之一部）。〈本市霍亂仍在蔓延：市衛生院盼市民預防〉，《民報（晨刊）》第 445 號，1946 年 9 月 25 日。〈可怕的蚌蛤：本市又發生虎疫新患者二名，當局今起禁採取販賣〉，《民報（晨刊）》第 446 號，1946 年 9 月 27 日。〈本市霍亂繼續發生，市府開緊急會議商阻過〉，《民報（晨刊）》第 450 號，1946 年 9 月 29 日。

36　〈臺中霍亂蔓延，宜須豫防〉，《興台日報》第 145 號，1946 年 10 月 26 日。

37　〈基隆加緊防疫〉，《興台日報》第 128 號，1946 年 10 月 9 日。

38　〈臺南市派員辦澎湖防疫〉、〈基隆霍亂症，當局積極展開防疫工作〉，《民報》（臺灣）第 452 號，1946 年 10 月 1 日。〈美海軍飛機運疫苗至臨沂〉，《民報》（臺灣）第 453 號，1946 年 10 月 2 日。〈基隆疫勢迄未消弭，頃復發現病人多名〉，《民報》（臺灣）第 454 號，1946 年 10 月 3 日。〈基隆霍亂續發，現正加緊防疫〉，《民報》（臺灣）第 456 號，1946 年 10 月 5 日。〈新竹市霍亂仍猖獗，要求款項不足，防疫難積極進行：救署派員馳赴從事防過〉，《民報》（臺灣）第 458 號，1946 年 10 月 7 日。〈患者計四十二人，基隆疫勢已平息〉，《民報》（臺灣）第 461 號，1946 年 10 月 10 日。〈高雄霍亂漸過止，全縣發生計三一六名，死亡一八八名，新患已無〉，《民報》（臺灣）第 462 號，1946 年 10 月 11 日。〈霍亂襲擊臺中各地，當局正極力防過中〉，《民報》（臺灣）第 469 號，1946 年 10 月 18 日。〈霍亂有蔓延勢，臺中市府示防過法〉，《民報》（臺灣）第 470 號，1946 年 10 月 19 日。〈臺中霍亂症，仍繼續在滋延中〉，《民報》（臺灣）第 472 號，1946 年 10 月 21 日。〈霍亂預防座談會，感染由食鮮魚貝類最多：醫師會衛生組不派員頗惹議論〉、〈基隆市疫勢漸減〉，《民報》（臺灣）第 478 號，1946 年 10 月 27 日。〈臺中市的霍亂，漸有蔓延之勢：可怕！厲害！各要打針〉，《民報》（臺灣）第 479 號，1946 年 10 月 28 日。〈臺中市的霍亂，已侵鄉下發生頻頻〉，《民報》（臺灣）第 480 號，1946 年 10 月 29 日。

39　安柏生上校在海軍醫藥公報上發表，防疫第五小組的有效療法為：消發地亞汞加定量食鹽、盤尼西林、血漿加鹽水等。〈虎疫必治法〉，《興台日報》第 95 號，1946 年 9 月 4 日。

政府及安平港持續採取嚴密的防疫措施[40]，基隆地區竟出現天花患者 2
人[41]。

　　綜觀 1946 年臺灣亞洲型霍亂患者總數高達 3,809 人，僅次於 1919
年的患者數，在全年傳染病患者 6,192 人中居冠，占 61.52%；死亡數
也高達 2,210 人，占全年傳染病死亡數 2,702 人的 81.79%[42]，易言之，
該年臺灣罹患傳染病死亡者中，5 人中即有 4 人死於亞洲型霍亂。顯示
政府當局輕視臺灣居民飲用水、食品的清潔與否，以及衛生單位的防疫
措施成效不彰等。

第二節　臺灣總督府博愛會防疫工作擴大與社會態度

　　本階段臺灣總督府的防疫措施更趨成熟，已不復見霍亂的大流行，
許多傳染病也獲得有效控制，尤其是 1926 年以後人口死亡率持續降
低、自然增加率呈現穩定成長[43]，因此可以稱作「衛生躍進」時代。職
是之故，1932（昭和 7）年，總督府刪削「臺灣地方病及傳染病調查委
員會」之事務預算，僅保留委員會之架構[44]。

　　臺灣總督府考察並比較歷次東亞地區亞洲型霍亂流行後，指出中
國的廣東、汕頭、廈門、福州等地疫情都極為嚴重，猶如「第二根源

40　〈霍亂症死灰復燃！宜蘭區日昨發見十名：臺北縣山地瘧疾猖獗〉，《民報》（臺灣）
　　第 483 號，1946 年 11 月 1 日。〈臺中市霍亂猖獗：厲害！現在患八死六〉，《民
　　報》（臺灣）第 484 號，1946 年 11 月 2 日。〈花蓮實施防疫工作〉，《民報》（臺灣）
　　第 494 號，1946 年 11 月 12 日。〈花蓮防疫舉辦注射〉，《民報》（臺灣）第 513
　　號，1946 年 12 月 1 日。〈台南宣傳海港檢疫〉，《民報》（臺灣）第 595 號，1947
　　年 2 月 25 日。
41　〈基隆發現天花患者〉，《興台日報》第 211 號，1946 年 12 月 31 日。
42　臺灣省政府行政長官公署統計室編印，《臺灣省五十一年來統計提要》（南投：編
　　印者，1946），頁 618-619。
43　陳紹馨，《臺灣的人口變遷與社會變遷》（臺北：聯經，1992），頁 127。
44　臺灣總督府警務局衛生課編，《臺灣の衛生（昭和十二年版）》（臺北：編者，
　　1937），頁 5、41。

地」。蓋因臺灣與華南地區交通貿易往來頻繁，為了有效防堵霍亂病原菌進入臺灣，除了加強本島的防疫措施外，更積極的做法便是消滅與控制廣東、汕頭、廈門、福州等地的霍亂流行[45]。

因此，在總督府的贊助下，1910-1930 年間，上述四個地區分別成立財團法人「博愛會」及醫院。

一、臺灣防疫規模的擴展

鑑於歷次亞洲型霍亂大流行時，首位患者發病後，疫情往往蔓延迅速，總督府十分重視臺灣本島及中國、南洋等地的霍亂疫情通報，也就是由消極預防轉變為積極預防。

（一）霍亂疫情的掌握與防範

1929 年 8 月，臺灣總督府公告對岸的上海、汕頭等地為亞洲型霍亂疫區，並針對由疫區駛入臺灣各港口之船舶實行嚴格檢疫，迄 11 月 2 日公告解除為止[46]，未發生境外移入之病例。

1931 年 11 月，因為有漁民進食生魚片而罹患霍亂死亡，所以，臺北州一度禁止使用沿岸區域的海水。

1932 年，中國各地又爆發霍亂疫情，被臺灣總督府宣布為疫區的時間如下：6 月 16 日─上海，6 月 22 日─廣東，6 月 29 日─汕頭，7 月 12 日─廈門，7 月 29 日─香港、大連、營口，8 月 21 日─福州等。

該年 7 月 10 日，中國帆船夾帶的病原菌入侵臺中州梧棲港，所幸防疫處置得宜，疫情只有延續 10 天就宣告平息[47]。

45　臺灣總督府警務局編，《大正八、九年「コレラ」病流行誌》（臺北：編者，1922），頁 2。

46　〈虎疫警戒之檢疫解除、自二日起〉，《漢文臺灣日日新報朝刊》第 10612 號，昭和 4 年 11 月 2 日第四版。

47　窪田一夫，〈臺灣ニ於ケル「コレラ」ノ疫學的觀察─前編（疫史編）（附表）〉，《臺灣醫學會雜誌》，34:367，1935，頁 1718。

（二）帶原者的嚴密篩檢及預防

霍亂帶原者的特徵為感染後自身不會出現下痢或嘔吐症狀，但是，在糞便檢體中可以篩檢出霍亂弧菌。

據 1932 年桐林茂、藍田俊郎等人發表的流行病學調查，1920 年的大流行期間，全臺灣被調查出的霍亂帶原者共有 2,947 人；其中，男性有 1,423 人、女性有 1,524 人。

分析體內帶原的持續時間可知，帶原 1-5 天的有 535 人（男性 242 人、女性 293 人）；帶原 6-10 天的有 1,046 人（男性 493 人、女性 553 人）；帶原 11-15 天的有 663 人（男性 305 人、女性 358 人）；帶原 16-20 天的有 366 人（男性 194 人、女性 172 人）；帶原 21-25 天的有 205 人（男性 128 人、女性 77 人）；帶原 26-30 天的有 90 人（男性 39 人、女性 51 人）；帶原 31-35 天的有 27 人（男性 16 人、女性 11 人）；帶原 36-40 天的有 15 人（男性 6 人、女性 9 人）[48]。

由上可知，大部分帶原者的帶原時間往往超過一週以上，共有 2,412 人，占 81.8%，這些都是大流行的潛伏根源，必須防範得宜。

1932 年 7 月，廈門爆發霍亂大流行，有一艘帆船駛抵臺中州梧棲港後，全體船員出現上吐下瀉症狀，經篩檢後，確認霍亂陽性患者 22 人（其中死亡 5 人、痊癒 17 人），當時，全臺都受到震撼，衛生單位立刻加強清潔消毒，並全面實施疫苗接種，因此，未造成疫情擴散。9 月 18 日，臺北州港務部檢疫科醫官星武、平良昌三，在進基隆港停泊的「盛京丸」輪船上又篩檢出帶原者 1 人[49]。總督府極為重視此事，立刻派遣衛生課技師下條久馬一，進駐基隆港監督所有防疫事務，並計劃先針對臺北市、基隆市、淡水街等地居民進行預防注射[50]。

48　桐林茂、藍田俊郎，〈ヤトレン 105 號ノ「コレラ」菌携帶者ニ於ケル內服治驗例〉，《臺灣醫學會雜誌》，31:326，1932，頁 503-600。

49　星武、平良昌三，〈コレラ保菌者一例ニ就テ〉，《臺灣醫學會雜誌》，31:333，1932，頁 1434。

50　〈全島要港地虎疫豫防〉，《漢文臺灣日日新報夕刊》第 10581 號，昭和 4 年 10 月

（三）自力研發疫苗與人體接種試驗

　　臺灣總督府中央研究所衛生部負責自力研發疫苗，細菌學第三研究室研究員千本信次奉命研製亞洲型霍亂常備疫苗，以備不時之需。

　　1932 年，千本信次採擷了梧棲港發病帆船組員糞便中分離出的霍亂弧菌菌株，使用「加熱」與「煮沸」兩種方法研發疫苗。

　　「加熱免疫法疫苗」的製造流程如下：「每一毫升（ml）疫苗中含有 3mg 菌株，在 60℃ 中，加熱 1 小時以後製成」。另一種「煮沸免疫法疫苗」的製造流程如下：「每一毫升疫苗中含有 4mg 菌株，在 100℃ 中，煮沸 20 分鐘後，再使用離心機分離，取上層澄清透明液體製成」[51]。

　　接著，千本信次將兩種疫苗進行人體接種實驗，接種部位在上臂皮下。注射後，少數人會有局部或全身反應。實驗結果如下：

　　接受第一種「加熱免疫法疫苗」注射者 12 人，其中，男性 3 人、女性 9 人。注射後，產生「重度」紅腫、發熱、疼痛症狀者 4 人，全數為女性，且伴隨體溫高燒 39℃、連續臥床 3 天及頭痛、無力等副作用。產生「中度」紅腫、發熱、疼痛症狀者 6 人，男性及女性各 3 人，大部分只有頭痛、倦怠、發熱等現象，只有一位男性出現體溫 39℃ 的高燒、臥床 2 天、頭痛、食慾不振等副作用。其餘的 2 位女性，僅出現較輕微的紅腫、發熱、疼痛等症狀（見表 5-2-1）。

---

2 日第四版。

51　千本信次，〈今夏臺中州下二流行ノ「コレラ」菌株二據ル加熱ワクチン及煮沸免疫元ノ豫防接種二就テ；附表〉，《臺灣醫學會雜誌》，31:330，1932，頁 1081-1084。

表 5-2-1　1932 年千本信次「加熱免疫法」霍亂疫苗注射後反應整理

編號	姓名	性別	局部症候	副作用症候
1	岡○八○	女	腫（+++）熱（+++）痛（+++）	發燒 38.9℃、頭痛、食慾不振、臥床三天
2	村○照○	女	腫（++）熱（+++）痛（++）	發燒 39℃、頭痛、噁心、臥床兩天
3	廣○英○	男	腫（++）熱（++）痛（+）	發燒 38℃、噁心、倦怠
4	水○キ○	女	腫（+）熱（+）痛（+）	-
5	柞○た○	女	腫（++）熱（++）痛（++）	頭痛、倦怠
6	二○き○	女	腫（++）熱（++）痛（++）	頭痛、倦怠、發熱
7	下○八○	男	腫（++）熱（++）痛（++）	頭痛、倦怠無力、發熱、噁心
8	大○さ○	女	腫（++）熱（++）痛（++）	頭痛、噁心、發熱
9	村○シ○	女	腫（+）熱（+）痛（+）	發燒 37.5℃
10	下○キ○	女	腫（+++）熱（+++）痛（+++）	發燒 36.8℃、頭痛無力
11	林○凸○	女	腫（+++）熱（+++）痛（+++）	頭痛、倦怠、發熱、腹痛
12	武○平○	男	腫（++）熱（++）痛（++）	發燒 39℃、頭痛、食慾不振、臥床兩天

說明：「腫」表示紅腫、「熱」表示發熱、「痛」表示疼痛；（+）代表輕度、（++）代表中度、（+++）代表重度。
資料來源：千本信次，〈今夏臺中州下ニ流行ノ「コレラ」菌株ニ據ル加熱ワクチン及煮沸免疫元ノ豫防接種ニ就テ；附表〉，《臺灣醫學會雜誌》，31:330，1932，頁 1081-1084。

接受第二種「煮沸免疫法疫苗」注射者共 24 人，其中，男性 6 人、女性 18 人。注射以後，沒有人產生「重度」紅腫、發熱、疼痛等症狀；產生「中度」紅腫、發熱、疼痛症狀者 3 人，分別為男性 1 人及女性 2 人，而且只伴隨倦怠、發燒，發燒並未超過 38℃；大部分（21 人）的紅腫、疼痛、倦怠、發燒、頭痛等症狀，明顯比第一種「加熱免疫法疫苗」輕微（見表 5-2-2）。

表 5-2-2　1932 年千本信次「煮沸免疫法」霍亂疫苗注射後反應整理

編號	姓名	性別	局部症候	全身症候
1	楊○飛	男	腫（＋）熱（＋）痛（＋）	-
2	山○覺	男	腫（＋）熱（＋）痛（＋）	-
3	高○卜○	女	腫（＋）熱（＋）痛（＋）	頭痛、發熱
4	柳○喜○	男	腫（＋）熱（＋）痛（＋）	倦怠
5	稻○全○	男	腫（＋）熱（＋＋）痛（＋＋）	倦怠、發燒 38℃
6	林○寶○	女	腫（＋）熱（＋）痛（＋）	-
7	岡○德○	女	腫（＋）熱（＋）痛（＋）	-
8	伊○長○	女	腫（＋）熱（＋）痛（＋）	-
9	由○み○	女	熱（＋）痛（＋）	頭痛、發燒 37.5℃
10	金○と○	女	腫（＋）熱（＋）痛（＋）	發燒 37.2℃
11	橋○キ○	女	痛（＋）	發燒 37℃
12	橋○貞○	女	熱（＋）痛（＋）	頭痛
13	赤○秀○	女	痛（＋）	發燒 37.1℃
14	小○嘉○	女	痛（＋）	頭痛、發燒 37.4℃
15	上○芳○	女	腫（＋）熱（＋）痛（＋）	倦怠
16	吳○錦○	女	腫（＋）熱（＋）	頭痛、發燒 37.5℃
17	戴○雪○	女	腫（＋）熱（＋）痛（＋）	頭痛、發熱
18	鐘○四○	女	腫（＋）熱（＋）痛（＋＋）	-
19	李○金○	女	腫（＋）熱（＋）痛（＋）	頭痛、倦怠、發燒 37.2℃
20	四○幸○	女	腫（＋）熱（＋）痛（＋＋）	發熱
21	新○左○	男	痛（＋）	-
22	千○信○	男	痛（＋）	-
23	桃○ア○	女	熱（＋）痛（＋）	-
24	千○フ○	女	腫（＋）熱（＋）痛（＋）	輕度頭痛、發燒 36.9℃

資料來源：千本信次，〈今夏臺中州下ニ流行ノ「コレラ」菌株ニ據ル加熱ワクチン及煮
　　　　　沸免疫元ノ豫防接種ニ就テ；附表〉，《臺灣醫學會雜誌》，31:330，1932，頁
　　　　　1081-1084。

　　由以上比較可知，煮沸後所製造的疫苗毒性較弱，不論局部症狀或
全身症狀均比加熱所製造的疫苗副作用反應弱[52]。

―――――

[52]　千本信次，〈今夏臺中州下ニ流行ノ「コレラ」菌株ニ據ル加熱ワクチン及煮
　　　沸免疫元ノ豫防接種ニ就テ；附表〉，《臺灣醫學會雜誌》，31:330，1932，頁

　　因此，使用煮沸製成的減毒霍亂疫苗較適合全面預防接種。

（四）以預防霍亂為前提的海港檢疫

　　日治後期，鼠疫早已宣告絕跡，總督府衛生課以預防亞洲型霍亂為前提，實行嚴格的海港檢疫，臺灣的海港檢疫主要由基隆港、淡水港支部、高雄港等地負責，成績斐然[53]。以 1931（昭和 11）年為例，基隆港檢疫所共檢驗船舶 2,405 船次、總噸數 7,917,384 噸、船員數 115,234 人次、船客 119,146 人次，發現傳染病例數，船員 168 人、船客 305 人。淡水港檢疫支所共檢驗船舶 150 船次、總噸數 218,119 噸、船員數 4,959 人次、船客 3,182 人次，未發現傳染病例。高雄港檢疫所共檢驗船舶 1,218 船次、總噸數 3,347,556 噸、船員數 65,149 人次、船客 10,725 人次，發現傳染病例數，船員 15 人、船客 29 人。三處檢疫所合計共檢驗船舶 3,773 船次、總噸數 11,483,059 噸、船員數 185,342 人次、船客 133,053 人次，發現傳染病例數，船員 183 人、船客 334 人[54]。

　　由上可知，在海港檢疫的把關下，臺北、高雄等大都會區已能有效避免傳染性疾病的肆虐。

二、衛生設施與教育的賡續改善

（一）自來水水源的增設

　　日治後期，社會安定，人口滋繁。以臺北市為例，原本的自來水設施已經不敷使用，政府當局勘查得知，七星郡大屯山內有豐富乾淨的

　　　1081-1084。

53　〈本島出入駁船實施檢疫〉，《漢文臺灣日日新報朝刊》第 10575 號，昭和 4 年 9 月 26 日第四版。

54　臺灣總督府警務局衛生課編，《臺灣の衛生（昭和十二年版）》（臺北：編者，1937），頁 96。

湧泉，可以作為自來水源，因此，自 1928（昭和 3）年至 1932（昭和 7）年間，斥資 250 萬圓，擴充水源設備，以供應臺北市 32 萬人的飲用水，自來水給水率達到 56.4%。1933（昭和 8）年，全臺北市共設置上水道 75 處，供水人口 48.1 萬人[55]。據 1936（昭和 11）年 3 月的統計，臺灣（含澎湖）的自來水普及率達到 50.8%，各地的自來水普及率分別為新竹州 50.7%、臺中州 47.5%、臺南州 38.3%、高雄州 48.7%、臺東廳 87.2%、花蓮港廳 63.9%、澎湖廳 53.6%[56]。

自來水水源的普及能避免水源遭到污染，有效降低亞洲型霍亂等水源性傳染病的散播。

（二）下水道的普及與堆肥的改良

依據「臺灣下水規則」，日治後期，臺灣已經完成污水下水道的地區有臺北、基隆、新竹、臺中、臺南、嘉義、高雄、屏東等八市，以及宜蘭、羅東、麻豆等三街[57]。

人類排泄物一向是農作物肥料的主要來源，因此，總督府為了徹底根絕腸胃道傳染病（如：亞洲型霍亂、腸傷寒）等病原菌的散播，首先在臺北地區設置「屎尿殺菌池」。先後設置在臺北市中崙、有明町以及臺北州新莊郡鷺洲庄三重埔字大竹圍等三處，完工日期分別為 1928 年 11 月 1 日、1929 年 3 月 31 日、1930 年 6 月 15 日，完工初期各處理池容量分別為 6,000 石、3,000 石、15,000 石，總容量為 24,000 石。殺菌處理時間為 3 週，排泄物在貯存池內發酵，讓病原菌自然死亡後，再供作農業施肥。1935 年，政府增資，在大竹圍殺菌池增設 5 座殺菌槽，海山郡中和庄新設一處殺菌池[58]。堆肥經過發酵殺菌後，有效避免農作

55 臺灣總督府警務局編，《臺灣の警察》（臺北：編者，1935），頁 210。
56 臺灣總督府警務局衛生課編，《臺灣の衛生（昭和十二年版）》（臺北：編者，1937），頁 76。
57 臺灣總督府警務局編，《臺灣の警察》（臺北：編者，1935），頁 210。
58 臺北市衛生課編，《昭和十一年臺北市衛生設施要覽》（臺北：編者，1937），頁

物傳染病原菌，也免除由昆蟲等病媒散播細菌之疑慮[59]。

（三）大清潔法與飲食物取締

1928（昭和3）年10月，總督府依據法律第31號，頒布了「污物掃除法」[60]。年底，新竹州衛生課發布告示，要求官民針對霍亂、鼠疫、腸傷寒等三種傳染病加強防疫消毒[61]。翌年，鑑於大阪、福岡、上海等地霍亂疫情蔓延，臺中市當局宣布自9月24日至29日的六天期間實施「秋季大清潔」[62]。

以臺北市為例，大掃除完成的廢棄物，由專人清運至集中場所焚燬。1934（昭和9）年，春季掃除的廢棄物總量達680,400公斤，政府派用協助人力分配為伍長100人、運伕1,150人；秋季掃除的廢棄物總量共達690,600公斤，政府派用協助人力分配為：伍長106人、運伕1,167人[63]。

1936（昭和11）年時，參加「大清潔」的戶數共有61,615戶，春季掃除的廢棄物總量共達556,200公斤，政府派用協助人力分配為監督員14人、巡視員37人、伍長78人、運伕902人；秋季掃除的廢棄物總量共達490,800公斤，政府派用協助人力分配為監督員12人、巡視員36人、伍長71人、運伕901人[64]。

1938（昭和13）年，參加「大清潔」的戶數共有64,565戶，春季

55。

59 K.T. 生，〈傳染病豫防常識〉，《臺灣皇漢醫界》，32，1931年，頁31。
60 臺灣總督府警務局編，《臺灣の警察》（臺北：編者，1935），頁211。
61 〈新竹州衛生課撲滅傳染病〉，《漢文臺灣日日新報朝刊》第10309號，昭和3年12月31日第四版。
62 〈臺中市大清潔自二十四日起〉，《漢文臺灣日日新報朝刊》第10573號，昭和4年9月23日第四版。
63 臺北市衛生課編，《昭和九年臺北市衛生設施要覽》（臺北：編者，1935），頁126。
64 臺北市衛生課編，《昭和十一年臺北市衛生設施要覽》（臺北：編者，1937），頁50-51。

掃除的廢棄物總量達 374,400 公斤，政府派用協助人力分配為監督員 14 人、巡視員 39 人、伍長 50 人、運伕 738 人；秋季掃除的廢棄物總量達 399,900 公斤，政府派用協助人力分配為監督員 14 人、巡視員 45 人、伍長 42 人、運伕 717 人[65]。

在食品清潔與取締方面，對於臺灣人慣用的牛乳、冰品、清涼飲料水等，在保存時效、盛裝器具等衛生檢驗均明訂詳細辦法[66]，以避免民眾誤食過期腐敗食物而產生腸胃道疾病。

（四）衛生教育宣導及永久衛生設施

日治後期，政府當局透過衛生講話會、展覽會、映畫會、講習會等各種衛生宣導，灌輸民眾及醫事人員衛生防疫觀念，其中，以「講話會」的實施最為普及。據 1936（昭和 11）年統計，臺北州、新竹州、臺中州、臺南州、高雄州、臺東廳、花蓮港廳、澎湖廳等全臺灣各地，共舉辦 2,266 場、2,131 日次的「衛生講話會」，聽眾達 576,306 人次。其次，除了臺東廳外，各地共舉辦 160 場「衛生映畫會」，觀覽人數 141,601 人。臺北州、新竹州、臺中州、臺南州、高雄州等地共舉辦 50 場「衛生展覽會」，觀覽人數 171,165 人次。舉辦過「衛生講習會」的分別為臺北州、新竹州、高雄州、花蓮港廳等地，共計 21 場、121 日次，參加講習人員 2,451 人次。

因此，總督府衛生課統計各年度衛生防治總經費不斷增加。1935、1936、1937 年，分別為 2,099,869、2,201,733、2,290,623 円[67]。

以臺南州為例，自 1934-1937 年間，政府共投入經費 1,190 萬円，

65　臺北市衛生課編，《昭和十三年臺北市衛生設施要覽》（臺北：編者，1939），頁 55。

66　臺灣總督府警務局衛生課編，《臺灣の衛生（昭和十二年版）》（臺北：編者，1937），頁 77-79。

67　臺灣總督府警務局衛生課編，《臺灣の衛生（昭和十二年版）》（臺北：編者，1937），頁 128-131。

普遍設置「永久衛生設施」，具體項目有個人便所、排水溝、堆肥舍、豬舍、窗、個人浴室等[68]，臺南成為日治時期南臺灣的衛生首善之區。

三、臺灣總督府博愛會與境外防疫措施

境外防疫是有效防遏傳染病入侵臺灣的積極手段之一。

日治時期，臺灣、日本、中國三地之間交通往來頻繁，以基隆港為中心，在東亞地區的 11 個要港當中，距離最近者是福州的 144 浬，其餘的依次為廈門 226 浬、高雄 230 浬、汕頭 318 浬、上海 419 浬、香港 466 浬、廣州 566 浬、海口 735 浬、三亞 840 浬、神戶 930 浬、橫濱 1,139 浬[69]。

中國地區經常爆發亞洲型霍亂疫情，與之有密切交通往來的基隆港自然首當其衝，促使臺灣總督府撥款補助「博愛會」及醫院的設立[70]。

總督府企圖將防疫範圍擴大至廈門、福州、汕頭、廣州等地，在霍亂發生時有效發揮其功能，以避免疫情蔓延至臺灣。

（一）財團法人博愛會及附設醫院

「博愛會」是隸屬於臺灣總督府的財團法人之一。因此，博愛會總部辦事處設於臺灣總督府內。博愛會及附設醫院的組織為：

（1）會長一名，由總督府總務長官兼任；

（2）副會長兩名，由總督府警務局長及外事部長兼任；

（3）常務理事一名，由警務局衛生課長兼任；

68　臺南州警察局編，《臺南州衛生狀況（昭和十四年刊行）》（臺北：編者，1939），頁 124-125。

69　臺灣總督府外事部編著，《支那事變大東亞戰爭二伴フ對南方施策狀況》（臺北：編者，1943），頁 2。

70　臺灣總督府外事部編著，《支那事變大東亞戰爭二伴フ對南方施策狀況》（臺北：編者，1943），頁 19。

（4）各地博愛會醫院院長授予總督府技師職位，年薪百円；

（5）醫院各科醫長、主任醫師、藥劑師等授予總督府技手職
　　　位，月薪二円[71]。

在「大正南進期」，臺灣總督府為了將日本勢力滲透至中國，特設
財團法人，且經營醫院。其目的不單是為診療日本僑民或臺灣籍民，
乃是：「以建設醫院為楔子吸引多數的支那有力人士參與此事業，在中
日親善中，助長我在對岸的勢力，此乃真目的也。」1917 年 11 月成立
「財團法人廈門博愛會」，1918 年 3 月在臺灣總督府協助下設置博愛會
醫院。其後，陸續在廣州（1919）、福州（1919）、汕頭（1925）等地設
立博愛會醫院[72]。

臺灣總督府認為中國是亞洲型霍亂的「第二根源地」，尤其，以沿
岸廣州、汕頭、廈門、福州、上海等地為甚[73]，這些地區與臺灣的交通
往來頻繁。

有鑑於此，臺灣總督府利用博愛會醫院這個「經營中國地區的最大
事業體」[74]，每當華南各地發生傳染病徵兆時，博愛會醫院即刻派遣醫
師前往實地調查，並將結果呈報臺灣總督府衛生課長。疫情嚴重時，必
須向當地日本領事館建議對搭船前往臺灣之船客進行健康檢查，抵臺上
岸前必須再檢查一次。

這種境外防疫措施屬於臺灣總督府衛生政策的一部分，同時，也協
助中國當地政府撲滅疫情。因此，當傳染病流行時，由博愛會醫院擔負

71　臺灣總督府外事部編著，《支那事變大東亞戰爭ニ伴フ對南方施策狀況》（臺北：
　　編者，1943），頁 21-24。

72　中村孝志著，卞鳳奎譯，〈大正南進期與臺灣〉，收入《中村孝志教授論文集：日
　　本南進政策與臺灣》（臺北：稻鄉，2002），頁 35。

73　臺灣總督府警務局編，《大正八、九年「コレラ」病流行誌》（臺北：編者，
　　1922），頁 2。

74　王學新，〈抗戰前博愛會醫院之運作與日本大陸政策之關係〉，《逢甲人文社會學
　　報》，16，2008，頁 107。

疫苗預防接種任務，以居留的日臺僑民、日本小學校學生、旭瀛書院學生、入港停泊之日本驅逐艦船員等為實施對象，進行免費接種。中國當地居民則酌量收費，或限時免費注射。

　　博愛會醫院成立後，醫務行政工作人員由臺灣總督府警務局衛生課負責管理。細究其因，當時令臺灣當局深感畏懼的是，中國常年流行著霍亂、鼠疫等法定傳染病，為防患於未然，除了將這些傳染病有效阻絕於對岸港市之外，別無他法。因此，博愛會醫院的醫師，由臺灣總督府挑選優秀的醫官前往，除授予高階職位，並兼任總督府的技術官職[75]。

　　1917 年 8 月 3 日，駐廈門日本領事矢田部保吉在機密 31 號「稟請臺灣總督府補助開設醫院書」函中陳述：

> 廈門是中國南方屈指可數的要港，人口約十餘萬人，內外各地
> 交通往來頻繁，因地屬亞熱帶氣候，瘟疫極猖獗，一般醫療設
> 備幾乎找不到可信賴的醫院。故市民的衛生狀態頗令人憂心，
> 無論是在住的日本人、外國人或是中國人本身，長久以來一直
> 期盼能有人出面設立一間完善的醫院。此計畫若能得到臺灣總
> 督府適當的補助，是最恰當不過的。[76]

　　廈門博愛會醫院籌備之初，臺灣總督府派遣臺北醫院院長稻垣長次郎、警察本署衛生課長警視鈴木信太郎、土木局技師近藤、技術員八坂等一行人，前往廈門實地考察，並提出「醫院設立調查報告書」[77]。

　　1917 年 11 月 14 日，中日合辦的財團法人廈門博愛會獲日本外務省批准成立。1918 年 3 月，廈門博愛會醫院設於鼓浪嶼西仔陸頭；5 月

75　中村孝志著，卞鳳奎譯，〈廈門及福州博愛醫院的成立〉，收入《中村孝志教授論文集：日本南進政策與臺灣》（臺北：稻鄉，2002），頁 226。

76　中村孝志著，卞鳳奎譯，〈廈門及福州博愛醫院的成立〉，收入《中村孝志教授論文集：日本南進政策與臺灣》（臺北：稻鄉，2002），頁 228-229。

77　中村孝志著，卞鳳奎譯，〈廈門及福州博愛醫院的成立〉，收入《中村孝志教授論文集：日本南進政策與臺灣》（臺北：稻鄉，2002），頁 232。

4 日，在廈門本島側寮仔後開設分院。

1918 年 3 月 26 日，財團法人福州博愛會獲日本外務省批准成立，醫院設於福州城外南臺福新街。同日，財團法人廣東博愛會獲日本外務省批准成立，醫院設於廣東省城長提二馬路。

1925 年 2 月 11 日，汕頭博愛會醫院舉行開院儀式。

1932 年 7 月上旬，廈門一帶發生霍亂大流行，據公安局衛生課調查，至 7 月 25 日止，廈門市內罹病人數有 640 人，其中死亡 504 人，由於有許多患者隱匿未報，估計真正死亡數當在 800 人以上。7 月 11 日起，臺灣總督府警務局以「廣東丸號」緊急運送 3,000 人份霍亂疫苗抵達，進行預防接種；7 月 14 日起，廈門臺灣公會開始對當地居民進行注射，其後，陸續有數萬人份疫苗運抵廈門。博愛會醫院在日本領事館、鼓浪嶼工部局、廈門市公安局等單位的協助下，針對全體市民進行免費注射，至 8 月 7 日止，接受疫苗注射人數達到 5,888 人[78]。

（二）中日戰爭爆發後博愛會的防疫工作

1937 年 7 月 7 日，盧溝橋事變爆發，中日之間關係緊張。為了避免日本籍人士遭受不測，8 月 12 日起，汕頭、廈門、福州博愛會醫院等人員陸續撤退至臺灣，由總督府暫時安排任職各公立醫院。

12 月 11 日，日軍占領金門後不久，中國沿海各地再度落入日本的掌控，於是，總督府重新組織博愛會衛生班及防疫班，派駐廈門、鼓浪嶼、廣東、海南島、達濠島、南京、三灶島、南寧等地[79]。

1937 年 11 月，博愛會技師小林義雄、黃松官等人，受日本海軍之託，以「診療防疫」任務派遣至金門島成立「衛生調查班」；12 月，小關信也被派赴金門開設「大日本診療所」，負責水質調查、疾病防疫、

78　王學新，〈抗戰前博愛會醫院之運作與日本大陸政策之關係〉，《逢甲人文社會學報》，16，2008，頁 114-115。

79　臺灣總督府外事部編著，《支那事變大東亞戰爭二伴フ對南方施策狀況》（臺北：編者，1943），頁 20。

保健衛生等任務；翌年 2 月，廈門博愛會醫院院長原庸藏率領海江田正孝、柳町鐵藏、石原定基等團隊，開辦「廈門博愛會醫院金門島診療所」，免費對日本駐軍及居民施醫給藥，在防疫事務上，先後有居民134,500 人接受預防注射。

　　1938 年 6 月，廈門博愛會醫院院長原庸藏率領的團隊回廈門進行「診療防疫」任務，數日後因不明原因而離開；於是，由汕頭博愛會醫院院長河田幸一郎率領浮野竹市、鄭德和、青山龍二等團隊，在廈門開設「診療所」，免費施醫給藥，並針對入港船舶實施檢疫，為徹底根除霍亂等惡性傳染病，對居民採取巡迴預防疫苗注射[80]。

　　隨著日軍占領區的擴大，博愛會更以「診療防疫」任務，分別派赴三竈島、南寧、欽縣、河內、西貢、海防等地（參見表 5-2-3）。

表 5-2-3　1937-1942 年博愛會「防疫派遣」概況

派遣地區	人員與職稱	時間起迄	備註
金門島	小林義雄（技師）、黃松官（技師）	1937.11.24-1938.3.1	成立衛生調查班
	小關信（技師、調劑員）	1937.12.1-1938.3.1	開設大日本診療所
	原庸藏（廈門博愛會醫院院長、技師）、海江田正孝（醫員）、柳町鐵藏（調劑員）	1938.2.16-1938.6.5	開設廈門博愛會醫院金門島診療所
	石原定基（書記）	1938.2.16-1938.4.26	
廈門	原庸藏（廈門博愛會醫院院長、技師）、海江田正孝（醫員）、柳町鐵藏（調劑師）	1938.6.5-1938.6.9	
	河田幸一郎（汕頭博愛會醫院院長、技師）、浮野竹市（技師）、鄭德和（技手）、青山龍二（レントゲン〔X-光〕技術員）	1938.6.14-1938.8.8	開設診療所

80　臺灣總督府外事部編著，《支那事變大東亞戰爭二伴フ對南方施策狀況》（臺北：編者，1943），頁 122、127。

派遣地區	人員與職稱	時間起迄	備註
南寧	山中覺（技師）、浮野竹市（技師）、陳墩德（醫員）、瀨戶山幸一（書記）、川崎登哉（技術員）、李錦梅（雇員）、四ケ所ヨシ（看護婦）、佐藤ハツエ（看護婦）、今原芳子（看護婦）、西牟田ヨシ子（看護婦）、長谷川くに枝（看護婦）、田之上辰子（看護婦）、廖訓承（傭）、黃振近（傭）、曾進豐（傭）、張乾坤（傭）	1940.7.1-1940.10.30	
欽縣	藤好米太郎（醫長）、賴來成（醫員）、廣瀨勘七（藥局長）、彭清奇（書記）、松田輝彥（書記）、德富ヤチヨ（看護婦）、王城喜美代（看護婦）、後藤よし子（看護婦）、石井オトエ（看護婦）、彭雲枝（傭）、徐錦郎（傭）、邱賢清（傭）	1940.7.1-1940.10.30	
河內	關知治（醫長）、臼井一雄（調劑員）、山內啟次（調劑員）、大塚計八郎（書記）、林廷發（雇）、森順子（助產婦）、新井ミサヲ（看護婦）、早坂智子（看護婦）	1942.8.20-	
西貢	早坂一宗（醫長）、二ノ宮鶴喜（醫員補）、上野啟次（調劑員）、村上時懋（書記）、郭承財（雇）、武田ツヤ（助產婦）、宮本富子（看護婦）、原國チヨ（看護婦）	1942.8.20-	
海防	奧村幸吉（醫長）、東野元次（醫員補）、染浦純（書記）、林福（雇）、下平干春（看護婦）、下川春子（看護婦）	1942.8.20-	

資料來源：臺灣總督府外事部編著，《支那事變大東亞戰爭ニ伴フ對南方施策狀況》（臺北：編者，1943），頁91-99、125-126。

　　此外，1938（昭和13）年3月17日至1942年4月12日間，博愛會廣東醫院院長山中覺、醫員陳道瑞以「衛生調查」任務，派遣至三竈島。1938年6月22日至翌年2月6日，博愛會受日本外務省之託，以「醫務派遣員」身分支援上海及南京地區的有：小林義雄（技師）所率領的津々見仙甫（技師）、小關信（技手）、李泉（書記）、松田輝彦（書記）、謝長夢（醫員）等團隊[81]。

　　1939年6月21日，日軍占領汕頭，汕頭博愛會醫院再度開辦，也負責當地的醫療防疫事務[82]。

（三）大東亞共榮圈的霍亂防疫

　　在「大東亞共榮圈」政策下，臺灣總督府一躍而成為「南進」的指揮總部。

　　博愛會醫院在臺灣總督府的主導下進一步與臺北帝國大學醫學部、熱帶醫學研究所等研究單位合作，活躍於中國華南的衛生界[83]。

　　博愛會為了配合南進政策，1938年12月12日，由總督府技師下條久馬一策劃、臺北帝大醫學部支援，組成「博愛會南支派遣衛生班」，先遣班派赴廣東，成員包括廣東博愛會醫院院長山中覺、汕頭博愛會醫院院長河田幸一郎、廣東博愛會醫院醫長井筦弘、廣東博愛會醫院醫長中島正、廣東博愛會醫院書記菊地七郎、廣東博愛會醫院藥局員廣瀨勘七、汕頭博愛會醫院書記長遠藤義雄等，主要任務為「傳染病的預防接種、患者及帶原者的隔離治療、病源體檢索、帶原者調查、衛生消毒指導」[84]等。

81　臺灣總督府外事部編著，《支那事變大東亞戰爭二伴フ對南方施策狀況》（臺北：編者，1943），頁91-99、125-126。
82　臺灣總督府外事部編著，《支那事變大東亞戰爭二伴フ對南方施策狀況》（臺北：編者，1943），頁147。
83　小田俊郎著，洪有錫譯，《臺灣醫學五十年》（臺北：前衛，1995），頁113。
84　臺灣總督府外事部編著，《支那事變大東亞戰爭二伴フ對南方施策狀況》（臺北：編者，1943），頁180。

　　翌年夏天，佛山、廣州分別發生霍亂，由總督府外事部提撥 24 萬圓，博愛會醫療防疫班成員擴編至 250 名，在 5 月 4 日至 6 月 2 日期間，趕工調製了 72 萬人份的霍亂疫苗。5 月 14 日起，編成預防接種班六班，由廣東治安維持會協助，在廣州市區針對居民及旅客強制進行霍亂疫苗注射，先後有 17,300 人接種。

　　1939 年 2 月 10 日，日軍占領海南島海口後，由博愛會南支派遣衛生班海南島支部在海口、瓊林、三亞等地開設醫院，由小林、河田兩位技師負責籌畫[85]。

表 5-2-4　1942 年臺灣總督府「香港コレラ防疫團」概況

隸屬單位	人員與職稱	時間起迄
臺灣總督府	湊友一（書記）、岡本正吉（囑託）	1942.3.10-1942.9.6
	張詩論（囑託）、陳成枝（囑託）、傅炫箕（囑託）、黃珍（囑託）、內田雪子（タイピスト，打字員）	1942.3.10-1942.7.16
臺灣總督府地方醫院	松田信義（囑託）	1942.3.10-1942.6.5
	楊添木（松山療養所醫員）	1942.3.10-1942.9.6
	林柄煐（臺南醫院醫官補）、岩崎長次（臺北州技手）、陳氏喲（臺中醫院看護婦）、伊藤契子（臺中醫院看護婦）、湯氏阿蜂（臺中醫院看護婦）、吳氏鑫（臺中醫院看護婦）、下地文（臺中醫院看護婦）、郭氏寶環（臺南醫院看護婦）、納利子（臺南醫院看護婦）、黃氏金霞（臺南醫院看護婦）	1942.3.10-1942.7.16
博愛會廣東醫院	伊藤榮一（醫長）	1942.2.21-1942.3.18
	井箟弘（醫長）	1942.2.21-1942. 8.31
	藤岡留吉（書記）	1942.2.21-1942.3.10
	西平テル（看護婦）、平岡トミノ（看護婦）、渡邊光枝（看護婦）、松田シツエ（看護婦）	1942.2.21-1942.3.18
	西田一郎（藥局長）	1942.2.21-1942.3.20

85　臺灣總督府外事部編著，《支那事變大東亞戰爭二伴フ對南方施策狀況》（臺北：編者，1943），頁 182-184。

隸屬單位	人員與職稱	時間起迄
臺北帝國大學	小野幸子（附屬醫院看護婦）	1942.3.10-1942.9.6
	李潤宇（附屬醫院副手）、橋本素（附屬醫院看護婦）、河原美惠子（附屬醫院看護婦）、西森トミ（附屬醫院看護婦）、中村茂美（附屬醫院看護婦）	1942.3.10-1942.7.16

資料來源：臺灣總督府外事部編著，《支那事變大東亞戰爭ニ伴フ對南方施策狀況》（臺北：編者，1943），頁 91-99、125-126。

　　1941 年，太平洋戰爭爆發後，香港地區年年發生霍亂疫情，臺灣軍參謀長接受香港總督部參謀長的建議，於 1942 年 2 月 23 日，由汕頭博愛會醫院院長山中覺、廣東博愛會醫院醫長井筧弘率領，組成「香港コレラ防疫團」，成員包括醫師 5 名、技術員 7 名、護士 15 名、書記 1 名、打字員 1 名，計 29 名[86]（見表 5-2-4）。

　　1942 年夏天，海南島傳出亞洲型霍亂疫情，3 月 17 日至 21 日，博愛會在海口市實施霍亂疫苗注射，共有 3,304 人接種；3 月 20 日至 22 日，博愛會也在瓊山市實施霍亂疫苗注射，先後有 8,285 人接種[87]。

　　配合日軍占領區擴張，臺灣總督府長期累積的衛生防疫工作經驗得以落實，境外有效防疫範圍的擴展，臺灣遭受傳染病移入的風險也逐年降低。

86　臺灣總督府外事部編著，《支那事變大東亞戰爭ニ伴フ對南方施策狀況》（臺北：編者，1943），頁 263-264。
87　臺灣總督府外事部編著，《支那事變大東亞戰爭ニ伴フ對南方施策狀況》（臺北：編者，1943），頁 219-221。

第三節　亞洲型霍亂研究之強化

歷經數次亞洲型霍亂流行後，臺灣累積豐富的研究素材，有助於強化該傳染病之研究。

一、霍亂臨床實驗的蓬勃發展

相較於日治初期和中期，本階段「亞洲型霍亂」相關論文，在質與量等方面均有明顯地進步。

從表 5-3-1 可知，本階段論文篇數共有 43 篇，數量上明顯超越日治初期和中期。其中，第一類的「原著及臨床實驗」類論文有長足的進步，共有 22 篇，占 51.16%，也就是說，半數以上均屬於研究者的原創性論文，在質的部分明顯提高。「熱帶醫事中外彙報」（熱帶醫學抄報）類明顯下降，只有 6 篇，約占 13.95%。此外，「講演要旨」有 12 篇，約占 27.91%。足見以臺灣本土素材為主的研究已獲得成果，不需仰賴外來的研究。

本階段之論文全數為日人研究者之成果報告，沒有外國醫學雜誌論文之譯介，臺灣本地之研究篇數超過七成以上。轉載自日本之醫學雜誌有《東京醫事新誌》、《日本傳染病學會雜誌》等各 3 篇（參見表 5-3-1）。

本階段 12 名作者中，有 7 名獲得博士學位，分別是後藤薰、丸山芳登、桐林茂、千本信次、杉田慶介、下村八五郎、佐佐木嘗米等，占 43.75%，足見素質之優異；其中，後藤薰、丸山芳登、桐林茂等 3 人曾出國進修或考察。

擔任過醫院院長的有森滋太郎、門馬健也、下村八五郎等 3 人。臺北醫學專門學校出身的有藍田俊郎、下村八五郎等 2 人。

茲簡述各學者簡歷如下：

（1）後藤薰，1894 年出生，福岡縣久留米市人。1907 年，長崎醫專畢業；1927 年，獲京都帝國大學醫學博士。1908 年，佐賀縣檢疫官；1908 年，臺北醫院醫務囑託；1908 年，臺北監獄醫務囑託；1910 年，三菱製紙所社醫；1914 年，林本源博愛醫院長；1922 年，專賣局煙草工場醫務囑託；1931 年，建成小學校醫務囑託。1930 年，赴歐美留學一年從事醫學研究。1934 年起從政，擔任臺北市協議會員；1935 年起，歷任臺北市會議員、大正區長等職。個性溫厚寬容、醫術精進，在臺灣頗負眾望。

（2）丸山芳登，1885 年 3 月 17 日出生，山形縣米澤市下矢來略人。青山學院高等科畢業；1926 年，獲醫學博士。1905 年，山形縣醫術開業前期試驗及格；1908 年，醫術免許證第百十六號、臺灣公醫候補生；1910 年，任臺灣總督府研究所技手；1918 年，臺灣總督府醫學校助教授；1920 年，臺灣總督府研究所技師衛生學部勤務；1923 年，臺北醫學專門學校教授。1929 年，總督府在外研究員，留學德國、法國、英國一年。1936 年，臺北帝國大學附屬醫學專門部教授；1937 年，兼總督府技師、文教局學務課勤務；1938 年，總督府體育官。

（3）桐林茂，1891 年 5 月 16 日出生，福井縣大野郡人。1916 年，金澤醫學專門學校畢業；後獲醫學博士。1916 年，金澤醫學專門學校附屬金澤病院內科醫員、神戶市私立攝津病院內科醫；1917 年，大阪商船株式會社船醫；1922 年，臺灣總督府臺北州港務醫官補、府港務所檢疫員；1923 年，臺北州警務部衛生課衛生技師；1925 年，臺北州港務醫官。1927 年，赴印度、廣東等地進行醫學考察。1932 年，臺灣總督府地方技師兼台北州警務部衛生課勤務；1936 年，地方技師兼中央研究所技師、臺中州警務部衛生課長兼教育課務，中央研究所臺中藥品試驗支所主任。曾任中竜礦業所北谷診療所長。

　　（4）藍田俊郎，1908 年 7 月 20 日出生，愛知縣知多郡西浦町人。愛知縣勢田中學校畢業；1931 年，臺灣總督府臺北醫學專門學校畢業。1931 年，臺北州港務部檢疫課檢疫醫員、基隆築港出張所醫務囑託、兼基隆醫院醫務囑託；1932 年，臺北州港務醫官補、港務部檢疫課；1937 年，臺灣總督府衛生技師、臺中市衛生技師、衛生課長。後開業設立醫院。

　　（5）千本信次，1892 年 4 月 15 日出生，東京都人。1916 年，東北帝大醫學部畢業；1933 年，獲醫學博士。1916 年，臺灣總督府臺北醫院皮膚科醫師、中央研究所衛生部研究。1931 年，在臺北開設皮膚泌尿器科。

　　（6）瓦與兵衛，1897 年 11 月 23 日，石川縣人。1925 年，金澤醫學大學附屬醫學專門部畢業。1931 年，金澤市立金澤病院醫員囑託；1932 年，豐田村產業組合醫院長、公醫；1933 年，臺灣總督府保健技師、臺中刑務所醫務係主任；曾任海軍軍醫中尉。

　　（7）杉田慶介，1912 年 11 月 25 日出生，宮城縣仙臺市人。1931 年，臺灣總督府臺北醫學專門學校畢業；後獲醫學博士。1931 年起，任臺南州衛生課技師。

　　（8）下村八五郎（舊姓油布），1884 年 4 月 15 日出生，大分縣大分市人。1910 年，長崎醫學專門學校畢業；1936 年，獲醫學博士，專長傳染病研究。1910 年，大分縣立病院內科醫員；1912 年，臺灣臺南廳安平駐在公醫；1915 年，土木局醫務囑託；1924 年，臺南州囑託、臺南婦人病院醫員；1925 年，臺南州警務部衛生課技師；1926 年，臺南警察醫；1929 年，臺北州警務部衛生課地方衛生技師、新竹州警務部衛生課長；1932 年，歷任新竹州警務部衛生課長、新竹醫師會長、新竹市仁濟醫院院長。獲評為傳染病研究與細菌學權威，個性溫厚篤實。

　　（9）窪田一夫，歷任浜寺病院副院長、西宮大阪細菌研究支所、臺北帝國大學附屬醫學專門部職員。

（10）安倍貞次，1884 年 5 月 20 日生，大分縣人。1905 年，私立熊本醫學校畢業。1905 年，任職天津病院；1921 年，鹽水街臺灣公醫；1927 年、臺灣衛生技師任職臺南州警務部衛生課勤務；1937 年，任高雄州警務部衛生課長兼內務部教育課務。

（11）佐佐木嘗米，1900 年 11 月 23 日出生，福岡縣人。1923 年，第七高等學校畢業；1928 年，九州帝國大學醫學部學士試驗合格；1934 年，獲醫學博士。1928 年，任九州帝國大學醫學部副手；1929 年，淺野セメント會社門司工場醫局小兒科；1930 年，在福岡縣田川郡後藥寺町開業；1934 年，在戶畑市千防町開業；1934 年，臺中醫院小兒科部長。

（12）若宮舍三，1876 年 11 月 11 日出生，京都府北幸田郡平尾村人。1898 年，京都醫學專門學校畢業。1905 年，任臺灣公醫；1911 年，內務省傳染病研究所囑託；1913 年，臺灣總督府民政部防疫醫；1913 年，臺中廳麻刺里亞病防遏事務兼臺中婦人病院長囑託；1914 年，臺中廳警務課警察醫[88]。

88　(1) 國家圖書館《臺灣人物誌（上中下 1895-1945）》，相關資料包括：《臺灣統治と其功勞者》、《南國之人士》、《南部臺灣紳士錄》、《臺灣人物誌》、《臺灣紳士名鑑》、《大眾人士錄》、《新臺灣を支配する人物と產業史》、《大眾人士錄－外地海外篇》、《台湾関係人名簿》、《臺灣人士鑑》、《臺灣人士之批評記》、《新竹州の情勢と人物》、《臺灣の中心人物》、《現代台灣史》、《新臺灣（御大典奉祝號）》、《最近の南部臺灣》、《臺灣官紳年鑑》、《戰時體制下に於ける事業及人物》、《自治制度改正十週年紀念人物志》、《新日本人物大系》、《新竹州の情勢と人物》、《臺灣人物評》、《始政三十年紀念出版－東臺灣便覽》、《臺灣大觀》、《臺灣警察遺芳錄》、《新竹大觀》、《中部臺灣を語る》、《臺灣人物展望》、《南臺灣の寶庫と人物》、《在臺の信州人》、《臺灣事業界と中心人物》等。(2)《大阪高等医學專門學校雜誌》，1 巻 1 号－ 10 巻 6 号，大阪高等医學專門學校医學會，1932-1943。

表 5-3-1　1927-1945 年《臺灣醫學會雜誌》中「亞洲型霍亂」相關論文

作者	年分	卷：期	主題	分類
壁島為造	1927	26:270	コレラ菌型ノ循環	熱帶醫學抄報
後藤薰	1927	26:272	虎列剌菌煮沸免疫元ノ人體應用ニ關スル實驗	講演
洪蘭	1930	29:309	豚コレラ菌ト之ガ類似菌トノ新簡易鑑別法	講演要旨
洪蘭	1936	35:373	家禽コレラ菌ト其類似菌トノ簡易鑑別法	原著及臨床實驗
土持勝次、洪蘭	1930	29:309	B 型パラチフス樣患者ヨリ豚コレラ菌ヲ檢出シタル一例	講演要旨
洪蘭	1933	32:337	B 型パラチフス樣患者ヨリ分離シタル豚コレラ菌ノ一例ニ就テ	原著及臨床實驗
桐林茂、石岡兵三	1929	28:297	コレラ菌檢索上パンデイ氏法應用ノ價值	講演要旨
桐林茂	1930	29:298	余ノ「コレラ」孤菌試驗管内溶菌現象ニ關スル知見（豫報）	學會
	1931	30:319	コレラ早期診斷ニ關スル研究補遺 第一篇 特ニ「ペプトン」水ラ「メ」デイウムトスル凝集反應試驗法ニ就テ	原著
	1931	30:320	コレラ早期診斷ニ關スル研究補遺 第二篇 殊ニ「ペプトン」水ラ「メ」デイウムトスル溶菌反應試驗法ニ就テ	原著
	1932	31:333	澱粉加寒天培地ニヨル「コレラ」菌型ノ分類（豫報）	講演要旨
	1933	32:338	コレラ菌ノ生物學的性狀補遺（特別揭載）其一 コレラ菌ト類似「ウイブリオ」トノ鑑別ニ就テ；附表	原著及臨床實驗
	1933	32:338	コレラ菌ノ生物學的性狀補遺（特別揭載）其二 澱粉加寒天培養基上ノ發育ニ就テ；附圖	原著及臨床實驗

作者	年分	卷：期	主題	分類
藍田俊郎、桐林茂	1932	31:326	ヤトレン105號ノ「コレラ」菌携帶者ニ於ケル內服治驗例	臨床實驗
	1932	31:330	本夏臺中ニ侵入シタル「コレラ」菌型ニ就テ	學會
	1932	31:333	基隆港ノ海水中ニ於ケル「コレラ」菌ノ生存狀態ニ就テ	講演要旨
	1937	36:393	本年流行ノ「コレラ」菌株ニ就テ	講演要旨
	1938	37:399	昭和十二年香港上海及ビ神戶ニ於テ分離セラレタル「コレラ」菌株ニ就テ	原著
桐林茂・洪蘭	1932	31:333	コレラ菌及其類似菌ト新鑑別培養基ニ就テ	講演要旨
藍田俊郎	1936	35:373	1934年夏上海ニ於テ「コレラ」菌トシテ分離サレタル「ザブリオ」ニ就テ	原著及臨床實驗
	1939	38:417	コレラ菌及類似「ビブリオ」ノ生物學的性狀ニ關スル知見補遺第一編 溶血作用ト牛乳凝固性ト關係ニ就イテ	原著
藍田俊郎、瓦與兵衞、洪蘭	1938	37:405	コレラ菌及類似「ビブリオ」ノ山羊血球ニ對スル溶解作用ト牛乳ノ凝固性トニ就テ	講演要旨
高野七郎	1931	30:319	昭和5年及6年上海ニ流行セル「コレラ」菌株ニ就テ	內外熱帶醫學抄報
渡邊義政	1931	30:319	昭和6年8月神戶港ニ侵入シタル「コレラ」菌株	內外熱帶醫學抄報
石川景親	1932	31:327	實驗的コレラ菌保有者ノ成因ニ就テ	熱帶醫學抄報
太田包美	1932	31:327	コレラ菌凝集反應ニ使用スル「メヂウム」ノ改良	熱帶醫學抄報
千本信次	1932	31:330	今夏臺中州下ニ流行ノ「コレラ」菌株ニ據ル豚コレラ菌加熱ワクチン及煮沸免疫元ノ豫防接種ニ就テ；附表	原著
杉田慶介	1932	31:333	最近チフス樣疾患ヨリ豚コレラ菌ヲ分離シタル一例	講演要旨
	1933	32:337	チフス樣患者ヨリ檢出セル豚コレラ菌ニ就テ	原著及臨床實驗
下村八五郎	1932	31:333	コレラ菌型問題ニ就テ	講演要旨

作者	年分	卷：期	主題	分類
杉尾一士、下村八五郎	1936	35:371	コレラ菌ノ凝集反應並ニ凝集素吸收試驗ニ關スル研究	原著及臨床實驗
星武、平良昌三	1932	31:333	コレラ保菌者一例ニ就テ	講演要旨
豐田實、宮尾績、林德一	1934	33:346	昭和七年上海、漢口、南京ニ於テ流行セル「コレラ」ノ型及毒力ニ就テ	熱帶醫學抄報
陳欽德	1935	34:366	嘉義地方ノ小兒假性「コレラ」ニ就テ	學會
窪田一夫	1935	34:367	臺灣ニ於ケル「コレラ」ノ疫學的觀察（未完）；附表	原著及臨床實驗
	1935	34:368	臺灣ニ於ケル「コレラ」ノ疫學的觀察（承前完）	原著及臨床實驗
	1936	35:378	細菌ノ「グリセリン」分解能ニ關スル研究後編 I 赤痢菌、コレラ菌及非コレラ弧菌ノ「グリセリン」分解能ニ就テ	原著及臨床實驗
	1941	40:435	昭和 14 年南支廣東市ニ於ケル「コレラ」流行ニ就イテ	原著
安倍貫次	1937	36:388	桑葉煎汁培養基ニ於ケル腸管內病原菌特ニ「コレラ」弧菌及非コレラ弧菌ノ發育所見ニ就テ；附圖	原著及臨床實驗
佐佐木曾米	1937	36:391	臺灣中部地方ニ於ケル小兒假性コレラ（Pseudo-cholera infantum）ノ觀察	原著及臨床實驗
若宮舍三	1940	39:426	ペプトン水中ニ於ケル「コレラ」菌ノ增殖狀態及凝集反應	原著
遠藤武	1944	43:第二附錄	海水中ニ於ケル「コレラ」菌ノ生存試驗ニ就テ 第 2 篇 海水細菌ト「コレラ」菌ノ混合培養成績	原著
張豐嵐	1945	44:479/480	高雄州下に流行せるコレラに對するスルファグアニジンの治療的實驗	臨床

資料來源：《臺灣醫學會雜誌》（1902-1945）。

綜觀日治時期，在亞洲型霍亂論文的作者職稱上。1926 年以前，18 位作者當中，有 9 位曾任職於臺灣總督府中央研究所衛生部，包括：洪蘭、桐林茂、窪田一夫、丸山芳登、谷口巖、古玉太郎、千本信次、杉尾一士、下村八五郎等。其次土持勝次、杉田慶介、安倍貞次、遠藤武等 4 人曾任職臺北州衛生課。

就作者職稱演變觀之。洪蘭歷任臺灣總督府中央研究所衛生部、臺北州衛生課；桐林茂歷任臺灣總督府州港務醫官、臺北州基隆仙洞檢疫所、臺北醫學專門學校細菌學教室；窪田一夫歷任臺灣總督府中央研究所衛生部細菌學第二研究室、博愛會南支派遣衛生班。

其餘的研究者，發表論文時的職稱分別為丸山芳登係臺灣總督府中央研究所衛生部技師，谷口巖係臺灣總督府研究所衛生學部囑託，古玉太郎係臺灣總督府研究所，千本信次係臺灣總督府中央研究所衛生部細菌學第三研究室，土持勝次係臺北州衛生課，杉田慶介係臺北州衛生課細菌試驗室，杉尾一士係臺灣總督府中央研究所衛生部細菌學第三研究室，下村八五郎係臺灣總督府中央研究所衛生部細菌學第三研究室，安倍貞次係臺北州衛生課衛生技師，佐佐木甞米、臺中醫院小兒科，若宮舍三、高雄州潮州，遠藤武係臺北州細菌檢查所，張豐胤、高雄州萬丹等。

由以上顯示，未有研究者任職臺灣總督府臺北醫院，蓋因臺北醫院的霍亂病患住院數甚少，不足以提供作為研究之故。

二、霍亂弧菌的深入研究與應用

20 世紀以降，隨著細菌學與傳染病學觀念的普及，臺灣、日本兩地的研究者，各種霍亂菌型的取材更為便利，有助於霍亂大流行的防疫及治療。

（一）霍亂弧菌標本的蒐集與菌型分類

霍亂菌株的蒐集是深入研究的基礎，臺灣與日本兩地研究者的態度

均十分嚴謹。

　　起初，壁島為造從事各種霍亂菌型的研究，將 Koch 發現的「コッホ氏菌」歸類為「原型菌」，桐林茂將其命名為「A 型菌」；「異型菌」即「類似菌」，桐林茂以宜蘭株作為代表菌，並且將其命名為「B 型菌」[89]。

　　1931 年 8 月，一艘英國籍輪船駛抵神戶，船上有 2 人出現上吐下瀉的霍亂症狀，經過採樣檢驗後，證實該 2 位患者遭感染的是「壁島氏原型屬」菌株，具有相當強烈的傳染性與致命毒性。基隆港也出現 1 例霍亂發病而身故者，經屍體解剖後，確認為亞洲型霍亂弧菌作祟，然而，缺乏詳細研究報告[90]。

　　1932 年，自中國泉州入侵臺中州梧棲港而發病的霍亂患者經桐林茂、藍田俊郎兩人採集到 19 株菌株標本，實驗後發現在生物學型態特徵上與「原型菌」的特徵符合，然而，毒性較強。再經由凝集反應、凝集素吸收試驗、防禦試驗、血清凝集反應、血清學性狀等比較後，確定該年屬於「霍亂異型菌」所造成之流行[91]。

　　1937 年，上海、大連、香港等地陸續爆發霍亂，共有一千餘人發病，死亡率極高。該年，日本的廣島、德山等地也相繼傳出疫情。總督府當局為了防止臺灣受到波及，立刻指示相關單位進行該年霍亂弧菌的型態與免疫學特性研究，由下條久馬一提供給藍田俊郎、桐林茂共 6 株霍亂弧菌作為標準菌株，對於事前防疫甚有助益。7 月 15 日，日本駐廣東領事報告，海南島及廣東等地爆發霍亂以來，有逐漸流行的趨勢。上海地區，中日戰爭方酣，更接連傳出霍亂疫情；8 月 27 日，一艘英

89　桐林茂，〈コレラ菌ノ生物學的ノ性狀補遺（特別揭載）其二　澱粉加寒天培養基上ノ發育ニ就テ；附圖〉，《臺灣醫學會雜誌》，32:338，1933，頁 727-735。

90　渡邊義政，〈昭和 6 年 8 月神戶港ニ侵入シタル「コレラ」菌株〉，《臺灣醫學會雜誌》，30:319，1931，頁 1161。

91　藍田俊郎、桐林茂，〈本夏臺中ニ侵入シタル「コレラ」ノ菌型ニ就テ〉，《臺灣醫學會雜誌》，31:330，1932，頁 735。

國籍商船，由上海抵達神戶後，造成神戶地區也傳出霍亂病例；不久，廣島、德山、（朝鮮）釜山、（滿洲國）大連等地也相繼爆發流行[92]。

同一時期，由於臺灣防範得宜，只有出現一名確定病例。

藍田俊郎、桐林茂等人歸功於下條久馬一事前提供的 6 株研究用霍亂弧菌，發揮了功效，並將實驗成果發表於該年所舉行的「臺灣醫學會第三十二次大會」。藍田、桐林二人的研究報告指出，實驗時所採用的菌株標本可以分成四大類：

（1）「對照用組菌株」有原型（和田）株、中間型（彥島）株、異型（小川）株等；（2）「香港系菌株」，包括 2771 號株、2807 號株、2811 號株、2854 號株、2880 號株、2881 號株等；（3）由神戶「和田岬檢疫所」分離出的「吳英株」；（4）「上海系菌株」，包括 86 號株、26512 號株、26601 號株、27892 號株等。經過比較以後發現，1937 年時，東亞地區所流行的霍亂菌株，在生物學的型態上皆類似，屬於典型的弧菌，即「端部具有單一鞭毛、活動力旺盛」等特徵；若以石炭酸稀釋液染色實驗，較易著色；在普通寒天培養基上的菌落發育，呈現透明青白色的濕潤團塊。此外，還指出，吳英株、86 號株、27892 號株等，在山羊血培養基中有較明顯的紅血球溶血現象[93]。

（二）各種霍亂弧菌菌型研究的深化

1933 年，為瞭解霍亂菌型的不同，桐林茂改良「澱粉加寒天培養基」，測試過的澱粉種類有甘藷、馬鈴薯、米、小麥、玉蜀黍、葛等等，其中，以馬鈴薯的溶解度最高。

桐林茂自製的「澱粉加寒天培養基」作法為：「以 3% 的普通寒天培養基 100 毫升，加入 30% 的可溶性澱粉水溶液 10 毫升，控制其酸

92　藍田俊郎、桐林茂，〈本年流行ノ「コレラ」菌株ニ就テ〉，《臺灣醫學會雜誌》，36:393，1937，頁 2791。

93　藍田俊郎、桐林茂，〈昭和十二年香港上海及ビ神戶ニ於テ分離セラレタル「コレラ」菌株ニ就テ〉，《臺灣醫學會雜誌》，37:399，1938，頁 1027-1034。

鹼值在 pH7.2 左右，然後放入 100℃的蒸氣鍋內，加熱 25 至 30 分鐘而成。」[94]

經「澱粉加寒天培養基」繁殖後觀察發現，「A 型菌」與「B 型菌」的發育型態，分別和壁島為造的「原型菌」與「異型菌」發育型態一致。

其後，野邊地氏更將霍亂弧菌分類為「原型菌」、「中間型菌」與「異型菌」三種。其中，原型菌的發育型態與「A 型菌」一致，中間型菌的發育型態與「A 型亞型菌」一致，異型菌的發育型態則與「B 型菌」一致[95]。

為了徹底瞭解霍亂弧菌的生物學型態，桐林茂進一步從事霍亂弧菌與類似菌的鑑別實驗。首先，他盡量蒐集各地的霍亂弧菌菌株，並自製「高濃度ペプトン加蛋黃寒天培養基」，以利於細菌培養。

桐林茂自製的「高濃度ペプトン加蛋黃寒天培養基」，其製作方法為：「以 1,000 毫升的蒸餾水作為溶劑，加入 30 公克的普通寒天、50 毫升的照內株式會社ペプトン（蛋白腺）水、5 公克的食鹽、蛋黃 1 枚（約 15 公克）後」製成[96]。

在「高濃度ペプトン加蛋黃寒天培養基」中，亞洲型霍亂弧菌培養 1-5 天後，會形成黃褐色的濕潤菌落，周圍呈現輪狀透明暈地帶；相對地，類似菌培養 1-2 天後，會形成黃綠色的濕潤菌落，周圍呈現輪狀透明暈地帶，在第 4-5 天後，輪狀透明帶便會乾枯，僅留下中央的紅褐色菌落。

94　桐林茂，〈コレラ早期診斷ニ關スル研究補遺　第一篇　特ニ「ペプトン」水ヲ「メデイウム」トスル凝集反應試驗法ニ就テ〉，《臺灣醫學會雜誌》，30:319，1931，頁 356。

95　桐林茂，〈コレラ菌ノ生物學的性狀補遺（特別揭載）其二　澱粉加寒天培養基上ノ發育ニ就テ；附圖〉，《臺灣醫學會雜誌》，32:338，1933，頁 727-735。

96　桐林茂，〈コレラ早期診斷ニ關スル研究補遺　第二篇　殊ニ「ペプトン」水ヲ「メデイウム」トスル溶菌反應試驗法ニ就テ〉，《臺灣醫學會雜誌》，30:320，1931，頁 591。

　　細菌培養完成後，有利於進行外觀型態的觀察，包括鞭毛數目與普通培養基上的觀察結果，有利於從事免疫反應、凝集反應、溶菌反應、毒性、コレラ紅反應、糖類分解、溶血毒等接續的試驗研究。

　　由於罹患霍亂後的病情變化迅速，所以盡量蒐集霍亂發病者身上的病菌是重要的。1915 年，Greig 在印度地區的霍亂流行期間，大量蒐羅各種菌株，有利於觀察各種霍亂弧菌及疑似菌的生物學型態與性狀。這一種實驗方法，影響後來桐林茂的研究。

　　至 1933 年為止，桐林茂能夠蒐集到的霍亂弧菌菌株標本，包括有：

　　（1）日本傳染病研究所，由野邊地博士分離出的「原型菌」、「中間型菌」與「異型菌」，共 3 株；（2）北里研究所，由渡邊博士分離出的「原型菌」（20 號、24 號）、與「異型菌」（40 號、41 號）等，共 4 株；（3）臺灣總督府中央研究所內，保存了コルフー（Corfu，希臘愛奧尼亞群島中之寇夫島）菌、宜蘭菌、El-Tor 菌，共 3 株；（4）1932（昭和 7）年，從中國華南霍亂疫區傳入臺中，由發病者及帶原者身上，採集到的 19 株（臺 22-40 號）霍亂弧菌，以及基隆仙洞檢疫所，由帶原者身上採集到的 1 株（臺 41 號）霍亂弧菌，共 20 株；（5）1931（昭和 6）年，神戶稅關港務部，由發病者身上採集到 6 株（內 22-27 號）霍亂弧菌。此外，還有從中國東北蒐集到的菌株等等，共有 137 株標本。

　　桐林茂以這些菌株進行實驗，首先，從霍亂弧菌的鞭毛數上觀察。在外國的研究結果上，Pfeiffer 發現霍亂弧菌的鞭毛，有一部分呈現出 2 端各有 2 條鞭毛，或者一端有 3 條鞭毛而另一端只有 1 條鞭毛的不對稱現象。野邊地博士報告，曾發現無鞭毛且不活動的菌株。

　　桐林茂的報告，菌株外觀呈現標準的稍彎曲弧形。然後，使用今井與日高的「鞭毛鍍銀法」後發現，在 137 個菌株當中，只有 2 株沒有鞭毛，其他的菌株都有豎立的鞭毛，分別從 1 條、2 條至數條不等。

　　其次，就霍亂弧菌與類似菌的毒性觀察。外國及日本國內的大部

分研究報告顯示，亞洲型霍亂弧菌的毒性大於類似菌的毒性。在臺灣，桐林茂以平均 200 公克左右的天竺鼠作為實驗對象，發現霍亂弧菌注射液的致死劑量為 0.3-0.5 公克，霍亂類似菌注射液的致死劑量為 0.1 公克，也就是說，類似菌的毒性反而大於真菌的毒性，與先前的研究報告有所歧異。

　　因此，桐林茂認為憑毒性的強弱，並不能鑑別出所謂的亞洲型霍亂弧菌與疑似菌，臨床病理學檢查上更必須注意到這一點[97]。

（三）霍亂弧菌的凝集反應與快速篩檢

　　由於海港檢疫是防堵亞洲型霍亂入侵的重要一環，因此，快速有效的篩檢確認益形重要。

　　1929 年，桐林茂、石岡兵三等兩人，介紹了バンデイー（Bandi）氏凝集反應試驗，以作為霍亂弧菌快速輔助診斷法，其優點如下：

（1）糞便檢體內的霍亂弧菌反應明顯；

（2）糞便內的病原菌及非病原菌，以ペプトン水混合培養 8 個小時以後，霍亂弧菌的凝集價將可以達到 1,600 倍以上；

（3）以同一凝集價的家兔免疫血清凝集反應試驗比較上，バンデイー（Bandi）氏凝集反應比グルーベル（Gruber）氏凝集反應，呈現出大於 3 倍的明顯差距；

（4）反應時間快速，培養後 2 個小時左右，開始出現菌落；3 個小時以後，菌落增殖明顯；第 5 個小時左右，菌落數目達到最高峰而且易於觀察實驗；第 6 至 8 個小時以

97　桐林茂，〈コレラ菌ノ生物學的性狀補遺（特別揭載）其一　コレラ菌ト類似「ウイブリオ」トノ鑑別ニ就テ；附表〉，《臺灣醫學會雜誌》，32:338，1933，頁 109-127。

後，菌落便不再繁殖，而且凝集反應不明顯[98]。

同年，中國華南沿海及上海地區，爆發了嚴重的亞洲型霍亂流行，與其有一葦帶水關係的臺灣，首當其衝。

時任臺灣總督府臺北州港務醫官的桐林茂，對於海港的檢疫措施不敢掉以輕心，尤其注意霍亂帶原者的篩檢，因此，桐林茂參考了 Bandi 氏及 Gruber 氏兩種細菌培養凝集反應試驗，綜合兩者的優點，進而發展出一種更好的折衷試驗法。

桐林茂的改良式霍亂弧菌培養基，乃使用「1% 的ペプトン水（pH7.8），再加入免疫血清，置放於攝氏 37℃ 的孵卵器之中加熱」，大約經過 2 至 4 個小時以後，霍亂弧菌便能夠大量繁殖，足夠提供凝集反應測定[99]。

1932 年，宮川富士松以天然海水和煮沸過海水作為霍亂弧菌繁殖對照實驗，他發現，霍亂弧菌在煮沸海水中，比在天然海水中的生存時間，延長約 5 至 6 倍之久[100]。

1934 年，上海地區發生霍亂流行，藍田俊郎分離出第 5-7 號患者的霍亂弧菌株，符合國際條約的規範，分別再使用「Gruber 氏凝集反應」與「桐林氏凝集反應」，兩者的結果大致相似。但是，Gruber 氏的凝集價比較高，而且反應時間短，實驗成果較明顯。依據國際規範並且採用凝集反應實驗，更有助於提高篩檢的準確度，防止霍亂入侵[101]。

日治時期，多數研究者以動物性的培養基質為主，而安倍貞次則曾

98　桐林茂、石岡兵三，〈コレラ菌檢索上バンデイ氏法應用ノ價值〉，《臺灣醫學會雜誌》，28:297，1929，頁 10-11。
99　桐林茂、石岡兵三，〈コレラ菌檢索上バンデイ氏法應用ノ價值〉，《臺灣醫學會雜誌》，28:297，1929，頁 10-11。
100　藍田俊郎、桐林茂，〈基隆港ノ海水中ニ於ケル「コレラ」菌ノ生存狀態ニ就テ〉，《臺灣醫學會雜誌》，31:333，1932，頁 1434。
101　藍田俊郎，〈1934 年夏上海ニ於テ「コレラ」菌トシテ分離サレタル「ザブリオ」ニ就テ〉，《臺灣醫學會雜誌》，35:373，1936，頁 766-777。

經使用植物性的桑葉煎汁培養基，比較研究了霍亂弧菌與非霍亂弧菌的發育情形[102]。

（四）霍亂弧菌的溶菌反應與篩檢

「溶菌反應試驗法」有助於霍亂陽性率篩檢的提升。

早在 1893 年時，Pfeiffer u. Kelle 便發現，霍亂弧菌具備有「溶菌」的特性，這是其他細菌所沒有的，更有助於霍亂陽性患者的確診，這一觀點，陸續獲得許多專家的證實。但是，「溶菌」的實驗操作繁瑣，一旦發生霍亂大流行，這一步驟卻往往被省略。

半世紀以後，20世紀40年代，日本及國外的學者，如：Zratgoroff、豐島、山內等人，再度倡行霍亂弧菌「溶菌反應試驗法」。桐林茂綜合各家的優點，進而將培養基改良為「等滲透壓培養基」，其製作方法為：「以ペプトン水 3 公升、食鹽 8.5 公克、蒸餾水 1,000 毫升，混合成 3% 的ペプトン水培養液，再加入免疫血清、補體而成。」

在桐林茂的培養基當中，透過顯微鏡觀察，霍亂弧菌呈現コンマ（comma，逗號）狀態，經過大約 3 個小時以後，肉眼便可觀察到霍亂弧菌開始發生「溶菌」現象，一直持續到第 5 個小時[103]。

因此，使用桐林茂的「等滲透壓培養基」，更有助於亞洲型霍亂發病者及帶原者的確定。

（五）霍亂弧菌的反覆循環流行現象

1927 年 6 月下旬，上海地區中國紅十字會所屬時疫醫院，由沈白弟所分離出來的霍亂菌種，與 8 月 5 日，由上海開往橫濱的英國籍輪船

---

102 安倍貞次，〈桑葉煎汁培養基ニ於ケル腸管內病原菌特ニ「コレラ」弧菌及非コレラ弧菌ノ發育所見ニ就テ；附圖〉，《臺灣醫學會雜誌》，36:388，1937，頁1478-1497。
103 桐林茂，〈コレラ早期診斷ニ關スル研究補遺　第二篇　殊ニ「ペプトン」水ヲ「メデイウム」トスル溶菌反應試驗法ニ就テ〉，《臺灣醫學會雜誌》，31:320，1931，頁 1181-1207。

上，由朱寬心所分離出來的霍亂菌種，在細菌學的型態上完全一致[104]。

因此，可以判定，本年度所流行的霍亂弧菌種類相似，是毒性較弱的一種，只要使用生理食鹽水、鹼性物質等，就可以有效殺菌。

在實驗室中，此一型霍亂菌種，在一般寒天培養基當中，會形成厚、薄等兩種不同型態的菌落，其中，厚的菌落對於羊的血球具有毒性，會形成ヘモトキシン（Hemotoxin，血毒素）。

此外，研究更發現，1925 年所流行的霍亂菌種，與 1922 年所流行的菌種相同，卻與 1926 年所流行的菌種相異，可視為霍亂菌種的「間隔循環流行」現象[105]。

（六）霍亂弧菌的最低致死劑量動物實驗

1932 年，中國沿海地區發生霍亂流行，豐田實、宮尾績、林德一等人，分別在上海、南京及漢口等地，蒐集、分析並採集各種霍亂菌株，共獲得有指標性的菌株 76 株，然後，進行毒性實驗，經由モルモット（天竺鼠）腹腔內注射霍亂弧菌，觀察 24 小時之後發現，動物實驗的最低致死劑量為 0.3-0.5mg 霍亂菌注射液[106]。

（七）霍亂弧菌的殺菌藥實驗應用

1940 年代初期，日本有部分醫師開始採用「ヤトレン 105 號」作為治療亞洲型霍亂的特效藥。

「ヤトレン 105 號」，1921 年，最早由德國漢堡（Hamburg）熱帶病研究所合成，歐洲、日本等地教授也相繼發表報告，肯定其療效。

起初，「ヤトレン 105 號」主要是應用於アメーバ（阿米巴）赤痢及細菌性腸炎的特效藥；它的組成，含有 28% 的ヨードオキシヒノリ

---

104 壁島為造，〈コレラ菌型ノ循環〉，《臺灣醫學會雜誌》，26:270，1927，頁 930。
105 壁島為造，〈コレラ菌型ノ循環〉，《臺灣醫學會雜誌》，26:270，1927，頁 931-932。
106 豐田實、宮尾績、林德一，〈昭和七年上海、漢口、南京ニ於テ流行セル「コレラ」ノ菌型及毒力ニ就テ〉，《臺灣醫學會雜誌》，33:346，1934，頁 198。

ン、ズルフオン酸等有效成分，是一種可溶性、無臭、稍帶甘味的黃色粉末；藥物作用機轉，在於增進生物體的細胞機能、提升組織細胞的免疫力、抑制細菌的滋長等等。

1932 年，基隆仙洞檢疫所醫師桐林茂與藍田俊郎兩人，首先以「ヤトレン 105 號」從事殺菌實驗。實驗過程如下：

（1）原本生存在蒸餾水當中的霍亂弧菌，以 0.1% 濃度的「ヤトレン 105 號」投藥後，1 小時內便可以完全消滅細菌。

（2）原本生存在 0.85% 生理食鹽水當中的霍亂弧菌，以 0.1% 濃度的「ヤトレン 105 號」投藥後，霍亂弧菌會再存活 48 小時；若以 0.25% 的濃度投藥後，霍亂弧菌會再存活 6 小時；若漸漸提高至 0.5%、1.0%、2.5%、4.0% 的濃度投藥後，1 小時內便可以完全消滅細菌。

（3）使用ペプトン水培養的霍亂弧菌，以 0.1% 濃度投藥後，霍亂弧菌會再存活 5 天以上；以 0.25% 的濃度投藥後，霍亂弧菌會再存活 48 小時；以 0.5% 的濃度投藥後，霍亂弧菌會再存活 6 小時；以 1.0% 的濃度投藥後，霍亂弧菌會再存活 3 小時；以 2.5%、4.0% 的濃度投藥後，1 小時內可以完全消滅細菌。

也就是說，「ヤトレン 105 號」的濃度越高，殺菌效果越明顯。

桐林茂與藍田俊郎兩人還發現，霍亂發病者與帶原者的體質普遍虛弱。於是，自 1926 年 9 月起，至 1931 年 11 月止，嘗試以「ヤトレン 105 號」，針對 7 名霍亂發病者或帶原者投藥，並作成詳細的觀察報告如下：

（1）第一例，林○氏○官，帶原者，女性，20 歲，中華民國籍。1926 年 9 月 15 日下午，由福州乘船，翌日抵達基隆港，經檢疫及糞便免疫反應試驗後，證實為陽性帶原者，於是立刻隔離治療。

據林女主述，最近曾經出現一日內下痢數次的病史，於是，每日給予 1.8 公克的「ヤトレン 105 號」，分早、中、晚 3 回服用；3 日後，糞便檢查已無霍亂菌，經過數日觀察及細菌培養，均呈現為陰性，於 10

月 3 日獲准出院。

（2）第二例，何○，帶原者，男性，39 歲，臺灣籍。與第一例患者搭乘同班輪船，於 1926 年 9 月 15 日下午，由福州啟程，翌日抵達基隆港，經檢疫及糞便免疫反應試驗、溶菌反應試驗後，才於 23 日證實為陽性帶原者，於是，立刻隔離治療。

當時，該名患者的面色蒼白、還有一日內解軟便數次的紀錄，於是，每日給予 1.5 公克的「ヤトレン 105 號」，分早、中、晚 3 回服用；3 日後，糞便檢查已無霍亂弧菌，經過數日觀察及細菌培養，均呈現為陰性，於 10 月 2 日獲准出院。

（3）第 3 例，小○平○郎，帶原者，男性，34 歲，日本籍。1926 年 9 月 26 日，由香港乘船，途經汕頭、廈門等地，於 10 月 1 日抵達基隆港，經檢疫及糞便顯微鏡觀察後，於 10 月 3 日證實為陽性帶原者，於是，立刻隔離治療。

治療過程當中，患者主訴曾經發生腹痛、一天內下痢 3 次等症狀，於是，每日給予 1.5 公克的「ヤトレン 105 號」，分早、中、晚 3 回服用；4 日後，糞便檢查已無霍亂弧菌，經過數日觀察及細菌培養，均呈現為陰性，於 10 月 12 日獲准出院。

（4）第 4 例，龔○桂，發病者，男性，30 歲，中華民國籍。1929 年 9 月 15 日，由天津乘船，途經大連、上海、福州等地後，於 27 日凌晨抵達基隆港。

該男子在上岸後就醫，主訴腹痛及一日內下痢數次，從他的灰白色水樣糞便之中，採得了檢體以後，經由ペプトン水細菌培養與凝集反應試驗，證實為霍亂弧菌強烈陽性反應，立即隔離，並且給予每日 2.1 公克的「ヤトレン 105 號」，分早、中、晚 3 回服用；5 日後，糞便檢查已無霍亂弧菌，經過數日觀察及細菌培養，均呈現為陰性，體力明顯恢復，隔離時間共計 20 天，於 10 月 17 日獲准出院。

（5）第 5 例，應○發，帶原者，男性，31 歲，中華民國籍。與第 4 例患者搭乘同一艘船抵達基隆港，採集糞便檢體，經過 3 次追加試驗

後，才於 9 月 30 日確定為陽性帶原者，立即隔離，並且給予每日 1.5
公克的「ヤトレン 105 號」，分早、中、晚 3 回服用；4 日後，糞便檢
查已無霍亂弧菌，經過數日觀察及細菌培養，均呈現為陰性，於 10 月
11 日獲准出院。

　　（6）第 6 例，竝○仙，發病者，男性，26 歲，日本籍。於 1931
年 10 月，隨漁船出海前往南洋作業，其中，一名船員在食用過鰹魚生
魚片之後，爆發急性下痢而死亡。11 月 2 日，漁船返回基隆港後，從
罹難者與其他 10 名船員身上採集檢體，經過顯微鏡觀察與免疫反應試
驗後，證實為感染霍亂菌致死。不久，竝員也開始發病，一日內下痢數
十次，更有舌苔白厚、腹部凹陷等體徵，立即隔離，並且給予每日 1.5
公克的「ヤトレン 105 號」，分早、中、晚 3 回服用；3 日後，糞便中
細菌已明顯減少；5 日後，糞便檢查已無霍亂弧菌，經過數日觀察及細
菌培養，均呈現為陰性，於 11 月 17 日獲准出院。

　　（7）第 7 例，鈴○政○，帶原者，男性，16 歲，日本籍。與第
6 例患者同為漁船作業員，於 11 月 6 日，被證實為霍亂弧菌陽性帶原
者。

　　鈴○並未發生下痢症狀，只有呈現臉色蒼白、元氣虛弱、腹部脹滿
等症狀。經過隔離，並且給予每日 1.5 公克的「ヤトレン 105 號」，分
早、中、晚 3 回服用；3 日後，糞便中細菌已明顯減少，於 11 月 17 日
獲准出院[107]。

　　上述的 7 位實驗對象，有 2 位發病者以及 5 位帶原者，在接受「ヤ
トレン 105 號」治療後，均獲得痊癒。然而，在後續的臨床治療與實驗
報告中，並未發現「ヤトレン 105 號」的相關研究，有待日後進一步探
討。

---

[107] 桐林茂、藍田俊郎，〈ヤトレン 105 號ノ「コレラ」菌携帶者ニ於ケル內服治驗
　　例〉，《臺灣醫學會雜誌》，31:326，1932，頁 503-600。

（八）霍亂弧菌的溶血實驗

在霍亂弧菌的溶血現象實驗研究上，在 1884 年時，柯霍（Koch）就已經發現，霍亂弧菌具有溶解動物紅血球的特性，稱為「溶血現象」；接著，陸續有 Bitter、Eijakman、Schottmuller 等學者，以實驗證明霍亂弧菌的溶血現象[108]。

1938 年，臺中州衛生課藍田俊郎、瓦與兵衞、洪蘭等人，再度使用 146 株霍亂弧菌菌株，與 54 株弧菌屬菌株，共計 200 株菌株，進行溶血實驗，並且取得令人滿意的成果[109]。

（九）人畜共通的霍亂類似菌

寄生禽畜身體上的霍亂菌，是否造成人類感染或發病，可以經由鑑別診定。

1927（昭和 2）年，臺北稻江醫院收治了一名疑似「B 型副腸傷寒菌」症狀病童，經採集糞便及尿液的檢體，藉由細菌培養後發現，證實為受到豬霍亂菌感染[110]。

1930 年，洪蘭發表了寄生禽畜身體上的霍亂菌鑑別診定。在豬隻身上所分離出的霍亂菌，經由寒天培養基繁殖後，發現豬霍亂菌群落最大的特徵為「呈現褐色」，能與其他類似菌明顯區隔[111]，與人類霍亂菌群落的顏色也不同。

由此可知，即使症狀類似，也必須經由細菌培養後，才能正確診斷

---

108 藍田俊郎，〈コレラ菌及類似「ビブリオ」ノ生物學的性狀ニ關スル知見補遺第一編　溶血作用ト牛乳凝固性トノ關係ニ就イテ〉，《臺灣醫學會雜誌》，38:417，1939，頁 1737-1746。

109 藍田俊郎、瓦與兵衞、洪蘭，〈コレラ菌及類似「ビブリオ」ノ山羊血球ニ對スル溶解作用ト牛乳ノ凝固性トノ關係ニ就テ〉，《臺灣醫學會雜誌》，37:405，1938，頁 1983。

110 土持勝次、洪蘭，〈B 型パラチフス樣患者ヨリ豚コレラ菌ヲ檢出シタル一例〉，《臺灣醫學會雜誌》，29:309，1930，頁 1625。

111 洪蘭，〈豚コレラ菌ト之ガ類似菌トノ一新簡易鑑別法〉，《臺灣醫學會雜誌》，29:309，1930，頁 1624-1625。

出感染的致病菌。

1929（昭和4）年，臺北市立稻江醫院內，有一名霍亂患者渡邊住院接受治療。研究者土持勝次、洪蘭在該位患者的身上分離出了副腸傷寒菌，仔細觀察其型態後，得到與豬霍亂菌符合的確證；於是，兩人將實驗觀察結果，發表於1931（昭和6）年的臺灣醫學會大會上。

土持勝次、洪蘭所研究的對象——渡邊，是一位2歲的小孩，發病初期，經仁濟醫院診察為腸傷寒疑似症後，轉介至稻江醫院接受進一步治療。

該病童在尚未住院前一個月期間，曾陸續出現發熱、下痢、大便青色、咳嗽、左顳顬部發疹等症狀，還有長出4顆乳牙。住院後，發現該名小兒的體格瘦弱、缺乏營養、面色蒼白、咽喉紅腫、口唇發赤、舌面有白厚苔、脈搏頻數、心音異常、腹部出現薔薇疹、右腸骨窩疼痛拒按等體徵。尿液檢查發現，呈現尿蛋白陽性及副腸傷寒菌陽性，經過「グルーベル（Gruber）氏細菌培養」後，疑似感染 Para-typhus B 型菌而致病。

從渡邊氏身上所採集到的菌株，在外觀上，屬於兩端鈍圓的桿菌，活動力強，會長出芽胞。在培養基上，グラム（Gram，革蘭）氏染色呈陰性反應，アニリン（Aniline，苯胺）色素染色時較容易呈現陽性反應。

細菌培養時發現，在普通寒天培養基當中，菌落呈現半透明灰白色隆起；在「遠藤氏培養基」內的菌落則呈現淡紅色；在ブイヨン（Bouillon，牛肉類等清湯）培養基及ペプトン水培養基內，都呈現出發育良好，數日後，形成菌塊沉澱物並且產生筴膜。

在血清凝集反應試驗上，土持勝次、洪蘭將「渡邊菌」與 Para-typhus A 型菌、Para-typhus B 型菌、鼠傷寒菌、豬霍亂菌、ゲルトネル（Gerd flannel）氏腸炎菌、馬流產菌等加以比較，並作成觀察紀錄後發現，只有渡邊菌和豬霍亂菌同時呈現高度凝集反應。

從以上各項觀察實驗中發現，土持勝次、洪蘭在稻江醫院所分離出

的「渡邊菌」，在生物學型態、糖類分解反應、血清凝集反應等各項實驗之中，獲得了「豬霍亂菌」與「Para-typhus B 型菌」是屬於「人畜互通」病菌的結論。

1931 年，日本人藤井也從中國東北的疑似腸傷寒患者身上，分離出副腸傷寒菌，與瀧田的 3 株實驗菌種經過比對後，確認了豬霍亂菌歸屬於類似菌[112]。

同年，臺灣也發生了首例人類感染「豬霍亂菌」的病例，首先由土持勝次實驗室研究後發表；翌年，伊左次、池田兩人也發表了一例報告；1931 年 9 月 6 日，臺北州衛生課細菌實驗室發表了日本籍患者森山的「類腸傷寒患者血液中所採集的豬霍亂菌」病例報告，是為第三例個案。

森山○，52 歲，男性。自述於 8 月 31 日當天，食用過豬肉後，突然出現發燒症狀；翌日，體溫升高至 39℃，並且伴隨有倦怠感、頭痛、食慾不振、咳嗽、嘔吐、下痢、關節痛、胸痛、頻尿等症狀。9 月 3 日，由地方開業醫師通報，經衛生課細菌實驗室抽血檢查，確定為腸傷寒患者，經過進一步的細菌培養後發現，菌落中有「豬霍亂菌」與「豬チフス菌」共生。9 月 6 日，該患者經住院治療後，翌日即退燒，經過隔離觀察以及數次的糞便細菌檢查，均呈現陰性反應，於 9 月 28 日獲准出院。

當時，臺北州衛生課細菌實驗室，將該患者身上所採集到的病原菌稱為「森山菌」。在生物學型態上，「森山菌」是兩端橢圓的棒型桿菌，具有莢膜與芽苞，菌體周圍布滿鞭毛，活動力強，屬 Gram 氏染色陰性菌；在培養基當中，以室溫 37℃時的發育最良好，菌落呈現乳白色半透明狀。在特殊培養試驗時，如以「Para-typhus-Gruppe 鑑別法」發現，「森山菌」的菌落周圍會形成「黏液堤」，與其他菌種明顯不同，有

---

112 土持勝次、洪蘭，〈B 型パラチフス樣患者ヨリ分離シタル豚コレラ菌ノ一例二就テ〉，《臺灣醫學會雜誌》，32:337，1933，頁 505-513。

利於觀察判別[113]。

　　與人類不同的是，禽畜所感染的霍亂菌，大多是屬於出血性敗血症菌屬。歐美地區，Hüppe 的報告，將家禽所感染的霍亂菌歸類為「出血性敗血症菌屬」，這種菌屬還包括有：牛敗血症菌、豬敗血症菌、水牛敗血症菌、羊敗血症菌及馬敗血症菌等[114]。Fitch 及 Kelson 等人，從全世界 28 個研究所實驗室當中，蒐集了上述所列舉的全部敗血症菌屬標本，分別使用 dextrose（葡萄糖）、maltose（麥芽糖）、lactose（乳糖）、xylose（木糖）等糖類作為分解測定，以分辨各菌種之間在型態學上的異同[115]。

　　1936 年，洪蘭所主持的實驗室當中，也分別從日本農林省「西ケ原獸疫調查所」、朝鮮總督府「釜山獸疫血清製造所」、滿鐵「奉天獸疫研究所」、臺灣總督府「獸疫血清製造所」、臺灣總督府「中央研究所」等研究機構，共收集了 41 株菌株標本，包括有：家禽霍亂菌 15 株、豬疫菌 20 株、野獸疫菌 3 株、羊敗血症菌 2 株及水牛疫菌 1 株等。經過細菌培養以後，洪蘭發現，出血性敗血症菌屬的黏稠度過高，不適合使用補體繼續進行實驗。若改用 xylose（木糖）作為分解測試後，發現出血性敗血症菌屬當中，只有家禽霍亂菌不會被分解；因此，可以利用 xylose 作為家禽霍亂菌與其他種出血性敗血症菌屬的簡易鑑別法[116]。

　　此外，杉田慶介也報告，從疑似腸傷寒患者身上分離出了「豬霍亂菌」菌株[117]。

---

113 杉田慶介，〈チフス樣患者ヨリ檢出セル豚コレラ菌ニ就テ〉，《臺灣醫學會雜誌》，32:337，1933，頁 467-474。

114 杉田慶介，〈最近チフス樣疾患ヨリ豚コレラ菌ヲ分離シタル一例〉，《臺灣醫學會雜誌》，31:333，1932，頁 365-371。

115 下村八五郎，〈コレラ菌型問題ニ就テ〉，《臺灣醫學會雜誌》，31:333，1932，頁363。

116 洪蘭，〈家禽コレラ菌ト其類似菌トノ一簡易鑑別法〉，《臺灣醫學會雜誌》，35:373，1936，頁 913-916。

117 杉田慶介，〈最近チフス樣疾患ヨリ豚コレラ菌ヲ分離シタル一例〉，《臺灣醫學會

（十）霍亂弧菌的併發症與疑似症

1934 年，臺灣總督府嘉義醫院小兒科報告，出現了 8 例「幼兒假性霍亂」患者，全數為日本籍，其特點為：

（1）週歲幼兒是最容易受到侵犯的族群；

（2）發病高峰集中在 11 月中旬；

（3）下痢與嘔吐症狀會持續 1 至 2 天；

（4）一天下痢 3 至 6 次，下痢物有濃厚酸臭味，呈現乳白色
　　　至米泔汁色，約一週後，排便即恢復正常；

（5）胸腹部沒有異狀；

（6）豫後良好，未出現死亡病例[118]。

此外，霍亂弧菌除了能夠造成腸胃道的急性症狀以外，也會因為寄生在其他器官而產生併發症。如 1932 年，石川景親從モルモット（天竺鼠）的膽汁及腸道之中，抽取出霍亂弧菌，然後，分別將這些菌株注射在天竺鼠的皮下組織與腦脊髓液當中，加以觀察後發現，這些霍亂菌株在腦脊髓液當中生存良好[119]。藉由此項實驗成果，將可進一步探討脊髓損傷後，可否進行治療以求復原的可行性。

（十一）日治全期亞洲型霍亂弧菌與腸胃道傳染病論文研究比較

綜觀日治時期，自 1903 年起，與「亞洲型霍亂」有關之論文或報導共有 129 篇。其中，第一類之「學說及實驗」類，日治時期，自 1908 年至 1945 年當中，共有 28 篇，平均每年不及一篇，僅有 0.47 篇弱，可以說研究成果較為貧乏。作者方面，單獨或集合作者共 18

雜誌》，31:333，1932，頁 1431。

118 陳欽德，〈嘉義地方ノ小兒假性「コレラ」ニ就テ〉，《臺灣醫學會雜誌》，34:366，1935，頁 669-670。

119 石川景親，〈實驗的コレラ菌保有者ノ成因ニ就テ〉，《臺灣醫學會雜誌》，31:327，1932，頁 757。

人[120]；篇數上，以桐林茂的 4 篇居冠，次為窪田一夫的 3 篇，其餘均為 2 篇或以下。

其次，第二類之「熱帶醫事中外彙報」，自 1902 年至 1945 年當中，共有 53 篇，平均每年為 1.75 篇；第三類之「演講」，自 1920 年至 1938 年當中，共有 14 場，平均每年僅有 0.74 場。其餘與霍亂有關之報導或小型文章共有 112 篇。

若分別觀察統計。自 1902 年起，與「赤痢」有關之論文或報導共有 389 篇，其中，在「學說及實驗」類部分，自 1902 年至 1945 年當中，共有 58 篇，平均每年有 1.32 篇，研究成果尚可；在作者與篇數上，以葉炳輝的 8 篇居冠，次為田中祐吉、明石真隆、丸山芳登的 3 篇，其餘均為 2 篇以下。研究成果最為豐碩者，當屬「腸傷寒」（typhoid）類之論文，自 1903 年起，與「腸傷寒」有關之論文或報導共有 523 篇，其中，在「學說及實驗」類部分，自 1902 年至 1945 年當中，共有 142 篇，平均每年有 3.3 篇，研究成果在腸胃道相關論文當中居冠；在作者與篇數方面，以杉田慶介和森輝夫分別有 7 篇為最多，次為大山保的 6 篇，再其次為丸山芳登、下村八五郎、窪田一夫的 5 篇，安倍貞次的 4 篇，遠藤武、安達敬智的 3 篇，其餘均為 2 篇以下。

從年度與篇數上觀察，44 個年度當中共有 221 篇腸胃道傳染病相關的論文，平均每個年度有 5 篇。篇數最多的為 1938 年，有 20 篇；發表數在 10 篇以上的為 1933-1937 年及 1940 年等 6 個年度，其餘年度均少於 10 篇；其中，1906、1910 及 1921 等三個年度，完全沒有與腸胃道傳染病相關的學說或實驗論文發表。

若分類觀察。與「亞洲型霍亂」有關之論文共有 33 篇，分布於 1908-1945 年的十八個年度當中，單一年度篇數最高的有 4 篇，分別為

---

120 作者姓名如下：山口謹爾、古玉太郎、丸山芳登、洪蘭、土持勝次、桐林茂、藍田俊郎、千本信次、杉田慶介、窪田一夫、杉尾一士、下村八五郎、安倍貞次、佐佐木嘗米、若宮舍三、遠藤武、張豐胤、張兆庚。

1933 與 1936 年。與「赤痢」有關之論文共有 58 篇，分布於 1902-1945
年的 27 個年度當中，單一年度篇數最高的為 1945 年的 5 篇，次高的有
4 篇，分別為 1914、1935、1940 等三個年度。與「腸傷寒」有關之論
文共有 145 篇，是三類論文篇數之中最多者，分布於 1903 至 1945 年的
三十三個年度當中，單一年度篇數最高的為 1938 年的 17 篇，次高的為
1934 年的 10 篇。就三類論文比較後發現，以「亞洲型霍亂」論文的篇
數最少，分布最為零散。造成該種現象的原因，可以從歷年《臺灣總督
府臺北醫院統計年報》當中關於三種傳染病的住院患者略窺其梗概。

　　因此，在亞洲型霍亂的作者職務上，只有丸山芳登曾任職於臺北
醫院，在醫院任職過的還有森滋太郎（宜蘭醫院）、門馬健也（臺東醫
院）、佐佐木嘗米（臺中醫院）等。曾任職於臺北醫學專門學校的有丸
山芳登、杉田慶介，曾任職於臺北州港務部的有桐林茂、藍田俊郎，曾
擔任總督府衛生技師或公醫的有瓦與兵衛、安倍貞次、若宮舍三。千本
信次任職於總督府中央研究所衛生部研究。

　　醫院是提供各種傳染病臨床病理研究題材的最佳場所。以丸山芳登
在 1914 年所發表關於〈臺北等地區赤痢實驗〉論文中，共研究了 29 位
病例，來自臺北醫院第一內科的有 16 位、小兒科有 2 位，占所有研究
病例的 62%；來自赤十字部醫院內科的有 5 位。

　　在醫院取得研究題材較方便的情況下，在赤痢的 47 位作者當中，
有 6 位曾任職於臺北醫院，包括：吉武清吾（臺北醫院外科）、本名文
任（外科醫長）、島田勇（小兒科）、宮本理次（外科）、西山和義（小
兒科）、大黑武三郎（內科）。曾任職於其他醫院或軍醫院的有 11 位，
包括：明石真隆（臺中醫院）、氏原均一（臺南醫院）、周木朝（鳳山街
正誠醫院）、光永常次郎（海軍軍醫中監）、大井司（臺中醫院內科）、
海藤正吉（陸軍一等軍醫）、加來得英（陸軍一等軍醫）、西村福太郎
（基隆衛戍病院）、萱島一男（橫須賀海軍病院）、赤司和嘉（臺南醫院
內科）、王耀東（臺北更生院）等。

　　有 6 位曾任職於總督府研究所衛生部，包括：窪田一夫、丸山芳

登、古玉太郎、邱賢添、杉田慶介、旭重雄等。有13位作者曾任職於醫學校或臺北帝國大學醫學部，包括：田中祐吉（臺灣總督府醫學校教授）、久保信之（總督府醫學校病理學教室）、野村俊綱（臺北醫學專門學校細菌學教室）、邱賢添、杜聰明、葉炳輝（臺北醫學專門學校藥物學教室）、分島整、高塀田（臺北醫學專門學校第二病理學教室）、栗本珍彥、石天泰三（臺北帝國大學醫學部細菌學教室）、邊木園正成（臺北帝國大學熱帶醫學研究所細菌血清學科）、淺井陽（臺北帝國大學醫學部澤田外科教室）、王耀東（臺北帝國大學醫學部藥理學教室）等。

此外，曾任職於臺中州警務部衛生課的有三位，包括洪蘭、藍田俊郎、竹山健志；曾任職於臺北州衛生課基隆細菌試驗室的有四位，包括：岩瀨祐一、小島鼎三、土持勝次、上玉利藤四郎等。

在腸傷寒的論文部分。由臺北醫院的住院統計觀察，腸傷寒的住院患者數為赤痢患者的七倍以上，因此，腸傷寒的論文與作者數量，在三種腸胃道傳染病當中均獨占鰲頭。作者部分，曾任職於臺北醫院的有23位，包括後藤薰（西內科）、天野龍郎、中尾文一郎（小兒科）、天川保（第一內科）、杉山謙平、谷後德治郎、野口立之、南風原朝保（第二內科）、大礒友明、永井宮麿（小兒科）、陳鳩水（小兒科）、菅野尚夫（外科）、天野一男（第一內科）、河西澄（第二內科）、西山和義（小兒科）、松延正巳（第二內科）、福田義雄（產婦人科）、島田勇（小兒科）、吉村はつの（小兒科）、金井崧（外科）、築山達（小兒科）、須藤潔（小兒科）、吳逢春（小兒科）等。

曾任職於其他地方醫院的有19位，包括：蒲池佐惣太（臺東醫院）、丸山芳登（日本赤十字社臺灣支部醫院內科）、明石真隆、天川保、竹內玄（臺中醫院）、中村讓（基隆醫院）、大井司（臺中醫院）、佐藤佐一（打狗醫院）、佐藤喜一（新竹醫院）、大城盛方（澎湖醫院）、村田敬子（稻江醫院）、下川八男（日本赤十字社臺灣支部醫院內科）、赤司和嘉（臺南醫院）、萱島一男（橫須賀海軍病院）、蔡惠郎（臺中醫院內科）、湯川深（稻江醫院）、稻福全志（稻江醫院）、窪田

一夫（嘉義醫院、花蓮港醫院）、陳水印（高雄醫院）、蘇丁受（臺南醫院）等。

　　曾在醫學校或帝國大學醫學部任職過的作者共有29位，是三類論文當中為數最多者。包括帖佐直喜（臺灣總督府醫學專門學校外科教室）、日野一郎（臺北醫學專門學校外科學教室）、下川八男（臺北醫學專門學校內科學教室）、久藤實（臺北醫學專門學校病理學教室）、野村俊綱（臺北醫學專門學校細菌學教室）、池田選一（臺北醫學專門學校細菌學教室）、伊左次賢三（臺北醫學專門學校細菌學教室）、柳澤喜八郎（臺北醫學專門學校內科學教室）、寺田清二、賴鳳儀、內藤誠一（臺北醫學專門學校細菌學教室）、鄭盛杞（臺北帝國大學醫學部外科學教室）、中村勝（臺北帝國大學醫學部內科學教室）、前田利繼、花崎為康（臺北帝國大學醫學部內科教室）、莊金座（臺北帝國大學醫學部小田內科教室）、黃克東（臺北帝國大學醫學部桂內科教室）、和氣巖（臺北帝國大學醫學部病理學教室）、蘇家駒（臺北帝國大學醫學部耳鼻咽喉科教室）、蔡國銘（臺北帝國大學醫學部河石外科教室）、盧萬德（臺北帝國大學醫學部寄生蟲學教室）、黃啟忠、徐來興（臺北帝國大學醫學部內科學教室）、詹益恭（臺北帝國大學醫學部河石外科教室）、三藤廣（臺北帝國大學醫學部內科教室）、楠信男、木下康民（臺北帝國大學醫學部桂內科教室）、張天縱、張天楷（臺北帝國大學醫學部內科學教室）等。

　　曾任職於總督府研究所衛生部的有10位，包括：丸山芳登、洪蘭、鈴木近志、四宮定吉、安達敬智、杉田慶介、窪田一夫、曾田長宗、安倍貞次、土持勝次等。

　　將三種腸胃道傳染病的「學說與實驗類」論文作者綜合比較後發現，丸山芳登、洪蘭、杉田慶介、窪田一夫、藍田俊郎等5位的研究範圍包羅了亞洲型霍亂、赤痢、腸傷寒等。研究範圍以亞洲型霍亂與赤痢為主的有古玉太郎、遠藤武2位；研究範圍以亞洲型霍亂與腸傷寒為主的有土持勝次、杉尾一士、安倍貞次等3位；研究範圍以赤痢與腸傷寒

為主的有大井司、野村俊綱、西山和義、赤司和嘉、萱島一男、島田勇、旭重雄、小島鼎三等 8 位。

三、日治全期氣候與霍亂流行之間的關係

為了便於觀察，可以將氣候因素分成各個項目，包括：氣壓、溫度、濕度、雨天日數、總雨量等要素。

再將各流行年度分成「大流行」與「小流行」等兩個觀察單位加以比較：「小流行年」，即 1910、1916、1926、1932 年；「大流行年」，即 1902、1912、1919、1920 年等，後兩個年度更再區分成三大流行系統。

觀察地區，劃分為臺北地方、臺南地方、高雄地方、澎湖島等。臺北地方是依據臺北觀測站的紀錄報告，包括有臺北、基隆、宜蘭、花蓮等地區，在 1902、1912、1919 等三個年度的氣象觀察紀錄；臺南地方是依據臺南觀測站的紀錄報告，包括有嘉義、臺中、臺南、臺東、阿緱等地區，在 1919、1920 等兩個年度的氣象觀察紀錄；高雄地方是依據高雄觀測站的紀錄報告，包括有高雄及附近地區，在 1920 年度的氣象觀察紀錄；澎湖島的氣象觀察紀錄報告，包括了 1919、1920 等兩個年度[121]。

（一）大氣壓力與霍亂流行的關係

經過綜合分析臺灣各年度的氣壓後發現，冬季（12 月至翌年 1 月）的平均氣壓較高，然後漸漸下降至夏季（7 至 8 月）的平均最低氣壓，爾後再逐漸回升。觀察霍亂流行猖獗的月分，往往集中在 8 月或 9 月，恰好與全年平均最低氣壓的時間相符合[122]。

---

121 臺灣總督府氣象臺編，《臺灣累年氣象報告》（臺北：編者，1939），頁 2。

122 臺灣總督府氣象臺編，《臺灣累年氣象報告》（臺北：編者，1939），頁 1、7、22、34。

就各地區之氣壓分別觀察後發現。臺北地方：在 1902、1912、1920 的三個大流行年，以及 1926 年的小流行，分別以歷年平均氣壓、全年平均氣壓、最低平均氣壓等加以觀察，其中是否有特別之處？經統計後發現，大流行年的 6 至 9 月時，平均氣壓比起歷年稍低；1902、1919 年的平均氣壓下降月分與患者發生數成反比，氣壓最低的月分也是患者發生數最多的月分；1912 年，最低氣壓雖然出現在 8 月，但患者數最高峰卻出現在 11 月，待 12 月時，平均氣壓上升後，霍亂疫情便消聲匿跡[123]。

臺南、臺中地方：臺南地區在 1919、1920 年的大流行，以及臺中州在 1932 年的小流行，這些地區霍亂流行高峰的月分，是在平均氣壓最低月分出現之後的第一或第二個月時發生[124]。

高雄地方：1919、1920 年的霍亂大流行時，最低平均氣壓出現在 6 至 8 月的夏季，但是，疫情高峰卻出現在 10 月的秋季，流行高峰期比最低氣壓期延遲 3 個月出現[125]。

由此可見，流行高峰往往伴隨著最低平均氣壓出現，若伴隨颱風或暴風雨出現時，更易助長病菌的氣焰。

（二）溫度與霍亂流行的關係

臺灣島與澎湖群島位處亞熱帶地區，全年各月分平均溫度，從 1 月以後逐漸上升，至 7 月達於最高溫度，爾後漸次下降。全島年均溫高於日本內地年均溫，島內南部年均溫高於北部年均溫。

從大流行年與小流行年的全年度平均氣溫觀察當中發現，沒有任何

123 臺灣總督府氣象臺編，《臺灣累年氣象報告》（臺北：編者，1939），頁 82、87、101、114。
124 臺灣總督府氣象臺編，《臺灣累年氣象報告》（臺北：編者，1939），頁 41、47、62、74。
125 窪田一夫，〈臺灣ニ於ケル「コレラ」ノ疫學的觀察—後編（疫理編）〉，《臺灣醫學會雜誌》，34:368，1935，頁 1818-1820。

劇烈的變化與差異。若再以臺北、臺南、高雄等北、南兩個大流行區加以區分觀察，氣溫並未有大幅度的改變。出現流行高峰的月分，往往發生在氣溫最高月分之後[126]。與日本內地不同的地方是，臺灣本島是全年平均氣溫較高的地方，霍亂的流行在冬天就會絕跡，也不會有病原菌蔓延至隔年發生的情形。

（三）濕度與霍亂流行的關係

觀察臺灣各季節的平均濕度。臺灣北部與南部兩地，因為北回歸線通過的影響，造成最高與最低濕度季節正好相反，即北部地方的夏季濕度低、冬季濕度高，反之，南部地方的夏季濕度高、冬季濕度低。

因此，以平均濕度觀察霍亂流行狀況發現，臺北地區各年度疫情爆發於平均濕度開始下降的時候，流行的高峰期與全年平均濕度最低的月分一致；臺南、高雄地區，各年度疫情爆發於平均濕度開始上升的時候，流行的高峰期與全年平均濕度最高的月分一致[127]。

（四）降雨總量、降雨日數與霍亂流行的關係

降雨總量、降雨日數與霍亂流行有密切的關係。觀察霍亂的大流行年度和小流行年度與整年度累計雨量可以發現，大流行年度的總雨量偏多，而且有集中於流行高峰月分的傾向。接著採用分區觀察：臺北地方，1902、1919 年的大流行年期間，降雨量高峰的月分與患者數高峰的月分一致；1912 年的流行初期、雨量偏多，流行末期、雨量減少[128]。

以基隆為例，由於海外交通往來頻繁之故，可以說，臺灣北部的霍亂疫情幾乎開始於基隆地區的境外移入，也與當地降雨日數呈正向關

126　臺灣總督府氣象臺編，《臺灣累年氣象報告》（臺北：編者，1939），頁 82、87、101、114。

127　臺灣總督府氣象臺編，《臺灣累年氣象報告》（臺北：編者，1939），頁 1、7、22、34。

128　臺灣總督府氣象臺編，《臺灣累年氣象報告》（臺北：編者，1939），頁 22、34。

聯[129]（見表 5-3-1）。1919 年的大流行，基隆出現首例患者以後，該年度共有 166 人發病，其中 141 人死亡[130]，死亡率高達 84.40%。

表 5-3-2　基隆地區長年氣象觀測統計

月別	氣溫°C			濕度 %	晴雨日數（天）		
	平均	最高	最低		晴天	陰天	雨天
一	14.6	24.5	8.0	87.0	-	29	26
二	16.0	27.3	11.6	87.5	-	26	26
三	16.4	29.3	9.5	81.9	3	21	19
四	21.2	30.8	14.4	82.9	-	20	15
五	24.2	32.5	17.2	82.5	1	17	15
六	26.9	35.3	19.7	79.4	-	17	17
七	28.0	34.6	22.0	78.6	6	7	11
八	28.7	35.9	22.7	74.5	6	2	7
九	27.2	36.5	22.0	75.5	2	10	18
十	23.3	32.6	17.9	78.1	3	23	18
十一	20.2	28.0	12.0	76.2	5	21	19
十二	17.7	25.2	12.0	73.1	2	18	12
計	22.0	36.5	8.0	79.8	28	211	203

資料來源：基隆市衛生課編輯，《基隆市の衛生》（基隆：基隆市役所，1935），頁 11。

由全台灣的各大都市長年氣候觀察紀錄中發現（見表 5-3-2），以基隆的年平均降雨日數 203 天居冠，年平均總雨量也高達 2,330 毫米，屬於典型的「雨都」。若與日本內地都市相較（東京 128 天、大阪 138 天、京都 168 天、名古屋 136 天、神戶 146 天），其年平均降雨日數依舊名列前茅[131]。

臺南地方，1919 年的流行初期、雨量偏多；1920 年的各月分雨量曲線，與霍亂患者數曲線大致相符。高雄地方，1920 年的流行初期也

---

129 基隆市衛生課編輯，《基隆市の衛生》（基隆：基隆市役所，1935），頁 11-13。
130 熊谷勤助，《昭和十一年基隆市衛生紀要》（基隆：基隆市役所，1936），頁 56。
131 基隆市衛生課編輯，《基隆市の衛生》（基隆：基隆市役所，1935），頁 12。

是雨量偏多[132]。

臺灣的南北部雨量多寡與季節有明顯相關性，北部地方在夏天為乾季、南部地方在夏天為雨季。霍亂大流行之時，首位患者往往在連續陰雨的天氣出現，流行期間若有暴風雨來襲，疫情更是一發不可收拾。可見降雨日數的消長和霍亂疫情之間有密切關聯。

觀察霍亂大流行年度和小流行年度、與整年度累計雨量後可以發現，大流行年度的降雨天日數較多，而且集中在流行期間或流行期之前。

以各大流行年度並配合分區觀察發現：

（1）臺北地區：1919 年的雨量和流行高峰，同時出現在 8 月。

（2）臺南地區：1919 年 8 月時，雨天日數最多；10 月，出現流行高峰。1920 年 10 月，雨天日數和流行高峰同時出現。

（3）高雄地區：1920 年的流行期之前，陰雨日數幾乎從未間斷；由 8 月分起的兩個月，疫情高峰伴隨著降雨日數高峰出現[133]。

由於北回歸線橫貫臺灣中央，使得臺灣北部與南部的氣候迥異。觀察南部與北部的雨季，夏、秋兩季正好完全相反。在這樣的氣候條件影響之下，1902 與 1912 年，當北部地方爆發霍亂大流行的時候，南部地方相對的較不受威脅；反之，1920 年，當南部地方飽受霍亂疫情肆虐之時，北部地方卻只有出現零星個案。

綜觀氣候與霍亂流行之間的關係，影響較大的當屬總雨量和降雨日數；氣壓、溫度、濕度的影響相對地較小。

再觀察霍亂大流行的 1902、1912、1920 等年度，全臺灣各地區的氣候並未出現明顯異常的現象；但是，1902 與 1912 年，霍亂主要流行

---

132 窪田一夫，〈臺灣ニ於ケル「コレラ」ノ疫學的觀察—後編（疫理編）〉，《臺灣醫學會雜誌》，34:368，1935，頁 1828-1831。

133 臺灣總督府氣象臺編，《臺灣累年氣象報告》（臺北：編者，1939），頁 7、41、82、87、104。

於北部地方；1920 年，霍亂主要流行於中南部地方[134]。

因此，還必須考慮侵入病原菌毒性的強弱與防疫處置是否合宜等因素。

表 5-3-3　臺灣主要都市長年氣象觀測統計

都市	氣溫℃			濕度%	晴雨日數（天）			
	平均	最高	最低		晴天	陰天	雨天	雷雨
基隆	22.0	36.5	8.0	80.0	28	211	203	18
臺北	22.0	37.7	6.0	83.0	28	181	184	34
臺中	22.6	35.6	4.0	78.0	60	85	106	38
臺南	23.4	36.4	7.0	80.0	85	75	73	41
高雄	24.3	36.2	8.9	75.0	89	65	68	28
恆春	24.7	33.9	11.7	75.0	38	103	114	17
花蓮港	22.7	34.8	9.2	80.0	28	204	199	39
臺東	23.8	36.4	10.6	76.0	30	152	124	16
馬公	22.8	33.7	8.7	83.0	61	146	67	9

資料來源：基隆市衛生課編輯，《基隆市の衛生》（基隆：基隆市役所，1935），頁 12。

四、日治全期的流行病學觀察分析

臺灣的觀察期間為 1898（明治 31）年至 1932（昭和 7）年，當國際間傳出大流行之際，海港檢疫所篩檢出的亞洲型霍亂患者即列入統計。

（一）流行時間的觀察

若逐月統計霍亂發病者的流行時間可以發現，就各月分的百分比觀察，以 8 月分所占的比率最高。

就各月分的患者數觀察，1 月、2 月均為零星個案，3 月分全部沒有出現患者；8 月時，患者數急速竄升，9、10 兩個月的患者數最多，

---

134 臺灣總督府官房調查課編，《臺灣人口動態統計（大正九年）》（臺北：編者，1922），頁 100-288。

其後漸次下降，通常在 12 月分平息，疫情會延燒至隔年的次數甚少。

　　若使用曲線圖加以觀察，上升的曲線較為陡峭，下降的曲線較為平緩（見表 5-3-4）。

　　從以上的觀察可知，一般流行的高峰出現在 8 月至 10 月期間，11 與 12 月的發病數往往急遽下降至於疫情終止，也就是坊間民眾認知，霍亂流行的高峰是在晚夏到初秋時節。

表 5-3-4　日治時期臺灣亞洲型霍亂流行患者數月分（I-XII）統計表

西元	I	II	III	IV	V	VI	VII	VIII	IX	X	XI	XII	計
1898									1				1
1901				1									1
1902			3	6	58	272	232	123	44	8			746
1903						1							1
1904					1								1
1907							1	1	1				3
1910										9	4		13
1912					52	19	48	56	62	85	11		333
1916								12	3	4	15		34
1917		2											2
1918									1				1
1919						149	1,287	1,139	931	330			3,836
1920			23	67	31	139	804	528	753	184	141		2,670
1921	1												1
1925									3				3
1926								12	4				16
1931											1		1
1932							16						16
合計	1	2		23	71	90	382	2,412	1,981	1,881	657	179	7,679
%	0.01	0.03	0	0.30	0.92	1.17	4.97	31.36	25.75	24.45	8.54	2.33	100.00

資料來源：臺灣總督府警務局編，《大正八、九年「コレラ」病流行誌》（臺北：編者，1922），頁 48-49。

表 5-3-5　日治時期臺灣亞洲型霍亂主要流行月分（IV-XII）統計分析表

年分 ＼ 月分		IV	V	VI	VII	VIII	IX	X	XI	XII	計
1902	患者數		3	6	58	272	232	123	44	8	746
	(%)		(0.40)	(0.80)	(7.77)	(36.45)	(31.09)	(16.48)	(5.90)	(1.07)	(100.00)
1912	患者數			52	19	48	56	62	85	11	333
	(%)			(15.62)	(5.71)	(14.41)	(16.82)	(18.62)	(25.53)	(3.30)	(100.00)
1919	患者數				149	1,287	1,139	931	330		3,836
	(%)				(3.89)	(33.60)	(29.73)	(24.23)	(8.61)		(100.00)
臺北系統病原	患者數				39	1,166	566	59			1,807
	(%)				(2.15)	(64.13)	(31.13)	(3.25)			(100.00)
臺南系統病原	患者數				57	120	569	872	316		1,938
	(%)				(2.96)	(6.24)	(29.59)	(45.34)	(16.43)		(100.00)
澎湖系統病原	患者數				53	1	4		14		72
	(%)				(73.67)	(1.39)	(5.56)		(19.46)		(100.00)
1920	患者數	23	67	31	139	804	528	753	184	141	2,670
	(%)	(0.86)	(2.51)	(1.16)	(5.21)	(30.15)	(19.80)	(28.24)	(6.90)	(5.29)	(100.00)
臺南系統病原	患者數		31	19	139	800	493	532	165	129	2,308
	(%)		(1.33)	(0.82)	(5.98)	(34.40)	(21.20)	(22.88)	(7.10)	(5.55)	(100.00)
高雄系統病原	患者數	23	36	12		4	35	191	19	12	332
	(%)	(6.92)	(10.84)	(3.61)		(1.20)	(10.54)	(57.49)	(5.72)	(3.61)	(100.00)
澎湖系統病原	患者數							30			30
	(%)							(100.0)			(100.00)

資料來源：

1. 臺灣總督府警務局編，《大正八、九年「コレラ」病流行誌》（臺北：編者，1922），頁 50-52。
2. 窪田一夫，〈臺灣ニ於ケル「コレラ」ノ疫學的觀察─後編（疫理編）〉，《臺灣醫學會雜誌》，34:368，1935，頁 1796。

　　疫情爆發之初的患者數量也值得觀察。從歷年的流行比較後發現，疫情爆發當月的患者數目多寡（包括由海港檢疫單位所篩檢出的亞洲型霍亂陽性患者），與該年度的流行規模密不可分。

　　依據現代流行病學的分類，將特定流行病患者數量區分為四個等級，分別稱為：（1）單發，陸地上出現 1 人發病或由海港檢疫確認病例 1 人；（2）散發，發病人數在 2 人以上以及 20 人以下；（3）小流行，

20 人以上及 100 人以下；(4) 大流行，患者數目超過 100 人以上[135]。

依照此一標準檢視，符合「大流行」標準的月分為 4 到 7 月，是受到病原菌入侵的影響；符合「散發」或「小流行」標準的月分為 7 到 11 月，也是受到病原菌入侵的影響。若以整年度觀察，臺灣一年的 12 個月分當中，除了 3 月分以外，都曾受到霍亂病菌侵襲。主要流行期間集中於一年的後半年度，甚少出現跨年度流行的狀況[136]。

從各年度霍亂患者死亡率的變化觀察中發現，流行率的高低與死亡率呈現反比的現象。

死亡率達到 100% 的年度，發病者通常是只有 10 人以下的零星病例。因此，若探討各年度死亡率的變化時，必須先剔除發病數目不足 10 人的年度（1898、1901、1907、1917、1918、1921、1925、1931、1941、1942），爾後的討論才有意義。

自 1898（明治 31）年至 1932（昭和 7）年為止，臺灣的亞洲型霍亂患者總計共有 7,679 人，其中，5,289 人死亡，總平均死亡率為 68.88%。大流行年度的死亡率，以 1902 年的 82.17% 為最高，最低的為 1932 年的 37.50%[137]。

若以各年度分別審視，高於總平均死亡率（68.88%）的有 1902 年（82.17%）、1912 年（76.88%）、1919 年（70.20%）等 3 個年度；與總平均死亡率相近的為 1926 年（68.75%）；低於總平均死亡率的有 1910 年（61.54%）、1916 年（47.06%）、1920 年（62.73%）、1932 年（37.50%）等 4 個年度[138]。

---

135 陳建仁編著，《流行病學》(臺北：編者，1983)，頁 3-4。

136 臺灣省行政長官公署統計室編印，臺灣省政府主計處重印，表 487〈歷年省立醫院住院人數按疾病種類之分配（續）〉，《臺灣省五十一年來統計提要》(南投：臺灣省政府主計處，1994)，頁 1254-1255。

137 臺灣總督府警務局編，《臺灣の衛生（昭和十四年）》〈傳染病患者百に付死亡累年比較〉(臺北：編者，1939)，頁 6。

138 臺灣省政府行政長官公署統計室編印，《臺灣省五十一年來統計提要》(南投：編印者，1946)，頁 1271-1275。

　　若以每萬人口數的霍亂病死亡率與總死亡率觀察比較。與日本內地的霍亂流行統計比較，自 1877（明治 10）年至 1931（昭和 6）年為止，總平均死亡率為 68.08%，與臺灣相仿。

　　再比較各流行年度的死亡率後發現，呈現一種規則變化。以 1880（明治 13）年為基準年，每 7 年是一個循環週期；在 1890、1891（明治 23、24）年的死亡率最高，分別為 81.32%、80.77%；爾後，死亡率逐漸下降為 50.00%[139]。

　　與朝鮮地區的霍亂流行統計比較，自 1910（明治 43）年至 1933（昭和 8）年為止，總平均死亡率為 61.21%，與臺灣相較略低。各流行年度的死亡率變化差異相當大[140]。

　　每一年度霍亂流行時死亡率的變化起伏，與該年侵入的病菌毒性強弱、天氣變化、蔓延的地區有關。

　　將 1901-1932 年期間，霍亂患者的死亡人數依照月別統計後加以觀察，死亡人數最高的月分出現在 8 月，該月總死亡人數占全部霍亂死亡人數的 31.64%，其次為 9 月、占 27.93%，再次為 10 月、占 24.45%；其他的月分，死亡總數相對較低。進一步觀察後發現，各月分的死亡率高低，與發病數高低大致相符（見表 5-3-6）。

139　臺灣總督府警務局編，《大正八、九年「コレラ」病流行誌》（臺北：編者，1922），頁 48-49。
140　窪田一夫，〈臺灣ニ於ケル「コレラ」ノ疫學的觀察—後編（疫理編）〉，《臺灣醫學會雜誌》，34:368，1935，頁 1808。

表 5-3-6　臺灣亞洲型霍亂大流行年各月分發病數與死亡數比較

年分	月分	1	2	3	4	5	6	7	8	9	10	11	12
1902	患者					3	6	58	272	232	123	44	8
	死者					1	5	41	226	203	93	34	(10)
	死%					33.33	83.33	70.69	83.09	87.50	75.61	77.27	125.0
1912	患者						52	19	48	56	62	85	11
	死者						25	13	33	43	49	82	11
	死%						48.08	68.42	68.75	76.79	79.03	96.47	100.0
1919	患者							149	1,287	1,139	931	330	
	死者							65	913	879	616	220	
	死%							43.62	70.94	77.17	66.17	66.67	
1920	患者				23	67	31	139	804	528	753	184	141
	死者				13	41	17	67	500	342	524	133	38
	死%				56.52	61.19	54.84	48.20	62.19	64.77	69.59	72.28	26.95
合計	患者	1	2		23	71	90	382	2,412	1,981	1,881	657	179
	死者	0	1		13	43	48	193	1,673	1,477	1,293	476	72
	死%		50.0		56.52	60.56	53.33	50.52	69.36	74.56	68.74	72.45	40.22

說明：1. 合計欄內統計數字為 1901-1932 年的統計。
　　　2. 括號為死者多於患者，是因前月發病者，至當月才死亡。
資料來源：臺灣總督府警務局衛生課編，《臺灣の衛生（昭和十二年版）》（臺北：編者，1937），頁 90-94。

　　由以上統計數字可以發現，1901-1932 年期間，因霍亂發病而死亡者，以 4 至 7 月的死亡率較低，大約在 50% 至 60% 左右；8 月時，死亡率上升至 69.36%；9 月時，達於最高峰的 74.56%；10 月時，復下降為 68.74%；11 月，再度上揚為 72.45%；12 月，銳減為 40.22%。

　　若以四大流行年來觀察比較：9 月分時，死亡率達於最高峰的有 1902 與 1919 年，分別為 87.50% 與 77.17%；在年底時，死亡率攀升至高峰的有 1912 與 1920 年，1912 年 12 月的死亡率為 100%、1920 年 11 月的死亡率為 72.28%[141]。

---

141 臺灣省政府行政長官公署統計室編印，《臺灣省五十一年來統計提要》（南投：編

（二）霍亂的流行與區域差異及族群比較

霍亂發病者與地域之間有密切的關係。

臺灣的亞洲型霍亂病傳染源往往來自境外，首先受到波及的通常是貿易港口所在之地，疫情蔓延的程度又與四通八達的交通設施密不可分。

如前所述，1895 年，征臺軍隊夾帶著中國東北地區與日本內地的病原菌抵達臺灣後，這些病菌是否與臺灣本地的病原菌共同造成大流行，其詳情已不可得知。又由於行政區域歷經多次變革，各次的流行地區也未必完全一致，僅能就 1902、1912、1919 與 1920 的四個大流行年度加以比較。

霍亂流行與人群之間，可以區分成種族、性別、年齡、家戶與職業別等，分別加以觀察。

（1）種族別

以臺灣的種族觀察，絕大多數是為臺灣人，其餘為日本人、外國人（全數為中國人）、蕃人（原住民）等。

1898-1932（明治 31 －昭和 7）年之間，據官方統計，共有霍亂發病者 7,679 人。依據種族區分，日本籍 625 人、占 8.14%；臺灣籍 6,970 人、占 90.77%，外國籍 84 人、占 1.09%[142]。

觀察在臺灣居住的日本人與臺灣本地住民罹患霍亂後的死亡率差異。臺灣本地住民的霍亂總平均死亡率為 69.64%，日本人的總平均死亡率為 57.76%。在全部法定傳染病的霍亂死亡分率比較上，臺灣本地住民的平均死亡分率還是高過日本人的平均死亡分率。日本籍研究者認為，這是因為臺灣本地住民的文化水準較低，患者無法早期發現而接受治療的緣故[143]。

印者，1946），頁 1271-1275。

142　臺灣總督府編，《臺灣戶口統計（昭和十八年）》（臺北：編者，1944），頁 2。

143　臺灣總督府警務局編，《臺灣の衛生（昭和十四年）》〈傳染病患者及死者累年比

（2）性別

霍亂發病者的性別也值得探討。

1898-1932（明治 31 －昭和 7）年期間，在霍亂發病者 7,679 人當中，男性有 4,052 人、占 52.77%，女性有 3,627 人、占 47.23%，男性比女性略多 5.54%[144]。

若再以種族區分霍亂發病者的性別。在日本籍發病者的 625 人當中，男性有 461 人、占 73.76%，女性有 164 人、占 26.24%[145]。

再觀察臺灣籍霍亂發病者的 6,970 人當中，男性有 3,513 人、占 50.40%，女性有 3,457 人、占 49.60%，男女的比例幾乎接近一與一之比[146]。

以四個大流行年的死亡率觀察，1902、1919、1920 等三年的男性平均死亡率皆高於女性；1912 年，女性平均死亡率高於男性[147]。

若再以族群區分觀察兩性的霍亂死亡率：在臺日本籍男性平均死亡率為 57.48%、女性平均死亡率為 58.54%，女性略高於男性。以四個大流行年的死亡率觀察，1902、1912 年的男性平均死亡率高於女性；1919、1920 年的女性平均死亡率高於男性[148]。

觀察臺灣本地住民的男性平均死亡率為 71.59%、女性平均死亡率為 67.66%，男性略高於女性；以四個大流行年的死亡率觀察，1902 年

較〉（臺北：編者，1939），頁 7。

144　丸山芳登編集，《日本領時代に遺した臺灣の医事衛生業績》（橫濱：編集者發行，1946），頁 19。

145　臺灣總督府警務局衛生課編，《臺灣の衛生（昭和十二年版）》（臺北：編者，1937），頁 95。

146　臺灣省政府行政長官公署統計室編印，《臺灣省五十一年來統計提要》（南投：編印者，1946），頁 1271-1275。

147　臺灣總督府警務局編，《臺灣の衛生》〈臺灣衛生四十年の概觀〉（臺北：編者，1937），頁 3-4。

148　臺灣總督府警務局編，《臺灣の衛生（昭和十四年）》（臺北：編者，1939），頁 25-165。

的女性平均死亡率高於男性；1912、1919 年的男性平均死亡率高於女性；1920 年，女性的霍亂發病數多於男性，但是男性的平均死亡率卻反而高於女性[149]。

　　由於日本人的發病數較少，導致女性平均死亡率多於男性的情形，不能作為觀察的依據。臺灣本地住民的發病數多，因此，男性平均死亡率多於女性，可以作為觀察的依據（見表 5-3-7）。

表 5-3-7　臺灣歷次亞洲型霍亂流行死亡率與性別比較

分類		年度	1902	1910	1912	1916	1919	1920	1926	1932	合計
男性總計		患者	534	8	200	27	2,015	1,234	7	14	4,052
		死者	441	6	150	13	1,441	778	5	5	2,849
		死 %	82.58	75.00	75.00	48.50	71.51	63.05	71.43	35.71	70.31
女性總計		患者	212	5	133	7	1,821	1,436	9	2	3,627
		死者	172	2	106	3	1,252	897	6	1	2,440
		死 %	81.13	40.00	79.70	42.85	68.75	62.47	66.67	50.00	67.27
日本人	男性	患者	152	8	95	25	119	52	1		461
		死者	105	6	57	12	58	19	1		265
		死 %	69.08	75.00	60.00	48.00	48.74	36.53	100.0		57.48
	女性	患者	50	5	26	7	62	11	1		164
		死者	29	2	13	3	40	8	0		96
		死 %	58.00	40.00	50.00	42.86	64.52	72.73	0.00		58.54
臺灣人	男性	患者	382		102		1,833	1,178	4	11	3,513
		死者	336		90		1,326	755	3	3	2,515
		死 %	87.96		88.24		72.34	64.09	75.00	27.27	71.59
	女性	患者	162		107		1,753	1,425	8	2	3,457
		死者	143		93		1,207	889	6	1	2,339
		死 %	88.27		86.92		68.85	62.39	75.00	50.00	67.66

---

149 陳紹馨，《臺灣的人口變遷與社會變遷》（臺北：聯經，1992），頁 125。

分類		年度	1902	1910	1912	1916	1919	1920	1926	1932	合計
外國人	男性	患者			3	2	63	4	2	3	78
		死者			3	1	57	4	1	2	69
		死%			100.0	50.00	90.48	100.0	50.00	66.67	88.46
	女性	患者					6				6
		死者					5				5
		死%					83.33				83.33

資料來源：
1. 臺灣總督府官房調查課編，《臺灣人口動態統計記述報文（大正八年）》（臺北：編者，1921），頁28-33。
2. 臺灣總督府官房調查課編，《臺灣人口動態統計（大正九年）》（臺北：編者，1922），頁100-288。
3. 臺灣總督府官房調查課編，《臺灣人口動態統計（大正十五年）》（臺北：編者，1927），頁104-295。
4. 臺灣總督府編，《臺灣戶口統計（昭和十八年）》（臺北：編者，1944），頁2。

（3）家戶發病口數

以各年度平均數字統計，臺灣大多數的霍亂發病屬於一戶1人，占82.31%；一戶當中有2人發病的占11.44%，一戶當中有3人發病的占3.52%，一戶當中有4人發病的占1.42%，一戶當中有5人以上發病的占1.33%[150]。

（4）發病年齡分析

檢視霍亂患者的年齡層分布。就年齡層逐步分析，患者好發於20歲以上至40歲以下的年齡層，尤其是20歲至30歲之間的青壯年比率最高；10歲以下、50歲以上年齡層的患者，呈現相對少數。幼年者發病數較少的原因，可能與感染率較低、或被感染的機會較少有關。

由歷年觀察可知，10歲以下的孩童死亡率偏高，10歲至30歲之間的青壯年死亡率最低，30歲以上的年齡層死亡率漸增[151]。有人認為，由於老年人與小孩的抵抗力弱，所以死亡率才偏高；但是，另有一種矛

150　丸山芳登編集，《日本領時代に遺した臺灣の医事衛生業績》（横濱：編集者發行，1946），頁21。
151　臺灣總督府編，《臺灣戶口統計（昭和十八年）》（臺北：編者，1944），頁2。

盾的現象則為，老年人與小孩的發病者相對少數，似乎與抵抗力較弱無關[152]。這種現象必須再經過仔細研究後才能做成結論。

　　日治後期，研究者蒐羅東亞地區流行的菌株標本，分類成各種菌型，並且追蹤各期流行的菌株異同。受限於當時的研究條件，菌型分類的標準僅限於實驗室的觀察及培養。為了有效追蹤造成流行的病源菌型，研究者應當結合體質人類學、氣象學、地質學等，才能夠篩選出活躍的菌型製成疫苗，提升防疫的成效。囿於戰事擴大，東亞地區的霍亂研究也戛然中止。

---

152 陳紹馨，《臺灣的人口變遷與社會變遷》（臺北：聯經，1992），頁 127。

第六章
結論

　　日治時期，臺灣躬逢「科學醫學」（Scientific Medicine）進化之潮流：醫學植基於科學之中，逐漸扭轉千百年來醫學對付疾病無能為力之窘境[1]。在消滅與控制瘟疫方面，如亞洲型霍亂即是，臺灣堪稱正式列入進步的社會型態。

　　1870年代以降，拜細菌學興盛之賜，科學家與醫生對於駭人聽聞的傳染病，從發現、瞭解，進而逐漸掌控，日本衛生官員也能夠善用較為成熟的細菌理論於臺灣殖民地[2]，例如1918年，臺灣宣告鼠疫（Plagues）絕跡即是顯例。

　　最初，當人類遭受到新型傳染病的侵襲時，由於缺乏足夠的抵抗力，短期間造成人口大量傷亡乃勢所必然。第一與第二次亞洲型霍亂在世界各地造成大流行之際，歐美等文明國家的醫學界幾乎束手無策，完全不知道能夠用什麼樣的藥物或治療方法來應付這種疾疫，所以，罹患亞洲型霍亂幾乎等同於絕症。

　　清領時期，臺灣與中國沿海、南洋等地的交通往來頻繁，復有外國勢力入侵，迄至割臺以前，亞洲型霍亂在臺灣與澎湖造成多次流行。當時，清朝政府並未提出積極有效的防疫作為，卻任由民間自理，因此，

1　Roy Porter (ed.), *Cambridge Illustrated History of Medicine* (Cambridge: Cambridge University Press, 2006), pp. 369, 372.

2　劉士永，〈「清潔」、「衛生」與「保健」──日治時期臺灣社會公共衛生觀念之轉變〉，《臺灣史研究》，8:1，2001，頁56。

缺乏可靠的官方紀錄。傳統醫藥治療由於缺乏統計，而不得其詳。

　　拜西洋醫學家之賜，在細菌學研究上，清領時期臺灣也有一席之地。1879年，淡水海關稅務司英國籍醫師林格（Dr L. E. Ringer）發表在臺灣所發現的巨大肺吸蟲（Paragonimus）。日治時期，1912年，橫川定發表在臺灣發現的「橫川氏吸蟲」（*Metagonimus yokogawai*），並獲得國際寄生蟲學會的認可[3]。從此，細菌學研究在日治時期的臺灣成為主流。

　　導致霍亂流行的是「瘴氣因素」（miasmatic causes）？抑或「微生物」（microbial versus）？隨著史諾（John Snow）觀察倫敦地區的流行，醫學界與科學界已經承認霍亂是一種「水媒性」（waterborne）疾病，卻與「傳染病」（infection）的概念仍有隔閡，「瘴氣論」（miasmatic theory）仍然是主流[4]。柯霍的「逗點狀桿菌」（Kommabacillus）被國際社會接受以前，歐美等國歷經無數次的辯論，才接受霍亂是由「微生物」造成的「傳染」。當時，日本適逢明治維新，接受了新式的細菌、傳染等概念，也接受了由瘴氣論衍生出的「衛生」（hygiene）觀念，除了在日本本土實行外，不久，臺灣成為其第一個殖民實驗場所。

　　巴克來（G. W. Barclay）認為，臺灣的社會變遷有顯著的特殊性。西歐的社會變遷是自下層逐漸波及到上層，是自主性的變遷；但是，臺灣的變遷則是由統治者推動，係自上而下的被動性變遷[5]。日治時期，舉凡大清潔法、疫苗注射、檢疫、病患隔離、傳染病地區的交通阻斷等衛生防疫措施，都屬於民眾被動性的接受。

　　在臺灣，日本軍隊負責接收之初，相較於明治維新後裝備精良的現代化武裝部隊，「臺灣民主國」及各地游擊組織的反抗勢力雖不堪一

3　劉士永，〈日本對臺灣的殖民醫學〉，《科學人》，21，2003，頁29。

4　魏嘉弘，〈帕西尼與霍亂弧菌〉，收入《第九屆科學史研討會彙刊》（臺北：中央研究院科學史委員會，2011），頁76。

5　陳紹馨，《臺灣的人口變遷與社會變遷》，（臺北：聯經，1992），頁80。

擊。然而,近衛師團等卻不敵「亞洲型霍亂」的威力。征臺之役,軍醫部門針對亞洲型霍亂實施的各種防疫措施,可以視為臺灣公共衛生事務的濫觴。迄 1912 年,各處軍隊醫務單位厲行嚴格之傳染病源篩檢與隔離,衛生狀況已呈現大幅改善[6]。

日本政府為了撲滅亞洲型霍亂等「水媒型」傳染疾病,積極聘請英國公共衛生工程技師巴爾登(William K. Burton)調查、設計,並建造了城市的自來水與下水道系統,實與「瘴氣論」有關。

日治時期,細菌理論主導衛生政策,法定傳染病或帶原者認定的依據為:是否藉由顯微鏡或細菌學培養檢查而得以發現「細菌」。因此,即使發病者或死亡者的症狀完全相同,如果發現了細菌,就是「真性」發病;反之,如果檢體從未被發現細菌存在,就只能稱為「疑似症」。因此,本文藉由亞洲型霍亂的研究,認為日本對臺灣的傳染病與衛生政策歷經了三個階段,即第一、初期總督府的摸索與民眾的懵懂,第二、中期的大流行再度衝擊與民眾衛生觀念的進步,第三、後期的衛生模範中心等。

日治以來,歷年的亞洲型霍亂病菌來源、發生經過等,都有詳盡的官方紀錄,幸有嚴密的海港檢疫與衛生防疫措施,才能避免釀成更大的災情(參見表 6-1)。

---

6 〈軍隊衛生良好〉,《臺灣日日新報》第 4338 號,明治 45 年 6 月 28 日第五版。

表 6-1 1895-1920 年臺灣霍亂流行病菌來源整理

年度	流行時間	病菌來源	患者數	死亡數	死亡%
1895	3 月－5 月下旬	日本	1,945	1,247	64.11
1902	5 月 15 日－12 月初旬	廣東、香港、馬尼拉	746	613	82.17
1907	8 月 27 日－12 月中旬	日本	3	2	66.67
1912	6 月 10 日－12 月下旬	上海、福州	333	256	76.88
1916	9 月 28 日－次年 1 月中	南洋、日本、中國	34	16	47.06
1919	7 月 15 日－11 月 26 日	福州	3,836	2,693	70.20
1920	4 月 10 日－次年 1 月 30	1919 年餘毒	2,670	1,675	62.73

資料來源：臺灣總督府警務局編，《大正八、九年「コレラ」病流行誌》（臺北：編者，1922），頁 17-18。

　　日本接收臺灣之初，日軍發生數次霍亂流行，其病原菌來自中國東北及日本國內，因此，軍醫部門累積豐富的治療與防疫經驗，有助於日後殖民政府衛生施策的參考。軍事行動結束後，總督府利用警察與保甲制度推行新式的衛生政策。然而，臺灣民眾積習難改，總督府難以落實飲食衛生、全面疫苗注射、傳染病檢疫及隔離、傳染病歿者的火葬等；由日本國內來臺定居者則遵守相關衛生法令，感染霍亂的風險相對降低。此外，總督府的海港檢疫軟硬體設備逐步符合國際標準，本階段境外移入病例造成的大流行只發生在 1902 年。1912 年，第二次大流行的境外病源證據不明顯，屬於島內蔓延，加上多次暴風雨之助虐，流行規模不及 1902 年。至於自來水源的普及、生鮮類食材的清潔管理等，本階段已經有初步成效。

　　病理學研究上，舉凡研究人員、研究模式等完全移植自日本國內，臺灣傳統漢醫則缺乏現代化的研究基礎。就論文質量上觀之，多數為譯介自歐美等國之優良醫學雜誌論文，少數轉載自日本國內之醫學雜誌論文。

　　本階段之主要研究成果如下：其一、發病者或帶原者「異型菌」的發現，呼應日本國內「竹內菌」的確認，與柯霍的「原型菌」有別；其二、細菌培養基的改良，有效抑制腸道內非霍亂弧菌的繁殖，有助提高

檢驗時的準確度；其三，確認霍亂弧菌容易寄生在魚類、水果表皮等，
有助於衛生單位防疫成效。雖然霍亂的研究成果相對性地貧乏，但是，
在臺灣霍亂弧菌的研究上重大發現為「異型菌」的存在，以1912年森
滋太郎在宜蘭地區所採得的菌株為代表，與柯霍當年所發現的「原型
菌」有所不同[7]。

　　流行病學研究上，比較本階段霍亂與其他的傳染病統計顯示，
1902年，霍亂的患者數（746人）僅次於鼠疫（2,308人）、赤痢（754
人）等兩種傳染病，然而，該年霍亂的死亡率（82.17%）卻高於鼠
疫（80.29%）及赤痢（24.93%）。1912年，霍亂的患者數（333人）僅
次於傷寒（1,019人），而該年霍亂的死亡率（76.88%）也僅次於鼠疫
（82.96%）[8]。顯示霍亂之流行有逐漸熾盛之勢。

　　日治中期，總督府以為能夠控制病源菌，衛生防疫政策見效。事實
上，1920年代，東亞地區發生大規模霍亂流行，基隆港檢疫出現漏洞，
病原菌趁機侵入基隆、臺北等都會區，造成1919年的大流行，死亡枕
藉，顯見公共衛生與防疫措施仍有所不足，官方必須祭出更有效的預防
措施。總督府積極改善海港檢疫制度，並推動「乘船檢疫」新制；陸上
則有嚴格的「汽車檢疫」制、增設防疫所等。臺灣民眾受到衝擊後，自
發性接受預防注射、改善衛生習慣、撲滅蒼蠅等帶菌媒介。1920年，
北部防疫成效彰顯，中、南部卻受到暴風雨等因素之影響，再度爆發大
流行，幸而病患數與死亡率不若往年。

　　日治全期，因霍亂發生大流行而造成臺灣的經濟產業蕭條，實屬
1919與1920年為最。1919年8月9日，當日本內務省宣布臺灣為「コ
レラ流行疫區」後，門司、神戶兩港等臺日航路的重要港口，對於到航

7　森滋太郎，〈大正元年宜蘭廳下ニ流行シタル「コレラ」ニ就テ（前號ノ續キ）〉，
　《臺灣醫學會雜誌》，12:126，1913，頁268-270。

8　臺灣省政府行政長官公署統計室編印，《臺灣省五十一年來統計提要》（南投：編
　印者，1946），頁1271-1275。

的船舶必須加以拘留，乘員則留置隔離檢疫所內檢查，船隻載運的生鮮水果必須持有「消毒濟證明書」。產生旅客不便、輪船公司損失、水果腐爛、交通中斷等弊端，也間接造成產業蕭條、學校停課等，嚴重衝擊國家總體經濟[9]。

在產業的影響上，臺灣農產品被禁止出口至日本的有芭蕉實、烏龍茶等，以及所有的漁產品。1912年，霍亂流行之際，臺中地區芭蕉實，由每百斤 6.5 円，劇降為 2 円，跌幅達 70%[10]。就全臺灣芭蕉實際的臺出口量觀之，1917年為 77 萬 6 千籠、1918 年略減為 68 萬 4 千籠、1919 年遽減至剩下 60 萬 3 千籠，同年 8 月至 12 月，每百斤的成交價格平均下跌 0.6-1.5 円[11]。

在漁業方面，1916年，生魚片銷售量下滑 2/3，價格只有平日的30%；以民眾喜愛食用之生洲鯛為例，平日每百斤在百円以上，一時下跌至 40-50 円[12]。1919 年，原居住在基隆地區的沖繩縣籍漁民 700 多人因陸續罹患霍亂而失去工作能力，只剩下 120 餘人尚能勉強支撐漁業活動，造成該年度鰹魚季節來臨時無人捕撈的慘況。當年基隆地區以外的12 個魚市場交易總額，整體損失金額約 27-30 萬円[13]。1920 年，臺南魚市一片慘況[14]。

日治中期的研究成果與前一階段相去不遠。較特殊之處在於譯介國外之論文大幅減少，轉載自本國之論文明顯增加，臺灣本地研究者之論文仍舊偏低。研究主題集中於霍亂培養基的純化、原型菌與異型菌的持

9　臺灣總督府警務局編，《大正八、九年「コレラ」病流行誌》（臺北：編者，1922），頁 104-107。

10　〈芭蕉落價〉，《臺灣日日新報》第 4332 號，明治 45 年 6 月 22 日第五版。

11　臺灣總督府警務局編，《大正八、九年「コレラ」病流行誌》（臺北：編者，1922），頁 107-108。

12　〈生魚販之影響〉，《臺灣日日新報》第 5904 號，大正 5 年 12 月 8 日第六版。

13　臺灣總督府警務局編，《大正八、九年「コレラ」病流行誌》（臺北：編者，1922），頁 108-110。

14　〈臺南魚市近況〉，《臺灣日日新報》第 7221 號，大正 9 年 7 月 17 日第五版。

續研究、霍亂弧菌的紅血球溶血試驗改良等。

此外，本階段受到「內地延長主義」之影響，臺灣在法制上成為日本帝國的延伸，都市化現象日益明顯。

依據人口統計，1896 年全台灣統計約 260 萬人，1897 年居住在主要都市的人口約 41 萬人（見表 6-2），占總人口不到 16%。1905 年，經由第一次人口調查統計，全台灣共有 3,123,302 人[15]，主要都市的人口約 45 萬人，占總人口約 14.41%；雖然居住在大都市人口小增 4 萬人，比率卻下降；其中，降幅最大的是在高雄市，高達 -32.74%；可見，日治初期的都市對於臺灣人並未具備足夠的吸引力，當與都市衛生條件尚未提升、傳染病仍然盛行有關。

表 6-2　日治時期臺灣主要都市人口變化（單位：人）

西元	臺北市	高雄市	基隆市	新竹市	臺中市	嘉義市	臺南市
1897	139,026	74,290	25,069	37,709	37,162	24,937	70,179
1905	166,759 (19.95%)	49,964 (-32.74%)	36,387 (45.15%)	39,738 (5.38%)	42,823 (15.23%)	31,354 (25.73%)	83,190 (18.54%)
1920	236,458 (41.80%)	66,644 (33.39%)	60,563 (66.44%)	47,617 (19.88%)	66,471 (55.22%)	39,033 (24.49%)	107,854 (29.65%)
1940	437,699 (85.11%)	189,669 (184.6%)	122,737 (102.7%)	84,951 (78.40%)	138,770 (108.7%)	98,195 (151.6%)	181,898 (68.65%)

資料來源：徐茂炫、陳建亨、黃彥豪、黃敏星，〈臺灣廿三縣市日治時期人口統計之建立（1897-1943）〉，《人口學刊》，40，頁 184-185。

1920 年，鼠疫已經絕跡，亞洲型霍亂也是最後一次大流行，都市衛生條件持續改善，主要都市的人口約 62 萬 5 千人，占全台灣人口（3,757,838 人）的 16.63%。其中，人口增加最多的是在臺北市、達 7 萬人，增幅 41%，也就是 15 年增加了將近一半的人口，與臺北市的衛生條件完善有關。

日治後期，臺灣的重大傳染病均已絕跡或受到控制，1940 年的主

15　陳紹馨，《臺灣的人口變遷與社會變遷》，（臺北：聯經，1992），頁 96。

要都市人口快速增長，高雄、基隆、臺中、嘉義的增幅高達一倍以上，臺北市的人口增加更超過 20 萬人。主要都市的人口約 125 萬 4 千人，占全台灣人口（6,077,478 人）的 20.63%。

　　日治後期統治者大刀闊斧推行衛生政策，臺灣住民的衛生習慣逐漸躋於文明國家之水準。當「臺灣經驗」應用於第二次世界大戰時「大東亞共榮圈」的廣州、廈門、汕頭等地區時，也發揮相近的成效。起初，臺灣只是日本當局的衛生政策實驗地，竟能一躍成為南支南洋地區的亞洲型霍亂防治中心。

　　中日（1937）、太平洋（1941）等戰爭爆發後，中國沿海地區的亞洲型霍亂流行有增無減。相對地，終日治時期臺灣只發生少數零星的案例。細究其因，除了與第六次世界性大流行終止有關外，臺灣總督府進行嚴格的衛生防疫措施，以及「博愛會」在南支南洋各地進行的衛生防疫、消滅傳染病等，均有效地遏阻亞洲型霍亂由境外移入臺灣、澎湖等地。

　　日治後期，由臺灣總督府中央研究所衛生部負責自力研發疫苗，針對臺灣居民體質，製造出效果最佳且副作用最少的疫苗，除了足夠供應臺灣本地防疫需要，更能支援「博愛會」在中國南方沿海、南洋地區的預防接種任務。

　　經過數十年的醫學教育及研究成果累積之後，本階段的原創性論文與實驗成果遠勝於前兩階段。其原因為：其一、歷經多次的大小流行，臺灣本土已經累積足夠的研究用樣本，有助於進行比對與實驗；其二、總督府戮力培養熱帶醫學研究，產生本土的傳染病專家；其三、隨著日本統治區域擴大，實驗室容易取得東亞各地的細菌標本。1940 年代，海軍軍醫壁島為造也藉由細菌學研究，確認了「霍亂異型菌」，與柯霍在 1890 年代所發現的「原型菌」有所不同。

　　以 1943 年高雄州發生的霍亂為例，州警務局緊急成立防疫本部，臺北帝大醫學部及附屬醫專派員南下協助，在短短兩週之內，完全控制

疫情，顯示日治後期的衛生體系動員迅速，已臻於成熟[16]。

本階段較為突出的成果，還包括霍亂弧菌各種菌型研究的深化、快速篩檢試驗的應用、霍亂弧菌反覆循環流行現象的確認等，也曾注意到人畜共通的霍亂菌。

歷經了19至20世紀「細菌學說」的發達後，西方醫學對於霍亂致病菌的研究更為詳細。透過現代新式科學儀器的分析，各種不同型式霍亂弧菌菌株的分類依據是由血清型、多醣體的O抗原所決定，國際間公認，歷來造成世界性大流行的致病菌全部屬於「霍亂弧菌O_1血清型」。O_1血清型可細分為「小川」（Ogawa）、「稻葉」（Inaba）、「彥島」（Hikojima）等三個血清亞型。致病性霍亂弧菌又可再區分為「古典」（classical）和「埃爾托」（El Tor）生物亞型（biotype），然而，有部分學者堅持將彥島型提出成為一個單獨的血清型[17]。

Huber認為，「霍亂促進了衛生進步的全球化」[18]。易言之，亞洲型霍亂除了造成人口的大量死亡、社會的動盪、經濟的蕭條等負面影響外，同時也促進現代科學醫學、細菌學、傳染病學、公共衛生學、流行病學等等的突飛猛進。因此，「亞洲型霍亂」對人類近代的變遷和影響，有待進一步廣泛深入探討。

戰後，因臺灣行政長官公署之非臺籍官員貪污腐敗、治安廢弛、糧荒嚴重，臺人民心悖離之餘，復受到亞洲型霍亂、鼠疫、流行性感冒等多種惡疫復發之肆虐，官方之防疫措施未能適時發揮成效，民眾對政府之憤懣與日俱增，間接促成二二八事件之爆發。時人認為國民政府拙於「文化科學之低級」[19]，並未能承襲和發揮日治時期所累積的醫學與衛生

16　村田榮，〈高雄州下のコレラ猖獗と防疫〉，《臺灣警察時報》，334，1943，頁61。

17　World Health Organization, "WHO Technical Report," Series No. 924, 2004, Annex 3.

18　V. Huber, "The Unification of the Globe by Disease? The International Sanitary Conference on Cholera, 1851-1894," *The History Journal*, 49, 2006, p. 453.

19　吳新榮著，張良澤總編撰，《吳新榮日記全集》第八冊（臺南：國立臺灣文學館，

研究成果。

—————
2008），頁 283。

參考書目

壹、中日文部分

一、一般史料

中法越南交涉檔選輯，1962，《法軍侵臺檔》，臺灣文獻叢刊第 192 種，臺北：臺灣銀行經濟研究室。

基隆市衛生課編輯，1935，《基隆市の衛生》，基隆：基隆市役所。

連橫，1960，《臺灣詩乘》，臺灣文獻叢刊第 64 種，臺北：臺灣銀行經濟研究室。

陳肇興，1962，《陶村詩稿》，臺灣文獻叢刊第 144 種，臺北：臺灣銀行經濟研究室。

臺中州，1926，《大正十三年臺中州統計摘要》，臺北：臺灣日日新報社。

臺北市衛生課編，1935，《昭和九年臺北市衛生設施要覽》，臺北：編者。

臺北市衛生課編，1937，《昭和十一年臺北市衛生設施要覽》，臺北：編者。

臺北市衛生課編，1939，《昭和十三年臺北市衛生設施要覽》，臺北：編者。

臺南州警察局編，1939，《臺南州衛生狀況（昭和十四年刊行）》，臺北：編者。

臺灣新民報社調查部編，1934，《臺灣人士鑑》，臺北：臺灣新民報社。

臺灣總督府編，1916，《臺灣列紳傳》，臺北：臺灣總督府。

臺灣總督府，1902-1944，《臺灣總督府文官職員錄》（明治 35 －昭和 19 年），臺北：臺灣總督府。

臺灣總督府，《臺灣總督府公文類纂》第 3-23 卷。

臺灣總督府，1922-1945，《臺灣總督府及所屬官署職員錄》，臺北：臺灣時報發行所。

臺灣總督府，1897-1944，《臺灣總督府民政事務成績提要》（明治 28 －昭和
　　17 年度分），臺北：該府。

臺灣總督府，《臺灣總督府官報》（昭和 17-20 年）。

臺灣總督府，《臺灣總督府府報》（明治 30 －昭和 17 年）。

臺灣總督府，1898，《臺灣總督府職員錄》，臺北：臺灣日日新報社。

臺灣總督府外事部編著，1943，《支那事變大東亞戰爭ニ伴フ對南方施策狀
　　況》，臺北：編者。

臺灣總督府警務局衛生課，1931，《衛生調查書第十輯：實地調查の二疾病
　　篇》，臺北：臺灣總督府。

臺灣總督府臺北醫院，1904，《臺灣總督府臺北醫院第六回年報》，臺北：
　　臺灣日日新報社。

臺灣總督府臺北醫院，1908，《臺灣總督府臺北醫院第十一回年報》，臺
　　北：臺灣日日新報社。

臺灣總督府臺北醫院，1909，《臺灣總督府臺北醫院第十二回年報》，臺
　　北：臺南新報社臺北支局。

臺灣總督府臺北醫院，1910，《臺灣總督府臺北醫院第十三回年報》，臺
　　北：臺南新報社臺北支局。

臺灣總督府臺北醫院，1913，《臺灣總督府臺北醫院第十六回年報》，臺
　　北：小塚印刷工場。

臺灣總督府臺北醫院，1914，《臺灣總督府臺北醫院第十七回年報》，臺
　　北：小塚印刷工場。

臺灣總督府臺北醫院，1915，《臺灣總督府臺北醫院第十八回年報》，臺
　　北：日本物產商會印刷部。

臺灣總督府臺北醫院，1916，《臺灣總督府臺北醫院第十九回年報》，臺
　　北：臺南新報社臺北支局。

臺灣總督府臺北醫院，1917，《臺灣總督府臺北醫院第二十回年報》，臺
　　北：堀口印刷部真田工場。

臺灣總督府臺北醫院，1918，《臺灣總督府臺北醫院第二十一回年報》，臺
　　北：臺南新報社臺北支局。

臺灣總督府臺北醫院，1919，《臺灣總督府臺北醫院第二十二回年報》，臺
　　北：臺南新報社臺北支局。

臺灣總督府臺北醫院，1921，《臺灣總督府臺北醫院第二十三回年報》，臺

北:江里口印刷工場。

臺灣總督府臺北醫院,1921,《臺灣總督府臺北醫院第二十四回年報》,臺
　　北:溝淵商行印刷部。

臺灣總督府臺北醫院,1922,《臺灣總督府臺北醫院第二十五回年報》,臺
　　北:臺南新報社臺北支局。

臺灣總督府臺北醫院,1923,《臺灣總督府臺北醫院第二十六回年報》,臺
　　北:臺南新報社臺北支局。

臺灣總督府臺北醫院,1924,《臺灣總督府臺北醫院第二十七回年報》,臺
　　北:山科商店印刷部。

臺灣總督府臺北醫院,1925,《臺灣總督府臺北醫院第二十八回年報》,臺
　　北:山科商店印刷部。

臺灣總督府臺北醫院,1926,《臺灣總督府臺北醫院第二十九回年報》,臺
　　北:小塚本店印刷工場。

臺灣總督府臺北醫院,1927,《臺灣總督府臺北醫院第三十回年報》,臺
　　北:臺南新報社臺北印刷所。

臺灣總督府臺北醫院,1928,《臺灣總督府臺北醫院第三十一回年報》,臺
　　北:盛進商行印刷所。

臺灣總督府臺北醫院,1929,《臺灣總督府臺北醫院第三十二回年報》,臺
　　北:江里口商會印刷工場。

臺灣總督府臺北醫院,1930,《臺灣總督府臺北醫院第三十三回年報》,臺
　　北:川田商店印刷部。

臺灣總督府臺北醫院,1931,《臺灣總督府臺北醫院第三十四回年報》,臺
　　北:合名會社松浦屋印刷部。

臺灣總督府臺北醫院,1932,《臺灣總督府臺北醫院第三十五回年報》,臺
　　北:江里口商會印刷工場。

臺灣總督府臺北醫院,1933,《臺灣總督府臺北醫院第三十六回年報》,臺
　　北:臺北印刷株式會社。

臺灣總督府臺北醫院,1934,《臺灣總督府臺北醫院第三十七回年報》,臺
　　北:小塚印刷工場。

臺灣總督府臺北醫院,1935,《臺灣總督府臺北醫院第三十八回年報》,臺
　　北:松久商行印刷部。

臺灣總督府臺北醫院,1936,《臺灣總督府臺北醫院第三十九回年報》,臺

　　　北：小塚本店印刷工場。

臺灣總督府臺北醫院，1937，《臺灣總督府臺北醫院第四十回年報》，臺
　　　北：光明社印刷商會。

臺灣總督府警務局編，1922，《大正八、九年「コレラ」病流行誌》，臺
　　　北：編者。

臺灣總督府警務局衛生課編，1937，《臺灣の衛生（昭和十二年版）》，臺
　　　北：編者。

臺灣總督府警務局衛生課，1928，《衛生調查書（基本調查の八）：臺灣死
　　　因統計》，臺北：臺灣總督府。

臺灣省行政長官公署統計室編印，1946，《臺灣省五十一年來統計提要》，
　　　臺北：臺灣省行政長官公署統計室。

熊谷勤助，1936，《昭和十一年基隆市衛生紀要》，基隆：基隆市役所。

諸家，1959，《割臺三記》，臺灣文獻叢刊第 57 種，臺北：臺灣銀行經濟研
　　　究室。

諸家，1965，《臺灣輿地彙鈔》，臺灣文獻叢刊第 216 種，臺北：臺灣銀行
　　　經濟研究室。

二、報紙及雜誌

《大阪高等医學專門學校雜誌》，1 卷 1 号－ 10 卷 6 号，1932-1943，大阪
　　　高等医學專門學校医學會。

《漢文皇漢醫界》，第 19 號。

《臺灣日日新報》第 1-15776 號，明治 31 年 5 月 6 日－昭和 19 年 1 月 31
　　　日。

《臺灣民報》第 1-401 期，東方文化書局複刊。

《臺灣皇漢醫界》，第 23-25 號。

《臺灣新報》第 4-489 號，明治 29 年 7 月 6 日－明治 31 年 4 月 29 日。

《臺灣醫事雜誌》，1899-1901。

《臺灣醫學會雜誌》，1902-1945。

《臺灣警察協會雜誌》，第 28-122 號。

《臺灣警察時報》，第 110-334 號。

《興臺日報》第 1-21 號，東方文化書局複刊。

三、時人著作

Hemehandra，1904，〈慢性赤痢及「コレラ」ニ對スル水銀劑ノ作用〉，《臺灣醫學會雜誌》，3:21，臺北：臺灣醫學會。

Hundogger, Robert，1910，〈千九百九年六月及七月ニ於テクラウス氏血清ヲ以テセル虎列剌血清療法ニ關スル報告〉，《臺灣醫學會雜誌》，9:98，臺北：臺灣醫學會。

Jegunoff, Alexander，1910，〈抗毒性虎列剌血清静脈内注射ノ虎列剌病ノ經過ニ及ボス影響ニ就キテ〉，《臺灣醫學會雜誌》，9:98，臺北：臺灣醫學會。

Kolle, W.，1903，〈「コレラ」診斷現代ノ知見〉，《臺灣醫學會雜誌》，2:15，臺北：臺灣醫學會。

MacPherson, Kerrie L.（程愷禮）原著，張仁、劉翠溶譯，1966，〈霍亂在中國（1820-1930）——傳染病國際化的一面〉（收入劉翠溶、伊懋可主編，《積漸所至——中國環境史論文集（下冊）》，臺北：中央研究院經濟研究所出版，頁 747-795。

Pfeiffer (Konigsberg), R. F.，1908，〈腸窒扶斯百斯篤及虎列拉ニ對スル豫防接種法ニ於テ〉，《臺灣醫學會雜誌》，7:69，臺北：臺灣醫學會。

Rogers, L.，1911，〈虎列拉ノ治療法〉，《臺灣醫學會雜誌》，10:99，臺北：臺灣醫學會。

Schmitz，1906，〈ルスチツヒ法ニ從ヒ製セル虎列拉接種液試驗成績〉，《臺灣醫學會雜誌》，5:41，臺北：臺灣醫學會。

Thomas, J. B.，1906，〈赤痢「アメーバ」及ビ虎列拉菌ニ對スル諸化學品ノ作用ニ就テ〉，《臺灣醫學會雜誌》，5:44，臺北：臺灣醫學會。

丁曰健，1959，《治臺必告錄》，臺灣文獻叢刊第 17 種，臺北：臺灣銀行經濟研究室。

小田俊郎著，洪有錫譯，1995，《臺灣醫學五十年》，臺北：前衛。

大園市藏編纂，1980，《臺灣人物誌》，臺北：谷澤書店。

千本信次，1932，〈今夏臺中州下ニ流行ノ「コレラ」菌株ニ據ル加熱ワクチン及煮沸免疫元ノ豫防接種ニ就テ；附表〉，《臺灣醫學會雜誌》，31:330，臺北：臺灣醫學會。

川田敬治、坂上弘藏、前田保十郎，1912，〈「コレラ、ノストラス」ニ就テ〉，《臺灣醫學會雜誌》，11:112，臺北：臺灣醫學會。

大野禧一，1916，〈虎列拉診斷上ノ注意及患者醫院前ノ處置ニ就テ〉，《臺灣醫學會雜誌》，15:169，臺北：臺灣醫學會。

土持勝次、洪蘭，1930，〈B型パラチフス樣患者ヨリ豚コレラ菌ヲ檢出シタル一例〉，《臺灣醫學會雜誌》，29:309，臺北：臺灣醫學會。

土持勝次、洪蘭，1933，〈B型パラチフス樣患者ヨリ分離シタル豚コレラ菌ノ一例ニ就テ〉，《臺灣醫學會雜誌》，32:337，臺北：臺灣醫學會。

山口謹爾，1909，〈ヂユドンネ氏虎列拉菌急速證明法ニ就テ〉，《臺灣醫學會雜誌》，8:86，臺北：臺灣醫學會。

山口謹爾，1912，〈「コレラ」ノ細菌學的診斷補遺〉，《臺灣醫學會雜誌》，11:122，臺北：臺灣醫學會。

王一剛，1957，〈黃玉階的生平〉，《臺北文物》，5:2/3，臺北：臺北市文獻委員會。

王學新，2008，〈抗戰前博愛會醫院之運作與日本大陸政策之關係〉，《逢甲人文社會學報》，16，臺中：逢甲大學人文社會學院。

中條銳一，1925，〈コレラ保菌益候及「バトゲネーゼ」ニ關スル實驗的研究〉，《臺灣醫學會雜誌》，24:244，臺北：臺灣醫學會。

方山薰，1910，〈愛媛縣下温泉郡及松山市ニ於ケル「コレラ」流行ニ就テ〉，《臺灣醫學會雜誌》，9:88，臺北：臺灣醫學會。

丸山芳登，1957，《日本領時代に遺した臺灣の醫事衛生業績》，横浜：作者發行。

丸山芳登、洪蘭，1925，〈本年臺北ニ發生シタル「コレラ」菌株ニ就テ〉，《臺灣醫學會雜誌》，24:248，臺北：臺灣醫學會。

丸山芳登、洪蘭，1925，〈大正十四年臺北ニ發生セル「コレラ」菌株イ就テ〉，《臺灣醫學會雜誌》，24:249，臺北：臺灣醫學會。

丸山芳登、洪蘭，1925，〈今次臺北附近ニ發生シクル「コレラ」菌型ニ就テ〉，《臺灣醫學會雜誌》，25:259，臺北：臺灣醫學會。

王元，1959，《甲戌公牘鈔存》，臺灣文獻叢刊第39種，臺北：臺灣銀行經濟研究室。

王孟英，1839，《霍亂論》，清道光十九年浙杭湖墅長勝紙行刻本。

王孟英，1990，《隨息居霍亂論》，收入《中國醫學大成》第十七冊，上海：上海科技出版社。

王清任，1995，《醫林改錯》，臺北：力行書局。

木村達，1896，《近衛師團軍醫部征臺衛生彙報》，國家圖書館臺灣分館館
　　藏原件。

市毛淺太郎編，1897，《征臺巔末》，東京：日進堂。

矢部專之助，1916，〈感作「コレラ、ワクチン」ノ實驗〉，《臺灣醫學會雜
　　誌》，15:169，臺北：臺灣醫學會。

矢野靜哉，1917，〈虎列刺豫防トシテノ檢便成績〉，《臺灣醫學會雜誌》，
　　16:171，臺北：臺灣醫學會。

石川景親，1932，〈實驗的コレラ菌保有者ノ成因ニ就テ〉，《臺灣醫學會雜
　　誌》，31:327，臺北：臺灣醫學會。

古玉太郎，1920，〈虎列刺豫防接種ニ就テ〉，《臺灣醫學會雜誌》，
　　19:211，臺北：臺灣醫學會。

古玉太郎、門馬健也、末次常太郎，1920，〈虎列刺豫防注射ニ就テ
　　（抄）〉，《臺灣醫學會雜誌》，19:206，臺北：臺灣醫學會。

田中祐吉，1902，〈赤痢「マメーバ」ノ病理的價值チ論シテ其研究方針ニ
　　及ブ〉，《臺灣醫學會雜誌》，1:4，臺北：臺灣醫學會。

田晉元，1993，《時行霍亂指迷》，上海：上海中醫學院出版社。

左宗棠，1960，《左文襄公奏牘》，臺灣文獻叢刊第 88 種，臺北：臺灣銀行
　　經濟研究室。

杜聰明編，1929-1934，《臺灣總督府台北醫學專門學校藥物學教室業績
　　（第 1-4 卷）》，臺北：臺灣總督府台北醫學專門學校。

李騰嶽，1980，《李騰嶽鷺村翁文存》，臺北：李氏家族自印。

余雲岫，1971，《傳染病》，臺北：臺灣商務印書館。

沈茂蔭，1962，《苗栗縣志》，臺灣文獻叢刊第 159 種，臺北：臺灣銀行經
　　濟研究室。

沈葆楨，1959，《福建臺灣奏摺》〈請獎提督唐定奎片〉，臺北：臺灣銀行經
　　濟研究室，臺灣文獻叢刊第 29 種。

西龜三圭，1913，〈「コレラ」菌ニ對スル魚類ノ消毒法ニ就キテ〉，《臺灣
　　醫學會雜誌》，12:132，臺北：臺灣醫學會。

安倍貞次，1937，〈桑葉煎汁培養基ニ於ケル腸管內病原菌特ニ「コレラ」
　　弧菌及非コレラ弧菌ノ發育所見ニ就テ；附圖〉，《臺灣醫學會雜誌》，
　　36:388，臺北：臺灣醫學會。

吉田垣藏，1903，〈腸窒扶斯ニ續發セル脛骨神經麻痺腓骨神經麻痺各一

例〉,《臺灣醫學會雜誌》,2:11,臺北:臺灣醫學會。

谷口巖,1908,〈臺北ニ發生セシ虎列拉患者卜予ガ診療セシ急性腸胃炎患者入佐友次卜ノ關係ニ就テ〉,《臺灣醫學會雜誌》,7:63,臺北:臺灣醫學會。

吳新榮著,張良澤總編撰,2007,《吳新榮日記全集》,臺南:國立臺灣文學館。

村山達三,1917,〈大正五年東京市ニ於ケル虎列剌ニ就テ(略報)〉,《臺灣醫學會雜誌》,16:171,臺北:臺灣醫學會。

杉田慶介,1932,〈最近チフス樣疾患ヨリ豚コレラ菌ヲ分離シタル一例〉,《臺灣醫學會雜誌》,31:333,臺北:臺灣醫學會。

杉田慶介,1933,〈チフス樣患者ヨリ檢出セル豚コレラ菌ニ就テ〉,《臺灣醫學會雜誌》,32:337,臺北:臺灣醫學會。

林焜熿,1960,《金門志》,臺灣文獻叢刊第 80 種,臺北:臺灣銀行經濟研究室。

林豪,1957,《東瀛紀事》〈卷上、鹿港防勦始末〉,臺灣文獻叢刊第 8 種,臺北:臺灣銀行經濟研究室。

松本次吉,1901,〈「コレラ」豆ニ就テ〉,《臺灣醫事雜誌》,2:2,臺北:臺灣醫事雜誌社。

長野純藏、今裕,1906,《本島醫生慣用疾病稱呼》,臺北:臺灣地方病及傳染病調查委員會。

岩崎潔治編,1912,《臺灣實業家名鑑》,臺北:編者。

周禹載輯述,薛生白、吳正功重校,1990,《溫熱暑疫全書》,收入《中國醫學大成》第十四冊,上海:上海科學技術出版社。

周凱,1961,《廈門志》,臺灣文獻叢刊第 95 種,臺北:臺灣銀行經濟研究室。

俞成甫,1886,《急救時症經驗良方》,清光緒十二年馮氏刻本松江仿古山莊藏版。

南崎雄七,1917,〈虎列拉菌極小體ニ就テ〉,《臺灣醫學會雜誌》,16:175,臺北:臺灣醫學會。

門馬健也,1920,〈大正八年九月臺東廳下馬蘭社ニ流行セル虎列剌ノ概況報告〉、〈虎列剌豫防注射ニ就テ(抄)〉,《臺灣醫學會雜誌》,19:210,臺北:臺灣醫學會。

洪蘭，1922，〈新タニ考案セル虎列拉菌鑑別培地ニ就テ〉，《臺灣醫學會雜誌》，21:223，臺北：臺灣醫學會。

洪蘭，1926，〈本年流行セル「コレラ」菌型ニ就テ（附）コレラ紅色反應ニ關スル一、二ノ實驗〉，《臺灣醫學會雜誌》，25:261，臺北：臺灣醫學會。

洪蘭，1930，〈豚コレラ菌ト之ガ類似菌トノ一新簡易鑑別法〉，《臺灣醫學會雜誌》，29:309，臺北：臺灣醫學會。

洪蘭，1936，〈家禽コレラ菌ト其類似菌トノ一簡易鑑別法〉，《臺灣醫學會雜誌》，35:373，臺北：臺灣醫學會。

村山達三，1917，〈大正五年東京市ニ於ケル虎列刺ニ就テ（略報）〉，《臺灣醫學會雜誌》，16:171，臺北：臺灣醫學會。

姚瑩，1960，《中復堂選集》，臺灣文獻叢刊第 83 種，臺北：臺灣銀行經濟研究室。

桐林茂，1931，〈コレラ早期診斷ニ關スル研究補遺　第一篇　特ニ「ペプトン」水ヲ「メデイウム」トスル凝集反應試驗法ニ就テ〉，《臺灣醫學會雜誌》，30:319，臺北：臺灣醫學會。

桐林茂，1931，〈コレラ早期診斷ニ關スル研究補遺　第二篇　殊ニ「ペプトン」水ヲ「メデイウム」トスル溶菌反應試驗法ニ就テ〉，《臺灣醫學會雜誌》，31:320，臺北：臺灣醫學會。

桐林茂，1933，〈コレラ菌ノ生物學的性狀補遺（特別揭載）其一　コレラ菌ト類似「ウイブリオ」トノ鑑別ニ就テ；附表〉，《臺灣醫學會雜誌》，32:338，臺北：臺灣醫學會。

桐林茂，1933，〈コレラ菌ノ生物學的性狀補遺（特別揭載）其二　澱粉加寒天培養基上ノ發育ニ就テ；附圖〉，《臺灣醫學會雜誌》，32:338，臺北：臺灣醫學會。

桐林茂、石岡兵三，1929，〈コレラ菌檢索上バンデイ氏法應用ノ價值〉，《臺灣醫學會雜誌》，28:297，臺北：臺灣醫學會。

桐林茂、藍田俊郎，1932，〈ヤトレン 105 號ノ「コレラ」菌携帶者ニ於ケル内服治驗例〉，《臺灣醫學會雜誌》，31:326，臺北：臺灣醫學會。

徐子默，1933，《吊腳痧方論》，重慶求新印刷廠鉛印本。

徐宗幹，1960，〈歸田續記〉，收入《斯末信齋雜錄》，臺灣文獻叢刊第 93 種，臺北：臺灣銀行經濟研究室。

星武、平良昌三，1932，〈コレラ保菌者一例ニ就テ〉，《臺灣醫學會雜誌》，31:333，臺北：臺灣醫學會。

高野六郎、矢部專之助，1916，〈感作「コレラワクチン」ノ實驗的研究及實地應用（第一報告）〉，《臺灣醫學會雜誌》，15:170，臺北：臺灣醫學會。

高島祐庵，1989，《瀉疫新論》，收入陳存仁主編，《皇漢醫學叢書》，臺北：新文豐。

馬偕（G. L. Mackay）著，J. A. Macdonald 編，周學普譯，1960，《臺灣六記》，臺灣研究叢刊第 69 種，臺北：臺灣銀行經濟研究室。

連橫，1962，《臺灣通史》，臺灣文獻叢刊第 128 種，臺北：臺灣銀行經濟研究室。

陳衍，1961，《臺灣通紀》〈錄自福建通紀卷十九、德宗光緒（元年至十一年）〉，臺灣文獻叢刊第 120 種，臺北：臺灣銀行經濟研究室。

陳欽德，1935，〈嘉義地方ノ小兒假性「コレラ」ニ就テ〉，《臺灣醫學會雜誌》，34:366，臺北：臺灣醫學會。

陳培桂，1963，《淡水廳志》，臺灣文獻叢刊第 172 種，臺北：臺灣銀行經濟研究室。

許起，1998，《霍亂燃犀說》，收入張年順主編，《中醫綜合類名著集成》，北京：華夏出版社。

富士川游，1941，《日本醫學史》，東京：四新書院。

張之洞，1961，《張文襄公選集》，臺灣文獻叢刊第 97 種，臺北：臺灣銀行經濟研究室。

張介賓，1980，《景岳全書》，臺北：台聯國風出版。

張仲景，1993，《金匱要略》，北京：中國書店。

張仲景，1993，《傷寒論》，北京：中國書店。

張麗俊著，2000-2004，《水竹居主人日記》，臺北：中央研究院近代史研究所。

森滋太郎，1913，〈大正元年宜蘭廳下ニ流行シタル「コレラ」ニ就テ（前號ノ續キ）〉，《臺灣醫學會雜誌》，12:126，臺北：臺灣醫學會。

堀內次雄，1912，〈本年臺北市街ニ於テ流行セル虎列拉病ニ付テ〉追加，〈本年臺北市街ニ於テ流行セル虎列拉病ニ付テ〉，《臺灣醫學會雜誌》，11:121，臺北：臺灣醫學會。

渡邊義政，1931，〈昭和 6 年 8 月神戶港ニ侵入シタル「コレラ」菌株〉，《臺灣醫學會雜誌》，30:319，臺北：臺灣醫學會。

渡邊邊、可谷實人，1925，〈チフス菌、バラチフス菌、赤痢菌竝ニ「コレラ」菌ノ糞便中ニ於ケル運命〉、〈虎列剌豫防注射ニ就テ（抄）〉，《臺灣醫學會雜誌》，24:240，臺北：臺灣醫學會。

郭右陶著述，1990，《痧脹玉衡》〈卷中〉，收入《中國醫學大成》第十五冊，上海：上海科學技術出版社。

黎烈文譯，1960，《法軍侵臺始末》，臺北：臺灣銀行經濟研究室。

福原義柄，1909，〈虎列剌菌ノ血球毒形成〉，《臺灣醫學會雜誌》，8:86，臺北：臺灣醫學會。

福島久之，1913，〈「コレラ」菌ノ家兎膽囊內保存及ビ家兎膽囊內ニ保存セラレタル「コレラ」菌性狀ノ變化（第一報告）〉，《臺灣醫學會雜誌》，12:132，臺北：臺灣醫學會。

照內豐、肥田音市，1912，〈細菌學的「コレラ」診斷補遺〉，《臺灣醫學會雜誌》，11:112，臺北：臺灣醫學會。

福原龜司，1903，〈コレラ血清ノ治驗〉，《臺灣醫學會雜誌》，2:8，臺北：臺灣醫學會。

窪田一夫，1935，〈臺灣ニ於ケル「コレラ」ノ疫學的觀察—前編（疫史編）（附表）〉，《臺灣醫學會雜誌》，34:367，臺北：臺灣醫學會。

窪田一夫，1935，〈臺灣ニ於ケル「コレラ」ノ疫學的觀察—後編（疫理編）〉，《臺灣醫學會雜誌》，34:368，臺北：臺灣醫學會。

蔣希曾，1894，《嶺南三急症醫方辨論》，光緒間刊本瑞元堂藏板。

劉銘傳，1906，《劉壯肅公奏議》，臺灣文獻叢刊第 27 種，臺北：臺灣銀行經濟研究室。

劉銘傳，1906，《劉銘傳撫臺前後檔案》，臺灣文獻叢刊第 276 種，臺北：臺灣銀行經濟研究室。

壁島為造，1917，〈予ガ「コレラ」特異培地ノ材料ニ就テ〉，《臺灣醫學會雜誌》，16:172，臺北：臺灣醫學會。

壁島為造，1917，〈海水ニ混ゼル「コレラ」菌ト鹹水魚トノ關係〉，《臺灣醫學會雜誌》，16:173，臺北：臺灣醫學會。

壁島為造，1927，〈コレラ菌型ノ循環〉，《臺灣醫學會雜誌》，26:270，臺北：臺灣醫學會。

鄭喜夫，1990，〈黃蓂華先生年譜二稿〉，《臺灣文獻》第 41 卷第 1 期合刊，頁 67-120。

增山正信，1903，〈虎列拉血清治療成績〉，《臺灣醫學會雜誌》，2:8，臺北：臺灣醫學會。

藍田俊郎、瓦與兵衛、洪蘭，1938，〈コレラ菌及類似「ビブリオ」ノ山羊血球ニ對スル溶解作用ト牛乳ノ凝固性トノ關係ニ就テ〉，《臺灣醫學會雜誌》，37:405，臺北：臺灣醫學會。

藍田俊郎、桐林茂，1937，〈本年流行ノ「コレラ」菌株ニ就テ〉，《臺灣醫學會雜誌》，36:393，臺北：臺灣醫學會。

藍田俊郎、桐林茂，1938，〈昭和十二年香港上海及ビ神戶ニ於テ分離セラレタル「コレラ」菌株ニ就テ〉，《臺灣醫學會雜誌》，37:399，臺北：臺灣醫學會。

應寶時修，俞樾纂，1989，《（同治）上海縣志》〈雜記、祥異〉，收入《中國方志叢書》華中地方第 169 號，臺北：成文。

趙晴初，2003，《廣輯存存齋醫話稿》，收入陸拯主編，《近代中醫珍本集‧醫話分冊》，杭州：浙江科學技術出版社。

豐田實、宮尾續、林德一，1934，〈昭和七年上海、漢口、南京ニ於テ流行セル「コレラ」ノ菌型及毒力ニ就テ〉，《臺灣醫學會雜誌》，33:346，臺北：臺灣醫學會。

羅大春，1972，《臺灣海防並開山日記》，臺灣文獻叢刊第 276 種，臺北：臺灣銀行經濟研究室。

緒方洪庵，1858，《虎狼痢治準》，大阪：適適斎。

四、近人專著及論文

Ackertnecht, E. H. 著，戴榮鈴譯，1966，《醫學史概論》，臺北：國立中國醫藥研究所出版。

Chung, Yuehtsen Juliette (鐘月岑), 2010, "Sovereignty and Imperial Hygiene: Japan and the 1919 Cholera Epidemic in East Asia," 見國立清華大學歷史研究所亞太文化研究室主辦「臺灣與東亞的跨界」學術研討會，5 月 27 日。

Nakajima, Chieko, 2004, "Health, Medicine and Nation in Shanghai, ca. 1900-1945 (China)," Ph. D. Diss., University of Michigan.

Waddington, Keir（克爾・瓦丁頓）著，李尚仁譯，2014，《歐洲醫療五百年史（卷一－三）──醫療與國家》，台北：左岸文化。

中村孝志著，卞鳳奎譯，2002，〈大正南進期與臺灣〉，收入《中村孝志教授論文集：日本南進政策與臺灣》，臺北：稻鄉。

王旭東、孟慶龍著，2005，《世界瘟疫史》，北京：中國社會科學出版社。

石川光昭著，沐良譯，1973，《醫學史話》（臺二版），臺北：臺灣商務印書館。

史仲序著，1988，《中國醫學史》，臺北：正中。

卡斯蒂廖尼（Arturo Castiglioni）著，程之範主譯，2003，《醫學史（A History of Medicine）》下冊，桂林：廣西師範大學出版社。

李淑玲，2006，〈西港鄉聚落的拓墾與開發之研究〉，國立臺南大學臺灣文化研究所碩士論文。

見市雅俊，1994，《コレラの世界史》，東京：昌文社。

吳文星，1990，〈倡風氣之先的中醫黃玉階（一八五〇－一九一八）〉，收入張炎憲、李筱峰、莊永明等編，《臺灣近代名人誌》第一冊，臺北：自立晚報社文化出版部。

吳文星，2008，《日治時期臺灣的社會領導階層》，臺北：五南。

吳文清，2005，〈近代中醫防治重大疫病史〉，中國中醫研究院中國醫史文獻研究所博士論文。

何厚增，1953，〈被遺忘的茅港尾──四百年史話〉，《南瀛文獻》，1:2。

李鎮源等編輯，2000，《臺大醫學院藥理學科史》，臺北：臺大醫學院藥理學科。

杜維運，1986，《史學方法論》，臺北：三民。

余新忠，2003，《清代江南的瘟疫與社會──一項醫療社會史的研究》，北京：中國人民大學出版社。

邱瀅儒，2003，〈鹽水武廟與社群互動形式之研究〉，國立雲林科技大學文化資產維護研究所碩士論文。

孫偉恩，2010，〈日治前期臺灣主要防疫策略之統治意涵〉，國立臺南大學台灣文化研究所碩士論文。

范博生，2003，〈日治時期鐵路交通建設對新營、鹽水社會經濟發展之影響〉，國立臺南師範學院鄉土文化研究所碩士論文。

施麗娜，2004，〈鹽水港市街空間變遷之研究〉，國立雲林科技大學文化資

產維護研究所碩士論文。

脇村孝平，2002，《飢饉、疫病、植民地統治》，名古屋：名古屋大學出版會。

耿貫一主編，1996，《流行病學》，北京：人民衛生出版社。

陳安仁，1978，《歷史專題研究論叢》，臺北：華世。

陳建仁編著，1983，《流行病學》，臺北：編者。

陳紹馨，1992，《臺灣的人口變遷與社會變遷》，臺北：聯經。

陳勝崑，1992，《中國疾病史》，臺北：橘井。

陳郁欣，2008，〈日治時期臺灣郵政的初建——「野戰郵便」〉，《臺灣學研究》，6。

陳寬政、王德睦、陳文玲，1986，〈台灣地區人口變遷的原因與結果〉，《人口學刊》，9。

郭秀梅，2000，〈中日學者疾病認識觀比較〉，臺北：中央研究院歷史語言研究所，「疾病的歷史」研討會。

麥克尼爾（William H. McNeill）著，楊玉齡譯，1998，《瘟疫與人——傳染病對人類歷史的衝擊》，臺北：天下遠見。

彭勝權主編，2000，《溫病學》，北京：人民衛生出版社。

飯島涉，1991，〈近代東アジアにおけるペストの流行について—1894年廣東香港、1902-13年橫濱、1910-11年「滿洲」〉，《史潮》，新29。

飯島涉，1995，〈コレラ流行と東アジア防疫システム—香港・上海・橫濱、1919年〉，收入《橫濱と上海—近代都市形成史比較研究》，東京：《橫濱と上海》共同編輯委員會編。

曾友正、金永麗編纂，1986，《日據前期臺灣北部施政紀實——衛生篇大事記》，臺北：台北市文獻委員會。

張淑卿，2004，〈防癆體系與監控技術——臺灣結核病史研究（1945-1970s）〉，國立清華大學歷史研究所博士論文。

董惠文，2004，〈行政監控與醫療規訓——談日治初期傳染病的防治〉，南華大學社會學研究所碩士論文。

鄭志敏輯錄，2004，《日治時期〈臺灣民報〉醫藥衛生史料輯錄》，臺北：國立中國醫藥研究所。

鄭志敏，2005，《杜聰明與臺灣醫療史之研究》，臺北：國立中國醫藥研究所。

鄭豔秋等編著，2001，《諾貝爾百年百人——生理學或醫學獎》，臺北：世潮出版。

劉士永，1999，〈一九三〇年代以前日治時期臺灣醫學的特質〉，《臺灣史研究》，4:1。

劉士永，2001，〈「清潔」、「衛生」與「保健」——日治時期臺灣社會公共衛生觀念之轉變〉，《臺灣史研究》，8:1。

劉士永，2003，〈日本對臺灣的殖民醫學〉，《科學人》，21。

劉似錦編，1989，《劉瑞恆博士與中國醫藥及衛生事業》，臺北：臺灣商務印書館。

劉俐伶，2004，〈臺灣日治時期水道設施與建築之研究〉，國立成功大學建築學系碩士論文。

劉翠溶、劉士永，1999，〈臺灣歷史上的疾病與死亡〉，《臺灣史研究》，4:2。

蔣竹山，2003，〈評余新忠，《清代江南的瘟疫與社會——一項醫療社會史的研究》〉，《新史學》，14:4。

蘇芳玉，2002，〈清末洋人在臺醫療史——以長老教會、海關為中心〉，國立中央大學歷史研究所碩士論文。

蔡承豪，2011，〈雙疫來襲—— 1918-1920 年間阿緱廳的流感與霍亂疫情〉，《臺灣學研究》，11。

蔡昇璋，2008，〈日治時期臺灣「特別輸出入港」之研究〉，國立中央大學歷史研究所碩士論文。

鄭佳韻，2008，〈麻豆地區開發與社會經濟變遷之研究〉，國立臺南大學臺灣文化研究所碩士論文。

斐士朋著，顧學箕譯，1971，《醫學的境界》，臺北：臺灣商務印書館。

謝博生，2001，《現代醫學在臺灣——臺灣醫學會百年見證》，臺北：臺大醫學院。

羅伊・波特（Roy Porter）主編，張大慶主譯，2007，《劍橋插圖醫學史（The Cambridge Illustrated History of Medicine）》，濟南：山東畫報出版社。

戴文鋒，1995，〈《海關醫報》與清末臺灣開港地區的疾病〉，《思與言》，33:2。

魏嘉弘，2011，〈王士雄《隨息居霍亂論》醫案分析〉，《臺灣中醫醫學雜

誌》，10:1。

貳、英文部分

Arikha, Noga, 2007, *Passions and Tempers: A History of the Humours*. New York: Ecco.

Brock, Thomas D., 1988, *Robert Koch: A Life in Medicine and Bacteriology*. Madison, Wis.: Science Tech Publisher.

Dodd, J., 1975, 1988, *Journal of a Blockaded Resident in North Formosa during the Franco-Chinese War,1884-1885*. Hong Kong: The Daily Press Office, 1888; Taipei: Ch'eng-wen Publishing Co., 1975.

Felsenfeld, Oscar, 1967, *The Cholera Problem*. Saint Louis, Mo.: Warren H Green.

Heaman, E. A., 1995, "The Rise and Fall of Anticontagionism in France." *Bulletin of the History of Medicine*, 12.

Howard-Jones, Norman, 1975, *The Scientific Background of the International Sanitary Conferences, 1851-1938*. Geneva: World Health Organization.

Huber, V., 2006, "The Unification of the Globe by Disease? The International Sanitary Conference on Cholera, 1851-1894," *The History Journal*, 49.

Hugh, S. C., 1926, "The International Sanitary Conference," *American Journal of Public Health*, 16:10.

Lo, Ming-cheng M., 2002, *Doctors within Borders: Profession, Ethnicity, and Modernity in Colonial Taiwan*. Berkeley, Calif.: University of California Press.

Nakajima, Chieko, 2004, "Health, Medicine and Nation in Shanghai, ca. 1900-1945 (China)," Ph. D. Diss., University of Michigan.

Nightingale, Florence, 1863, *Notes on Hospitals*. London: Longman, Green, Longman, Roberts, and Green.

Palmira Fontes da Costa (ed.), 2015, *Medicine, Trade and Empire: Garcia de Orta's Colloquies on the Simples and Drugs of India (1563) in Context*. Surrey: Ashgate Publishing Ltd.

Pettenkofer, Max von., 1883, *Cholera: How to Prevent and Resist It*. From the German, translated by Thomas Whiteside Hime; revised by Dr. von

Pettenkofer. London: Baillière, Tindall, & Cox.

Pollitzer, R., 1959, *Cholera*. Generva: World Health Organization.

Porter, Roy, 2006, *The Cambridge Illustrated History of Medicine*. Cambridge: Cambridge University.

Qualtiere, Louis F., and William W. E. Slights, 2003, "Contagion and Blame in Early Modern England: The Case of the French Pox," *Literature and Medicine*, 22:1.

Rosenberg, Charles E., 1987, *The Cholera Years: the United States in 1832, 1849, and 1866*. Chicago: University of Chicago Press.

Singh, Dhrub Kumar, 2004, "Cholera in Two Contrasting Pathies in Nineteenth Century India," Centre for Historical Studies, Jawaharlal Nehru University.

Snow, John, 1854, *On the Mode of Communication of Cholera*. London: John Churchill.

Toynbee, Arnold J., 1960, *A Study of History*. Oxford: Oxford University press.